学問の未来

ヴェーバー学における末人跳梁批判

折原浩

未來社

学問の未来——ヴェーバー学における末人跳梁批判■目次

第五章　「末人の跳梁」状況　129

III　ふたたび内在批判から歴史・社会科学的方法思考へ

第六章　語形合わせから意味解明へ――ルター職業観とフランクリン経済倫理との間　161

第七章　「歴史的個性体」としての理念型構成――「資本主義の精神」におけるエートス・功利的傾向・職業義務　217

凡例

一、傍点は、引用文中も含め、すべて筆者による強調である。引用文の著者による強調はゴチック体に、外国語原文の強調は、イタリック体に統一して記す。引用文中の［ ］は、筆者による挿入である。

一、羽入書からの引用は、あとに（ ）でくくってノンブルのみ記す。ドイツ語原語の引用にドイツ語式の引用符が付されているが、本書では（便宜上）英語式の引用符に統一する。

一、頻度の高い引用文献は、つぎのとおり略記したあと、ノンブルのみ記す。既刊邦訳の頁は記すが、それらを参照のうえ原文から訳しなおすので、訳文が一致しないばあいもある。

RS1＝Gesammelte Aufsätze zur Religionssoziologie（『宗教社会学論集』）, Bd. 1, 1920, ^{9}1988, Tübingen: J. C. B. Mohr (Paul Siebeck).

大塚訳＝大塚久雄訳『プロテスタンティズムの倫理と資本主義の精神』、一九八九年、岩波書店（文庫版）。

梶山訳／安藤編＝梶山力訳／安藤英治編『プロテスタンティズムの倫理と資本主義の《精神》』、一九九四年、第二刷、一九九八年、未來社。

なお、「倫理」論文については、必要なばあいにのみ、初版からも引用するが、そのさいにはArchiv 20/21＝Archiv für Sozialwissenschaft und Sozialpolitik（『社会科学／社会政策論叢』）, Bd. 20/21, 1904/05, Tübingen: J. C. B. Mohr.

『宗教社会学論集』「序言」「序論」「中間考察」「儒教とピューリタニズム」の邦訳は、大塚／生松訳＝大塚久雄／生松敬三訳『宗教社会学論選』、一九七二年、みすず書房。

WuG＝Wirtschaft und Gesellschaft（『経済と社会』）, 1922, ^{5}1972, Studienausgabe, besorgt von Winckelmann, Johannes, Tübingen: J. C. B. Mohr.

MWGA＝Max Weber Gesamtausgabe（『マックス・ヴェーバー全集』）, Tübingen: J. C. B. Mohr.

WA＝Dr. Martin Luthers Werke, Kritische Gesamtausgabe（『ヴァイマール版ルター全集』）, Weimar: Hermann Böhlaus; WADB＝op. cit., Die Deutsche Bibel.（『ヴァイマール版ルター全集ドイツ語訳聖書』）

WBF1＝The Writings of Benjamin Franklin（『ベンジャミン・フランクリン著作集』）, collected and edited by Smyth, Albert Henry, vol. 1, 1907, New York: Macmillan. WBF2 = op. cit., vol. 2; WBF3=op. cit., vol. 3. 松本／西川訳＝松本慎一／西川正身訳『フランクリン自伝』、一五五二年、岩波書店。

学問の未来

――ヴェーバー学における末人跳梁批判

装幀——高麗隆彦

はじめに

本書は、前著『ヴェーバー学のすすめ』(二〇〇三年一一月、未來社刊) の続篇である。前著につづいて、羽入辰郎著『マックス・ヴェーバーの犯罪――「倫理」論文における資料操作の詐術と「知的誠実性」の崩壊――』(二〇〇二年九月、ミネルヴァ書房刊) にたいする内在批判を徹底させる。それと同時に、一方では、こうした書物が「言論の公共空間」に登場し、脚光を浴びるという事態を「末人の跳梁」として捉え、他方では、そうした事態を問題とし、羽入書の主張を学問的に検証しようとする学者・研究者がなかなか現われない実情を憂慮し、こうした現代日本の思想状況と構造的背景に、知識社会学的な外在考察を加える。

本書の内容は、筆者が一昨年来、そうした内在批判と外在考察をとおして、「学問の未来」につき、憂慮と希望こもごもに語ってきた事柄からなる。すなわち、マックス・ヴェーバー、それも「プロテスタンティズムの倫理と資本主義の精神」という一論文に投げかけられた「濡れ衣」を晴らす過程で、ごく狭い専門領域からではあるが、「学問とはなにか」「いかにあるべきか」をめぐり、日本の学問を将来担って立つべき若い人々を念頭に置きながら、具体的な題材に即して考えてきた応答をなしている。そこで、やや大仰と感じないでもないが、頭書の主題を選び、副題を付して限定することにした。

副題には、「末人の跳梁にたいする批判」(外在考察) と「ヴェーバー学における批判」(内在考察) という二重の意味を込めたつもりである。「末人の跳梁」とは、(「倫理」論文の正確な読解を怠り、「ヴェーバー藁人形」に斬りつけて「耳目聳動」を狙い、トレルチや大塚久雄もしのぐ「最高段階に登り詰めた」と自負する) 羽入書の出現と (これを氷山の一角とする) いうなれば「羽入予備軍」の構造的再生産を焦点に据え、こういう風潮を助長する半学者・半評論家群像、および、批判的検証を回避して「嵐の過ぎるのを待つ」学者・研究者の広い裾野、を含めて考えている。筆者は、本書の外在考察が、羽入書そのものはもとより、羽入書の出現とそれへの対応に姿を現した、二重/三重の無責任態勢を、改めて問題とし、克服していく契機ともなれば、と念願している。この考察は、人文/社会科学系の学者・研究者に、自然科学畑では公害/医療過誤/交通事故問題などを契機につとに問われてきた、専門家としての (応答/論争応諾) 責任、関係書籍/論文の著者としての (自分の公表した内容について誤解/曲解の拡大を防止する) 社会的責任、および教育者としての (知的誠実性と文献読解力を育成する) 指導責任について、改めて問いかけることになろう。

羽入書の著者は、筆者の批判に、一年半にもなるのに応答しない。もっぱら「知的誠実性」を規準にヴェーバーを批判した当人が、筆者の反批判には「知的誠実性」をもって答えず、ある対談には出て、「ブランド商品を百円ショップの安物とけなされて、腹を立てている」と語る。これではいたしかたない。筆者は、修士/博士論文に値しない羽入論文 (羽入書の原論文) に学位を認定した東京大学大学院人文社会系研究科倫理学専攻の指導教官/論文審査官に、羽入論文をどう評価し、学位を認定したのか、と問わざるをえない。欠陥車を売り出して事故を引き起こす会社の経営陣と同様、責任を問われてしかるべきではないか。筆者は、本書を上梓し、「羽入論文が学位に値しない」という筆者側主張の論拠を公表したうえで、これを一資料に、東京大学大学院倫理学専攻関係の指導教官/論文審査官に、公開論争を提起する予定である。

「ヴェーバー学における批判」の面については、右記「内在批判の徹底」について補足する形で述べよう。前著では、羽入書が、「倫理」論文全体を読解しないまま、第一章「問題提起」第二節「資本主義の精神」と第三節「ルターの職業観」それぞれ冒頭の細部に、羽入の側から「疑似問題」を持ち込み、「ひとり相撲」をとり、相手に届かない架空の議論を繰り広げている実態――それが、相手を知らない論文審査官や評論家には、相手を手玉にとっている本物の相撲に見える関係――を批判的に明らかにした。それにたいして、本書では、「疑似問題」の持ち込みから結論にいたる当の議論内容も詳細に追跡して、そこに示されている数々の難点を、(「倫理」論文のみでなく)文献読解一般にかかわる「注意すべき問題点」として取り出し、併せて適切な読解への指針をそのつど提示しようとつとめている。いうなれば、羽入書を「反面教材」として活用しようとした。筆者は、大学/大学院における文献講読演習で、「倫理」論文が主テクストとされ、羽入書と本書とが副教材として活用されることを願っている。

他方、そのためにも、また、批判の半面としても、筆者自身のヴェーバー理解を積極的に対置し、従来の研究水準を乗り越えようとつとめた。本書では、羽入書には欠けている数々の論点内容や素材の方法的な取扱い方などを明らかにし、ヴェーバー研究の専門的水準で論じたつもりである。一例を挙げれば、羽入は、「フランクリンの神」を「カルヴィニズムの予定説の神」と同一視する誤解にもとづき、ヴェーバーが「カルヴィニズムをカルヴィニズムで説明する」同義反復ないし不当前提論法を犯し、しかもそれを隠蔽する二重の詐術を弄したと称して、「ヴェーバー藁人形」を立ち上げている。ところが、当の同一視には、大塚久雄が、フランクリン原文の(pre-destine でも pre-determine でさえない) determine を「預定」と訳して、きっかけを与えている。筆者は、この事実を指摘するとともに、フランクリン文献に当たって、「フランクリン神観」の特性を捉え、それが「カルヴィニズムの予定説の神」とどの点で、どう異なるのか、具体的に論証している。

なお、筆者は今回、羽入書との批判的対決をとおして、「倫理」論文の読解案内から始めてヴェーバー歴史・社会科学の方法の会得にいたる入門書／再入門書の必要性を痛感した。そこで、「ヴェーバー『プロテスタンティズムの倫理』論文の全論証構造」を『未来』（二〇〇四年三月号）に発表するとともに、本書の元稿にも、羽入書批判の関連箇所ごとに、一、理念型の経験的妥当性、二、多義的「合理化」論とその方法的意義、三、「戦後近代主義」ヴェーバー解釈からのパラダイム転換、四、「倫理」論文冒頭（第一章第一節）の理路と方法展開の展望、五、ヴェーバー宗教社会学概説（理論的枠組みと「二重予定説」の位置づけ）とも題すべき補説を書き加えた。ところが、それらは、事柄としていっそう重要であるため、羽入書批判としては均衡を失するほどに膨れ上がり、構成を乱すことにもなりかねなかった。筆者としては、羽入書批判を否定面だけに終わらせず、内在批判への徹底をとおして、かえってなにかポジティヴな内容を打ち出し、ヴェーバー研究にも寄与したいと力を入れたが、そうすればするほど膨大となって構成も難しくなるというディレンマを抱え込んだ。これに、未來社の西谷能英氏が、原稿を閲覧のうえ、それらを本書の姉妹篇として別立てに編集し、本書とほぼ同時に公刊するというアイデアを提案してくださった。筆者として、異存のあろうはずがない。そこで、その姉妹篇を『ヴェーバー学の未来――「倫理」論文の読解から歴史・社会科学の方法会得へ』と題して、ほぼ同時に上梓することになった。まことに、一書を世に出すとは、編集者と著者との協働作業である、と改めて思う。

その姉妹篇では、本書の延長線上で、ヴェーバーの歴史・社会科学に改めて光が当てられよう。たとえば、ヴェーバーの歴史・社会科学が、歴史・社会現象につき、要因の多元性を認め、各要因の「固有法則性」を解き明かすことは、ヴェーバー自身も明言し、従来から認められ、論じられてきたとおりである。ところがじつは、それればかりではない。かれは、ある原因からいったんある結果が生ずると、この結果が翻って原因に反作用する、といった「原因と結果との相互性・互酬性」を認める見地から、たとえば「経済→宗教」「宗教→経済」といった「多面的な因果関係」

を、典型的な事例の研究をとおして「理念型」的関係概念として決疑論／カタログ風に定式化／体系化しておき、そのあと個々の問題事例と取り組むに当たっては、その「道具箱」から双方向の「理念型」的関係概念を取り出して適用し、こんどは「原因⇅結果の互酬・循環構造」として捉え返そうとしていた。「倫理」論文から「世界宗教の経済倫理」シリーズをへて『宗教社会学論集』「序言」にいたる展開を追ってみると、ヴェーバーが、こうした方法的／理論的態勢を着々ととのえつつあった実情が窺われ、かれの歴史・社会科学の潜勢力が、改めて掘り起こされよう。

「倫理」論文初稿発表の百周年を、この日本で、なんと「ヴェーバー詐欺師説」が横行するままに迎え、やり過ごすのではなく、本書と姉妹篇『ヴェーバー学の未来――「倫理」論文の読解から歴史・社会科学の方法会得へ』が、このスキャンダルをむしろ「逆手に取って」、ヴェーバー歴史・社会科学の射程と意義にかんする学問的認識と評価を回復し、いっそう拡大して、この日本における歴史・社会科学の着実な発展に活かす一契機ともなれば、この間、筆者として年来の研究課題（『経済と社会』旧稿の再構成）を先送りしている責任も、いくぶん軽減されるであろうか。

Ⅰ　責任倫理から状況論へ

第一章　学者の品位と責任——「歴史における個人の役割」再考

マックス・ヴェーバーが重い神経疾患に罹り、それまでは「自由」と感得されていたにちがいない職業中心の生活軌道から外れた一八九八年に、プレハーノフは、「歴史における個人の役割」を論じ、歴史的「必然」の認識が、必ずしも個人の意思を萎えさせて「無為主義」に陥れるわけではなく、かえって個人の精力的な実践活動を支える心理的基礎にもなると主張した。「必然」の認識が、個人の迷いを払拭し、決然たる行動に打って出ることを可能にするばかりか、「別様にはなしえない」との自覚のもとに、当の行動にためらいなく没頭しつづけることを保障するというのである。

もとよりプレハーノフは、この主張によって、マルクス主義における歴史的「必然」の認識と個人の「自由な」実践との両立可能を説こうとした。この論点そのものにかぎれば、なにもプレハーノフにまで遡る必要はない。関心を惹かれるのはむしろ、かれが、こうしたテーゼを、きたるべきロシア・マルクス主義の発展を念頭に置いて提起し、しかもそれを、ピューリタンとイスラム教徒の歴史的類例によって裏づけようとした点である。かれは、ピューリタンについては「一七世紀のイギリスにおいて、その精力の点で、彼らにまさる党派は他になかった」と記し、イスラム教徒については「彼らは、短期間にインドからスペインにいたる地球の広大な地域をしたがえてしまった」と述べ、「宿命論[予定信仰]が、精力的な実践活動をかならずしもつねにさまたげなかったばかりか、その反対に、……**そうした活動の心理的に必要な土台**[1]」ともなりえた歴史的例証と見る。しかも、ピューリタンについては、自分の父母であれ、夫であれ、子どもたちであれ、ひとたび神に見捨てられていると知ったら、「彼らを死ぬほどの憎しみで憎」み、「地獄におちるように願」うだろうとの、某皇妃のカルヴァン宛て書簡を引用し、「こういう感情をもっていた人びとは、なんとおそろしい破壊的な精力をしめすことができたことだろう！」と、必ずしも否定的ではない感懐を吐露している。(2)

さて、ヴェーバー文献に通じている人は、同趣旨の書簡が「倫理」論文にも引用されている事実を思い出し、ヴェーバーにおける「マルクス要素」や「ニーチェ要素」をそれぞれ整理箱に収めようとするスコラ的系譜学の流儀に倣って、新たに「ロシア思想箱」の「プレハーノフ引き出し」を設けられないかと考えるかもしれない。しかし、そうしたことは、筆者の関心事ではない。ただ、ヴェーバーは、ニーチェの追随者が「永劫回帰」の思想から引き出した実践的帰結にも止目し、さまざまな類例間の比較によって、「必然」信仰が、一方ではその特質、他方では諸条件の「布置連関」に応じて、それぞれ異なる帰結にいたる関係をこそ、見極めようとしていた、と付言して置きたい。(3)(4)(5)

他方、大きな歴史物語を好む向きは、前世紀における「精力的な実践活動」の華々しい三事例（ソ連、アメリカ、イスラム教徒）が、それぞれのエートスに潜む「予定」「必然」信仰と自己絶対化ゆえに、しばしば粗暴な帰結を免れず、現に免れていない国際情勢に照らして、それらの精神史的淵源に見られる一定の類似を照射している点で、プレハーノフの「炯眼」を、価値符号を反転させて評価するかもしれない。こうした見方は、原初的な着想として大雑把に過ぎるが、筆者の関心を惹く。しかし、それもやはり、類例間の比較をとおして精緻化されなければならない。

ここではむしろ、プレハーノフの提起した問題を、別の方向に展開してみよう。かれ流の歴史的「必然」信仰を、キリスト教信仰の世俗化形態と捉え、絶対化されて粗暴な帰結をまねく有害な迷信としてしりぞけるとき、「歴史における個人の役割」は、改めていかに考えられるべきか。

かれのように、社会的生産力の不可逆的増大にともなう社会的諸関係の段階的継起を「合法則的」と決め込み、最終的には「理想状態」に「予定」されている（「千年王国」＝「社会主義」の過渡期を経て「神の国」＝「共産主義」の実現にいたる）歴史発展を「必然」とみなすとき、そうした根っからの楽天主義のもとでは、「他の人びと**よりもよく**先をみとおし、また他の人びと**よりも強く**ものごとをのぞむ」類の人物が、「創始者」、「偉大な人間」、「英雄」として手放しに称揚される。(6)なるほど、プレハーノフは、こうした規定に含意される「英雄崇拝」は避けようとして、末尾に「**偉大**という観念は相対的な観念である。道徳的な意味では聖書のことばをつかえば、『自分の生命を友のためになげうつ』人はだれでも偉大である」(7)とイデオローギッシュに書き加えた。時あたかもロシア・マルクス主義の思春期とあっては、「英雄」の座に就く政治指導者のもとに、理想社会を夢見る若者が殉教もいとわず馳せ参ずる未来をかれが思い描いたとしても、無理もないかもしれない。しかし、『職業としての政治』におけるヴェーバーのように、歴史の歯車に手をかけたがる「政治指導者」の平均的な人間的資質を冷静に考慮に入れれば、ひとたび「先をみとおし」「歴史的必然」を身方に付けたと確信した「英雄」が、「自分の生命を友のためになげうつ」つはずはなく、「歴史的必然」の大義名分をかざして、他人には「自分の生命を友のためになげうつ」ことを強要し、したがうべくもない大衆を「無為主義」ときめつけて「無為主義」に追い込み、粗暴な支配体制を構築していく客観的可能性は、容易に予測されたのではなかろうか。

しかしここで、「政治指導者」論、「英雄」論に立ち入るつもりはない。むしろ、「必然」信仰とともに、それを前提とする「英雄」と「大衆」との区分も取り払うとき、「歴史における個人の役割」論は、どう再構成されるべきか、を問おう。

プレハーノフ以前にこの問題を取り上げ、当時のヘーゲル主義を念頭に置いて鋭く異議を唱えたのが、ゼーレン・キルケゴールであった。かれによれば、個人が世界歴史の華やかな舞台にうつつを抜かし、世界史的影響に心を奪われていると、自分の行動についても結果や効果に気をとられ、いつしか「自由」、すなわち「全力をかけてある行動にうって出ようとする意志の純粋さ」と「行動の力」を失い、「腑抜け」になってしまう。それにたいして、真の倫理的行為とは、自分の志操を貫く無制約的行為にほかならないが、それはじつは、「行動の結果と効果のいかんを神に委ねていっさい問わない、信仰的超越のゆとりに支えられ」てもいる。(8)

　右に見られるとおり、これは、ヴェーバーのいう「志操（心情／信条）倫理 Gesinnungsethik」の簡明な定式化に当たる。そして筆者は、「責任倫理」の名のもとに「志操なき適応倫理」「志操なき結果倫理」がはびこり、「心情倫理」に負の価値符号が付けられやすいわが国の文化・思想風土のもとでは、この「志操倫理」の意義をどんなに強調してもしすぎることはないと思う。しかしそのうえで、キルケゴール流の純粋「志操倫理」には、ともすれば「実存的思考者」に通有の「狭さ」のなかで「思い詰めた熱狂」に転ずる危険がありはしないか、と危惧する。(9)

　ところで、ヘーゲル／プレハーノフ流の「必然」とキルケゴール流の「自由」との狭間で、両者の極端な帰結をともに避け、両者を止揚しているのが、ヴェーバーの「責任倫理」論である。個人はもはや、歴史的「必然」に支えられることはなく、まったき個人として自分が「意味」付与する行為を状況に投企し、自分の「価値理念」を実現し、自分の「志操」を表明するほかはない。しかもそのうえで、「結果や効果のいかんは神に委ねていっさい問わない」のではなく、当の行為の蓋然的諸結果を、状況における諸条件の「布置連関」の認識をとおして予測し、意図しなかった結果にも責任をとらなければならない。そこでは、個人としての責任が、歴史的「必然」にも「神」にももたれかかれないだけ、かえってそれだけ鋭く、厳しくなる。

　では、この周知の「責任倫理」論を、羽入辰郎著『マックス・ヴェーバーの犯罪——「倫理」論文における資料操作の詐術と「知的誠実性」の崩壊』への対応という問題に適用すると、どうなるであろうか。

もとよりこの問題は、「世界史的」意義など帯びようもない瑣末な案件ではある。しかし、「責任倫理」論をなにか「世界史的」大問題にかぎり、日常生活や専門的研究／教育領域にしばしば出現する小問題への適用を怠っていると、いつしかキルケゴールのいう「腑抜け」になる。「責任倫理」のカテゴリーは、卑近な小問題にもひとしく適用されなければならない。むしろ、「歴史における個人の役割」論を、ヘーゲル／プレハーノフ流の誇大理論的適用制限から解き放ったところに、ヴェーバー「責任倫理」論の意義のひとつがあるといえよう。

羽入書の内容については、拙著『ヴェーバー学のすすめ』で論駁したから、[10]ここでは繰り返さない。羽入書を言論の公共空間に押し出して実態を曝させた年長者の研究指導責任／査読責任にも同書で論及した。ここではむしろ、ヴェーバー研究者側の問題について考えてみたい。

プレハーノフ流の楽観的な見方では、ある問題の解決にA、B、C、……が携わったとして、Aが首尾よく問題を解決すれば、B、C、……はもはや当の問題に取り組む必要はなく、別の問題に転ずることができる。ところが、Aが途中で死ぬか、なんらかの事情で当の問題を解決できないとなれば、B、C、……のうち誰かが、Aに代わって当の問題を解決する。したがって、問題そのものは、いずれにせよ解決される。[11]じつは筆者も当初は、誰か別人が羽入書を論駁してくれれば、筆者は「ヴェーバー『経済と社会』全体の再構成」という年来の懸案に専念できると考えた。そこで、「中堅」や「新進気鋭」のヴェーバー研究者に宛てた二〇〇三年の年賀状に、羽入書は「疑似問題を持ち込んだひとり相撲」との趣旨を書き加え、たしか「非行少年がはびこるのも、大人が正面からまともに対応しないため」と記して、遠回しに反論執筆を促したのである。しかし、思わしい手応えはなかった。そこで初めて、プレハーノフ流楽観論へのまどろみから醒め、「再構成」の仕事を中断して、東京大学経済学会編『季刊経済学論集』に書評「四疑似問題でひとり相撲」[12]を寄稿し、抜刷りを同じ範囲のヴェーバー研究者に送った。

これへの応答には、研究者とくに「中堅」が現在、大学でいかに多くの雑用に喘ぎ、「研究の自由」を制約されているか、が如実に示されていた。そうした条件下で、働き盛りの現職研究者には羽入書にかかわる余裕がないとすれば、悠々自適の老生が急遽登板し、ワンポイント・リリーフは果たしたともいえよう。ただ今後、いつまた得体の知れないピンチ・ヒッターが出てくるか分からないので、老生なりの苦言を呈しておきたいのである。

書評抜刷りへの応答のなかには、「自分も同じく羽入書を問題と感じたが、反論にも価しないと思って放っておいた」とまえおきし、「ああした際物は、『自然の淘汰』に委ねればよい」ので、筆者も「早く年来の懸案に立ち戻るように」と勧告してくれるものもあった。好意の勧告は、ありがたく承る。しかし、「淘汰」というのは気になる。「責任倫理」論の見地から、この問題をどう考えるべきか。

周知のとおり、ヴェーバーは、あるライフ・スタイルなり学説なりが、淘汰に耐えて生き延び、支配的となるには、当のライフ・スタイルや学説そのものは、淘汰のメカニズムが作動し始めるまえに、予め歴史的に成立していなければならず、淘汰理論では、当の成立そのものは説明できない、と限界づけた。そのうえで、当の成立を、創始者個人に遡り、その普及過程とは区別して捉える、独自の説明方針を念頭において、「倫理」論文も執筆していた。[13]じつは、マルクスとドイツ歴史学派の「総体論」を、メンガーの「原子論」との相互媒介によって止揚したこの理論視角は、[14]デュルケーム社会学にたいするタルド「発明—模倣」説の理論的優位を、さらに一歩進めた位相にある。デュルケーム社会学は、「集団表象」から「個人表象」の派生を首尾よく説明できても、当の「集団表象」の発生そのものは、少なくともその質に立ち入ってまでは説明できない。

後代から距離をとって「成功物語」として歴史を構成すると、ある説が「自然の淘汰」によって葬られたかに見えるばあいもあろう。しかし、当時の微視的現実に遡って仔細に検討すれば、当該説が存続に価しないことを証明するか、あるいはいっそう優れた説を提唱するかして、当該説の「淘汰」に道を開いた、ことによると無名／匿名の個人にいき当たるはずである。そうした現実を捨象し、歴史があたかもそれ自体として「淘汰」のメカニズムによってひとりでに動くかのように眺めてはならない、というのが、ヴェーバーの淘汰理論批判に込められたメッセージで、「責任倫理」論とも連動していたのではないか。

それに、現在の状況を考えると、羽入書が、「放っておいても自然に淘汰される」代物とは考えにくい。管見では、受験体制の爛熟、大学院の粗製濫造、学位規準の意図的引き下げといった構造的要因により、分からないことを分からないと認めて分かろうと努力する根気がなく（「大衆人」化）、逆に、分からない相手を「杜撰」「詐欺」と難じて、プライドを救い、あわよくば世間をあっと驚かせて学界デビューも飾ろうという、エクセントリックな願望が、羽入のみでなく、若い世代に広まっている。そこで、こうした風潮に「賞＝ショー」を出しておもねながら、翻って当の傾向をバック・アップしようとする勢力も現れるし、読者の側にも、羽入書を歓呼して迎え入れ、その「共鳴盤」にもなりかねない「羽入予備軍」が形成されている。羽入書は、この統計的集団に秋波を送ってエンタテインしようとしているし、版元も、この層の広がりを当て込んで、際物と知りつつ売り込みをはかっていると思われる。こういう状況を放っておくと、「悪貨が良貨を駆逐し」、先達の根気よい努力によって築き上げられてきたヴェーバー研究の蓄積をつぎの世代に引き渡し、乗り越えを促し、わが国の歴史・社会科学を発展させようにも、担い手が育たなくなるおそれがあろう。現に、学生／院生のなかには、ヴェーバー著作のような古典を厭う傾向が、趨勢として顕れてきている。じつは、羽入書にたいする筆者の批判も、対応上やむなく微細にわたっているが、若い世代への「テューター」による介助を欠くと、かえって「ヴェーバー離れ」に拍車をかけるのではないか、と危惧している。

しかし、つきつめたところ、そういう状況論以上に重要なことがある。学者の品位という問題である。もし自分も恩義を受けている親しい友人が、だれか第三者に、いわれのない難くせをつけて「詐欺師」と決めつけられたら、「そんなことはない」と友人を擁護するのが、人情であり、人の道であろう。そういう状況で「見て見ぬふりをする」人を、古人は「義を見てせざるは勇なきなり」と看破した。ところが、ことが学恩、友人が外国人、しかも故人となると、ともすればそうした人情は影を潜め、「やらずぶったくり」の「見て見ぬふり」がまかり通る。ことほどさように、この島国の学者のエートスには、「対内倫理と対外倫理の二重性」が内在化しているのである。

わが国の学者は、長期間、欧米の学問にたいする一方的な授受／依存関係になじんできた。もっとも、この関係をかつて「本店―出店」関係と揶揄した評論家よりも、みずから学問的に苦闘する学者のほうが、欧米人学者の学問的苦闘も追体験でき、学者としての共感と敬意という普遍的品位感情を培うとともに、欧米学問の土俵にも乗り込み、対等に論争し、積極的に寄与することで、当該関係の是正につとめてもいる。しかし、そうした学者は、まだわずかで、圧倒的多数は、欧米の最新流行を追い、手早く紹介したり整理したり実証的に適用したりするのに熱心である。そこでは、「言いたい放題」と「見て見ぬふり」をともに「人間として浅ましい」と受け止める品位は、育ちようがない。羽入書への対応は、はからずもそうした島国根性の深層を露呈してはいないか。

ここで筆者には、一九六八～六九年東大闘争のさい、東大当局による事実誤認とその隠蔽という現実の直視を避け、首をすくめて嵐が過ぎ去るのを待った「亀派」教官の姿が思い出される。あれから三五年、事態は変わっていないのか。筆者がいま、あえてこの一文を草し公表するのも、「中堅」や「新進気鋭」の研究者には、この機会にぜひ「学者の品位と責任」について考え、今後に予想される危機状況には慎重にも敢然と立ち向かってほしいからである。

問題と状況のいかんによっては、多忙による回避が許されないこともある。学者は、学問研究と教育に直接責任を負うべきである。あてどなくさまよう人間組織への責任を優先させ、研究への直接の責任を忘れるとすれば、本末転倒であろう。

第二章　学問論争をめぐる現状況

第一節　羽入書の特異性――「生産的限定論争」の提唱ではなく、研究者への「自殺要求」

羽入辰郎著『マックス・ヴェーバーの犯罪――「倫理」論文における資料操作の詐術と「知的誠実性」の崩壊』は、表題からも内容からも、さしあたりヴェーバー研究者にとって避けて通れない本である。というのも、それは、「ヴェーバー研究者としてともに生きながら、特定の争点に限定して、双方の見解を対置し、なんらかの（たとえば歴史的）『妥当性』を規準として学問的生産性を競い合い、そうしたやりとりをとおしてなにか実りある成果を生み出していこう」と、いわば「生産的限定論争」を提起しているのではない。羽入はむしろ、ヴェーバー・テーゼの「歴史的妥当性」問題にはいっさい関心がないと宣言し、もっぱら人間ヴェーバーの知的誠実性を疑い、「ヴェーバーは詐欺師である」との全称判断をくだして、かれの「人と作品」をまるごと葬ろうとする。かりに羽入書の主張が百パーセント正しいとすると、ヴェーバー研究者は、「詐欺」の片棒を担ぎ、ヴェーバーの「欺瞞」を世に広めて害毒を流してきた「犯罪加担者」ということにならざるをえない。

この意味で羽入書は、いうなればヴェーバー研究者にたいする「自殺要求」である。それゆえ、ヴェーバー研究者が、羽入書のこの激越な要求にたじろいで、ストレートに受け止めきれず、「ヴェーバーが詐欺師であったかどうかはともかく」と留保して肝心のポイントを外し、「生産的限定論争」に置き換え、羽入の主張をたとえば「歴史的妥当性」

その他、別の土俵に移し入れて限定的に評価するとすれば、羽入書に正面から対応することにはならず、事柄に即しても「本末転倒」というほかはない。「自殺要求」にたいしては、論戦に破れて討ち死にするか、あるいは、こちらが生き延びて、「犯罪加担者」という「濡れ衣」を晴らし、ふたたび晴朗に、ヴェーバー研究論考を「言論の公共空間」に発表したり、数々の「生産的限定論争」を企画したりできるように、その基本的な要件を回復するか、どちらかしかない。そうすることが、羽入書の主張を真に受けて正面対決するフェア・プレーであり、著者個人にたいする最大の敬意でもあろう。

とすると、そうした羽入書はなるほど、ヴェーバー研究者にとっては「生き死に」にかかわる問題かもしれないけれども、それだけにもっぱらヴェーバー研究者にかかわるだけではないのか、との疑問が生ずるにちがいない。しかしじつは、そうとは思えないのである。羽入流のやり方が通用するとすれば、ことはその領域かぎりではすまされず、いついかなる領域でも、同じように研究者の（研究者としての）生命が脅かされ、学問研究が息の根を止められかねない。この論点は、追って第七節で敷衍する。

第二節　シニシズムを排す

むしろ、「羽入本人は、軽い気持ちで『犯罪』や『詐欺』にたとえているだけなのに、それを『真に受ける』ほうが大人げない」と受け止める向きもあろう。しかし、故人とはいえ、いなむしろまさにそれゆえに（「死人に口なし」とばかり）、気楽に「詐欺師」とか「犯罪者」とか、決めつけていいものかどうか。比喩としても程がある。こういう耳目聳動を目論む「言いたい放題」に「見て見ぬふり」をしていると、いつしかそういう流儀に感覚的に馴らされ、いい加減な言表や思考が世にはびこりかねない。「ホロコーストはなかった」「南京大虐殺はなかった」といった言辞が、初めは抗議され、批判されても、性懲りなく繰り返されるうちに、「ああまたか」と受け流され、そのうち「ああまで『批判に耐えて』繰り返されるからには、ひょっとして『泥棒にも三分の理』があるのではないか」となり、やがて事情に疎い後続世代には「五分五分の主張」と映るようになると、たいへん怖い。条理にかなった批判を、こちらも性懲りなく繰り返す必要がある。

およそ学問には、したがって学者には、現代大衆社会のそうしたシニシズムの風潮に抗して、いつどこにでも原則的／原則論的な思考を持ち込む「対抗力」の拠点を、みずからの言動と後継者の育成をとおして確保していく責任がある。ちなみにそれが、マックス・ヴェーバーが説き、身をもって示した「生き方」でもあった。まさにそれゆえ、この現代大衆社会で、ヴェーバーを研究し、学生／院生に教える――その自己形成を介助する――ことに意味があると思う。

第三節 「(研究) 仲間内」と「言論の公共空間」

なるほど、ヴェーバー研究者の仲間内あるいはサークル内では、①「羽入書のような代物は『ヴェーバー研究』ではない」「少なくともまっとうな『ヴェーバー研究』ではない」といって無視していても、さしあたり支障はないであろう。②「反論に値しない」として「自然の淘汰」「時間の淘汰」に委ねておけば、さざ波さえ立たないかもしれない。

しかし、これらの対応には、ヴェーバー研究者としてそれでよいのか、という原則問題が提起されよう。②については、本書第一章で、ヴェーバーの「淘汰説」批判と「責任倫理」論との接点の問題として論じているので、そちらを参照していただくこととし、ここでは①をとり上げる。周知のとおりヴェーバーは、「法の妥当性一般を否認する無政府主義者を、大学の法学部に受け入れてよいかどうか」という問題提起にたいして、「否認の根拠への確信が真正で」「論証を重んずるかぎりは」との条件を付けて「是」と答え、そのさい「もっともラディカルな懐疑が、認識の父である」と言い添えている。これになぞらえれば、「ヴェーバーの人格そのものを否認しようとする羽入を、ヴェーバー研究のサークルに受け入れてよいかどうか」という問題設定にも、おのずと答えが出よう。受け入れたうえで、「否認の根拠への確信が真正」かどうか、羽入の「論証」の是非を問うべきである。別にヴェーバーを偶像に祀り上げるのではないが、かれの人となりへの信頼は、ちょっとやそっとでは揺るがないから、むしろ羽入の「ラディカルな懐疑」によってなにか「新しい認識」がもたらされるならば、それだけ信頼も深まろう、くらいに泰然と構える度量がほしい。ヴェーバー自身のそうした学問観と照合すれば、①の理由で羽入書に「門前払いを食わせる」ヴェーバー研究者は、そのかぎり度量が狭いといわざるをえない。

ところで、そういう論文が、ヴェーバー研究者の仲間内ないしサークル内にかぎって議論されるのではなく、公刊された一書として「言論の公共空間」に登場したとなると、話は別である。自分たちのヴェーバー研究が、「詐欺」「犯罪」への加担ではなく、この日本社会の「言論の公共空間」で「存立に値する」「意味のある」営為である所以を、論証し、説得的に示さなければならない。この基本的義務を怠るとすれば、その社会的責任は重大であろう。

ここで学者は、原則として羽入書の主張を真に受け、公開場裡で論評しなければならない。そしてその論評は、右記のような羽入書の特異な主張からして、厳しいものとならざるをえない。「ヴェーバーは詐欺師である」との主張を反論によって覆し、羽入がみずからの知的誠実性において自己批判することを求めるか、それとも反論にいたらず、あるいは反論してもこちらが破れて、「詐欺師の手先であった」と自己批判し、ばあいによってはみずから学者生命を絶つか、どちらかである。

第四節　『ヴェーバー学のすすめ』刊行までの経緯

筆者も、一方ではヴェーバー研究者のひとりとして、ヴェーバーの学問観に原則的にしたがい（もっとも、異なった学問観からヴェーバーを研究するということも、当然ありうる）、他方では「言論の公共空間」に属する公衆のひとりとして、応分の社会的責任を心に留め、羽入書を一読した。そして、失望落胆した。羽入書は、批判の矛先が「倫理」論文一篇にもとどかない「ひとり相撲」で、「原典」調査も徒労に終わっており、ただ罵詈雑言と自画自賛の量と質が『ギネスブック』に載るかと思われる代物であった。

そこで、まずはヴェーバー研究の「若手」や「中堅」に宛てた二〇〇三年の年賀状に、「羽入の告発は、たとえばフランクリンとルターとを直接むすびつけようという『疑似問題』を持ち込んだ『ひとり相撲』で、反論は容易」との趣旨を書き添え、「非行少年がはびこるのも、大人が正面からまともに対応しないため」と付記して、遠回しながら反論執筆を勧めた。なにも、手始めに「若手」や「中堅」を前面に押し立て、万一かれらが破れて引きあげてきたら、「大将」が受けて立とうなどと、深謀遠慮をめぐらしたわけではない。ただ、年来の研究テーマ「マックス・ヴェーバーにおける社会学の生成」と「『経済と社会』（ヴェーバーの社会学上の主著）全体の再構成」の執筆のため、時間を確保したかっただけである。ところが、このときにはヴェーバー研究者の圧倒的多数からは思わしい手応えがなく、態度表明ないし反論執筆の気配は窺えなかった。そこで筆者も、「他人任せにしてはおけない」と悟り、「生成」と「再構成」関係の仕事はやむなく中断して、羽入書論駁の執筆に取りかかった。そして、羽入書をまずは「倫理」論文と照合して、反論をまとめ、書評「四疑似問題でひとり相撲」として『季刊経済学論集』に発表した（二〇〇三年五月初旬刊）。

しかし、それだけでは、掲載誌の性格上、読者の範囲がかぎられるし、書評欄ではスペースに制限があるので、意を尽くせない。この「スペースの制限」という形式的公平原則は、その枠内で議論するとなると、いきおい瑣末な論拠から「ヴェーバーは詐欺師である」との全称判断に短絡する、羽入書のような耳目聳動的な議論に有利となり、これに正面から対抗しようとすると、こちらの議論も、ともすれば「相手に似せておのれをつくり」、大雑把となりかねない。そこで、羽入の瑣末な論拠を逐一微細に反論するに足るスペースを確保し、フランクリンやルターの「原典」にもとづく批判的検証も加味した、やや長篇の論駁稿をしたため、ストレートに「マックス・ヴェーバーは詐欺師ではない――羽入書論駁」と題し、まずは人文／社会科学に広く読者をもつ雑誌から始めて、公刊してくれる出版社を探した。

ところが、出版業界も、学界の体質に対応してか、論争を重んじ論争に即応して出版を企画する態勢はとっていない。ましてや厳しい学術書出版不況のさなかとあっては、「ヴェーバーは詐欺師かどうか」といった「ヴェーバー業界内部」の「コップのなかの嵐」（じつは、そうではないが、この点についてはつぎの第五節で詳論する）には、なかなか取り合ってくれない。いずれにせよ、この日本社会では、学問上の論争に徹しようとすると、内容だけではなく、論争の条件づくりにも苦労する、という現実に直面した。けっきょくは未來社が出版を引き受けてくれたが、『ヴェーバーは詐欺師ではない』という表題では、狭隘かつ消極的にすぎるので、むしろ読者に、『倫理』論文ほかのヴェーバー著作を手にとって読んでみたいと思ってもらえるように、表題を改め、筆者の『倫理』解釈の基本構想と学問観にかかわる持説とを積極的に打ち出してほしい」という要望があり、これは喜んで受けて、急遽第一章を執筆し、『ヴェーバー学のすすめ』と題する単行本にまとめた（二〇〇三年一一月刊）。

ともかくも、羽入書刊行後、約一年とちょっとのところで公刊にこぎつけられて、ほっとした。そして、これを機縁に、北海道大学経済学部の橋本努のホームページに「マックス・ヴェーバー、羽入―折原論争」コーナー（以下、橋本HPコーナー）が開設され、羽入本人は応答しないものの、多くのヴェーバー研究者から寄稿がえられ、筆者も一当事者として応答し、寄稿をつづけてきた。

第五節　羽入書におけるヴェーバー断罪の一例――このやり方が広まると、どうなるか

さてここで、羽入書におけるヴェーバー断罪の一具体例をとりあげ、ことがたんにヴェーバー研究かぎりではなく、いかなる領域の学問研究にとっても由々しい問題であることを詳らかにして、警鐘を鳴らしたい。

羽入書第一章は「"calling"概念をめぐる資料操作――英訳聖書を見ていたのか」と題され、「倫理」論文第一章第三節「ルターの職業観」の冒頭に付された注の末尾(1)を取り出して「問題」としている。そこでヴェーバーは、一六世紀後半の英訳諸聖書につき、ルター訳直後の影響に一瞥を投じているが、羽入が「問題」とするのは、その箇所でヴェーバーが、①旧約外典『ベン・シラの知恵』（以下『シラ』）の英訳を調べず、②新約正典『コリントの信徒への手紙一』（以下『コリントI』）七章二〇節について諸訳を通覧している事実である。羽入は、①につき、ヴェーバーがじっさいには『シラ』句の英訳を調べ、「労働 ἔργον (ergon)」と「職務 πόνος (ponos)」が Beruf 相当語の calling に訳されていない事実を知っていながら、その（羽入によれば「ヴェーバーにとって不都合な」）事実を「隠蔽」するため、②で（羽入によれば「無関係な」）『コリントI』を持ち出し、これに「すり替え」てお茶を濁した、と主張しようとした（羽入はじっさいには、①の推定は立証できないと悟り、羽入書本文では「英訳聖書の原典に当たらず杜撰」との非難にトーンダウンしているが、ここでもヴェーバーを「（隠蔽）詐欺罪」に陥れようとする意図は、文章の推敲に漏れて

残されている文言から確実に推認できる)。

さて、羽入のこの主張が成り立つためには、ルターによる聖句翻訳の影響がもっぱら『シラ』を経由して他の諸聖典にも波及したとの「唯『ベン・シラ』回路説」を前提とし、しかもそのうえ、ヴェーバー自身も同一の前提のうえに立っていたと仮定しなければならない。ところが、その前提も仮定も成り立たない。キリスト教の諸宗派は、新約と旧約、正典と外典とで、それぞれ聖書としての位置づけと取扱いを異にした。旧約外典のひとつ『シラ』の当該句は、なるほどルター本人ないしルター派にかぎっては、「神与の使命」と「世俗的職業」との二義を併せ持つ語 Beruf の創始点として、相応の歴史的意義を帯びた。しかし、羽入が抜き出した右記「問題」の箇所におけるように、視野をルター本人ないしルター派に限定せず、広くイギリスの諸宗派を概観するとなれば、「世俗的職業」を「神与の使命」として尊重する宗教改革の思想が、もっぱら旧約外典の『シラ』句を結節点として各派に波及した、と見ることはできない。また、旧約外典の『シラ』句を、広く当の思想の空間的/時間的普及度——しかも、聖典における訳語選択への表出という「普及度」の一面——を比較し測定するのに適した、定点観測の準拠標に見立てることもできないであろう。歴史家ないし歴史的センスをそなえた社会科学者が、キリスト教の多様な歴史的展開を無視して、そうした非歴史的・非現実的想定を持ち込むとは、まず考えられない。

ヴェーバーももとより、そうした前提のうえに立ってはいない。かれが「倫理」論文「ルターの職業観」節冒頭注で『シラ』を取り上げたのは、当該句を原点ないし(諸外国語版聖書についてはそれぞれの)起点として、語 Beruf とその思想が、広くプロテスタンティズムの諸宗派とくにイギリスのピューリタニズムにも波及した、と見たからではない。ヴェーバーは、ルターの宗教改革事業総体に、「救済追求」の「軌道」を修道院から「世俗内」に「転轍」したという(ヴェーバー固有の観点から見て)積極的な(歴史的)意義と、当の「世俗内救済追求」における「伝統主義」への推転(「世俗内」「合理的禁欲」からの逸脱、「合理的禁欲」への発展の頓挫)という消極的な意義とを認め、伝統主義的な『シラ』の、伝統主義的な聖句の翻訳における語 Beruf の創始を、このふたつの意義の結合を端的に表示する事実と見た。まさにそれゆえ、ルターの敷設した世俗内救済軌道を引き継ぎ、そのうえで「合理的禁欲」への再転轍をなしとげる禁欲的プロテスタンティズム（とくにカルヴィニズム）をこそ、本論（第二章）で主題として分析するのに先立ち、ルターの宗教改革事業総体の意義と限界を論じて叙述を本論に橋渡しする「問題提起」章最後尾の「ルターの職業観」節では——そうした位置価をそなえた当該節にかぎっては——、『シラ』句を冒頭で取り上げるのが相応と見たにちがいない。

　したがってヴェーバーは、『シラ』における Beruf 語義の創始についても、なにかそれだけを切り離し、（やがて余所に伝播／波及する）「言霊」の発生点として絶対化するのではなく、そこにいたる経緯、とくに翻訳者ルターにおける伝統主義への思想変化と関連づけ、歴史的に相対化して取り扱っている。すなわち、ルターは、新約正典の独訳を完成した一五二二年には、原文では「終末論的現世無関心」に彩られたパウロ／ペテロ書簡の勧告（「各自、主の再臨まで、あとほんのしばらく、現世におけるあり方に思い煩うことなく、使徒の宣布する福音を介して神に召し出された、その召しの状態に止まっていなさい」）にかんして、当の「召しの状態」を表す κλῆσις (klēsis) を、『コリントI』一章二六節、七章二〇節では ruff、『エフェソの信徒への手紙』ほか三書簡の七箇所では beruff と訳し[2]、翌一五二三年の『コリントI』七章の講解（釈義）では、二〇節の klēsis も beruff と訳出していた[3]。ところがルターは、一五二四／二五年の「農民叛乱」以降、とみに「伝統主義」に傾き、一五三三年に『ベン・シラ』を独訳したときには、『コリントI』七章二〇節「おのおの召されたときの身分にとどまっていなさい」の——聖典の性格とコンテクストからすでに「生活上のさまざまな地位／身分 statūs, Stände」の意味に解されていた——klēsis を、（宗教思想上の根拠づけは異なるけれども）事柄としてはすでによく似ている『シラ』句（「おのおの——伝統的秩序のなかで指定された——職務にとどまっていなさい」）の「職務」に重ね合わせ、五書簡 beruff（第一種用法）の「聖職への召し」という適用制限を解除して、『シラ』のergonとponosすなわち「世俗的職業」一般にも適用した（第二種用法）。語Beruf（beruff）を軸として語義の歴史的変遷を要約すると、初期五書簡の終末論的「召しの状態」が、後期には『コリントI』七章二〇節前後の「身分」を「架橋句」として、ルター／ルター派では『シラ』の伝統的「職業」に重ねられ、この「職業」が「神与の使命」の意味も帯びたのである。

他方、ヴェーバーは、羽入が問題とした箇所の直前で、こう述べている。

「カルヴィニストは旧約外典を聖典外のものと考えていた。かれらがルターの職業の**観念**を承認し、これを強調するにいたったのは、いわゆる『(救いの) 確かさ』〔確証〕の問題が重要視されるにいたったあの発展の結果としてであった。かれらの最初の（ロマン語系の）翻訳では、この観念を示す**語**は用いられず、かつまた既に定型化され（stereotypiert）ていた国語中に、これを慣用語とすることは出来なかった[4]」。

つまり、ルターの敷設した「世俗内救済追求」の軌道上で、「伝統主義」から「合理的禁欲」への再転轍をなしとげ、したがってヴェーバーの「価値関係的パースペクティーフ」から見てもっとも重要なカルヴィニズムは、①旧約外典の『シラ』を聖典とは認めていなかったし、②ルターの職業観念でさえ、これを承認して重視するのは、後代——「自分が神に選ばれた『恩恵の身分』に属することを、どうしたら『確証』できるか」という（自分が選ばれていることを確信していた）カルヴァン自身にはなかった問題が、カルヴィニズムの「大衆宗教性」において切実に問われ始める時期——のことで、これについては、「ウェストミンスター信仰告白」（一六四七年）を与件とする本論の分析で採り上げるので、ここで論及する必要はない、というのである。他方、③カルヴァンやド・ベーズの常用語で、ユグノーの日用語でもあったフランス語は、言語としてのステロ化が進んでいて、少数派としてのカルヴィニストの要求は（かりにあったとしても）受けつけるはずがなく、『シラ』の当該箇所もofficeとlabeurのままで[5]、ましてや『シラ』の当時（一六世紀後半）の英訳も同様にちがいなく、わざわざ「原典」に当たって調べるまでもない、それよりもいっそ、ルターにおけるBeruf語義創始のさいにも思想上「架橋句」の役割を演じたにちがいなく、かつまた新約正典としていずれの宗派にも重んじられた『コリントI』七章であれば、その二〇節klēsisの訳語を諸宗派について通覧することには、まだしも意味があろう、というわけである。つまり、著者ヴェーバーは、羽入が「問題」とした箇所の直前で、「なぜそこでは、『シラ』を採り上げず、それに代えて『コリントI』七章二〇節について調べるのか」、その理由を、前後のコンテクストおよび『倫理』論文の全論証構造(6)との整合性において、誤解の余地がないほど明快に説いているのである。

ただ羽入だけが、「『倫理』論文の全論証構造」を捉えていないうえ、直前の文言もコンテクストも読み落としたか、読んでいてもその趣旨を汲み取れなかったか、どちらかで、直後の一節を、右記の非歴史的／非現実的想定のうえに、自分の「唯『ベン・シラ』回路説」のコンテクストに組み入れ、著者ヴェーバーの「詐欺」（あるいは少なくとも「杜撰」）の「証拠」に仕立ててしまった。そのように羽入は、自分の思い違いを著者ヴェーバーにかぶせて断罪し、「世界的な発見」と称して自画自賛するのである。

ところが、そういう羽入書だけを「倫理」論文と照合せずに読むと、相撲にたとえれば「相手は見ていない」ことになり、「どんな手でも使って見せられる『ひとり相撲』」を、「相手を見事に手玉にとっている『本物の相撲』」と見誤り、本気で羽入の「ひとり相撲」に軍配を上げることにもなろう。

とはいえ、もし万一、羽入のこうした論法が不問に付され、黙認され、許容され、あるいは（『倫理』論文との照合による検証を欠いたまま）称賛され、奨励されていくとすれば、「倫理」のみならず、どんな論文でも、「詐欺」ないし「杜撰」と決めつけられ、葬り去られかねまい。しかも羽入は、たんにここでだけ「心ならずも錯誤を犯した」というのではなく、こうした論法で相手を葬るためには、論理を「万力」に、文献学を「拷問具」に使い、相手の釈明が面倒に思えたら「裁判長に却下を申請する」とまで公言してはばからない。じっさい、他の三章でも、本書後段の第六、

七、八章で論証するとおり、この第一章に輪をかけて杜撰で強引な断罪をくわだてている。すなわち、「倫理」論文テクストのほんの数箇所——それも、著者ヴェーバーの「関心の焦点」ではなく、「射程には入る周辺部」の注記——を恣意的に抜き取ってきて、羽入自身の非歴史的・非現実的想定にもとづく「犯行現場」のコンテクストに移し入れ、「杜撰」「詐術」「詐欺」の「証拠」に意味変換してしまうのである。

筆者は、こういう断罪にたいしては、断固ヴェーバーを「弁護」する。しかし、そうするのはなにか、ヴェーバーの「権威」、いわんや「ヴェーバー産業の既得権」を守ろうとするからではない。羽入の一見緻密な論鋒を、先の先まで追跡し、微細な争点にいたるまでヴェーバーの叙述と照合して批判的に検証すると、羽入書を貫く、右記のように危険な反理性性/反学問性があらわとなる。これを筆者は、たんにヴェーバー研究上の一問題(一新説の当否の問題、「生産的限定論争」の一提題)と捉えて議論するだけではすまされず、その域を越える学問研究一般への脅威、あるいはさらに、たとえば裁判における人権保障規定を平然と踏みにじる恣意強行の予兆と見て、警鐘を鳴らさざるをえない。

この件を「ヴェーバー業界内部」の「コップのなかの嵐」と見て、「内外野スタンドで観戦」を楽しもうという方々も、そこから出発してくださって大いに結構である。ただし、そのうえはどうか、この「羽入—折原論争」の中身に踏み込み、双方の見解を対比し、「倫理」論文そのものも参照して、当否を判定し、筆者の警鐘を聴き取るまで、好奇心を旺盛にはたらかせていただきたい。望むらくはそこから、各位の専門領域ないし隣接領域に、同質の問題的傾向が現われてきていないかどうか、点検してくださるように、お願いする。

というのも、このまま安穏としていると、この日本社会における批判的理性の腐朽は、とりかえしのつかない「破局」に陥っても「第三者・傍観者天国」にひたって「目が覚めない」というところにまでいきかねない、と危惧するからである。筆者がことさらヴェーバー研究者の対応と責任を問うのも、「ヴェーバー産業」の「既得利害関係者」だからではなく、当該専門領域に現われる動向について批判的検証をなしうる専門的力量をそなえ、危険な萌芽を見つけたらいちはやく論証し、専門外に向けて警鐘を鳴らす、専門外の他の研究者には転嫁できない、固有の責任／社会的責任を負っていると考えるからにほかならない。この責任問題については、本章後段第八節以下でもとりあげ、敷衍する。

第六節　抽象的情熱あるいは偶像破壊衝動の問題——内在批判から外在考察へ

しかしなお、つぎのような疑問が投げかけられるかもしれない。すなわち、羽入がヴェーバーを「詐欺師」「犯罪者」に仕立てるやり方は、なるほど恣意的かつ強引で、学問上容認できず、他領域に波及したら大変ではあるけれども、そもそもそういう羽入流の「研究」自体、なにかきわめて特異で、羽入個人、あるいはせいぜい「ヴェーバー業界」のみの珍事ではないのか、と。

確かに、羽入書に示されている羽入流の「研究」は、一風変わっている。すなわち、羽入自身の特定の研究テーマが、出発点に据えられ、それとの関連で（羽入の「価値関係的パースペクティーフ」において）、ヴェーバーから特定の論点がとり出され、ゆえあって批判も加えられる、というのではない。そうであれば、「生産的限定論争」になるはずである。羽入はむしろ、ヴェーバーを「人文／社会科学界における『知的誠実性』の『巨匠』ないし『第一人者』」と認め、まさにそれゆえそのヴェーバーを「知的誠実性」に悖る「詐欺師」「犯罪者」として打倒すること——そのこと自体——に、情熱を傾け、執念を燃やしている。「なんのために」との内省も、独自の内容も欠くこの特異な抽象的情熱が、羽入書には横溢し、なんの躊躇いも自己抑制もなく、罵詈雑言と自画自賛となって迸出され、読者の耳目をそばだたせてやまない。あるいは、「偶像崇拝」の裏返しとしての、偶像崇拝と同位対立の関係にある「偶像破壊」の衝動が、羽入流の「研究」を駆動し、鼓舞している、ともいいかえられよう。そのため、羽入には、ヴェーバー研究者がすべて「聖マックス崇拝者」としか映らない。これらの点は、けっして筆者の「当て推量」ではなく、羽入書を一読すればすぐ分かるし、『ヴェーバー学のすすめ』第二章でも、羽入書を証拠資料として立証している。

こうして問題は、羽入流「研究」のライトモチーフをなすかにみえる、この抽象的情熱ないし「偶像破壊」の衝動が、いったいどこからくるのか、という動機形成事情に移される。問題は、そうしたモチーフが、「ヴェーバー業界」の特殊事情に由来するのか、それとも、現代大衆教育社会における構造的諸要因のなんらかの布置連関から派生し、高学歴階層に多少とも共有され、したがって「ヴェーバー業界」以外の他の研究領域（あるいはさらに、他の社会諸領域）にも広く出来しうる現象なのか、とはいえ、それがいちはやくヴェーバー研究という一領域に顕れたのはなぜか、というふうに再設定され、相応の理解／知識社会学的外在考察が要請されよう。

筆者は、羽入書を、一ヴェーバー研究者として内在的に批判すると同時に、一社会学徒としては、その客観的解釈から、主観的「動機」解明に溯行せざるをえなかった。当の「動機形成」の構造的背景を探る、理解／知識社会学的外在考察にも踏み込み、右記の問題設定にたいして一定の明証的・仮説的解答は用意している。その結論は、かの抽象的情熱ないし「偶像破壊」の衝動は、「ヴェーバー業界」の特殊事情には還元されず、現代大衆教育社会の一般的／構造的背景に由来しているけれども、それがいちはやく「ヴェーバー業界」に現われてきたことについては、当該「業界」固有の媒介要因を措定して説明できる、というものである。

ただ、論争が「第二ラウンド」を迎えただけで、なお内在批判に徹すべきこの段階で、不用意に外在考察を交えることは、論点を拡散させ、内在性への徹底を損ねるおそれがあるから、ここでは暫定的結論の開陳は控えたい。(7) ただし、この外在考察の観点からみても、ことはけっしてヴェーバー研究かぎりの問題ではなく、それだけ憂慮がつのる、とだけは、ここでもお伝えしておきたい。

第七節　羽入書の「山本七平賞」受賞――原則問題として考える

あたかもその（外在考察から導かれる）不吉な予感が的中するかのように、拙著刊行の直前、羽入書が「山本七平賞」を受賞するという事件が起きた。「賞」ばやりの昨今、学会さえ「賞」を設けるようになって、羽入は以前、日本倫理学会の「和辻賞」を受賞してもいるとのことである。この日本社会では、他人の慶事への批判は「タブー」にひとしく、嫌がられること必定であるが、こうなってくると、「賞」を問題とし、いったん立ち止まって原則的に考えてみなければならない。

この問題について論ずるとなると、筆者の世代にはただちに、「作家は作品で勝負する」といってノーベル文学賞を辞退したジャン＝ポール・サルトルの選択が、思い出される。この態度決定を学問の領域に移してみると、「学者は論文で勝負する」という原則が立てられよう。

とはいえ、その原則を純粋に貫き、およそいかなる外面的表彰もしりぞけるという選択肢をとれるかどうか、とるべきかいなか、となると、議論が分かれるであろう。現に、学生時代サルトルに私淑し、「サルトルの心理学」で卒業論文を書いた大江健三郎も、ノーベル文学賞を受けている。ただ、そういうばあいにも、原則を無原則に緩めることはできず、たとえば「サルトルのように国際的に著名な作家は別として、『作品で勝負する』と気負っても、当の作品を手にとってもらえないのでは勝負にならないから、そうした条件づくりの政治的行為として受賞する」というような、なにかはっきりした意味づけ・意味限定が必要であろう。いずれにせよ、「作品」の中身にたいする文学上の評価、学者であれば、「論文」の中身にたいする学問上の評価、これをめぐる学問的討論が、優先されなければならない。ノーベル賞に権威があるとすれば、それは、そうした原則にもとづく手続きを厳格に踏んでいるからであろう。とすると、学問上の「賞」の選考過程では、討論／評価にあたり、選考者が候補「論文」の専門領域に通じていないばあいには、素人の判断だけでことを決めようとせず、当該領域の専門家による鑑定・評価を、少なくとも参照し、望むらくは尊重しなければならないはずである。

ところが、今回の「山本七平賞」についていえば、まず羽入自身は、一専門家としての筆者の書評「四疑似問題でひとり相撲」に学問的に応答しないまま、「賞」を受けた。拙著にたいしても、二〇〇五年五月一五日現在、応答がない。他方、選考委員（加藤寛、竹内靖雄、中西輝政、山折哲雄、養老孟司、江口克彦）も、事前に（二〇〇三年五月には『季刊経済学論集』の書評欄に）公表されていた筆者（一専門家）の論評を参照しないまま、選考を進めたとしか考えられない。

なるほど、専門家の鑑定といっても絶対ではなく、素人の評価のほうがかえって的確／公正であることも、ないわけではなかろう。ところが、今回の「山本七平賞」のばあい、『Voice』誌二〇〇四年一月号に収録されている各選考委員の選評を読むと、内容がお粗末としかいいようがない(8)。いずれも、ヴェーバー研究の実情に疎いばかりか、羽入の大言壮語を鵜呑みにして賛辞を連ね、年長者／学問上の先達として「たしなめるべきはたしなめる」責任も忘れ、「推理小説」のように読み耽って面白がり、……要するに、素人「識者」の「無責任ここに極まれり」というほかはない代物である。羽入書を「倫理」論文と照合していないため、「どんな手でも使って見せられる『ひとり相撲』」を、「相手を見事に手玉にとっている『本物の相撲』」と見誤って、本気で「ひとり相撲」に軍配を上げ、拍手喝采している。

六人の選考委員のうち、山折哲雄は、かつてヴェーバーの「ヒンドゥー教と仏教」第三章を（訳者のひとりとして）邦訳しており（『アジア宗教の基本的性格』、一九七九年、勁草書房刊）、ある意味で専門家、あるいは半専門家といえるかもしれない。しかし、もしそうだとして、羽入書の主張を認めたとなると、「自分も詐欺師の作品を翻訳して片棒を担いでいた」と自己批判しなければならないはずである。ところが山折は、羽入書を、六人の選考委員のうちでも無条件に絶賛しながら、自分の訳業には触れず、羽入書が「ヴェーバーかぶれ、ヴェーバー信者たちの魂を震撼させるであろう」と、「第三者」風に、ただなにか「溜飲を下げる」かのように語っている。自分の仕事にも発言にも、責任を感じない人なのであろう。

さて、選評ひとつひとつの内容および羽入の「受賞者の言葉」にたいしては、雀部幸隆が間然するところのない批判を展開しているので、ぜひ参照されたい。(9) 筆者は、雀部の批判に、なにも付け加える必要を感じない。ただ、雀部による批判の営為には、つぎのような意味を読み取ることができると思う。

第八節　現代大衆社会における虚像形成——非専門家の無責任と専門家の無責任との相乗効果

オルテガ・イ・ガセの『大衆の蜂起』(一九三〇)といえば、「大衆社会論」の先駆けをなし、哲学的・人間学的な「大衆人 Massenmensch」批判の射程にかけては後の社会学的「大衆社会論」を凌駕している古典である。そこでかれは、一見意外にも、専門科学者を「野蛮な大衆人」の一部類に数え、当の「野蛮」の根拠を、要旨つぎの点に求めている。すなわち、「かれらには、自分は狭隘な専門領域である程度の実績をあげたにすぎないとの自覚(自己限定性の自覚、まさにそれゆえ、その限界を越えて「より高き」をめざそうとするスタンス)がなく、なにか無限定の『権威』/『大立者』/『大御所』に収まったかのように錯覚して、自分では皆目分からない、あるいは一知半解の別領域についても、その道の専門家の意見をきかず、あたかも自分がそこでも『権威』であるかのように倣慢不遜に振る舞う」とい

うのである。(10)

とすると、羽入の「山本七平賞」受賞にいたる経過は、そうした非専門家「権威」者の無責任と、かれらから無視されても専門家として責任ある異議申し立てをしない専門家の無責任とが、いわば相乗的に作用して、「倫理」論文一篇すらまともに読めずに著者を「詐欺師」「犯罪者」と決めつける「ひとり相撲」作品を、「押しも押されもしない巨人伝説を一挙に突き崩す鮮やかな仕事」(山折哲雄)に祀り上げた虚像形成の過程として、捉え返されよう。あるいは、「大衆人」非専門家の「権威」と「大衆人」専門家の無責任とが相乗効果をひき起こし、羽入にかんする虚像が雪だるま式に膨れ上がって、羽入を「自分の虚像を追いかけて生きる不幸な人生の道」に追い込み、知的誠実性に生きる道——ヴェーバーの知的誠実性を問うたかれが、こんどはかれ自身の知的誠実性を賭けて拙評/拙著の学問的反論に応答し、知的誠実性をそなえた一学究として立ちなおり、捲土重来を期する道——をそれだけ遮ってしまった、といいかえてもよいであろう。

ところで、現代大衆社会においては、一方ではマス・メディアの影響力増大によって「大衆人」非専門家の空疎な「権威」も増幅され、他方では「専門化」がますます進展し、専門家が各「たこつぼ」に閉じ籠もって発言回避の社会的無責任をつのらせていけば、この種の虚像形成はいとも容易になり、不況にあえぐ出版業界の販売戦略(「若き知性アイドル」の造成/乱舞作戦)とも呼応し、頻発して、猛威を揮うようにもなろう。そうなれば、羽入が(かれのばあいは半ば自業自得で)陥れられたような、「自分の虚像を追いかけて生きる不幸」も、それだけ頻発するであろうし、関連専門領域もその煽りをくって始終混乱に陥れられると予想されよう。

雀部の営為は、「専門家が非専門家『権威』者を正面から批判する」という、内容上は容易でも、容易なだけにかえって躊躇われ、社会的には(空疎でも強力な)「権威」に抗う困難な闘いである。しかしそれは、現代大衆社会の右記の陥穽を見据え、虚像の一人歩きをくい止め、絶えず実像に就く「生き方」を奪回していくのに、避けて通れない課題であり、各領域の専門家に固有の（右記の動向に照らしてますます重くなる）責任／社会的責任の履行であるといえよう。専門家には今後、こういう形で責任をとることがますます求められるであろうし、専門家もそれに、いっそう進んで応答していかなければならないと思う。

第九節　虚像形成にかかわるさまざまな責任

ここで翻って、羽入書にかかわる虚像形成過程を振りかえると、さまざまな専門家／半専門家の介在が検出されよう。ⓐ羽入に「和辻賞」を与えた日本倫理学会の選者の査読／選考責任、それ以前に、ⓑかれに修士や博士の学位を授けた指導教官の研究指導責任とⓒ論文審査教官（そのなかには、ⓓ「ヴェーバー研究の専門家」がひとりは加わっていたはずである）の査読責任、かれの論文を受理掲載したⓔ『ヨーロッパ社会学論叢 Archives européennes de sociologie』、ⓕ『社会学雑誌 Zeitschrift für Soziologie』およびⓖ『思想』誌の査読／編集責任、ⓗかれの著書を版元のミネルヴァ書房にとりついだ越智武臣（歴史家、京都大学名誉教授）の推薦責任、ⓘ際物に気づかず、あるいはうすうす際物と感得しても、まさにそれゆえ「学界に一石を投じ、売らんかな」の構えで出版に踏み切ったミネルヴァ書房の編集／出版責任などが、つぎつぎに明るみに出てくる。これらの衝に当たった人々が、羽入にたいしてそれぞれ事前にひとこと「学問として、こんなことでは駄目だ」と責任をもって諭していれば、かれとしても（もともとはかれ自身が望んだことだとしても）これほどの虚像形成に巻き込まれ、これほどの「窮地」に追い込まれずにすんだはずである。

右記の責任のうち、ⓔⓕ欧州社会学二誌の査読／編集責任についてだけ補足すると、日本の学界は、長らく欧米学界への依存関係に馴染んできたので、ある論文が「欧米のレフェリー付き学術専門誌に受理され、審査をパスした」というだけで、ただちに（自分でその論文を読んで批判的に検証することなしにも）「内容として優れている」と速断する傾向があり、この旧弊からなお脱却していない。しかし、そうした外的規準が非専門家にはひとつの相対的な目安になるとしても、専門家は、まず自分で精読して評価を固め、これにもとづいて欧米誌の判定を判定し、欧米誌の査読水準を査定していかなければならない。筆者は、羽入論文を掲載した二誌は、（少なくともヴェーバー研究にかんするかぎり）欧州の二流誌で、ほかならぬ羽入論文の受理／採択により、専門誌としての査読水準を露呈したと考えざるをえない。

そういうわけで、この「山本七平賞」事件にかんしても、そこにいたる経過についてみても、そこで問われるべき責任、そこに介在している虚像形成の諸要因を解き明かしていくと、この日本社会で学者・研究者として学問性に徹して生き抜くには、論壇／学界／学会／大学／出版社のなかの無責任な「権威」や勢力にたいして原則的・学問的な批判を絶やすわけにはいかない、現代大衆社会の軽佻浮薄な「風潮に抗する」「対抗力」の拠点から、絶えず批判的理性をかざして出撃しなければならない、という現実が、あらわとなってくる。

第一〇節　検証回避は考古学界だけか

さて、右に挙げた責任を負う人々は、羽入書の主張内容をみずから学問的に検証することなく、一専門家としての反論（鑑定）も顧みず、「山本七平賞」の選考委員にいたっては、とっくに乗り越えられている「戦後近代主義」的「倫理」論文解釈のうろ覚えの知識と非専門家の「直観」で判断して、羽入書の権威づけと普及に、それぞれ一役を買った。

とすると、そうした検証回避と権威づけ／普及への加担という二点は、じつは、東北旧石器文化研究所副理事長藤村新一による遺物発掘捏造事件のあと、考古学界が事後の調査にもとづく反省点として一致して認めた問題にほかならない。じっさい、ほぼ同時期に起きたふたつの事件は、両当事者が（藤村は意図して、羽入は意図しなくとも事実上）学問的に疑わしい手段を採用して虚説を立て、耳目聳動的に学界の「定説」「定評」を覆し、一躍脚光を浴びて学界の「寵児」に祀り上げられた――あるいは、祀り上げられそうになった――事件として、一脈通じる特徴をそなえている。また、考古学界がなぜ捏造に翻弄されたのかについても、日本考古学協会の会長甘粕健は、二〇〇二年五月二六日の総会で「声明」を発表し、「一部の研究者からの正鵠を射るところの多い批判がなされていたにもかかわらず、論争を深めることができず、学界の相互批判を通じて捏造を明らかにするチャンスを逸した……、自由闊達で、徹底した論争の場を形成することができなかった日本考古学協会の責任も大きい」と述懐している。

とするとここで、「問題ははたして考古学界だけか」との疑問が頭を擡げる。隣接（人文／社会科学）領域の研究者は、藤村事件を「対岸の火災」、羽入事件を「近隣のぼや」くらいに受け流して「自然鎮火」を待っていていいのであろうか。むしろ、「触らぬ神に祟りなし」「臭いものには蓋」「ものいえば唇寒し」「沈黙は金」といった諺に象徴される同一の学問文化・風土のもとで、検証／相互批判／論争の回避という同一のスタンスを保ちながら、考古学界のように（ジャーナリズムに捏造を暴露されて）「破局」に直面させられないだけ、反省／自己批判の機会もなく、それだけ「遅れをとり」「救いがたい」ともいえるのではないか。

こうして、問題はまたもや、ヴェーバー研究者としての内在批判の域を越え、むしろ一社会学徒として「社会学的想像力」をはたらかせ、二事件を同時期の二現象として関連づけ、類例として比較し、背後にある構造連関を問う「外在考察」に視座を転ずべき、旋回点にさしかかったことになる。

小括

そういうわけで、二〇〇二年末以来、思いがけない状況に直面し、予想していなかった方向に問題が広がってきた。そこで、拙著『ヴェーバー学のすすめ』以外にも、主としてヴェーバー研究者の対応を問題とする「学者の品位と責任――『歴史における個人の役割』再考」を発表し[11]、対羽入論争の「第二ラウンド」に向けて争点を「倫理」論文全体に拡大する「ヴェーバー『プロテスタンティズムの倫理』論文の全論証構造」を脱稿し[12]、論考「虚説捏造と検証回避は考古学界だけか――藤村事件と羽入事件にかんする知識社会学的な一問題提起[13]」の執筆にとりかかっている。

筆者は基本的に、原則論を状況論に優先させる立場に立つが、ここまでくると、状況の問題をひとつひとつ原則的に採り上げて論じざるをえない。こうした問題をひとつひとつクリアしていくことが、「マックス・ヴェーバーにおける社会学の生成」論考や「『経済と社会』全体の再構成」に立ち帰って続篇を執筆するための、あるいは、この現代大衆社会で広く学問研究一般を晴朗闊達に進めるための、原則的な要件回復の闘いでもあろう。

第三章　虚説捏造と検証回避は考古学界だけか

――「藤村事件」と「羽入事件」にかんする知識社会学的な一問題提起

はじめに

この論稿は、羽入書が「言論の公共空間」に登場して一定の反響を呼んだ経緯を、「羽入事件」として捉え返し、一方では同書の執筆動機とその構造的背景、他方では（片や大方のヴェーバー研究者による無視、片や一部「識者」や読者による絶賛といった）社会的対応、の両面にわたり、理解社会学的また知識社会学的な外在考察(1)を試みたものである。

管見によれば、「羽入事件」は、もっぱら「ヴェーバー学界」の内情に根ざす特異なスキャンダルでもなければ、どこにでもいる奇矯な人士が、たまたま「ヴェーバー藁人形」を創って斬り、いっとき観客も楽しませた「一過性幕間狂言」でもない。そうした側面がないわけではないが、それが本質ではない。むしろ、広く日本の学問文化・風土に根ざし、現代大衆社会とりわけ大衆教育社会に共通の構造的諸要因に規定された、類型的な病理現象である。とすれば、今回の羽入事件が、拙評（「四疑似問題でひとり相撲」）／拙著（『ヴェーバー学のすすめ』）などによる羽入書そのものへの内在批判により、羽入が「知的誠実性」をもっては応答しない実態が明るみに出て、一件落着するとしても、この事件の類例は、背後にある構造的諸要因が制御されないかぎり、いつなんどき、人をかえ、所をかえ、形をかえて、再現しないともかぎらないであろう。じつは、そうした予想が、羽入書に詳細な批判を加え、そこに顕れ出ている執筆動機に照射を当て、同書への社会的反響にも気を配ってきた理由のひとつでもある。そこで筆者は、羽入書への一連の内在批判と並行して、羽入事件に直接／間接に露呈された日本の学問文化・風土を問い、現代大衆教育社会の構造的諸要因も探り、理解／知識社会学的外在考察を重ね、この論稿をしたためて、いつでも発表できる態勢はととのえていた。通例に反して脱稿後ただちに公表しなかったのは、以下に述べるふたつの理由による。

まず、筆者は、橋本HPコーナーの土俵に乗り、「マックス・ヴェーバー／羽入―折原論争」の一方の当事者という立場に身を置いた。したがって当面、「ヴェーバーは詐欺師か」「ヴェーバーは罪を犯したのか」という(橋本の設定した)争点をそのまま「価値自由」に引き受け、「第二ラウンド」の論戦に向けて、(同じく橋本の呼びかけに応じた)ヴェーバー研究者諸氏の寄稿にも一当事者として応答しながら、この争点にかかわる内在批判の論点を、拙著への反響も含む刊行後の状況も踏まえて再構成し、改めて平易明快に打ち出そうとつとめた。

先の拙著『ヴェーバー学のすすめ』第二章で、筆者は、つぎの課題を果たしたつもりである。すなわち、羽入が、「倫理」論文の初歩的読解にもいたらず、その主題ないし「全論証構造」の大筋に到達する以前の「序の口」で、二三の論点に固執し(「木を見て森を見ず」)、しかも当の論点そのものについてさえ、原著者ヴェーバーの論旨／概念／方法を読み取れず(「木も見ず」)、それにもかかわらず、あるいはむしろまさにそれゆえに、そうした自分の実態を正視せず、逆になんとしても著者ヴェーバーを引き倒そうとする「抽象的情熱」に駆られて、「疑似問題」を持ち込み、以後もっぱらヴェーバーとは無縁の「疑似問題」をめぐり、無理と矛盾を厭わない主張と裁断を重ねている、という実態を暴露し、もとより羽入の反証は可能なように、具体的な文献的証拠を添えて論証した。というのも、羽入書には、「学問とは常に暴露の試みであるべきであり、事実の暴露、それも往々にして『不快な事実』……の暴露であるべき」

であって、「学問的営為とは研究者にとっては、これまで自分を支えてくれた甘美な幻想をおのれの手で破壊していく作業のことなのであり、そして自分の幻想が次々と破壊されてゆくというこの心理的に苛酷なプロセスに極限まで耐え続け、にもかかわらず理想を捨てぬこと……なのである」(六)と謳われている。とすれば、羽入の研究を「序の口」で低迷させている「疑似問題」幻想を、学問的な暴露と論証によって破砕し、羽入自身による「破壊」を介助することは、少なくともかれ自身の説く学問観に則ってことを運ぶことであるし、かれが「甘美な幻想」を捨てて現実の問題に取り組むのに役立ちこそすれ、暴露に耐えられずに理想を捨てはしまいかと気遣う必要もないからである。

その後、筆者は、拙著への反響を可能なかぎり追尾していった。するとそこでは、右記「木を見て森を見ない」という批判は、よく理解され、首肯されるように見受けられた。ところが、「木も見ない」という批判、とくに、ルターが語 Beruf に「(神から与えられた)使命としての職業」という聖俗二義を併せ持つ語義を付与した経緯にかかわる微細な論点に話がおよぶと、ややもすれば「専門的/文献学的にすぎる」として判断が停止され、むしろ「細かい点はともかく、あるいは、かりに四『問題』にかんする羽入の論難が誤りではないとしても、ヴェーバーを杜撰ないし詐欺師と断定するのは『行き過ぎ』である」という趣旨の穏当な評価にいきつく傾向が支配的と見えた。なるほど、この評価は、「専門家」を尊重して「素人」の不用意な断定は控える(「餅屋は餅屋」の)謙虚な知恵に根ざし、他方、「泥棒にも三分の理」を尋ね「喧嘩両成敗」を好んで日常の人間関係を円滑にしている、平衡感覚に富む日本の文化・風土に根ざし、そのかぎりで「通りがよい」であろう。筆者も、この文化・風土を頭から否定するつもりはない。ところが、羽入書は、まさにその謙虚さにつけ込み、子細に検討すれば(非現実的/非歴史的独断を前提とする)杜撰で冗漫な立論を、ただ外見上「緻密」に、自信たっぷりに披瀝し、読者を強引に「ヴェーバーは詐欺師」との極論に引きずり込んでいる。その独断で、自分以外のヴェーバー研究者にはことごとく「偶像崇拝者」のレッテルを貼り、みずからは「百年の迷妄」をいっきょに払拭した「偶像破壊」の「英雄」であるかに思い込んで自己陶酔に耽り、「倫理」

論文を読んでいないか、読んでいても一知半解で「逆恨み」を抱いた――まさにその点で羽入と同位／等価なので、羽入もその心理には通じている――「羽入予備軍」読者の拍手喝采を調達しているのである。

顧みると、羽入書刊行直後に発表された矢野善郎／橋本努の書評（『週刊読書人』二〇〇二年一一月二九日／『朝日新聞』二〇〇二年一二月一五日）も、橋本HPコーナーへの牧野雅彦の寄稿も、専門家としての学問的批評を意図しながら、おそらくは謙虚さが裏目に出て、羽入書の「緻密」さ／強引さにやや引きずられたのか、「ヴェーバーが詐欺師であるかどうかはともかく」と留保しつつ、「細部には見るべきものがある」とする肯定的評価に傾いていた。橋本HPコーナーに寄せられた横田理博の評価も、「観念」と「例示」とを区別し、肝要なのは前者であるとして、後者は不問に付している。いずれにせよ、細部にたいする正面対決は不徹底といわざるをえない。

そういうわけで、（右記拙著への反響に見られる傾向をも含む）一連の羽入書評価には、かの（それ自体としては「人に優しい」日本文化の長所ともいえる）謙虚さが、「専門家」か「アマチュア」かを問わず、細部におよぶ緻密な批判的思考／論証とむすびつかずに、ただそのまま、理非曲直を鮮明にしようとはしない「人間関係主義 Personalismus」の平衡感覚のなかではたらくばあい、羽入書に現れたような、「緻密な論証」を装う独断的で強引な言説には意外に脆く、いったん転ぶとどこまで引きずられていくか分からない危うさが、潜んでいるのではあるまいか。これは、筆者の思い過ごしであろうか。

一方、残念なことに、大方の「専門家」「ヴェーバー研究者」による無視も、細部にわたる批判を用意し、いざというときには公表できる態勢は堅持し、なにか確たる理由があって公表は当面手控えている、といった原則的対応とは窺えなかった。むしろ案外、羽入書の大仰で挑発的な口吻にたじろぎ、粗暴な物言いを感覚的に受け付けかね、「触らぬ神に祟りなし」「ものいえば唇寒し」と沈黙し、ある人は「自分にはもっと『巨大な』課題がある」等々と「逃げ口上」は怠らず、「人の噂も七十五日」と「嵐が過ぎるのを待ち」、「自然淘汰」に期待をかけているのではあるまいか。

かつて一九六八〜六九年大学闘争の渦中で、白日のもとにさらされた「専門家知識人」の無責任体質が、さほどの状況でもないのに再度露呈され、それが後続世代の「中堅」「若手」の研究者にも引き継がれている実情を、象徴的に垣間見させる事態ではあるまいか。「象徴的」というのも、ことは、およそ羽入書のような攻撃には一番黙っていられず、論戦に立ち上がり、理非曲直を明らかにせずにはおさまらない、マックス・ヴェーバーという稀代の論客にかかわり、ほかならぬかれの学説／思想、学風／人柄に一番親しんでいるはずの「ヴェーバー研究者」の「見て見ぬふり」であり、「他ならぬそのヴェーバー研究者においてしかりとすれば、ましてや他の『人格円満な』学者／学説にかかわる研究者においてをや」との推論が、おおよそ妥当するにちがいないからである。

他方、羽入書刊行以降の大状況においては、いずれも構造的背景があると思われるが、①山折哲雄／養老孟司に代表される半専門家／非専門家（世上は「識者」）による学問的には無責任な政治的絶賛、②「羽入予備軍」ともいうべき一知半解の半専門家／非専門家による歓呼／喝采／共鳴、③「学術書であろうが、推理小説であろうが、面白く読んで楽しめればよいではないか、とやかくいうのは学者の思い上がりだ」と自己満足に耽る一部読者（「オルテガ・イ・ガセのいう意味における『大衆人』読者」(2)）の敵意など、現代大衆／「大衆人」社会の「（諸価値を下降方向で一様にならす）平準化 Nivellierung」傾向が、「山本七平賞」という「政治賞 Show」を頂点に、華々しい盛り上がりを見せた。

こうした傾向も、原則的／批判的な対応を怠っていると、この現代大衆／「大衆人」社会では、「自然に淘汰」されてしまうよりもむしろ、かえって勢いを増すばかりではあるまいか。他方、かりに羽入書ないしその類の際物が、同じく対決回避によって増長し、双方が呼応／合流して、専門家層をますます逃避／沈黙に追い込んでいくとすれば、現代日本の大衆／「大衆人」社会における歴史・社会科学は、ヴェーバー研究のみならず、むしろ「流れに抗する」批判的理性そのものが、「専門」に徹する「謙虚な」当事者が目を背けているうちに、歩一歩と外堀を埋められ、「目を覚ましたときにはすでに遅い」という破局にいたりかねないのではないか。

筆者は過去五〇年間、数々のヴェーバー批判書に接してきたが、羽入書のように、およそ自分に固有の問題も内容も持たず、ただヴェーバーが「知の巨人」といわれ、価値ありとされてきたというだけで、まさにそれゆえその巨人を引き倒し、価値を破壊したかに見せて、一世の耳目を聳動し、「偶像破壊者」の栄光に浴そうというような「抽象的情熱」を、これほど無遠慮に誇示した代物には、出会ったためしがない。しかもそうした際物が、これまではそここそ定評のあった出版社から、「人文・社会科学叢書」の一点として、大手をふって「言論の公共空間」に登場し、「政治賞」によって引き立てられ、喝采を浴びるといったイヴェントが、いくらかの先例や予兆は見られたものの、よりによってヴェーバー研究の領域で、これほど鮮やかに実演され、見せつけられようとは、思ってもみなかった。学問をめぐる状況は、なにか不気味に、大きく変わっている。

そこで筆者は、羽入書のそうした「新味」「持ち味」、すなわち「外見は緻密／明快でも、内実は粗野／強引な独断の開陳で、ただ、『倫理』論文を読まない『識者』『逆恨み読者』『大衆人読者』は唸らせる」という「特性」を、右記の穏当な評価では回避されがちな細部にこそ鮮明に現れている実態として、いまいちどルター論の詳細に立ち帰り、ただしこんどは一専門家としての社会的責任にもとづき、できるかぎり平易明快に再説した。それと同時に、そうして把握される当の「特性」がなぜ「かくなって、別様ではないのか」、それがなぜ「かかる質と量の社会的反響をひき起こすのか」と問題を再設定し、この問いに答える因果帰属を求め、第二、第三、……の「羽入事件」ないしはその類例の再発防止策に経験科学的な基礎を提供すべく、理解／知識社会学的な外在考察も試み、こちらにも相応の力点を置いた。

ただし、その論稿を早まって発表すれば、いきおい論点の拡散をまねき、限定された争点をめぐる内在批判への徹底を損ねかねないとも危惧された（橋本ＨＰコーナーに掲載されている「森川剛光の第一寄稿にたいする応答」参照)。そこで、「第二ラウンド」に羽入が登場し、論戦のなかで相手から検証材料を引き出し、(まえもって「社会学的想像力」をはたらかせて構成され、用意されている)一定の「明証性」はそなえた仮説につき、その現場資料で検証し、「妥当性」も裏づけられる場に臨むまでは、仮説の発表は見合わせようと考えていた。

いまひとつ、筆者は、この間の羽入書批判をとおして、「火中の栗を拾う」[3]ことを目標としてきた。すなわち、かりに羽入が知的誠実性の規範にしたがうならば、かれの取り上げた四「問題」が、いかに考え直されなければならないか、ルター論／フランクリン論についてヴェーバーの知的誠実性を問うならば、本来なにが考えられるべきであったか、「倫理」論文の「全論証構造」はいかに解されるべきか、などの問題を、羽入に代わって考え、羽入との対話が可能なように、文献上の証拠と論理的な推論にもとづいて、つぶさに論証してきた。と同時に、かりにかれが「疑似問題」幻想への囚われから目を覚ましさえすれば、かれ自身が素材として取り上げ(ながら、「疑似問題」のコンテクストに短絡的に送り込むために、解釈を誤り、研究には活かせなかっ)たいくつかの事実から、さしあたりは固有の意味におけるルター／ルター派研究、聖書翻訳史研究ないしはフランクリン研究の方向で、いかなる学問研究への展望が開けるか、も具体的に示唆した(とくに橋本HPコーナーに掲載されている「横田理博の寄稿にたいする応答」参照)。そうすることで、華々しい学界デビューをくわだてながら、学問的には躓いている羽入が、みずからヴェーバー断罪の規準とした知的誠実性規範にこんどは自分がしたがい、知的に誠実な一学究として立ち直り、「疑似問題」をめぐる不毛な「ひとり相撲」を清算したうえで、羽入書では裏目に出ていた才能をこんどこそ学問研究に振り向け、ばあいによってはヴェーバー研究者との「生産的限定論争」にも参入できるように、研究者として前向きに再出発する道筋を、羽入書の論述に内在して具体的に示してきたのである。[4]

ところで、羽入自身の「精神の反抗力」に訴え、それを梃子に実存としての再起を促そうとするこうしたアプローチ――いうなれば「ロゴテラピー」(V・E・フランクル)としての内在批判――に、知識社会学的外在考察は、どうかかわるであろうか。この考察方法は、やはりなんといっても、敵対者の言表/言説の「存在被拘束性」を「暴露」してその効力を殺ごうとする「イデオロギー批判」を前身としている。したがって、どれほど「暴露」的態度が抑制され、「価値自由」に洗練されても、個人を適用対象とする(あるいは、類型的連関の一例示として取り上げる)かぎり、当の個人が、自分の帯びた「存在被拘束性」をみずから相対化/対自化して克服する反省に資する(右に引用した羽入自身の「暴露」学問観がブーメランとしてかれ自身に戻れば、そう期待してもおかしくないのではあるが)というよりもむしろ、直接的/心理的な反発を買い、かえってかたくなに当の「存在被拘束性」に立て籠もらせ、「精神の反抗力」は眠り込ませる、「硬直化反応」ともいうべき逆効果をまねきやすい。「当人によかれ」と前者を意図しても、「目的」から逸れた「随伴結果」として、後者に帰結するリスクは大きい。とすれば、内在批判の正面対決に予定され、そうすることをとおして「火中の栗を拾う」ことも期待されている橋本HPコーナーの「第二ラウンド」に、羽入個人が登場するのを待たずに、いち早く外在考察論稿を公表してリスクを犯すことは、やはり羽入本人のためにも、慎重に手控えるべきであろう。

以上ふたつが、これまでこの論稿を公表せず、手元に置いて羽入の登場を待っていた理由である。ところが、羽入はこのたび、このコーナーではなく、「マックス・ヴェーバーは国宝か――『知の巨人』の研究で糊口をしのぐ営業学者に物申す」と題する『Voice』誌二〇〇四年五月号の対談に登場し、「第二ラウンド」への参入回避を表明した。羽入書刊行直後には、「反響はいかがですか」と問われて「肝心の社会学界はまったく無視です(笑)」(『エコノミスト』、二〇〇二年一二月一〇日号)と「不服」を唱えていた羽入が、二〇〇三年四月の拙評/同一一月の拙著/二〇〇四年一月の橋本HPコーナー開設と、「肝心の社会学界」内外から「待望の」反響が現れ、「第二ラウンド」の一方の当事者という願ってもない舞台をしつらえてもらえたのに、どういうわけか逃げに転じてしまったのである。しかも、自分は大塚久雄門下とはちがって「首輪と引き綱の付いた主人持ちの研究者」(二一〇)ではないと胸を叩いて見せた羽入が、論争回避の逃げ口上さえ自分ひとりではいい出せないのか、対談相手の谷沢永一に「首輪と引き綱」を託し、教唆/正当化してもらっている。

谷沢もなるほど、「山本七平賞」選考委員の山折哲雄/養老孟司/中西輝政/竹内靖雄/加藤寛/江口克彦ほどには無責任な賛辞(『Voice』二〇〇四年一月号)は連ねず、羽入の「虫がいい」言い分を随所で「たしなめ」てはいる。しかし所詮は、「山本七平賞」選考委員の、「『倫理』論文を読まない、相手を見ない行司」の「身から出た錆」として、「ひとり相撲」を「本物の相撲」と見誤った判定ミスと権威失墜を、これ以上当の羽入自身にあらわにされてはかなわないとばかり「引き締め」にかかろうとし、逃げを糊塗しようとする羽入の思惑と一致して、この対談が実現されたのでもあろう。他人をいわれなく「詐欺師」、「犯罪者」と決めつけ、相手が生者ならば名誉毀損罪に問われて当然の、齢五十にもなる羽入に、谷沢は一言「真剣勝負に応じてきなさい」と言い渡すことができない。この一点に、羽入―谷沢両人と、こうした対談を掲載する『Voice』誌の品位水準が、集約されている。羽入の発言内容については、雀部幸隆が、『Voice』誌二〇〇四年一月号の「山本七平賞受賞の弁」への論駁「学者の良心と学問の作法について」につづいて、今回も、力のこもった鋭い批判「語るに落ちる羽入の応答――『Voice』誌上羽入―谷沢対談によせて」を『図書新聞』紙上に公表しているので、(5) 筆者は、「屋上屋を架する」のは避け、ただつぎの二点を再確認するにとどめたい。

ひとつに、羽入の論争回避は、かれには「知的誠実性」が欠けている証左である。羽入がヴェーバー断罪の規準とし、著書の副題にも謳った「知的誠実性」とは、相手を攻撃する戦略として表向き掲げられたにすぎず、自分も研究者として服する普遍的な準則ではないことが、これではっきりした。第二点として、羽入は、「批判を受け止めて自説を再検討し、反論するなり自説を改めるなり、(ともかくも知的に誠実に対応して)学問的に一歩でも前進する」という研究者として基本的な前向きのスタンスがとれない。自分に向けられた批判に対峙し応答するのではなく、すでに覆されている一年半前の主張に後退し、立て籠もり、蒸し返すばかりである。

そういうわけで、羽入は、待望久しかりし論争「第二ラウンド」への登場をみずから回避した。内在批判を受けただけですでに、一年半前の自分の虚説に固執する「硬直化反応」に陥るのであるから、羽入自身の「精神の反抗力」に期待をかけても埒があかない。筆者としては、「火中の栗を拾う」ためになすべきことはした。これからはむしろ、第二、第三……の「羽入事件」ないし本質を同じくする類例が発生しないように、かりに発生したとしても素早く的確に対処できるように、その構造的背景に理解／知識社会学的外在考察をめぐらし、再発防止策も射程に入れて論ずる段取りに移りたい。そうした考察への一問題提起／一素材として、これまでは右記の二理由から手元に置いて公開しなかった一論稿を、ここに初めて、以下に公表する次第である。

第一節　問題設定——遺物捏造事件をめぐる当事者と隣接人文／社会科学

東北旧石器文化研究所副理事長藤村新一による旧石器遺物発掘捏造が、二〇〇〇年一〇月末に発覚してから、約四年半になる。

発覚直後、考古学者の全国組織である日本考古学協会は、「新たな発見をめぐって、資料の公開と多様な意見の研究者による相互批判が不十分ではなかったのか、本協会としても厳しく反省する必要がある」(6)と受け止め、「疑念の生じた遺跡の検証を含めて前・中期旧石器遺跡の自由闊達な学術的検討が集中的に行われることの必要を認め」て、調査に当たる特別委員会を発足させた。

その後、同委員会は、「東北日本の旧石器文化を語る会」などの研究サークルや自治体の協力をえて、精力的に検証作業を進め、「当初の想定を超えるような驚くべき捏造の広がり」[7]を明らかにし、報告書を同協会の第六八回総会に提出した。この機会に、同協会会長の甘糟健は、声明のなかでつぎのように述懐している。

「顧みれば、一部の研究者からの正鵠を射るところの多い批判がなされていたにもかかわらず、論争を深めることができず、学界の相互批判を通じて捏造を明らかにするチャンスを逸したことは惜しまれます。自由闊達で、徹底した論争の場を形成することができなかった日本考古学協会の責任も大きいと考えられます。」

「日本考古学協会の研究発表会では、藤村氏等の研究グループの研究発表が異常に高い頻度で行われましたが、協会としては反対論者との討論を企画する等の問題意識もなく、結果的に捏造にかかわる調査を権威づけることになったことを反省しています。」

また、もっとも当事者に近い「東北日本の旧石器文化を語る会」は、二〇〇三年一二月六日の声明で、つぎのとおり反省の弁を語っている。

「当会は、東北日本の旧石器研究の最新成果を速報し、あわせて研究者の情報交換を行うことを目的として一九八七年に設立されたものです。『前・中期旧石器』研究に対しては、発足当初から成果発表の場を提供し続け、結果として虚偽の情報を広める役割を果たすこととなってしまいました。このことが、ねつ造行為をさらに助長させ継続させたことも事実であり、会として深く反省し、お詫び致します。

長期にわたるねつ造を見抜けなかった原因については、調査方法や研究姿勢などに問題があったことが指摘されていますが、当会にあっては、新たな成果に対してそれを検証しようとする視点で、議論を尽くしてこなかった点に最大の問題があったと考えます。特に、最も基本的な遺跡での事実関係を、客観的な記録に基づいて確認しあう姿勢が欠けていたと考えております。」

さて、こうした一連の声明には、研究上の同僚による遺物発掘捏造というスキャンダルを、ジャーナリズムに暴かれるまでは直視せず、事前には偽遺物にもとづく虚説を鵜呑みにし、あるいは、うすうす「問題とは感じ」ながら「見て見ぬふり」をし、むしろ中立的で無難な「成果発表の場を提供」して虚説の「権威づけ」と普及拡大に加担していた研究者の姿が、簡明に浮き彫りにされている。

ところで、当事者による事後の自己批判を、このように集約してみると、「ことははたして考古学界だけか」との疑念が頭を擡げる。あの「藤村事件」を「対岸の火災」として「胸をなでおろして」いる隣接（人文・社会科学）諸領域の学会および研究者には、問題はないのか。

筆者はこの間、羽入書を取り上げ、そこで主張されている「ヴェーバー詐欺師説」を、一ヴェーバー研究者として内在的に批判してきた。そうするなかで、羽入がなぜ、学問的には認められようもない無理と矛盾を犯して「ヴェーバー詐欺師説」を唱えたのか、その動機および動機形成の背景にも、思いを馳せざるをえなかった。他方、羽入書が、「学術書」としてはかなりの売れ行きを示し、ヴェーバー研究者からの反論は聞かれないままに、「山本七平賞」を受けて「識者」の絶賛を浴びるといった、社会的反響の量と質にも憂慮を掻き立てられた。

そうこうするうち、筆者には、「羽入事件」と「藤村事件」とは、発生の時期が重なるばかりか、事件の本質においても、研究者や「識者」の対応についてみても、驚くほどよく似ている、と思えてきた。そして、いやしくも社会科学者であれば、一方は「対岸の火災」、他方は「近隣のぼや」くらいに受け流して「自然鎮火」を待つのではなく、あるいは、「ぼや」を消す内在批判で「こと足れり」とするのではなく、むしろ「社会学的想像力」をはたらかせて、両事件を類例として比較し、双方の異同を明らかにし、背後にある構造連関を問い、隣接領域の「破局」を「他山の石」として活かさなければならない、と考えるようになった。そこで、本稿では、内在批判とは区別したうえ、一社会学徒として「外在考察」を試み、両事件の動機形成とその構造的背景につき、一定の「明証性」はそなえた仮説を提出して、(「妥当性」問題は問い残す)半ば知識社会学的な一問題提起としたい。

第二節 「羽入事件」——遺物の並べ替え・意味変換による「ヴェーバー詐欺師説」の捏造

「藤村事件」と「羽入事件」とを、ほぼ同時期の二現象として関連づけ、類例として比較してみると、まず共通面として、つぎの特徴が目に止まる。すなわち、両事件は、両当事者が、耳目聳動的に学界の「定説」「定評」を覆して、学界の「寵児」「チャンピオン」に躍り出ようとし、その種の「学界における成功 academic success」という「目的」を性急に追求するあまり、学問上疑わしい「手段」を採用した事件である。

とはいえ、いきなり「学問上疑わしい『手段』」という規定を持ち込むと、「藤村は然りでも、羽入は否」との異議が申し立てられるにちがいない。しかし、はたしてそうか。そこで、右の共通特徴から出発して背景を探るまえに、両当事者が採用した「手段」に限定して、両事件の異同を比較/検討してみよう。(念のため、ここであらかじめお断りしておけば、筆者は、藤村が採用した手段と羽入の「手段」とを混同し、「藤村と羽入とは同じだ」などと主張するわけではけっしてない。学問上の論争が巷間の話題になると、往々にしてその種の混同が「一人歩き」を始め、係争問題の焦点ぼけ/論点の拡散に通じ、内在批判の応酬に「あらずもがなの負担」を強いることになる。これまでこの論稿の公表を手控えていた理由のひとつも、「はじめに」で述べたとおり、とりわけこの「手段の異同」という一論点が、筆者の論旨に反して、そうした誤解の「一人歩き」をまねき、逆宣伝に好餌を与えかねないと危惧したことにある。読者にはどうか、同じく「学問上疑わしい『手段』」でも、疑わしさの質はちがうという以下の詳論を、よく見届けておいていただきたい。)

なるほど、藤村は、遺跡に直接偽遺物を持ち込み、それをあとから取り出して本物の出土遺物に見せかける、正真正銘の捏造をおこなっている。辞書には、「捏造」とは「本当にはないことを、事実であるかのように創り上げること」とある。藤村は、自分のしていることをその意味の「捏造」と自覚し、他人に隠している。それにたいして、ヴェーバー「詐欺罪」の構成要件を「発見」したと称する「羽入事件」を遺跡発掘になぞらえれば、こちらの当事者はもとより、「ヴェーバー遺跡」の一部に相当する『倫理』遺構」(=「倫理」論文)に、もともとはなかった偽遺物(=「倫理」論文には出てこない語ないし語群)をこっそり持ち込み、それをあとから取り出して見せて、「ヴェーバー詐欺師説」の「証拠」「新発見」と称しているわけではない。かれは、自分のしていることを「捏造」とは思わず、学問上「世界初の発見」と信じ、みずから発表し、広く承認を求めている(したがって、その検証は、「藤村事件」と比べてはるかに容易で、「遺跡」に足を運んで「事実関係を、客観的な記録にもとづいて確認しあ」う必要もなく、各人がそれぞれ手元にある「倫理」論文と照合しさえすれば、少なくとも半ばは達成されるはずである)。

しかし羽入は、自分のいわば「(遺物)配置/構成図」(=語ないし語群が内属して意味を取得するコンテクストとパースペクティーフ)を、自分のほうから『倫理』遺構」に持ち込み、遺構から取り出した遺物(=語ないし語群)を、遺構のなかでの本来の配置に即してではなく、自分の「配置/構成図」に移し入れて、そのなかで並べ替え、結果として本物とは異なる偽の遺物配置(=偽のコンテクストと意味)を創り上げ、これを「ヴェーバー詐欺師説」の「証拠」としている。この「配置替えによる意味変換」の操作により、個々の遺物は、遺構のなかで本来もっていた意味を失い、羽入の「配置/構成図」のなかで異なる意味を与えられ、「偽遺物」に転態をとげる。さきほど引用した、「本当にはないことを、事実であるかのように創り上げること」という辞書の定義によれば、羽入は、少なくとも「偽の遺物配置」を「捏造」し、それを「証拠」として「ヴェーバー詐欺師説」という虚説を「捏造」していることになろう。

この関係を、筆者はすでに拙著『ヴェーバー学のすすめ』第二章で、羽入書四章の四主張について立証している（し、本書後段の第四、六〜九章でも、いっそう立ち入って詳細に論証するであろう）。こうした「配置替えによる意味変換」の操作は、客観的には「偽遺物の捏造」にひとしい。しかも、羽入が持ち込んだ「配置／構成図」全体には、外形上は本物の遺物が配置を変えながらともかくも嵌め込まれ、この造作が、当の「配置／構成図」全体に「本物」であるかの仮象をまとわせている。したがって、その意味で「手の込んだ」この「客観的捏造」は、かりに意図してなされたとすれば、藤村のように単純な捏造（偽遺物そのものの直接の持ち込み）と比べて、一段と巧妙で悪質であるといえよう。

しかし、この「羽入事件」のユニークなところは、操作や詐術には敏感なはずの羽入が、自分の「配置替えによる意味変換」は、作為的操作とは思わず、主観的には、「遺構」内部の本来の配置／構成に即した「本物の配置／構成」の「世界初の発見」と信じて疑わない点にある。ということはしかし、羽入の内部で、かれ自身「社会科学界の『巨匠』『第一人者』」と認めるヴェーバーを、まさにそれゆえ打倒しようとする抽象的情熱が、濃縮され、結晶して、「巨匠」「第一人者」を「詐欺師」に仕立てる「偽の配置／構成図」が創成されているのに、羽入自身はそれに気づかず、それを「遺構」中の「本物の配置／構成」に押しかぶせ、それと混同して怪しまない、ということである。ということはさらに、かれが、自分の抽象的情熱に溺れるあまり、ヴェーバーを「他者」として、「遺構」中の「本物の配置／構成」を「対象に即して sachlich」曇りなく認識することができない、つまり、先入観に囚われて『倫理』遺構」そのものを調べられない、「倫理」論文の初歩的読解もできない、ということである。

じつは、ヴェーバーが警告してやまなかった「価値不自由」を地で行く、「主客未分」「彼我混濁」の「主体」羽入が、そのようにして無自覚裡に捏造した虚説こそ、「ヴェーバー詐欺師説」にほかならない。本章では、以下、「巨匠」

「第一人者」を「詐欺師」と決めつけて打倒しようとする、こういう抽象的情熱／動機が、いったいなぜ、どのようにして形成されるのか、――理解／知識社会学的な外在考察に転じたいと思う。

第三節　ルサンチマンと過補償動機に根ざす逸脱行動
――構造的背景としての受験体制の爛熟／大学院の粗製濫造／研究者市場における競争激化

藤村事件と羽入事件とが、耳目聳動的に「定説」を覆そうと、学問上疑わしい手段を採用して虚説を捏造し、その点で本質を同じくする類例として捉え返されたいま、こんどは両事件そのものを、無関係な二偶発事として孤立させたままにしておくのではなく、互いに関連づけ、双方の発生にいたる背後の「構造連関」を問い、(類例を含めた)再発防止の方策にまで論を進めなければならない。ここで、広く知られ、いまや「逸脱行動論」の分野では古典の位置を占めているマートン「社会構造とアノミー」論文(8)を援用し、さしあたりこれを当面の問題に適用してみよう。すると、この理論の枠組みのなかで、両当事者の行為は、「学界における成功」という(文化の文脈で設定されている)「目的」の達成を焦るあまり、疑わしい「手段」を採用する「刷新 innovation」類型の行為として捉えられよう。そして、その構造的背景としては、つぎのような諸契機の布置連関が考えられるはずである。

［1］基本的には受験体制(幼少期から「一番」にプレミアムを与えて抽象的な「第一人者」志向を煽る仕掛け)の爛熟(家庭／学校／受験産業による標準的学習法／学習条件の整備と、本人自身による創意工夫／根気／リスクなどの意義の減退)に規定され、副次的には(一部出版業界の販売戦略にもとづく)「若き知性アイドル」の造成／乱舞によって拍車をかけられた、抽象的な(独自の問題／問題意識をもたず、自己目的的な)「第一人者」志向(これが抽象

的／「自己目的的」であるがゆえに、挫折すれば容易に、「第一人者」打倒志向という同位対立物に転化する）、

［2］大学院の「粗製濫造」にともなう研究者志望の拡大、研究職をめぐる競争の激化、「生半可な」努力と業績では「学界における成功」は望みがたいという展望（ちなみに、『文部科学統計要覧』によると、①一九六五年には四、七九〇だった大学院修士課程卒業者数は、以後著増をつづけて二〇〇三年には六七、四一二と一四・一倍に達し、②卒業者の進学率は、一九六五年の三八・〇％から一九九〇年の一五・七％に低下し、以後一四～一六％台に低迷し、③就職率のほうは、同じ期間に四七・六％から七三・〇％に上昇した後、六〇％台を維持している）、

といった一般的背景に加え、

［3］両当事者に特有の事情として、「成功」をめざす競争場裡で相対的に「恵まれない」あるいは「出遅れた」位置にあった事実と、さらにそこから、「第一人者」／「成功者」／「恵まれた者」にたいするルサンチマン(9)が生まれ、（なんとしても「起死回生の一打」を放って、一挙にハンディキャップを埋め、「学界」の「寵児」「チャンピオン」に躍り出て、あわよくば「世間をあっと驚かせ」、「恵まれた者」たちを「見返して」やりたいとの）「過補償 over-compensa-tion」動機(10)が形成される「客観的可能性」、

が注目されるであろう。

なるほど、この特殊事情［3］については、個々の事例ごとに、同情に価する側面があるにちがいないし、探せばふんだんに見つかるであろう。しかし、そうだからといって、学問上疑わしい手段の選択に走ってもよいということにはならない。同じように相対的に「恵まれない」位置にあって「過補償」動機を抱きながらも、かえってそれをバネに、人一倍精励刻苦し、創意工夫も凝らし、学問上正当な手段に自己限定して「成功」をかちえた研究者も、あるいはさらに、既成の「成功」類型を越える「革新」的成果を達成した人も、枚挙にいとまないはずである。

ちなみに、こうした要因連関の検索、とりわけルサンチマンと「過補償」動機の剔出は、おそらくは当事者、当事

者予備軍、および（受験／競争関係については過熱しがちな、性善・平等主義の）教育学者や教育ジャーナリズムの「逆鱗」に触れ、反撥をまねくにちがいない。しかし、相対的に稀少な研究職をめぐる自由競争——同時に、研究者としての素質をそなえた後進の選抜過程——において、相対的に「恵まれる」者と「恵まれない」者とが振り分けられ、後者にルサンチマンと「過補償」動機が生まれ、これが一面、危険な「逸脱行動」への内圧を孕むことは、ここ当分避けられない現実であろう。

とすれば、みずから大学院教育／研究指導に携わり、そうした条件のもとで学問研究の将来の担い手を養成する責任を負い、後進の学生／院生とつぶさに接している研究者が、この現実を直視し、ルサンチマンと「過補償」動機への対処——いかにして当該学生／院生に、正当な研究努力による捲土重来への脱皮、または他の職業への転身を促すか、という緊張を孕む課題——を、大学院教育のクリティカルな問題として正面から取り上げ、見据え、フェア・プレーに準拠して選抜と予後策の改善をはかると同時に、「逸脱行動」の発生を防止するよりほかはないであろう。むしろ、研究者とくに教育社会学者／教育評論家が、そうした問題を「タブー視」し、現実の直視を避け、「実存的問題から社会学すること」を怠ってきたことのほうが、はるかに問題で、責任も重大なのではなかろうか。

というのも、広島大学総合科学部における一「万年助手」の「学部長刺殺事件」、「オウム真理教」集団への大学院修士課程修了者（正確には、修士課程までで、研究者としての将来を閉ざされたと感じた挫折／逆恨み秀才）の大量流入など、高学歴層における「逸脱行動」の諸事例は、受験体制の爛熟と研究者市場で構造的に生産／再生産されるルサンチマンと「過補償」動機を抜きにしては、説明できないと思われる。そしてそれらは、もとより現象形態こそ異なるにせよ、ルサンチマンと「過補償」動機に根ざす「逸脱行動」という本質にかけて、「藤村事件」や「羽入事件」の予兆をなしていたのではなかったろうか。

羽入書も、「拷問」や「釈明却下」の比喩ばかりでなく、じっさいに社会科学界の「巨匠」「第一人者」を、さればこそ遮二無二「詐欺師」「犯罪者」に仕立てて葬ろうとする行論の、再三再四指摘してきたとおり、無理や矛盾をものともしない「検察ファッショ」流の強引さにかけて、異様に不気味である。羽入書には、もっぱら「巨匠」「第一人者」の打倒それ自体に凝縮し、「なんのために」との内省も独自の問題意識も欠く抽象的情熱が、罵詈雑言と自画自賛にむすびついて、なんの躊躇も抑制もなく露呈、というよりも誇示されている。こういうルサンチマンの持ち主は、単独ではなにごともなしえないにせよ、容易に、同じ素地から生まれる、同じく恣意的／独善的な政治勢力に操られ、組み込まれて、暴走する危険を包蔵してはいないか。とすれば、そうした危険をいちはやく察知し、毒性は萌芽のうちに、自由な言論によって摘み取ることこそ、「さらなる逸脱行動」の予防措置となり、ジャーナリズムに出て政治／社会運動の旗を振る半評論家流以上に重要で、当該専門領域の研究者にふりかかっている固有の責任／社会的責任といえるのではなかろうか。

「摘み取る」といっても、なにか手荒なことをするのではない。学問上の論争を繰り広げるだけである。論争をとおして、たとえば「ヴェーバー詐欺師説」の誤りを学問的に論証し、提唱者がその誤りを認めて学問研究――ヴェーバー批判をつづけるならつづけるで学問的なヴェーバー批判――への捲土重来を期するように、第三者も「反面教師」「反面教材」に学んで「検察ファッショ」流を思い止まり、あるいは無益と察知して顧慮しなくなるように、自由な論争／批判の効果／波及効果を期するだけのことである。(11)

さて、本題に戻り、「学部長刺殺事件」や「オウム真理教事件」に顕在化した問題についても、大学教員や理事の多くは、「喉元すぎれば熱さも忘れ」て、「挫折秀才の逆恨み」問題など「どこ吹く風」とばかり、「大学院もない大学では学部に受験生が集まらない」との理由で、本末転倒も甚だしい「学部の人寄せアクセサリー」として「大学院」を粗製濫造してきた。そして、「制度をつくったからには定員はみたさなければならない」というので、どうみても素質のなさそうな学生でも「スカウト」し、研究指導も怠っている。だいたい、みずから研究をせず、学問上の実績はなく、研究指導の責任感に欠け、専門的力量にも乏しい「大学院教授」が、いかに多いことか。かれらは、じっさいにはちょうどその無責任さに相当する分、「高学歴は取得したけれども、相応しい実力と地位はえられず、ただ自分の『真価』が世に認められないと感じてルサンチマン／欲求不満／『過補償』動機をつのらせている危険な『知識分子』les incompris intellectuels et dangereux」を「育成」しているだけではなかろうか。

他方、伝統的には研究者養成の機能を果たしてきた旧制帝国大学や老舗私立大学の大学院も、こうした趨勢につれて、教員の「身分的利害関心」(かつては「大学院大学」構想に反対していた大学教員も、「バスに乗り遅れるな」とばかり「大学院」新／増設に走り、「××大学院○○研究科教授」の肩書を愛用してやまない心根)を梃子に、大拡張を遂げ、研究指導／研究者養成にとっての適正規模をこえて「水膨れ」している。研究指導の実態は「指導教官」ごとの「たこつぼ」と化して、似たりよったり、助手の削減(講師／助教授ポストを増やすための「召し上げ」)が空洞化に拍車をかけている。そこに、「われこそは第一人者」と自負する「受験秀才」――いっそう正確には、一般教育／教養課程の形骸化に対応して、ちょうどそれだけ「受験秀才から脱皮できない学校秀才」――が集中し、相対的に厳しい「競争」と「淘汰」にさらされる。「逸脱行動」への緊張と内圧は、それだけ高まっていると見なければならない。

さらにそこには、「社会人枠」の設定などにともなう院生の年齢構成／前歴／教養上の背景などの多様化によって、研究指導上の困難もつのり、(当事者は気づかずにいるとしても)深刻な問題が多発しているはずなのである。

小括

そういうわけで、ここで少なくとも「大学／大学院における研究指導の実態と責任」という問題が提起されよう。拙著『ヴェーバー学のすすめ』で詳細に論証し、本稿でも一端に触れたとおり、羽入は、「倫理」論文の初歩的な読解もなしえず、それにもかかわらず、いなむしろまさにそれゆえ、ヴェーバーを「詐欺師」呼ばわりしている。しかし、羽入は、当の羽入書に「改訂・増補し」(vi)て収録された論文で、東京大学大学院人文社会系研究科倫理学専攻から、修士／博士の学位を取得し、同科の先輩関係者からは学会賞の「和辻賞」を授与されている。しかも、当該倫理学研究室といえば、ヴェーバーにも通じた金子武蔵、小倉志祥、浜井修という優れた思想学者を三代にわたって擁し、文献読解の厳密性にかけては(日本の学界において)最高水準にあるひとつとの定評をえてきた。じじつそこからは、優れた「中堅」や「新進気鋭」の研究者が輩出している。じつは筆者自身、かつて大学院生のひとりとして隣接の金子武蔵ゼミを覗き、「自分の在籍する社会学研究室では、尾高邦雄、福武直らの指導的研究者が戦後一斉にアメリカ流プラグマティズムに『鞍替え』し、そうした『主流』に乗ることが『学界における成功』への早道となってはいるけれども、そうしたスタンスに対抗して、なにをなすべきなのか」という模索に、大いに示唆を受けた。羽入がその研究室から出自したことは、筆者には驚きである。しかし筆者は、筆者の論証が覆されないかぎりは、羽入を育てた当該研究室の研究指導に問題があったと考えざるをえない。そして、当該研究室がつい最近まで最高水準にあったとすれば、「ましてや、他の研究室においてをや」との推論がおおよそ妥当するであろう。いずれにせよ、「大学／大学院における研究指導の実態と責任」が、「問うに値する」問題として提起されよう。

そこで筆者は、いつか稿を改め、こんどは旧一教員の見地から、この問題につき、個人的な回顧／反省も交えて論じてみたい。ただ、この問題については、それ以上に、ひとつの研究主題として採り上げ、現状の実態調査などに本腰を入れて取り組む——つまり、一定の「明証性」はそなえた(と信ずる)右記の仮説につき、その「妥当性」を問うて展開する仕事にまで進む——ことは、筆者には無理がある。筆者にはこのあと、「倫理」論文を起点とするヴェーバーの思想／学問展開にかんする全体像を構築して当該論文初版発表百周年を記念する『ヴェーバー学のすすめ』続篇（本書と姉妹篇『ヴェーバー学の未来――「倫理」論文の読解から歴史・社会科学の方法会得へ』）、「ヴェーバー『経済と社会』全体の再構成」という専門家としての責任／社会的責任に応える課題が残されている。本稿の問題提起については、若い教育社会学者が、「大衆教育社会」論の一環として考慮に入れ、問題として再設定し、研究を引き継いでくれるように期待してやまない。

II　「末人の跳梁」

第四章　言語社会学的比較語義史研究への礎石

――ルターによる Beruf 語義（「使命としての職業」）創始と一六世紀イングランドへの普及

はじめに

前章では、「藤村事件」と「羽入事件」とを類例として比較し、共通の本質を、両当事者が「学問上疑わしい手段」で耳目聳動的に「定説／定評」を覆し、一躍脚光を浴びて「学界の寵児」にのし上がろうとした「刷新 innovation」類型の逸脱行動として捉えた。そのさい筆者は、同じく「学問上疑わしい手段」といっても、藤村と羽入とでは、疑わしさの質は異なっていると指摘し、強調した。藤村が、偽遺物を直接遺跡に持ち込み、自分の行為を「捏造」と自覚して他人に隠していたのにたいして、羽入は、自分の行為を「捏造」とは思わず、むしろ「世界初の発見」と称して、公然と発表し、承認を求めている。しかし、羽入は（「遺跡発掘」になぞらえれば）、意図してではなくとも、ⓐ「遺構」（かれのばあい「倫理」論文のみ）の特定部位（フランクリン論とBeruf論）から拾い出したいくつかの「遺物」（いくつかの論点ないし語／語群）を、ⓑ遺構そのものにおける遺物群の配置構成とは異なる（羽入が外から「疑似問題」を持ち込んで「犯行現場」に見立てた）「配置構成図」に移し入れ、並べ変え、ⓒ当該遺物が本来の遺構内部で持っていたのとは異なる「意味」（「杜撰」「詐術」「詐欺」の証拠）に「変換」している。そのようにして、「ヴェーバー詐欺師説」を捏造しているのである。

そこで、本章ではまず羽入書第一章にかぎり、(1) ⓐ羽入が遺物を取り出す遺構の部位に本来そなわっていた遺物群の配置構成を、「倫理」遺構そのものに即して再構成し、そのうえで、羽入がそのなかからいかなる遺物を取り出し、ⓑいかなる配置構成図(「疑似問題」のコンテクスト)に移し入れ、ⓒいかなる意味変換を生じさせているか、――そうした操作を、始点から終点まで、かれの叙述に内在して跡づけたい。そうして初めて、羽入辰郎作「ヴェーバー詐欺師説」が、そうした意味変換操作による虚説捏造の産物であると、疑いの余地なく立証されよう。

羽入は、「第一章"calling"概念をめぐる資料操作――英訳聖書を見ていたのか」で、ⓐ「倫理」論文第一章「問題提起」第三節「ルターの職業観」の一カ所(本文第一段落に付された注三末尾の第六段落=「遺構」の特定部位)から、一六世紀のイングランドにおける英訳諸聖書の訳語にかんする叙述(原文で一六行約一五〇字=「遺物」)を引用し(二二)、ⓑ「唯『ベン・シラの知恵(以下『シラ』)』回路説」とも名づけられるべき羽入のパースペクティーフ(「配置構成図」)に移し入れ、ⓒヴェーバーが英訳諸聖書を手にとって調べず(とりわけ、この「唯『シラ』回路説」からすれば真っ先に調べるべき『シラ』の訳語に当たらず)、OEDに頼り、そのうえOED記載事項の引用も誤っていると称し、要するに学者にあるまじき「杜撰」な資料「操作」の「証拠」に意味変換して、著者ヴェーバーを断罪している。そこでまず、羽入が論難の的としている当該注三第六段落の位置価(「倫理」遺構全体のなかで占める位置と意義)を再確認することから始めて、羽入による断罪の妥当性を検証していこう。

第一節 「合理的禁欲」の歴史的生成と帰結――「倫理」論文の主題

「倫理」論文全体の主題は、当然、本論(第二章「禁欲的プロテスタンティズムの職業倫理」)で取り上げられている。内容を要約すれば、[2]①カルヴィニズムを初めとする「禁欲的プロテスタンティズム」の大衆宗教性における「合理的禁欲」動機の歴史的生成（第一節「世俗内禁欲の宗教的基盤」）と、②そうした宗教的禁欲の（世俗外の修道院ではなく）世俗内の職業における実践が、富（業績）を生み出すことによって他ならぬ「富の世俗化作用」（ヴェーバー）ないしは「原罪」（マルクス）[3]に屈し、（宗教性としては）みずから墓穴を掘り、「近代市民的職業エートス」（ないしは、経済という一特定領域へのその発現形態＝一分肢としての「近代資本主義の精神」）に転態をとげ、さらには「純然たる功利主義」に解体して、「末人」（ニーチェ）ないしは「大衆人」（オルテガ・イ・ガセ）流の「生き方 Lebensführung」[4]にいたりつく「逆説的」経緯（第二節「禁欲と資本主義精神」）が、「理解科学」的な「意味」解明の方法を駆使し、「意味変遷（精神史）の理念型スケール」を構成して、一望のもとに把握され、描き出されている。

「倫理」論文以降における思想展開を見通していえば、そうした「意味変遷の理念型スケール」を構成して初めて、一方ではそれを、西洋近代以外の諸文化圏における文化発展という（対照項としての）類例と比較し、西洋文化とりわけ西洋近代文化の「特性」を把握し、「因果帰属」して、みずからが現に立っている文化史的境位の学問的自覚[5]に到達することができる。他方では、そうした「普遍史（世界史）Universalgeschichte」的パースペクティーフを確保したうえで、さればこそひとつの文化圏に相対化される西洋近世以降の文化発展にふたたび立ち帰り、これをこんどはむしろ時間的／空間的に細分し、改めて歴史研究の対象に据え、「意味変遷の理念型スケール」を適用／展開し、「経済と社会的秩序ならびに社会的勢力」（『経済と社会』）に集大成された「類型的／法則論的知識」を援用しながら、（第一次世界大戦敗戦後の）祖国ドイツに足場を定め、アングロ・サクソンとロシアという二大「文明」の狭間に立って、双方に文化史的／精神史的に対峙・対抗しつつ、「末人」「大衆人」流「生き方」の跋扈／跳梁を克服する方途を探っていくこともできよう。

第二節　救済追求軌道の世俗内転轍と伝統主義——ルター宗教改革の意義と「限界」

では、「倫理」論文本論の主題にたいして、前段をなす第一章「問題提起」第三節「ルターの職業観」は、なにを論じ、どんな位置を占めているのであろうか。そこではまず、①ルターによる宗教改革の画期的意義が、明らかにされる。すなわち、ルターは、「命令」と「勧告」との二重規準により、「命令」しか守れない「(在俗平信徒)大衆」と、「勧告」にもしたがう「達人(修道士)」とを分け隔てる、中世カトリックの「世界像」と「教会身分 ecclesiastical status」構造を、「ひたすら信仰によって sola fide」の根本的立場から否認/否定した。社会科学的に見れば、修道院行きの「軌道」に乗って世俗内からは逃避/消散していた宗教的能動層の「観念的利害関心」を、「世俗内」にとどまって(聖職者や修道士に優るとも劣らない)日常道徳/職業倫理を遵守する「軌道」に「転轍」し、以後その実践的活力が、ともかくも世俗内で発揮される初期条件をととのえたのである。ところが、②ルターのばあい、そうして「転轍」された「世俗内」救済追求の「軌道」のうえで「いかに生きるべきか」という肝要な点にかけては、かえって(とはいえ、宗教性に徹するがゆえに、ともいえる)「伝統主義」への傾きが見られ、これが一五二四/二五年農民騒擾への対応以降、年とともに顕著に現われてきた。すなわちルターは、伝統的な社会秩序のもとで、各人がそれぞれ社会的な「身分」や「職業」に編入されること、そのことをも「神の摂理」とみなし、自分が編入された職業に「堅くとどまり」、そのなかにあって「神に服従すべし」と説いた。伝統的な社会秩序とその「下位単位 subdivision」(「身分」ばかりか「職業」さえも)が、「神の摂理」として聖化され、したがって当然、各人の職業活動も伝統の枠をこえてはならないとされた(6)。

ルターは、そうした「摂理観の個別精緻化」と「伝統の神聖視」とにますます傾くなかで、「わざの巧みさ」を賞揚して「わざ誇り Werkheiligkeit」を触発しやすい『箴言』二二章二九節の「わざ מְלָאכָה (mᵉlā'khā)」には、(原語としてはBerufを当てやすい語であったにもかかわらず、じっさいには）Berufを当てず、あっさりGeschäftで通した。それにひきかえ、（伝統主義的／反貨殖主義的な「神への信頼」を説く）『シラ』一一章二〇、二一節では、原語としてはもっぱら世俗的な「仕事work」を意味するergonばかりか、かえって「神の懲罰」としての「苦役toil」という意味合いさえ帯びるponosにまで、あえてBerufを当てた。まさに翻訳者としての意訳、「伝統主義」精神の表明として、「使命としての職業」という聖俗二義を併せ持つBeruf語義を創始したのである。

ただ、ルターに見られるこうした②（「伝統主義」という）「限界」の確定は、ルターの宗教性そのものにたいする本質的批判と混同されてはならない。「倫理」論文に固有の問題設定——すなわち、（ヴェーバー自身も含めて現代人が囚われてはいるが、その意味も来歴も曖昧になってしまっている）「職業義務観」を核心にもつ「（価値）合理的な生き方」「近代市民的職業エートス」について、その歴史的始源を突き止め、変遷の跡をたどり、明晰な自覚にまでもたらそうという「倫理」論文全体の目的ないし問題設定——からすれば、そのかぎりで、そうした「生き方」の直接の（あるいは至近の）始源と見られるのは、ルター／ルター派ではなく、「禁欲的プロテスタンティズム」の「世俗内禁欲」であり、それにたいしてルター的宗教性（そのものというよりも、そ）の外的・社会的作用には、「禁欲」ではなく「伝統主義」に傾く（「禁欲」から見れば「逸れる」）歴史的「文化意義」の「限界」が認められる、というにすぎない[7]。そうした特定の「限界」確認から、「では、ルターによって『世俗内』に向けて『転轍』された救済追求の『軌道』を引き継ぎ、そのうえで『禁欲』の動機をつけ加え、『世俗内禁欲』に『再転轍』したのは、いつ、いかなる宗派か」という問題が設定され、本論（第二章）に引き渡されて、（カルヴィニズムをもっとも首尾一貫した類型とする）「禁欲的プロテスタンティズムの職業倫理」が問われることになる。それゆえに、ここにいたる第一章全体に「問題das Problem」（梶山訳／安藤編では趣旨を汲んで「問題の提起」）という章題が付されているのである。したがって、第一章第三節「ルターの職業観」の全体を取り出すとしても、そこにおける大意右の議論は、こと「倫理」論文にかんするかぎり(8)「全論証構造」の「要」でも「中心」でもなく、主題を扱う本論に入るまえの、(重要ではあっても(9))ひとつの与件にかんする予備討論にすぎない。

およそ研究者は、ある文献を学問的に読解しようとするばあい、原著者自身による重点の限定的配分、叙述各部位の軽重の度合い、これにもとづく章節の配列/構成を、テクストそのものに就き、対象に即して読み取らなければならない。そうする労を厭い、原著者自身のパースペクティーフを無視して、自分のパースペクティーフを持ち込み、押しかぶせて、「要」や「中心」を勝手に創り出してはならない。そうした恣意的操作を戒め、あくまでも対象に就こうとする(Sachlichkeit の)精神を涵養することこそ、大学/大学院における学問的訓練(とくに文献講読/演習)の基本的課題でなくして、なんであろう。

第三節　なぜ真っ先に Beruf 論か——トポスに発する対話としてのヴェーバー叙述

さて、以上の位置価をそなえた「ルターの職業観」節の劈頭第一段落では、「使命としての職業」という聖俗二義を併せ持つ語(ドイツ語では Beruf)が、近世以降プロテスタントの優勢な民族の言語にかぎって見られ、その始源を尋ねると、聖書の翻訳に、しかも翻訳者のひとりルターが『シラ』一一章二〇、二一節の ergon と ponos を Beruf と意訳した時点に遡る(らしい)との趣旨が述べられ、そこに付された注で、当の意訳の経緯が詳細に跡づけられている。

とはいえ、このように真っ先に語 Beruf を取り上げ、語義の由来を論ずるからといって、当の語義形成論が、「倫理」論文全体はもとより、「ルターの職業観」節にかぎっても、最重要な「中心的論点」をなしているというわけではない。一般論としても、ある論文の「中心的論点」を提示するのに、手順を踏んで一歩一歩核心に迫っていくのではなく、冒頭でいきなり持ち出すのは、少なくとも論証を旨とする学術論文としては、稚拙というべきであろう。いずれにせよ、「倫理」論文では、著者ヴェーバーは、第一章「問題提起」の三節いずれにおいても、読者にも馴染みの深い知見(第二節では「フランクリン論」[10])を「トポス(共通の場)」として冒頭に据え、そこから読者と対話を重ねながら、一歩一歩深奥部へと探究を進め、それと同時に、読者に「熟知」されたことがらを歴史・社会科学的な「認識」にまでもたらそうとしている。この第三節でも、同時代の日常語 Beruf の語義論が、著者のそうした叙述目的と構成手法にとって「トポス」として格好であるがゆえに、真っ先に取り上げられている。それも、Beruf の語義が、ルターによる救済追求軌道の世俗内転轍という画期的「意義」と、伝統主義への傾斜という「限界」とをふたつながら象徴する事実とあってみれば、そうした「意義」論、「限界」論への導入部として最適なトポスが選定されているといえよう。

第四節　トポスから奥へは入れない――「倫理」しかも Beruf 論の抜き出し

ところが、羽入は、この第一章第三節冒頭の第一段落を(後述のとおり、羽入書の他の三章における三箇所のばあいと同じく)「倫理」論文全体における位置価を見定めることなく、いきなり抜き出している。かりに羽入の見地に立つとすれば、羽入書全体の眼目は、「ヴェーバーは詐欺師である」との全称判断をくだして「ヴェーバー詐欺師説」を立証することにあろう。とすれば、そうした判断を十全にくだすためには、本来、ヴェーバーの全著作から証拠を集めなければならない。そうすることができずに、全著作から特定の数著作、それもできなくて一著作を抜き出すとすれば、そのばあいにはせめて、当の一著作が、全著作のなかでいかなる位置を占め、そこにおける杜撰、詐術、詐欺が(かりにあったとして)いかに致命的か、著者を全面的に詐欺師と推認するに足るかどうか、を論証しなければならない。

ところが、羽入は、「倫理」論文そのものを抜き出す理由も、論じていない。この点について羽入書を隈なく調べてみても、「倫理」論文が「最も有名な」「代表作」(一、二六五)であるという世評におもねた断定以外、なんの根拠づけも見当たらない。そのうえで、当の「倫理」論文から、ここで第一章第三節第一段落の Beruf 論を抜き出すにあたっても、『倫理』論文前半部の中心的論点をなすと言ってもよい、余りにも有名な部分である」(二三)と述べるのみである。羽入は、あたかもそれだけで、この箇所に的を絞ることの根拠づけが済んだかのように、あっさりとつぎの論点に移ってしまっている。

このように概念規定を欠く「甘い陳述」にたいしては、大学/大学院における研究指導において、たとえば卒論/修論/博論構想発表ゼミや論文審査における口頭試問などの機会に、①「前半部」というが、いかなる規準によって、どこで「前半部」と「後半部」とを分けるのか、それぞれの「主題」ないし主要「論点」はなにか、双方の「主題」ないし「論点」がどういう「関係」にあるのか、②「中心的論点」というが、どういう意味で「中心的」なのか、③「あまりにも有名な」というが、なぜ「有名な」のか、かりにじじつ「有名」としても、そういう世評を既成事実として無批判に受け入れ、その前提に乗って立論することが、学問として許されるのか、といった当然の質問が、「議論仲間」としての学生/院生から、あるいは先輩や「指導教官」から、つぎつぎに浴びせられるであろう。そのようにして、論文執筆者がどの程度、自分が題材として取り上げている文献を読みこなしているか、それについて透徹した理解と独自の見解の形成にまでいたっているか、がたえず試されるであろうし、試されなければならない。学生/院生の論文執筆者自身も、そうした経験を積むなかで、当然、同じような質問/あるいはもっと厳しい質問を予想し、問われるまえに、自分のほうから先手を打って、ありうべき質問への回答を概念的に詰めて示し、ゆめゆめ「甘い陳述」は「人目にさらすまい」と心がけ、こと学問にかんするかぎりは慎重にも慎重を期し、やがてはそれが「習い性とな」って」、整然とした論文も書けるようになろう。ちなみに、ある学生／院生にどの程度研究者としての素質がそなわっているか、の目安として、①ことさら「手取り足取り」指導しなくとも、自分だけで、あるいは「議論仲間」との討論だけで、ことを運び、整然たる論文を完成してしまう人、②一度指摘すれば、自分のほうから同種の質問を予想し、致命的な瑕疵や欠落はない論文を仕上げられる人、③思い込みが激しく、なんど注意しても「隙だらけ」の叙述を改めようとせず、改められない人、という規準を立てることができよう。

さて、ヴェーバーのばあい、いうなれば「倫理」論文が、かれの著作全体へのトポスである。フランクリン論はその第一章第二節の、Beruf論はその第一章第三節のトポスにほかならない。つまり、原著者が、読者との接点として、意図して分かりやすく、興味をそそるように書いている部位である。しかし、それらはひっきょう、議論の深奥への導入部、いわば「序の口」にすぎない。思うに、そうしたトポスの（また）トポスにとりついただけで、著者との対話を根気よく深奥部にまでつづけていこうとしない人／つづけられない人／（なお困ったことに）つづけられる人にたいして「ルサンチマン」を抱き、「逆恨み」する人が、それにもかかわらず、あるいはまさにそれゆえに、「ヴェーバー通」を装い（一二、参照）、ヴェーバーを「詐欺師」に仕立てて引き倒し、「溜飲を下げ」「恨みを晴らそう」とくわだてれば、そういう人にも分かるかぎりのトポス／序の口を、「中心的論点」と強弁し、同じ理由でトポスを中心的論点と錯視しがちな世評を味方につけ、概念的に詰めた根拠づけの欠落は恣意的断定の反復と罵詈雑言で糊塗し、あわせて耳目聳動と世評受けを狙ってしゃにむに奮闘するよりほかには、なすすべがないであろう。そういう人には、対象に即して「全論証構造」を再構成し、個々の論点の位置価を見定めて論証することなど、もともと無理であろうし、おそらくは関心事でもないであろう。

第五節　「言語創造的影響」の歴史的・社会的被制約性――Beruf論と英訳論及の位置価

さて、羽入はつぎに、当の第一段落に付された注三全六段落の叙述から、末尾第六段落の大半を占める、一六世紀イングランドにおける聖書英訳とBeruf相当語普及の経緯にかんする叙述を、これまたいきなり、つまりこの注三全体のコンテクストとそのなかにおける第六段落の位置価を無視して、抜き出している。

この注三は、(一)ルター以前の用語法、(二)ルターにおけるBerufの用法二種、(三)ルターにおける『シラ』一一章二〇、二一節の用語法、(四)ルターにおける『コリントI』七章一七〜三一節の用語法、(五)ルターにおける『シラ』一一章二〇、二一節へのBeruf適用の経緯、(六)ルター以後一六世紀におけるBeruf相当語の普及、とも題されるべき六つの段落からなり、優に独立の一論文ともなりうる密度の高い内容と、厳密な論理的構成をそなえている。ただそれが、「倫理」論文の価値関係的パースペクティーフにおいては、トポス論議の付録として、注に送り込まれている。著者ヴェーバーの「関心の焦点」が、「生き方」(「エートス」と「思想」)にあって、たんなる語や語義や用語法にはないからである。[12]

注三の論旨を要約すれば、こうもいえようか。すなわち、語Beruf(厳密には「発音がBerufに相当する語」)は、ルター以前には(あるいは、ルター自身においても『コリントI』七章一七〜三一節のコンテクストを例外として除けば)、もっぱら「神の召し」あるいはせいぜい「聖職への召喚」という純宗教的な意味に用いられていた。それが、『コリントI』七章一七〜三一節で、「政府、警察、婚姻などの、神によって定められた客観的秩序(ないしはその秩序を構成する客観的『身分』)」の意味を帯び、一五三〇年の「アウグスブルク信仰告白」でもこの意味に用いられた。ルターは、神の無償の恩恵にたいする内面的信仰を本義とする根本的立場から、外面的な行い／わざと、わざにもとづく外面的差異を相対化し、「命令」だけを守る「不完全な者＝在俗平信徒」と「勧告」にもしたがう「完全な者＝修道士」とのカトリック的区別を廃棄し、世俗内にあって神への信仰を貫き、世俗内道徳を遵守することこそキリスト者の「生き方」と説いていたが、やがて、①「現世の subdivision としての身分」ばかりか、②「摂理観の個別精緻化」と③「伝統的秩序の神聖視」にともない、「現世のさらなる subdivision としての職業」までも「神の摂理」と捉え、「神に召された使命としての職業」という概念を抱懐するにいたった。先に孕まれたこの職業概念が、聖書そのものの翻訳において最初に聖句として表明され、一語に凝結したのは、ルターのばあいは一五三三年の『シラ』訳で、一一章二〇、二一節の、もっぱら世俗的職業を意味していた原語 ergon と ponos に Beruf を当てたとき、まさにそうした意訳の形式をとってであった。その後、この純宗教的な語を純世俗的な職業／職業労働に当てて新たな語義を賦与する明白な意訳が、ドイツ語圏ではルター以降の翻訳者たちにより、（誤訳として拒否・排斥されるのでもなければ、「奇抜」「問題外」として顧みられずに廃れるのでもなく）まさにルターが賦与した新たな語義どおりに受け入れられ、普及して、今日にいたっている。[13]

そうなったのはもとより、宗教改革の精神が広く普及し、ルターの職業概念を受け入れる思想的な素地がととのい、社会的な「共鳴盤 Resonanzboden」が成立していたからであろう。ただ、そうした概念ばかりか、[14]概念を表示する意訳語 Beruf までが、拒斥されず、廃れもせずに、かえって「言語創造的 sprachschöpferisch」な意義を帯び、影響力を発揮し、ドイツ語圏という「言語ゲマインシャフト」[15]の保有語彙のなかに取り入れられ、確たる地歩を占めて今日にいたっているのは、いったいなぜであろうか。それはなにか、ルターによる、しかも旧約外典『シラ』の一カ所における一回かぎりの「カリスマ的」語義創造が、一種独特の無制約的な（それ自体の潜勢力が時空を越えて発現し、あまねくいきわたるといった）「呪力」を帯びて、これが（歴史的・社会的には異なる条件のもとにある）他国語においても、直接まずは『シラ』の同一箇所に発現し、そこから他の諸箇所にも「伝播」し「波及」していった結果である、というわけではあるまい。そうした特定語 Beruf の普及は、一方ではルター派が、一六世紀のドイツ語圏という

「言語ゲマインシャフト」において、まだ「多数派」とはいかなくとも少なくとも侮りがたい宗教的・宗教政治的勢力をなしつつあり、他方、ドイツ語という言語そのものが、領邦国家群への分裂と多様な方言の割拠から、国語としてまだ「合理化（ステロ化）」されず、まさにそれだけルターによる聖書独訳の宗教的・文化的・政治的な、それゆえ「言語創造的」な影響が、国語の「合理化」（「標準語」の確定／ステロ化）そのものにさえおよびえた、という歴史的・社会的な諸条件に制約された帰結であるというほかはないであろう。

ヴェーバーは、「ルターの職業観」節第一段落に付された注一を、「ルターは、まだアカデミックに合理化されていなかった当時の官用ドイツ語に、言語創造的な影響を与えることができたけれども、ロマン語系諸国のプロテスタントは、信徒数が少なかったため、そうした影響を［それぞれの母国語に］与えることができなかったし、あえて与えようともしなかった(16)」と締め括っている。また、注三の第五段落末尾、つまり問題の第六段落に入る直前でも、ルター派の範囲をこえるBeruf相当語の普及に論点を転ずるに当たって、つぎのように述べている。

「こうしてルターによって創始された、今日の意味における語Berufは、さしあたりはもっぱら**ルター派内**にかぎられていた。カルヴァン派は、旧約外典［したがってそのひとつ『シラ』］を正典外unkanonischと見なしていた。カルヴァン派が、ようやくerstルターの職業**概念**Berufs-*Begriff*を受け入れ、重視するようになって今日にいたるのは、『確証』問題への関心»Bewährungs«-Interesseが前面に出てくる、あの発展の結果であって、当初の（ロマン語系の）翻訳では、ルターの職業概念を表示するのに使える語がなく、かつまた、すでにステロ化されている国語の語彙のなかに、そうした［ルターの職業概念を表示する］語を創り出し、流布させ、慣用語として定着させるだけの勢力もなかった(17)」。

このようにヴェーバーは、概念と、概念を表示する語とをはっきりと区別し、職業概念を語義として表示する語（BerufならBeruf）の創始が、拒絶されず、廃れもせずに普及していく歴史的運命を、当然、紆余曲折をともなう現象とみなし、複雑な歴史的／社会的諸条件を視野に収めたうえで、そのなかで捉えていこうとしている。とりわけ、「世俗内禁欲」の歴史的生成と帰結という「倫理」論文の主題にとって最重要なカルヴァン派については特筆して、そこでは、正典とは見なされない『シラ』の訳語はさしたる問題ではなく、[18] ルターの職業概念でさえ、評価され、重視されるようになるのは、カルヴァン派独自の、しかも大衆宗教性の発展を経て、（ルターにおける語 Beruf 創始の影響というこの注三の視点からは、いわば）影響先の主体的条件が後に熟して以降のことである、と述べている。すなわち、「この自分ははたして（予定説の）神に選ばれているのか、それとも棄てられているのか、どうしたら自分の選びを確信できるのか」という『確証』問題への関心」が、平信徒大衆にとっては切実となり、[19] 牧会ではこの問いに答えて、「神の道具」として職業労働に没頭せよ、と説かれ、このコンテクストで、ルターの「使命としての職業」概念が受け入れられ、同時に（ルターの職業概念から伝統主義色を払拭し、「現世改造／禁欲実践の変更可能な拠点としての職業」に意味変換する方向で）鋳直された、というわけである。カルヴァン派独自のこうした発展は、もとよりルターによる語 Beruf 創始の直接の（一六世紀における）影響には帰せられない。したがって、この注三のなかの、すぐあとにつづく最終第六段落では扱いきれないし、扱うべきでもない。それこそ、本論で、「ウェストミンスター信仰告白」（一六四七年）に表明された「二重予定説」神観の分析から始め、立ち入って論及されるはずである。原著者ヴェーバーは、直前でこのように、わざわざ断っているのである。

　以上が、ⓐ羽入によって論難の的とされている遺構（「倫理」論文）の一部位（第一章第三節劈頭第一段落のトポスに付された注三の第六段落）で、ルターによる Beruf 語義創始直後の一六世紀とくにイングランドにつき、英訳諸聖書に現われた訳語の帰趨を瞥見／通観しておこうとする、原著者ヴェーバー自身のパースペクティーフであり、その限定である。

第六節　概念と語の混同と「唯『シラ』回路説」

では、羽入はどうか。当該部位の論点を、ⓑどう捉え、いかなるパースペクティーフに移し入れるのか。ここで、かれが繰り返し力説するところを、煩を厭わず傾聴するとしよう。

(1)「……ヴェーバーによれば、『ベン・シラの知恵』一一・二〇、二一の当該箇所をルターが『世俗的職業』の意味を含む形で"Beruf"と訳したこと、そのことが、他のプロテスタント諸民族の俗語においてと同様、英語の内においてもまた、『世俗的職業』を意味するところの"calling"概念をもたらしたのであった……」(二五)

(2)「……『ベン・シラの知恵』一一・二〇、二一における『世俗的職業』の意味を含んだ独語"Beruf"がプロテスタント諸民族の俗語の内に受け入れられることによって、それぞれの国語の内に"Beruf"に相当する語を生み出していったのである、というのがヴェーバーの立論の骨子であった……」(三〇)

(3)「……『ルターが与え得たような言語創造上の影響』を、それもルターによる『ベン・シラの知恵』一一・二〇、二一における"Beruf"というあの訳を介することによって、その国の俗語の内に与えることに成功したところの、ドイツ語以外のプロテスタント諸民族における『ベン・シラの知恵』一一・〇、二一節の聖書訳……」(三二)

(4)「……『ベン・シラの知恵』一一・二〇、二一におけるルターによる訳語"Beruf"を通じて、英語圏内において"Beruf"に相当するニュアンスを含んだ"calling"という語が発生したとするヴェーバーの立論……」(三五)

(5)「……『ベン・シラの知恵』一一章二〇、二一節を経由して英国においてルターの"Beruf"－概念に相当する"calling"概念が発生したとするヴェーバーの主張……」(三五)

(6)「……彼［ヴェーバー］がルターの"Beruf"訳の直接の影響が現れているはずである『ベン・シラの知恵』一一・二〇、二一の英訳聖書の各訳を見て議論を立てることができず、全く意味のない『コリントⅠ』七・二〇で議論を組み立てざるを得なかったのは、ただただOEDの“calling”の項目に『ベン・シラの知恵』一一・二〇、二一の用例が記載されていなかったから、という情けないことになる。」(四四)

(7)「彼〔ヴェーバー〕が『ベン・シラの知恵』一一・二〇、二一におけるルターの“Beruf”訳の直接の影響を『ベン・シラの知恵』一一・二〇、二一の英訳聖書の用例を用いて『倫理』論文中で論じれなかった〔sic〕のは、現物の聖書を手に取って調べなかったからに過ぎない。」(四四)

(8)「……『倫理』論文における彼の元来の主張……、すなわち、『ベン・シラの知恵』一一・二〇、二一におけるルターによる“Beruf”の訳語の影響下においてこそ、あのプロテスタント諸民族に特有の、宗教的召命の意味を含むと共に世俗的職業をも同時に指す、“Beruf”という語と似た色合いを持つ語が、全てのプロテスタント諸民族の俗語の内に生み出されたのであるとする彼の元来の主張……」(五一)

(9)「……『ベン・シラの知恵』一一・二〇、二一における“Beruf”という訳語こそが、“Beruf”という語の、宗教的意味ばかりか〃世俗的職業〃の意味も含む、ルターが創始した用法なのであり、そしてその用法がプロテスタント諸国のそれぞれの国語に影響を与えたのであるとヴェーバーは主張したのであるが、ところが彼が英訳聖書に関して詳細に論じているのは『ベン・シラの知恵』一一・二〇、二一ではなく『コリントI』七・二〇である。」(二六五)

(10)「……ルターが『ベン・シラの知恵』一一・二〇、二一を〃世俗的職業〃の意味を含む形で“Beruf”と訳し、その用法を聖書の英訳者達が直接に受け継ぐ形で、〃宗教的召命の語義を含む職業という語〃が英語圏へと伝わったというヴェーバーの推論は成り立たない。」(二六六)

このように同じ趣旨を飽くことなく繰り返せるのが、羽入の叙述に独特の持ち味であるが、この十カ所を読み通すと、まず、(1)と(5)では「概念」、他では「語」ないし「用法」(用語法)との表記が見られ、概念と語とが区別されずに混用/混同されていることが分かる。では、この混同は、なにを意味し、なにをもたらしているか。

本稿でも確認してきたとおり、ルターにおいてはまず、「神の摂理としての客観的秩序」という概念が孕まれ、この「客観的秩序」が「身分」から「職業」へと個別化されて、「使命としての職業」という概念が成立し、これが、聖句としては、ルターによる聖書翻訳事業の進展において、たまたま旧約外典『シラ』翻訳の時期と重なったために、その一一章二〇、二一節の ergon と ponos に Beruf を当てるという形で、鮮やかに表明されたのであった。とすれば、まえもって成立している（あるいは形成途上にあるか成立間際にある）職業概念が、聖句以外にも、たとえば釈義や著作や語録に、同様ないし（多少は）別様に表現され、これが広く俗語の語彙や用語法にも影響をおよぼしていく、ということもあったはずである。また、聖句にかぎるとしても、ルターの翻訳計画ならびにその進捗のいかんによっては、当の職業概念が、『シラ』句ではなく、最寄りの時期に翻訳された他の聖典の（ただし世俗的職業を伝統主義的に意味づけるかぎりで『シラ』句と同義・等価ないし類似の）箇所に、語としては先に表現されて定着し、その後『シラ』句にも適用される、ということも、十分「客観的に可能」であったろう。[20] ルター以降、ルター派の翻訳者たちが、ルター本人は Ruf で通した『コリントI』七章二〇節の klēsis にも Beruf を当てた、という事実も、ルターが（かれはかれの事情で）最初には『シラ』一一章二〇、二一節に語 Beruf を当てて表明した「使命としての職業」概念を、後のルター派の翻訳者たちが引き継ぎ、それを翻って（いまや ergon や ponos の世俗的職業／職業労働という意味も含めながら）『コリントI』七章二〇節（の klēsis）にも適用した結果であって、いわば「使命としての職業」を語義とする語 Beruf の再成立、再々成立、……の連鎖と解されよう。

ところが、羽入は、「使命としての職業」を表す語 Beruf の、ルターにおける成立を、先行する概念形成から切り離して、短絡的に『シラ』一一章二〇、二一節に直結し、ここに過当な力点を置き、あたかも一回的な「言霊」「呪力」の源泉がそこに湧き出たかのように捉えて、右記引用のとおり反復／強調する。その結果、（3）の引用句からも明白に読み取れるとおり、他の「言語ゲマインシャフト」にあって他宗派に属し、それぞれの歴史的・社会的条件のもとで宗教改革にかかわっている翻訳者たちもみな、当事者としての聖書翻訳計画のいかんにかかわりなく、所属宗派における旧約外典一般の位置づけと取扱いのいかんにもかかわりなく、ただただルターが旧約外典『シラ』の翻訳で鮮やかな意訳を敢行したという理由だけで、ただちにそれを、そのまま自国語版『シラ』訳に引き写すかのように、また、そうしさえすれば、あたかもルターが『シラ』句で捻り出した「言霊」の「呪力」がそのまま自国語版『シラ』句にも乗り移って、歴史的・社会的諸条件のいかんにかかわりなく、「ルターが与え得たような言語創造上の影響」力を発揮し、他の聖句や俗語の語彙にも波及していくかのように、頭から決めてかかっている。この生硬な非現実的・非歴史的想定こそ、筆者が前著『ヴェーバー学のすすめ』で「唯『シラ』回路説」と名づけたものにほかならない。羽入書第一章では、こういう「言霊・呪力崇拝」の非科学的カテゴリーが「プロクルーステースの床」にしつらえられ、「倫理」論文「遺構」から抜き取られた「遺物」が、その上に寝かされて裁断されるのである。

第七節　定点観測に最適の『コリントI』七章二〇節

羽入は、原著者ヴェーバーが、問題の第六段落に入る直前で、右記のとおり、『ベン・シラ』中心の「呪力崇拝」的パースペクティーフを戒め、Beruf相当語の直後の普及についても、普及先の歴史的・社会的諸条件と翻訳者たちの主体性を顧慮するようにと説き、警告を発していたにもかかわらず、読み落としたのか、読んでも意味を考えなかったのか[21]、ⓑ羽入自身の「言霊・呪力崇拝」的「唯『シラ』回路説」のパースペクティーフ（「配置構成図」）を外から持ち込み、第六段落の論点を、ヴェーバー歴史・社会科学の原コンテクスト／原パースペクティーフから引き抜いて、自分の「配置構成図」に移し入れ、ⓒ「杜撰」の証拠に意味変換している。

まず、羽入は、右記引用(6)からも読み取れるように、ヴェーバーが英訳諸聖書の『シラ』一一章二〇、二一節を調べるべきであったにもかかわらず、それができずに、「全く意味のない」『コリントI』七章二〇節 klēsis の訳語を調べている、と非難する。ところがそれは、繰り返すまでもなく、かれが「唯『シラ』回路説」という非現実的・非歴史的仮定を持ち込み、これに囚われて第六段落を読み、ヴェーバーの論点も、そうした自分のパースペクティーフに移し入れ、並べ替えるからこそ成り立つ「読み」であり、非難である。ドイツともロマン語系諸国とも異なるイングランドの「言語ゲマインシャフト」にあってルター/ルター派とは異なる諸宗派に属する翻訳者たちの訳語選択を通観するにあたっては、歴史的・社会的条件の違いを考慮に入れてかかる必要があり、意味のある類例比較を(当該第六段落ひとつで)手短かに完遂するには、定点観測点をひとつ選定しなければならない。とすればそれに最適なのは、(新約正典として)すべての宗派に重視され、[22]かつ(ルター本人における)純宗教的「召し」から「神の摂理としての客観的秩序」「客観的秩序の下位単位としての身分」をへて(ルター以降の「普及諸版」では)「使命としての世俗的職業」にいたる意味変遷が、前段までで確認され、ひとつのスケールをなすことが判明している『コリントI』七章二〇節であり、それ以外にはないであろう。羽入は「全く意味のない」『コリントI』七章二〇節というが、それは、ヴェーバーがこうした方法的思考にもとづいて定点観測点を選定している「意味がまったく分からない」という告白と解されよう。

第八節　杜撰による「杜撰」の創成——誤導防止は専門家の責任/社会的責任

大学/大学院における文献講読演習などで、こういう「怖さを知らない無理解」が露呈すれば、「『テクストの字面しか読まない』でいると、誤解したり、皮相な解釈にとどまったままで『自分では得意になる』ことがままあるから、慎重によく行間を読むように」と注意され、是正されるはずである。それが、読解指導／研究指導の基本といってよい。ところが羽入は、テクストを字面でも、まともに読んではいない。というのも、羽入は趣旨右の論難を開始するに当たって、つぎのように述べている。

「前掲引用部分〔第六段落中のイングランドにかかわる部分〕の冒頭は、『英国では〔──全てのものの中で一番最初のものとして──〕ウィクリフ派の聖書翻訳（一三八二年）がこの箇所を hier “cleping”（後に “calling” という借用語によって取って替わられた古代英語）と訳し……』という唐突な表現で始まっており、これのみでは、ここでヴェーバーがどの箇所を指して述べているのか極めて分かりにくいのであるが、ここで論じられているのが『ベン・シラの知恵』一一章二〇、二一節ではなく『コリントI』七章二〇節であることは、ティンダル訳を “in the same state wherein he was called” と引用していることから分かる」（二五―六）。

原文の hier が『コリントI』七章二〇節を指すということが、同じ文章後段のティンダル訳から遡って初めて分かる、といいたいのであろう。

ところが、羽入によって当該第六段落から引用された叙述の直前には、「ルター**以前の**聖書翻訳者は、klēsis の訳語として »Berufung« を用いていたし（……）、一五三七年のエック訳インゴルシュタット版では、»in dem Ruf, worin er beruft ist« となっている。ルター以後は、カトリックの翻訳もたいていは直截にルターにしたがっている」[23]とあり、この直後に「イングランドでは、……」という羽入の「前掲引用部分の冒頭」がつづく。したがって、羽入が引用した原文の hier が『コリントI』七章二〇節を指すことは、字面でも、直前のエック訳 »in dem Ruf, worin er beruft ist« から一目瞭然である。これが「唐突」に見えて「極めて分かりにくい」というのは、「イングランドでは、……」以下を、同じ段落しかも直前の文章から切り離し、そこだけに視野を限定してしまうからで、明らかに読み手の側の錯視である。

なるほど、こういう箇所（大学／大学院教育がまともにおこなわれていれば、「言論の公共空間」にさらされるまえに是正されているはずの単純なミス）をいちいち取り上げて立証までするのは、「大人げない」些事拘泥にはちがいない。しかし、「倒す」と決めた相手の「あら」を、こういうふうにして「捜す」、というよりもむしろ創り出し、捏造し、あわせて自分の読みと論証の「緻密さ」を誇示しようというのが羽入流の計算で、類例も枚挙にいとまがない。読者間にも、こういう箇所を、いちいち原文ないし訳文と照合して検証しながら読む人は、ごく少ないであろうし、そんな重荷を読者に負わせるべきではないから、少なくて当然であろう。ところが困ったことに、それでは、こういう具合に「杜撰」を捏造する「一見自信たっぷりの口吻」が影響力を取得し、読者誤導が「野放し」になる。こういう一見些細な問題点を逐一指摘し、目に止まりにくい誤読／錯視／曲解／誤導を、さればこそ労を厭わず暴露、論証して警鐘を鳴らすことも、まさに目につきにくいがゆえに、専門家以外の誰にも転嫁できない、優れて専門家の責任とされざるをえないのではないか。現代大衆教育社会の構造的背景のもとで、羽入書が「言論の公共空間」に華々しく登場し、いっとき脚光を浴びた意味を、相応に深刻に受け止めるならば、専門家の責任／社会的責任をそこまで広げるほかない時代に入ってしまった、と認識し、専門家・当事者としての自覚にもとづく、責任ある対応を、考えていくべきではあるまいか。

第九節　思い込みの枠内で「詐欺」仮説から「杜撰」説へ後退

つぎに羽入は、なぜヴェーバーが、『シラ』一一章二〇、二一節でなく『コリントI』七章二〇節を取り上げたのかにつき、①『シラ』一一章二〇、二一節を調べるとBeruf相当語(calling系)でないことが判明して、「自分の立論が破綻してしまう」(右記第六節引用(10))と知っていた(から、『コリントI』七章二〇節を持ち出して破綻を隠蔽し、読者を欺いた)、②英訳諸聖書を逐一手にとって調べる研究を怠り、OEDの"calling"項目に当たってみたにすぎず、そこには『シラ』一一章二〇、二一節の用例が記載されていなかったために言及できず、代わっては記載のあった『コリントI』七章二〇節を持ち出してお茶を濁した、というふうに、自分の思い込みの枠内でふたつの理由を挙げ、①「詐欺説」を仮説として非難の言葉は投げつけながら、立証はできないと悟ってか、けっきょくは②「杜撰説」に後退している。

「ヴェーバーは英訳聖書では『ベン・シラの知恵』一一章二〇、二一節の当該部分が"calling"とは訳されていぬ[sic]ことに少しも気づいていなかったために、全く無邪気にも英訳聖書における『ベン・シラの知恵』一一章二〇、二一節を引用しなかったのであろうか。あるいは全く逆に、ヴェーバーは英訳では『ベン・シラの知恵』一一章二〇、二一節の当該部分が"calling"と訳されていぬ[sic]ことを承知していたからこそ、それらに言及しなかったのであろうか。

もしも後者であるとするならば、"calling"とは訳されていない英訳聖書における『ベン・シラの知恵』一一章二〇、二一節に言及することが自分の立論にとって不都合であることを十分意識した上で、『ベン・シラの知恵』一一章二〇、二一節ではなく本来は全く関係もなく意味もない『コリントI』七章二〇節に関する詳しい議論に読者の注意を引きつけそらすために、『コリントI』七章二〇節に関する難解な詳論をした、ということになろう」(三五)。

こうまでいっておきながら、羽入はすぐに踵を返す。

「ヴェーバーは英訳聖書において『ベン・シラの知恵』一一章二〇、二一節が"calling"とは訳されていないという事態を全く予想もせずにいた、と推測される。よりあからさまに述べるならば、ヴェーバーは『ベン・シラの知恵』一一章二〇、二一節の当該部分を英訳聖書がどのように訳しているかについて、オリジナルな英訳聖書で調べてみることすらもしなかった、ということである。われわれの推測の根拠となる点を以下に挙げよう」（三五―六）。

第一〇節　パリサイ的衒学癖――テクスト読解の杜撰と針小棒大な非難

そこで、その「推測の根拠」を検証しよう。（n）は、羽入書の区分けである。

（1）ヴェーバーは、第一章第二節冒頭のフランクリン論で、『自伝』から『箴言』二二章二九節を引用し、そこの「わざ m^{e}lā'khā」（フランクリン父子では calling）が、ルターでは Geschäft、「比較的古い英訳諸聖書 die älteren englischen Bibelübersetzungen」では business と訳されている、と注記している。(24) これについて羽入は、カトリック教徒が一六一〇年に北フランスのドゥエで刊行した英訳旧新約全書では、ここが business ではなく worke と訳されている事実と、一五八二年に同じくカトリック教徒がランスで刊行した新約（のみの）版にはヴェーバーが第六段落で言及している事実とを挙げ、大仰に、こう結論づける。

「ヴェーバーは、『箴言』二二・二九を、すなわち、『倫理』論文全体の彼の立論にとって最も肝心な部分の論拠を調べる時にはカトリック訳を参照せず、それに比べればどうでもいいとすら言える『コリントI』七章二〇節を調べる時にはカトリック訳をきちんと調べた、……。……これは到底考えられぬほどに矛盾に満ちた行動である」（三七）と。

いかにも羽入らしい難詰ではある。ところが、羽入書の六〇―一ページに掲げられている『箴言』二二章二九節の訳語一覧表を見ると、一五三五年の「カヴァーデイル訳」から「ジュネーヴ聖書」（一五八七年版）までの一一種ではすべて business と訳されており、ただ一六一〇年のドゥエ版だけが、唯一例外的に worke と訳出しているにすぎない。

翌一六一一年の「キング・ジェイムズ欽定訳」も business を踏襲している。

翻って「倫理」論文の、問題の注記を原文で読むと、羽入が邦訳をそのまま引用して、ヴェーバーが『古い英訳聖書では』と総称的に述べた」(三七)と決めている箇所で、ヴェーバー自身は älter と比較級で語っており、世紀の境目で分けて一六世紀の諸聖書を älter で括ったとすれば、一六一〇年ドゥエ版の例外を無視したわけでもない[25]。また、フランクリン父子が calling で読んだ箇所は「比較的古い英訳諸聖書では business となっている」と注記するさい、ヴェーバーは意味上、ルターにおいても Geschäft であったように、「比較的古い英訳諸聖書では「プロテスタントの諸聖書でも、まだ」business であった」という不一致／対照を主として考え、これに力点を置いていたにちがいなく、反面、カトリックのドゥエ版は考慮外に置いてとくに断らなかったとしても、『倫理』論文全体の彼の立論にとって最も肝心な部分」にかんする致命的な瑕疵とはいえまい。そう決めつけるほうこそ、かえって、問題の注に出てくるフランクリン父子の calling と、第一章第三節第一段落注三第五段落で取り上げられるルターの Geschäft との当然の不一致を「アポリア」に仕立て、両者が語形で直接一致しなければ「倫理」論文の「全論証構造」が崩壊するという奇想天外な思い込みと、およそいかなる資料も、価値関係性のいかんにかかわりなく、「原典を手にとって調べなければならない」という「過同調」のパリサイ的衒学癖（軽重の判断がつかない「なにがなんでも一次資料マニア」）を露呈しているのではなかろうか。

第一一節　「事実誤認」の伏線——通称を正式名称に見せて恣意的に限定

(2) ヴェーバーは、第六段落中で、「一五三四年のティンダル訳 die Tindalsche von 1534」と「一五五七年のジュネーヴ版 die Geneva von 1557」とが『コリントⅠ』七章二〇節の klēsis を state と訳出している、と指摘している。[26]羽入はここについて、「一五六〇年の『ジュネーヴ聖書』」（三九）を持ち出し、そこでは state ではなく vocation と訳されているという。というのも、

（3）羽入によれば、ヴェーバーの主張は「それ自体と見てもすでに奇怪」（三九）で、『ジュネーヴ聖書』は一五六〇年に初めてこの世に現われた」（四〇）のであり、「ヴェーバーのいう『**一五五七年の**ジュネーヴ聖書』など有り得ない」（四〇）のだそうである。

羽入のこの言い回しからは、なにか正式に『ジュネーヴ聖書』と名づけられた版本があって、それが「一五六〇年に初めてこの世に現われた」かのような印象を受ける。ところが、「ジュネーヴ聖書」とは、じつは後世につけられた「あだ名」ないし「通称」にすぎず、「この聖書そのものにそう書いてあるわけではな」く、ただ「発行場所としてジュネーヴと記載されているだけである」[27]。メアリI世の迫害を逃れてジュネーヴに亡命したウィリアム・ウィティンガムが、一方ではカルヴァンやド・ベーズによる仏訳「ジュネーヴ聖書」の進捗をにらみ、他方ではティンダル訳を改訂し、古典語学者たちの協力もえて、初めに新約部分の英訳を完成し、ジュネーヴで刊行したのが「一五五七年のジュネーヴ版」ないし「ジュネーヴ聖書一五五七年版」である。これに旧約部分を加え、三年後に同じくジュネーヴで刊行したのが「一五六〇年のジュネーヴ版」ないし「ジュネーヴ聖書一五六〇年版」にちがいない。なるほど、専門家の間で「厳密には、ジュネーヴ聖書というと一五六〇年の旧新約全書を指」し、「一五五七年のものは、ジュネーヴ新約聖書などと呼ばれている」[28]そうである。しかし、「倫理」論文は、聖書史の専門文献ではないし、第六段落のこの箇所で定点観測点として取り上げられ、訳語が問題とされるのは、新約の『コリントⅠ』七章二〇節であるから、ウィティンガムらによる新約の英訳が「初めてこの世に現われた」「一五五七年のジュネーヴ版」のほうをとり、そう明記して引用するのに、まったく問題はないはずである。むしろ、「ジュネーヴ聖書」を正式名称と決めてかかって一五

六〇年版だけに限定するほうが、ヴェーバーを「奇怪」、（つぎの（4）では）「事実誤認」「誤り」に陥れる伏線、「ためにする議論」ではあるまいか。

（4）羽入は、一五五七年版と一五六〇年版の表紙の写真を掲げ（三八―九）、それを見ても正式の表題には、「ジュネーヴ」との表記は見られないにもかかわらず、前者を「ウィティンガム訳新約聖書」、後者を（こちらには訳者名を記さずに）「ジュネーヴ聖書」と称して、後者だけが『ジュネーヴ聖書』であるかに見せる。そして、「ただし、ともに"AT GENEVA"と書いてあるので、それだけにとらわれると確かに間違えやすい。ここから裏書きされるのは、ヴェーバーが現物の『ジュネーヴ聖書』を見たことがない、ということである」（四〇）と断ずる。

（5）さらに羽入は、これを「事実誤認」（四〇）と称し、この「事実誤認」をヴェーバーがいかなる二次文献から引き継いだのか、と問う。そして、一八九三年に刊行され、ヴェーバーも参照が可能であったOEDの前身A New English Dictionary on Historical Principle の第二巻C項目に"1557 *Geneva*, in the same state wherin he was called"という用例があるのを引き、「ヴェーバーは、このOEDの誤りを踏襲した可能性が高い」（四〇）とする。ちなみに、羽入によれば、一九八九年に出たOEDの現行第二版でも、「この部分の記載は……訂正されておらず、そのままになっている」（四一）という。

しかし、この「一五五七年ジュネーヴ版」という記載は、右記のとおり、なんら「事実誤認」でも「誤り」でもなく、「訂正」の必要もないであろう。(29) したがって、ヴェーバーがその記載を引き継いだとしても、誤りではない。また、ヴェーバーがOEDに依拠したこと自体の意味については、後段で述べる。

第一二節　推測で「専門家が腹を抱えて笑う」姿を想像する「学問上の叛乱」

（6）最後に、羽入は、ヴェーバーが第六段落で引用している『コリントⅠ』七章二〇節の用例は、唯一の例外を除き、ことごとくＯＥＤに記載されている用例と一致するとして、その例外を取り上げる。それは、「一五三九年の公認の**クランマー**訳 die offizielle *Cranmer*sche Uebersetzung von 1539 が［ティンダル訳の］state を calling で置き換えたのにたいして、一五八二年のカトリックのランス聖書と、エリザベス時代における宮廷用のイングランド国教会聖書［複数］die höfischen anglikanischen Bibeln der elisabethanischen Zeit が、ふたたび公認ラテン語訳聖書ヴルガータに倣って、vocation に戻っているのは注目すべきことである[30]」とある箇所の「エリザベス時代における宮廷用のイングランド国教会聖書」のことである。なぜここが問題になるのかといえば、この聖書［複数］がヴェーバー独自の調査の結果であるとなると、すべてＯＥＤに依拠したという羽入説が崩れるからであろう。そこで羽入は、この反証潰しにかかる。

羽入によれば、エリザベスⅠ世時代（一五五八―一六〇三）、「新たな聖書は三種類しか出されていない」（四二）という。ところが、羽入は、その根拠を示していない。じじつ、丸山尚士の調査によれば（橋本ＨＰコーナー掲載の丸山第二寄稿参照）、この期間には、羽入が取り上げている三種以外に、ウィリアム・ファルクの『ファルクによる注釈付き新約聖書』が一五八九年に公刊されている。これは、カトリックの「ランス聖書」を批判する目的で、それと一五六八年の「司教（イングランド国教会では主教）たちの聖書 Bishops' Bible」（後述）とを対比する形で収録し、前者のカトリック的注釈をファルクが逐一論駁したものという。

したがって、根拠の挙示を欠く羽入の「三種限定」それ自体が疑わしい。ところが、羽入は、この疑わしい前提のうえに、つぎのような推測をする。まず、ランス聖書は、ヴェーバーが並記しているから、該当しない。つぎに「主教たちの聖書」は、『コリントⅠ』七章二〇節をcallingと訳しているから、これも違う。とすると、「三種限定」を前提とするかぎり、エリザベスⅠ世時代に出版された聖書として残るのは、一五六〇年の「ジュネーヴ聖書」しかないという。そして、これはなぜか『コリントⅠ』七章二〇節をvocationと訳している。(31) そこで、羽入は、欄外注でカルヴァン派色を濃厚に打ち出したこの「ジュネーヴ聖書一五六〇年版」をヴェーバーが「エリザベス時代における宮廷用のイングランド国教会聖書」と取り違え、第六段落の前掲引用箇所にそう記したのではないか、と推測し、この推測でヴェーバーの「錯誤」「非常識」をこれまた推測し、あげくのはてに「専門家による嘲笑」の対象に据えようとする。

「……この恐るべき『ジュネーヴ聖書』を『エリザベス女王時代の英国国教会の宮廷用聖書』と呼び、またカトリック聖書と並べて『ヴルガータにならって再び"vocation"に戻っている』などと称するのはほとんど考えがたい錯誤なのであるが、あるいはひょっとするとその可能性はあるかも知れぬのである。

ＯＥＤの間違いをそのままに受け継いだヴェーバーにとっては、ウィティンガム訳新約聖書が『ジュネーヴ聖書』なのである。そうすると聖書が一つ余ってしまうこととなる。一五六〇年に出された聖書が一つ余ってしまうのである。ヴェーバーがどこか他の本で、出版年代は分からぬものの、エリザベス朝[sic]時代に新たな聖書が三冊出されたことは知っていたとしよう。しかもその一つ余る聖書は、ウィティンガム訳新約聖書とは異なり、『コリントⅠ』七章二〇節の問題の箇所を確かに"vocation"で訳してくれており、その限りではあたかもヴルヴータに戻ったように見えたとしよう。こうしてカルヴァン派の影響を欄外注で最も強く打ち出した恐るべき『ジュネーヴ聖書』を、『エリザベス女王時代の英国国教会の宮廷用聖書』と呼ぶという錯誤が生じたのではなかろうか。カルヴィニスト達が作った『ジュネーヴ聖書』を、カトリックの作った『リームズ新約聖書』〔『ランス聖書』の英語読み〕と並べ、双方とも『ヴルガータにならって再び"vocation"に戻っていることは特徴的である』などともし述べていたとしたら、ヴェーバーの非常識もはなはだしいこととなるが。(もちろん、ここで英訳聖書の専門家達が腹を抱えて笑っている姿は筆者にも思い浮かぶ……。)」(四二―三)

推測で他人を批判するのも、その推測を仮説として立証しようというのであれば、(立証後に繰り延べるほうが望ましいにせよ、早まって筆を滑らせても) 容認できないことはない。しかし、それを仮説として検証するほうは怠るとなると、その批判者は、相手と理非曲直を争おうとしているのではなく、相手を非難すること自体を目的とし、そのためには推測であれ邪推であれ手段を選ばない、との印象を引き起こさざるをえない。こういうばあいにはむしろ、そうまでして誹謗中傷に筆を滑らせる批判者の動機はなにか、と問い返されよう。

羽入は、さきほど「詐欺説」から「杜撰説」に転じたばあいと同様、ここでも、「死人に口なし」の「言いたい放題」を書き連ねておきながら、「ただしこの想定もヴェーバーが聖書の数を複数形で記していることを考えに入れると、成り立たぬかも知れぬ」(四三) と逃げに転じ、「いつもそうであるが、追究すれば追究するほど、ヴェーバーの言っていることは意味不明で分からなくなる。ヴェーバーの叙述を追跡し、いかなる英訳聖書を彼の曖昧な記述が指そうとしていたのかを最終的に確定することは、したがって筆者にはこれ以上はできなかった」(四三) として、推測仮説の立証は回避してしまう。「追究すれば追究するほど、……意味不明で分からなくなる」のは、自分の「追究」不足、読解力不足のせいではないか、とはつゆ疑わない。「最終的に……これ以上は」「確定」「できなかった」とは、以上の推論で「半ばは論証が尽くされた」との自己主張らしい。

むしろ羽入の関心は、sachlich に (対象に即して) 事実を確定することよりも、推測に推測を重ねる延長線上で、なんとかヴェーバーを「専門家達が腹を抱えて笑」う対象に据え、「笑われる」かれの姿を想像して「溜飲を下げる」、(「道徳上の叛乱」ならぬ)「学問上の叛乱」劇に向かっているように見える。遡って (1)～(6) の「推論の根拠」を再検討すると、① 「ジュネーヴ聖書」を正式名称であるかに見せて一五六〇年版に限定し、一五五七年版は「ジュネーヴ聖書」ではないと断定し、なにか別物めかして「ウィティンガム訳新約聖書」と呼び替え、「事実誤認」と「混同」（の一方の項）とを創り出しておいたのも、②消去法によりヴェーバーの「ほとんど考えがたい錯誤」「はなはだしい非常識」を導き出す前提として「エリザベス女王時代に公刊された聖書は三種のみ」との制限条項を（根拠も挙げずに）独断的に持ち込んでおいたのも、③この制限条項をヴェーバーも「どこか他の本で読んで知っていたとしよう」との推定を設けたのも、ことごとくこの「学問上の叛乱」劇ハイライトを演出する伏線であり、小道具であったようである。ちなみに、ルサンチマンによる想像上の「専門家」はどうあれ、現実の本物は、自分の専門的研究実績がいかに僅少か、ひとたび自分の専門から離れるといかに不得要領か、よく心得ていて、それだけつねに謙虚であろうから、かりに非専門家の思い違いに直面しても「腹を抱えて笑」うようなことはしないであろう。

筆者はもとより、英語聖書史の専門家ではなく、この問題に学問的な確信をもって答えることはできない。しかし、ヴェーバー的な比較語義史のパースペクティーフから演繹して、専門家の教えを乞うに足る仮説はいちおう立てられるように思う。筆者は、ヴェーバーが「宮廷用 höfisch」と明記している点に注目したい。つまり、「エリザベス時代のイングランド国教会宮廷用聖書［複数］」とは、公刊された聖書ではなく、エリザベスI世が、国教会の統一公認聖書の編纂をめざしながら、数種つくらせて宮廷で使って試していた、いわば宮廷私家版の聖書ではあるまいか。

「言語ゲマインシャフト」の歴史的・社会的条件を重視するヴェーバーの比較語義史の観点から見ると、この時代の聖書翻訳事業は、ウィクリフ（ロラード）派の伝統を引き継ぎながらも、やはり、教皇庁からの独立をめざす王室の宗教政策に（肯定／否定両面で）左右されるところが大きかったろう。この期におけるテューダ朝の①ヘンリⅧ世（在位一五〇九—四七年）、②エドワードⅥ世（一五四七—五三）、③メアリI世（一五五三—五八）、④エリザベスI世（一五五八—一六〇三）は、国王とはいえ、あるいはむしろ国王なるがゆえに、宗教政策しかも聖書の翻訳になみなみならぬ関心を示し、⑤次期スチュアート王朝の初代の王で「キング・ジェイムズ欽定訳」事業をなし遂げたジェイムズI世（一六〇三—

二五）にいたっては、「神学論争を好んで……ほとんどすべての言語で書かれた聖書を研究するようになった[32]」と伝えられている。カトリックに回帰してプロテスタントに血の弾圧を加えたメアリI世を除き、かれらの念願は、権威ある国教会公認統一聖書を編纂して、イングランドの「すべての教会に据えつける」ことにあった。この念願は、ジェイムズI世により、六班五一人の聖書学者を動員して成った「キング・ジェイムズ欽定訳」（一六一一）でひとまず叶えられることになるが、そこにいたる同質の先駆けは、ヘンリⅧ世治下におけるクランマー監修のカヴァーデイル改訂訳（組版大型）「大聖書 Great Bible」（一五三九）、あるいはエリザベスI世治下の「主教たちの聖書」（一五六八）として日の目を見ていた。しかしそれらはいずれも、「ティンダル訳」（一五二六、一五三四）と「ジュネーヴ聖書」（一五五七、一五六〇）に、質的水準においても民衆への普及度においても遠くおよばず、たえず改訂が要請されて、「キング・ジェイムズ欽定訳」にいたるのである。とすると、王室と国教会上層部におけるそうした利害関心の線上で、なにかにつけて折衷的に独自色を出したがるエリザベスI世が、「宮廷用私家版」聖書を複数つくらせて、宮廷なりの模索と試行錯誤を進めていた、ということも、ありえないことではなかろう。そして、そうした宮廷用私家版は、公刊されなかったために教会史／聖書史関係の資料や叙述からは漏れていたのにたいして、王朝史／宮廷史を含むイングランドの政治史にも通じていたヴェーバーが、独自に調べたか、あるいは同僚専門家から聞いて、それら私家版聖書類では『コリントI』七章二〇節の state が vocation に「戻っている」と知り、注三第六段落にその旨記したのかもしれない。

もとよりこれは、一門外漢による即興の思いつきにすぎない。ただ、ヴェーバーの注三の叙述から、語義の形成と変遷を「言語ゲマインシャフト」の歴史的・社会的条件のもとで捉える比較語義史の研究方針を引き出し、これを一六世紀イングランド史に演繹／適用し、右記のとおり一定の「明証性」と「妥当可能性」をともなう仮説を導き、その検証にそなえてはいる。この検証そのものは、いまのところ筆者には無理で、専門家のご教示を仰ぐほかはない。

第一三節　なぜＯＥＤか――言語社会学的比較語義史研究のパースペクティーフ

羽入は、以上のような「根拠」で、ヴェーバーが英訳諸聖書を見ず、「エリザベス女王時代の英国国教会の宮廷用聖書という意味不明な唯一の記述」（四四）を除き、他はすべてＯＥＤの用例に依拠し、そこに記載のない『シラ』一一章二〇、二一節の用例は調べずに“calling”にかんする議論を組み立てたとして、これを「情けない」「杜撰」（四四）と断じている。そして、「広辞苑の用例だけに依拠してある語とある語との影響関係を論じ、それを論文にまで仰々しく書く国語学者が我が国にいるであろうか。いるとすればそんなものは国語学者ではない」（四四）と決めつけている。

しかし、この言い回しは、比喩を三重に間違えている。①大辞典ＯＥＤは、広辞苑のような中辞典とは効用を異にする[33]し、ヴェーバーは、②「ある語とある語の影響関係」を論ずる③「国語学者」ではない。少なくとも、ある語Berufが「唯『シラ』回路」を伝って（プロテスタントの優勢な）他国語に伝播し、Beruf相当語の波及をもたらす、といった「言霊・呪力崇拝」に陥り、「語と語の影響関係」をもっぱらその平面で扱う、羽入の考えるような「国語学者」ではない。語義の創造と普及とを、「言語ゲマインシャフト」のなか、あるいは間で、翻訳者たちが置かれている歴史的・社会的諸条件に即し、かれらによる主体的な「思想」「概念」形成との関連において捉え返そうとする歴史・社会科学者であり、（ヴェーバー自身はこういう語は使っていなかったと思うが）「言語社会学者」といってもよかろう。そうした「言語社会学者」にとり、母国語ではない外国語の大辞典、しかも歴史的に用例を蒐集し、分類して挙示しているＯＥＤのような大辞典には、研究目的に照らして重要な、独自の利用価値があろう。羽入は、このばあいにも、そうした価値関係や効用にはいっさいおかまいなしに、頭から「辞典に依拠して原典を調べないとは『情けない』『杜撰』」と決めつける。これは、いかにも杓子定規な「パリサイ的原典主義」、「なにがなんでも一次資料マニア」の仕儀というほかはない。

では、このばあい、OEDは、具体的にどういう効用をそなえ、ヴェーバーはなぜ、大幅にOEDに依拠したのであろうか。ここで、プロテスタントが優勢な諸民族の言語におけるBeruf相当語をいまいちど思い起こしてみよう。そのうち、オランダ語のberoepは、呼ぶという意味の動詞roepenの語根roepに前綴be-がつけられた語形で、ドイツ語のrufen, Ruf, Berufから容易に類推できよう。ルター派による『コリントI』七章二〇節の訳語をそのままオランダ語に移せば、語形上も無理なく「使命としての職業」という聖俗二義を併せ持つ語beroepが誕生するにちがいない。ところが、ヴェーバーが挙示している語彙にかぎっても、デンマーク語のkald、スウェーデン語のkallelseはもとより、英語のcallingも、ドイツ語／オランダ語とは語根を異にする（おそらくギリシャ語 *καλέω* (kaleō) に由来する）語で、それがそもそも（「呼ぶ」という原義に加えて）「神の召し」と「世俗的職業」との二義を併せ持つBeruf相当語なのかどうか、（「ヴェーバー研究者」の「悪い癖」で「ヴェーバーがそういっているのだから多分そのとおりだろう」と決めてかかりやすいが）じつはそれほど簡単に断定できるものではない。少なくとも、ヴェーバー自身にとっては、そうではなかったろう。というのも、かれは、自国語のドイツ語について、トポスに付した注においてではあれ、あれほど骨折って、「発音はBerufと同一ないし類似の語」が純宗教的な「招聘」の意味に加えて「世俗的職業」の意味を併せ持つようになったのは、ルターないしドイツ語のばあいには『シラ』でBerufがergonとponosに重ねられたときから、というふうに始源を突き止め、立証していた。そのかれであってみれば、他の「言語ゲマインシャフト」の翻訳者たちが、別の語根をそなえたcalling系統の語を、一方ではルター訳の影響を感知しながらも、オランダ語版のようにBerufをそのまま自国語に移し入れてすむわけではなく（あるいはオランダ語のばあいにもやはり複雑な経緯があったかもしれない）、他方では、それぞれの歴史的・社会的諸条件のもとで、いつ、いかにしてBeruf相当語に鋳直したのか、という問題に、まさに問題として想到しないはずはなかったろう。そしてヴェーバーは、本来ならば、この問題の研究を、ドイツ語圏／ルターについては自分が実施した「言語社会学」的語義史研究と同一の密度をもって、しかもなんといっても自国語ほどには語義史に通じていない外国語について完遂しなければならない、と重々自覚していたにちがいない。ことは、英訳諸聖書をただ手にとって見て、表紙の写真をうやうやしく掲げ、『シラ』一一章二〇、二一節、『コリントI』七章二〇節、および『箴言』二二章二九節、たった三カ所の訳語一覧表を提示すれば済むといった「没意味文献学」の機械的作業ではない。ある箇所に語形 calling, kald, kallelse が当てられているかどうかではなく、その語 calling, kald, kallelse がまさしくその箇所にそれぞれどういう意味で当てられているのか、call（呼ぶ）の動名詞として単純に「呼ぶこと」だけの意味か、kaleō から派生した klēsis の訳語として「神の召し」という宗教的意味をどの程度純粋に含むか、そのうえ「世俗的職業」の意味まで併せ持つにいたっているのか、個々の用例について網羅的に調べていき、ルターにおいては『シラ』一一章二〇、二一節で起きた事件が、どこで、どのように起きて、Beruf 相当語が誕生したのか、あるいは、calling, kald, kallelse が、それぞれいつ、どこで、どのように「意味変換」をとげ、Beruf 相当語になったのか、を各国語ごとに、各国の翻訳者について突き止め、立証しなければならないのである。その点にかけて、『コリントI』七章二〇節の state が calling に代わったという事実が確認されても、一概にルター的な用語法から「ピューリタン的な」用語法に「進んだ」とはいいきれない。その calling の意味しだいでは（つまり、その calling がまだ「世俗的職業」の意味をまったく含まなかったとすれば）、「ルター的な用語法 state からかえって原文の klēsis に忠実な「神の召し」に「戻った」といえないこともないからである。したがって、①イングランドの「言語ゲマインシャフト」において語 calling が当時一般に「神の召し」と同時に「世俗的職業」の意味も帯びて用いられていたという事実が、当時の英語語彙一般の語義に通じた学者により、語形 calling が『コリントI』七章二〇節に当てられた事実とは独立に証明され、そのうえで②まさにその語義の calling が『コリントI』七章二〇節に適用された、と立証されなければならない。

ヴェーバーとしては、かりに一六世紀のイングランドにおける Beruf 相当語の歴史的創始が、かれの研究主題であったとすれば、あるいは「倫理」論文の研究主題にとって枢要の位置価をそなえていたとすれば、ちょうど「中世商事会社史」研究のために古イタリア語、古スペイン語を習得して法制史文献を読みこなしたように、あるいは「一九〇五年ロシア革命」が勃発すると、数週間でロシア語をマスターして現地から届く新聞に読み耽ったように、このばあいにも万難を排して古英語の語義史研究に没頭し、自分で①の証明もなしとげたにちがいない。[34] しかし、再三述べているとおり、この第一章第三節注三第六段落の論点には、それだけの価値関係も位置価もなく、その意義はいくえにも限定されていたし、ヴェーバー自身その限定をよくわきまえて言明していた。そこで、かれとしては、「にわか仕込み」ではとうてい無理で、他方「倫理」論文にとってはさして意義もない①への Exkurs (「道草」) は避け、賢明にも、英語を母国語とする碩学マレー博士が語義と用例の研究を集大成した大辞典OEDの記事に依拠するのが最善と判断したのであろう。そうすることによって、ドイツともロマン語系諸国とも歴史的・社会的条件を異にし、統一王国として教皇庁から独立する蠕動をへて、王室もイングランド国教会の公認英訳聖書を求め、直接間接、肯定的また否定的に翻訳／編纂に干渉する一六世紀イングランド特有の歴史情勢のもとで、その変動に見合う一進一退と紆余曲折をへながらも、ともかく語 calling が「神の召し」と「世俗的職業」の意味を併せ持つ Beruf 相当語として普及し、一六一一年の「キング・ジェイムズ欽定訳」に定着していく流れを大づかみに確認できれば、この第六段落では十分であったろう。やがて一七世紀の中葉以降、カルヴァン派の大衆宗教性において「確証問題」が前面に現われ、当の calling 概念が、そのとき初めてルターの Beruf 概念も受け入れて「合理的禁欲」の方向で独自に鋳直されていく、という経緯については、それこそ本論で十分な紙幅を当てて論ずると、あらかじめ第五段落末尾で断っていたのである。

ただし、ヴェーバーが注三で実質上提示していた言語社会学的比較語義史の研究方針とパースペクティーフを厳格に適用するならば、[35] ①一三八二年のウィクリフ訳 cleping が、どういう意味で「後代の宗教改革時代の語法とすでに一致する語」[36] といえるのか、それが「神の召し」と「世俗的職業」の二義を併せ持つ Beruf 相当語であったとすれば、いかにしてそうなったのか、②クランマー監修下の「カヴァーデイル訳」(一五三五)で、「ティンダル訳」(初版一五二六、改訂版一五三四)のstateがcallingに換えられたとしても、そのcallingが「神の召し」という純宗教的意味への「回帰」ではなく、「使命としての職業」という Beruf相当語への「発展」/意味転換であったのかどうか(そうでなければ、「ピューリタン的用法」はもとより「ルター的・伝統主義的用法」の始源ともいえない)、③ルターが『シラ』一一章二〇、二一節において純世俗的職業を指すergonとponosに純宗教的召しを表すBerufを当てたように、ちょうどそれと同義・等価の事件として、[37]『箴言』二二章二九節の純世俗的businessに純宗教的callingを当てる、まさにピューリタン的な意訳の事件が、いつ、どこで、どのように起き、さらにいかにして一八世紀のフランクリン父子にまでおよんだのか、などの経緯が、やはり問題として取り上げられ、望むらくはそれぞれが注三における『シラ』事件の取り扱いと同等の密度で、究明されるべきであったろう。さらにいえば、ルター以前のヨーロッパ大陸についても、ボヘミアのヤン・フスではどうであったか、ツヴィングリは同じドイツ語圏とはいってもこの点にかけて異なる展開ないし萌芽を示したのか、「再洗礼派」ではどうであったか、など、多岐にわたって問題が提起されよう。これらは、「倫理」論文の第一章第三節第一段落とその三注に、萌芽の形で提示されていたヴェーバーの「言語社会学」的比較語義史の理論視角と研究プログラム——たとえばBeruf/Beruf相当語のような、ある(価値関係性を帯びた)語の語義創造/変遷/普及を、「言語ゲマインシャフト」の歴史的・社会的条件とその変動のなかで、ゲマインシャフトを構成する諸個人、とりわけ創始者/翻訳者たちの主体的な「思想」と「生き方」との関連において動態的に捉えていこうとする研究方針——を継承し、ヴェーバーが「倫理」論文でじっさいにやってのけた範囲・「限界」をこえて適用し展開しようとするもので、いうなれば「ヴェーバーでヴェーバーを越える」課題といってもよいであろう。一世紀にもおよんだ粒々辛苦の内在的読解と地道な研究の蓄積を踏まえて、わたしたちはいまやようやく、「倫理」論文を内在的に越え、そうした課題に正面から取り組める地点にまで到達している、といえるのではあるまいか。

第一四節　推測で「醜い」姿を描き出す「学問上の叛乱」劇のまた一幕

ところが、羽入の結論は、（さきほど一部分は本稿第六節（7）にも引用した箇所で）こう述べられている。

「結論を言おう。彼［ヴェーバー］が『ベン・シラの知恵』一一・二〇、二一におけるルターの“Beruf”訳の直接の影響を『ベン・シラの知恵』一一・二〇、二一の英訳聖書の用例を用いて『倫理』論文中で論じれなかった［sic］のは、現物の聖書を手に取って調べなかったからに過ぎない。もちろん、そこまで調べてしまえば、自分の立論が破綻してしまうことにも彼は気づかざるをえなかったであろう。破綻してしまうことを予感していたからこそ調べなかったのであろうか。ただし、それは学者の取るべき態度ではない。死の前年、ゲシュペルトまで変えるような細かい改訂までしていながら、どうせ英訳聖書にたいする細かい注の部分など、誰も調べやしないと高をくくっていたのであろうか。もしだとする［sic］ならば、そうしたヴェーバーの姿は醜いものでしかなくなる。しかしながら、今となってはもうヴェーバーに向かって何を言っても仕方のないことである。」（四四—五）

歴史の多様性にたいする感受性をそなえたまともな歴史・社会科学者にとって、もとよりヴェーバーにとっても、ルター『シラ』訳の英訳『シラ』訳への直接の影響など、問題ではなく、論文中で論ずる必要もない。そうしたことが「問題」となるのは、羽入がヴェーバーの論点を自分の「言霊・呪力崇拝」的「唯『シラ』回路」説のパースペクティーフに移し入れるとき、そういう羽入の脳裏でのみ創成される「疑似問題」としてにすぎない。ところが、羽入は、そのようにして（自分の見当違いから）ヴェーバーを「杜撰」と決めつけても、それだけではまだ満足できないらしい。かれの眼目は、ヴェーバーを「詐欺師」「犯罪者」として貶め、打倒することにあった。とすると、「杜撰」と「詐欺」とは、相手を貶める呼称としては共通で、さればこそ羽入書のキーワードともなっているが、双方それぞれを取り出してみると、本来互いに相容れない面もなくはない。「杜撰」では「詐欺」ははたらけない。少なくとも巧みな

「詐欺」で人を騙すことはできない。そこで羽入は、ヴェーバーを「詐欺師」に貶めたい一心から、「杜撰説」に加えて、「詐欺説」の要素も加味し、非難と貶価を増幅しようとする。「杜撰」にはたいてい「動機」はなく、ただ「杜撰」といって非難すればすむ。ところが羽入は、それでは気が済まず、「杜撰の動機解明」に乗り出す。ヴェーバーのばあい、「杜撰」は「杜撰」でも、英訳諸聖書をきちんと調べると「自分の立論が破綻する」との「予感」がはたらいて調査をわざと怠った、いわば「狡い杜撰」であったろうと推測するのである。そして、この想像上のヴェーバーの姿に、「学者のとるべき態度ではない」「細かい注など誰も調べやしないと高をくくっていたろう」と非難を投げつけ、「醜い」と決めつける。

ところが、そうしておきながらここでも、さきほどヴェーバーを「専門家が腹を抱えて笑う」対象に据えたばあいと同様、実物のヴェーバーがほんとうに、「自分の立論が破綻する」と「予感」して英訳『シラ』一一章二〇、二一節の訳語調査を手控えたのかどうか、「学者のとるべき」でない「態度」をとったのかどうか、「細かい注など誰も調べやしないと高をくくっていた」のかどうか、推測を仮説として検証しようとはしない。やはり「今となってはもう……何を言っても仕方のないこと」と身を翻す。相手と理非曲直を争う、あるいはザッハリヒに事実認定を争う、というのではなく、推測のみで想像上相手の姿を「醜く」描き出し、そう書き連ねることでみずから「溜飲を下げ」、あわせて「逆恨み」読者の拍手喝采を期しているのであろう。前例と同じく、ルサンチマンにねざす「学問上の叛乱」劇の一幕というほかはない。

第一五節　ＯＥＤの記載と、ヴェーバーの「誤読」

つぎに羽入は、「ヴェーバーのこうした杜撰さは当然、資料の読みそのものにも現われてこざるをえない」(四五)とする。「英訳聖書を実際には参照していなかったばかりか、唯一の典拠としていた肝心のＯＥＤの記載自体もヴェーバーは誤読しており、しかも自分のその誤読を根拠として、英国における『Beruf = trade という意味でのピュウリタン的な“calling”概念の起源』を論じている」(四五)というのである。羽入としては、これで「駄目を押す」つもりなのであろう。

では、その「誤読」の箇所とは、どこであろうか。ヴェーバーは、確かに、「イングランドにとっては、クランマーの聖書翻訳が、Beruf = trade という意味でのピュウリタン的な“calling”概念の源泉 Quelle であることを、すでにマレーが calling の項目で適切にも認めている」と述べ、「すでに一六世紀の中葉、calling はこの意味に用いられ、すでに一五八八年には『不法な職業 unlawfull calling』、一六〇三年には『高級な』職業の意味で greater calling といった語が用いられている（マレーの前掲箇所を参照）」[38]として、当の項目からふたつの用例を引用している。この論旨にたいして、羽入は、三点にわたって批判を加える（以下①〜③）。

まず、①ＯＥＤ（第二巻）の項目 calling は、Ⅰ、Ⅱ、Ⅲに三分され、そのうちの「Ⅱ Summons, call, vocation」がさらに 9. †10. 11. に分けられて、それぞれの語義と語源が説明され、用例が挙示されている（六三―四）。9. には要するに「神の召し」、†10. には「生活上の地位、身分 position, estate, or station in life ; rank」、11. には「普通の職業、生計手段、実務、商売 ordinary occupation, means by which livelihood is earned, business, trade」の語義が当てられ、それぞれの用例が列挙されている。そのうち †10. では、その語源が、『コリントⅠ』七章二〇節のギリシャ語 klēsis、ラテン語 vocatio で、この箇所は、「人が救済に召されたときにいた状態ないし地位を表すが、後に 9. の意味としばしば混同されて、神が人を［そこへと］召し出した生活上の身分 the estate in life を意味するようになった」と説明されている。この語源説明のあと、『コリントI』七章二〇節について、一三八二年ウィクリフの clepynge、一五三四年ティンダルの state、一五三九年クランマーおよび一六一一年［キング・ジェイムズ欽定訳］[39]の callinge、一五五七年ジュネーヴ版の state、一五八二年ランス版の vocation、合計六箇所の訳語が列挙され、そのあとに、一五五五年から一六九一年までの俗語文献六点から用例（calling, callinge, Calling）が引用されている。そして、そのあとに11.「そこから Hence」として、右記「普通の職業……」の語義説明がつづき、「この語義の語源も、しばしば上例［†10.］と同じように説明される often etymologized in the same way as prec.」と付記されているのである。

さて、羽入は、11.劈頭のこの Hence は、†10.の記載全体あるいは語源説明を受けるのであって、「ヴェーバーの言うように、語義†10.における用例の一つに過ぎぬクランマー聖書からの引用のみを指しているのではない。したがって、『［イングランドにとって、］クランマーの聖書翻訳が Beruf = trade という意味でのピュウリタン的な“calling”概念の起源であること』をOEDが calling の項で『適切にも認めている』などというヴェーバーの主張は、成り立たない」（四八）と断定する。しかし、ヴェーバーがいったいどこで、「語義†10.における用例の一つに過ぎぬクランマー聖書からの引用のみを指して」「クランマーの聖書翻訳が Beruf = trade という意味でのピュウリタン的な“calling”概念の源泉である」と「主張」したのであろうか。これも、好都合に「ヴェーバーの主張」を捏造しておいて、つまり「ヴェーバーの藁人形」を作っておいて斬って捨てる類の操作ではないか。

じつは、ヴェーバーは、この Hence を†10.の記載全体と解し、とりわけ†10.の語源論を11.の付記が受けて、「普通の職業……」の意味も「地位、身分」のそれと同じように9.「神の召し」との混同から派生したと関連づけて捉えている記述を重視し、そうして初めて、「イングランドにとっては、クランマーの聖書翻訳が、Beruf = trade という意味でのピュウリタン的な“calling”概念の源泉であることを、すでにマレーが calling の項目で適切にも認めている」と評価し、さればこそヴェーバー自身、マレーの見解を受け入れることができたと思われる。というのは、こうである。『コリントⅠ』七章二〇節の用例だけを列挙して、一五三九年のクランマー訳（ないしはクランマー監修下の「カヴァーデイル訳」）で初めて原語 klēsis に語形 callinge が当てられた事実を挙示しても、当の callinge が、まだ†10.「世俗的身分」ないし11.「世俗的職業」の意味を含まず、もっぱら9.の「神の召し」の意味で用いられたのかもしれず、それでは「ルター以前への逆戻り」でこそあれ、なんら「ピュウリタン的な"calling"概念の源泉」を証明したことにはならない。語形 callinge が、当時すでに†10.「身分」ないし11.「職業」の概念を表示し、その語義の callinge が一般に、俗語文献でも用いられて、それが『コリントⅠ』七章二〇節にも当てられた、あるいは『コリントⅠ』七章二〇節に当てられた語形 callinge は、確かに†10.ないし11.の語義を含んでいた、と証明されなければならない。そして、その証明のために、一六世紀中葉のイングランド「言語ゲマインシャフト」で「妥当なもの」として通用していた語義「諒解」を、俗語文献も渉猟して調べ上げることは、英語を母国語とせず、古英語の語義史には通じていなかったであろうヴェーバーには、にわかには実施困難で、ここでは（この注三第六段落の限定された論点にかんするかぎりは）むしろ、一六世紀についても語義と用例を系統的に蒐集／分類している『歴史的原理に則る英語大辞典』に依拠するのが最善で、賢明な判断であったにちがいないのである。

OEDのマレーの記事は、ヴェーバーの要望に確かに「適切に」応えている。語義を9.、†10.、11.に明晰／判明に（語義「諒解」の流動的相互移行関係を視野に収める「言語社会学」的観点から見れば「理念型」的に）分類し、9.から†10.、11.が派生する語源関係（「言語社会学」的には「流動的移行」関係）も明らかにし[40]、なによりも、9.については一八例、†10.については（クランマー訳と欽定訳を含めて）一三例、11.については九例の具体的用例を蒐集／挙示して、「言語ゲマインシャフト」における当該語義「諒解」の広がり／普及を（ヴェーバーも独自に調べても叶わなかったであろうように）証明しているからである。それゆえ、クランマー訳と欽定訳との callinge は、11.ではなく、†10.の用例中に数えられているにもかかわらず、それがやがて11.の語義も帯びると類推でき、後代の「ピュウリタン的な"calling"概念」から遡れば、その「源泉」であると認めることができる。そう認定できれば、この注三第六段落に当てがわれた、限定された論証の課題は達成され、あとは「道草」を食わずに本論で、当の"calling"概念が「世俗内禁欲」「禁欲的合理主義」に編入され、鋳直される経緯と帰結を、集約的に分析するのみである。ヴェーバー自身も、†10.の用例中に「クランマー訳」が挙示されているからといって、そこだけに飛びつくというような短絡を犯すはずはなく、右記のように（研究における「規範的格率」と「経済的格率」との「せめぎあい」のなかで）OEDに依拠し、賢明に自分の足らざるところを補い、「クランマーの聖書翻訳が、ピュウリタン的な"calling"概念の源泉である」と「適切に」立論したにちがいない。

第一六節　「杜撰」暴露で満足──「不問に付された事実の発見」を活かせず

つぎに羽入は、②『コリントI』七章二〇節のklēsisを初めてcallingeと訳したのは、一五三五年の「カヴァーデイル訳」で、「クランマーの聖書翻訳」ではないと述べ、これを理由に、「ヴェーバーが余り英訳聖書史に詳しくなかった」「英訳聖書史の観点からしてすでに誤り」「『クランマー聖書』の成立事情に関して知識を欠いていた」「ヴェーバーが本物の英訳聖書を手に取ることなく、OEDの記載のみを見て即断したことはここからも傍証されよう」（四八）と述べている。

確かに、この「クランマーの聖書翻訳die Crannersche Bibelübersetzung」は、成立事情がやや複雑である。トマス・クロムウェル（一四八五頃〜一五四〇）とともにヘンリⅧ世の腹心であった大司教トマス・クランマー（一四八八—一五五六)は、一五三四年に「全教会に英語訳聖書をそなえつける方針」を提言し、王の承認をえて実施に移した。そこで、クランマーの命を受け、公認英訳聖書の編纂にあたったのが、マイルズ・カヴァーデイル(一四八八—一五六九)である。なんと翌一五三五年には、ひとまず——といってもイングランドでは初めて——旧新約全書の英訳をなしとげている。では、この「カヴァーデイル訳」について聖書学/聖書史の専門家は、どう評価しているのか。ベンソン・ボブリックと田川建三に聴こう。

「カヴァデイルはラテン語学者で、ヘブライ語とギリシャ語の知識はほとんどなかったので、かれの聖書はたいてい他の翻訳書を底本としていた。特に準拠したのが、ティンダルの翻訳と聖ヒエロニムスのウルガタ版ラテン語訳、ドミニコ会の学僧サンテクス・パグニヌスによって原典から翻訳され、『二人の教皇の許可を得て』一五二八年に出版された新しいラテン語訳、そして二種類のドイツ語訳——一つはルター訳、もう一つは一五二九年刊行のチューリッヒ版聖書として知られる、ウルリッヒ・ツヴィングリとレオ・ユダ共同の力作——であった。そのような寄せ集めではうまくいくわけがないと思われるかもしれないが、カヴァデイルには驚くべき編集の才と、音を聞き分ける鋭敏な耳があった。ほぼ的確な目で、彼は資料の中から最良の部分を混ぜ合わせたり、修正を加えたりして、うまく一つの立派な統一体に仕上げた。序文の中では自分が翻訳者としては不適任であることを率直に認め、はっきりと名を挙げてはいないが、その『豊かな』学識が適任であった人物として、ティンダルに敬意を表した。また欠員ができたために、代わりに自分が『イングランドの国のために』この仕事を引き受けたと述べている。『期待されたほどうまくできなかったが、それでも全力を尽くし、善意で成し遂げることが私の義務だと考えた』。また彼は当局を敵にまわして自分の作品をそこなうことがないように注意を払った。『私は一個の私人にすぎませんし、高い権力を持つ者には従います』とかつて書いたこともある。最初題扉には『ドイツ語とラテン語から英語に訳した』という文句があったにもかかわらず、より慎重に『忠実に英語に翻訳した』と変更し、ドイツ語訳の(すなわちルター派の)痕跡が残らないように

した。結局、かなりの部分——詩書と預言書と外典——はカヴァデイル自身の翻訳でもあった」。(41)

田川建三となると、政治的背景への洞察も交え、氏らしく辛辣である。

「一五三四年にヘンリー八世がカトリック教会と分裂し、イギリスの教会は国教会となる。イギリス国教会というのは奇妙な存在で、非常におおざっぱに言えば、カトリックとプロテスタントの中間みたいなものであるが、その性格が聖書の翻訳の問題にも現われる。ヘンリー八世自身がそういう複雑な宗教政策を実際に司る能力があったわけではないので、彼のいわゆる懐刀として国教会の中身を作っていったのは、筆頭の大臣とも言うべき地位にいたトマス・クロムウェル（Thomas Cromwell）と大司教トマス・クランマー（Thomas Cranmer）であるが、クランマーが、国教会のすべての教会に聖書の英語訳を備えつける、という政策を提唱する。その点ではプロテスタントである。しかし、かといって、むろんティンダル訳を採用するわけにはいかない。ティンダル訳は重要な教会用語に関して、伝統的なカトリックの教会用語とは異なった訳語を多く導入している。(42)」「だから、カトリック教会がこういう翻訳を弾圧したのは当然のこととして、イギリス国教会の方は中間的な立場だから、もう少し微妙である。ティンダルを排斥する点ではカトリック教会と同じでも、聖書の英語訳そのものに反対していたわけではない。むしろ英語訳を積極的に普及しようとした。国教会はその成立当初は、聖書の英語訳の発行のために、大陸に亡命していたティンダルを呼びもどそうと試みている。これはティンダルのほうが断ったようだ。まあ、彼の学問的良心は国教会の半ばカトリック的な姿勢とは相いれなかっただろうから、もしもここで帰国したとしても、結局は何らかの破局は避けられなかっただろう。

結局、国教会は、ティンダルぬきでティンダル訳を活用することになる。かといって、これらの訳語を含むティンダル訳をそのまま採用するわけにもいかない。となると、大急ぎで国教会用の英語訳聖書を作らなければならない。その作業をおおせつかったのが、カヴァーデイル（Miles Coverdale）なる人物である。歴史のはざまには、いつもこのような道化まわりを担当する人物が登場する。彼はティンダルの知人で、その生前には結構その仕事に協力していたのだが、ここで国教会に利用されることになる。かわいそうに、かれはギリシャ語もあまり、ましてヘブライ語はほとんど、わからなかったようである。となると、既存の諸訳をつなぎあわせる以外にない。ティンダルをほとんどそのまま利用しつつ、それでは都合の悪い部分は他の訳を参照して訳文をつくったのである。カヴァーデイル聖書と呼ばれるこの代物は、表紙に書かれた能書きによると、『ドイツ語（Douche）とラテン語から英語に訳した』とあるそうだが、原典からの訳ではないということを正直に告白してくれている。この場合のドイツ語はルター訳とチューリヒ聖書、ラテン語はいうまでもなくヴルガータを指す。しかもこれを実際に比較検討したA・W・ポラードによれば、これはほとんどティンダルに依存している。一五三五年の発行であるから、国教会成立の翌年である。拙速の典型と言えよう。

ただし、この仕事の唯一の長所は、ティンダルは完成できなかった旧約聖書の訳も完成し、聖書全体の訳をはじめて英語で提供した、という点にある。[43]」

こうなると、ティンダルの友人で、ティンダルから旧約の一部未発表稿を託されていたジョン・ロジャーズが、黙っていない。カヴァーデイルの向こうを張って、ティンダル訳とその注を復元し、ティンダルの旧約未訳部分は、こんどはこちらもカヴァーデイル訳を取り入れて、一五三七年に「（偽名）トマス・マシュー訳」として発行する。「当然こちらの方が良い訳であるから、カヴァーデイルは形無しである。トマス・クランマーもとりあえずこれの流通を容認せざるをえない。しかし、彼らとしては、そのままほっておくわけにもいかない。それに代る公式の翻訳、イギリス国教会の司教（主教）たちの総意を結集した国教会用の公式の聖書の翻訳を、本当に原典から翻訳して作る必要にせまられた。

しかしそれは大掛かりな仕事にならざるをえない（これを後になってからやっと実現したのが、ほかならぬ欽定訳

（一六一一年「キング・ジェイムズ欽定訳」である）。とりあえずのつなぎとして、マシュー訳を国教会で使えるようにまたまた急造改訂することになった。そこで再びカヴァーデイルに仕事が押しつけられる。かわいそうに。プロテスタント的な注や解説を削除し、問題の訳語も入れ替える。二年後の一五三九年には完成している。これをあだ名で『大きな聖書 Great Bible』と呼ぶ。別に great だからとて、『偉大』なわけではない。単に版型が大型だっただけの話である。教会の説教壇に設置するために[44]。」

翌一五四〇年に出されたこの「大聖書」第二版には、クランマーが「言葉が違っていても、すべての国々が信仰の一致によって唯一の神を知り、愛によって一つとなっているように、翻訳が何種類かあって、それらが寄せ集めの言葉を用いていようとも、理解しあえるであろう[45]」と、まことに正直な「序文」を寄せた。そこで、この「大聖書」が、「クランマー聖書」とあだ名されるようになったのであろう。そういうわけで、一五三五年版「カヴァーデイル訳」と一五三九年版「大聖書」とは、実質的には「クランマー監修、カヴァーデイル編訳、ティンダル訳」とでも称すべき性格の代物であったと思われる。しかし、「監修者」とは、いずこにおいても実質的な仕事はせずに調整役を果たすだけであるが、カヴァーデイルはともかくも一部分を訳し、ボブリックも田川もともに、初めて旧新約の全訳を発行した功績は認めているのであるから、「クランマー訳」というよりも「カヴァーデイル訳」といったほうが、どちらかといえば正しいであろう。しかも、一五三五年の「カヴァーデイル訳」で、問題の『コリントI』七章二〇節の klēsis が、なぜかティンダルの state から callynge に替えられ（「マシュー訳」ではティンダル訳にならって state に戻される）、この callyinge が、一五三九年「大聖書」から一五七二年「主教たちの聖書」をへて一六一一年「キング・ジェイムズ欽定訳」に引き継がれる。OEDの記事には、“1539 Cranmer and 1611 in the same callinge, wherin he was called” とある。つまり、一五三九年「大聖書」を「クランマー訳」として採って、こちらの callinge が、（じつはクランマー没後の）一六一一年「キング・ジェイムズ欽定訳」に引き継がれた、といいたいのであろう。確かにここでは、[46]一五三五年「カヴァーデイル訳」は無視している。そしてヴェーバーは多分、OEDの記事をそのまま受け取って独自に解釈し、一五三五年の「カヴァーデイル訳」に遡って調べることはしなかったにちがいない。したがって、この点を正確に明らかにした功績は、羽入に帰せられよう。これは、羽入書「第一章」唯一の「世界初の発見」、「不問に付されていた事実の発見」ではあろう。ただ、それでOEDとヴェーバーを非難し、得意になって終わったのでは、なんにもならない。

むしろ、羽入がここでは、OEDとヴェーバーを、「一五三九年『大聖書』を採ってその前身である一五三五年『カヴァーデイル訳』を無視した」と批判するのであれば、当の羽入がさきほど「一五六〇年『ジュネーヴ聖書』を採って、その前身である一五五七年『ジュネーヴ版』はことさら『ジュネーヴ聖書』ではないといってしりぞけた」のも、同一の規準ないし論法で批判されてしかるべきではないか。しかも、一五三五年「カヴァーデイル訳」、一五三九年「カヴァーデイル改訂訳」の、右記のような成立事情を顧みれば、OEDとヴェーバーが、両方を「クランマー監修、カヴァーデイル編訳、実質ティンダル訳」(簡略に「クランマー監修訳」)と見なして一五三九年版「大聖書」で代表させ、独創性に乏しい一五三五年版をことさら「カヴァーデイル聖書」としては挙示しなかったのも、目くじらを立てるほどの誤りでもなかろうと思えるが、いかがであろうか。

むしろここで、ヴェーバー研究ないし「言語社会学」的語義史研究にとって「知るに値する」意味がありそうなのは、「カヴァーデイル訳」が(右記、聖書学/聖書史の専門家がいうように)ティンダル訳の「焼き直し」であったとしても、あるいはむしろまさにそうであればこそかえって、なぜそのカヴァーデイルが、よりによって問題の『コリントI』七章二〇節にかけては、ティンダルに追随せずに別語 callynge を当てたのか、そのありうべき理由を探究することであろう。さらに敷衍していえば、『コリントI』七章二〇節の klēsis を、ルターにもっとも近いティンダルが一五三四年にはまだ state と訳していたのはもっともとしても、カルヴァンにもっとも近いウィティンガムも一五五七年「ジュネーヴ聖書」でstateと訳し、さらに一五六〇年版ではvocationに「戻って」、一見「ピューリタン的な用語法」から遠ざかっていくように見受けられるのにたいして、むしろ一五三五/三九年クランマー監修訳、一五七二年「主教たちの聖書」、一六一一年「キング・ジェイムズ欽定訳」といった、イングランド国教会の公認訳のほうに、callingの「ピューリタン的用法の源泉」あるいは「その萌芽」が出てくるのは、いったいなぜなのか、と問われよう。一六世紀イングランドの「言語ゲマインシャフト」における歴史的・社会的諸条件とその蠕動/変遷に照らして、こうした一定の「捩じれ」ないしは「紆余曲折」が生ずることはありうると予想されるにしても、やはりその具体的な根拠が究明されなければなるまい。

ここで一門外漢の筆者がその研究に手を染めることはできないとしても、これもさきほど述べた「ヴェーバーでヴェーバーを越える」研究課題のひとつとはいえよう。羽入の英訳諸聖書にかんする労は多い調査と、右記一五三五年「カヴァーデイル訳」にかんする「不問に付されていた事実の発見」の功績も、ヴェーバー非難で終わらずに、この注三第六段落でも「ヴェーバーが本来考えるべきであったこと」あるいは「考えてもよかったこと」の究明へと連らなればよかったのに、と惜しまれる。そうして初めて、学問的な批判、学問的に生産的な批判になる。

ところが、ルサンチマンにねざす「学問上の叛乱」劇は、このばあいにもやはり、たとえ問題となしうる事実を発見しても、それを問題として活かせない。むしろ発見事実を、相手への非難に直結して「溜飲を下げ」、それだけで自己満足に耽ってしまう。そのために、その発見からまた新たな推論を試みて新たな問題設定や事実発見に到達する、学問上の前進への道をみずから塞いでしまうのである。まさにそれゆえ、学問上有害である。羽入書が「反面教材」として有用なのは、まさにこのルサンチマンにねざす「叛乱」劇の不毛さを、遠慮会釈なく披露してくれるからである。

第一七節　「言語ゲマインシャフト」の現実と、辞典の「理念型」的区別

　つぎに羽入は、③ヴェーバーがOEDから引用したふたつの用例 unlawful callings と greater callings のうち、前者は確かに11.「普通の職業」欄に含まれるが、後者は†10.「地位、身分」の項目に属する一用例であるという事実を挙げて、「ヴェーバーは別の項目の用例を一緒くたにして引用してしまっており、項目†10.と11.の意味の違いが正確には分かっていなかった」(五〇)と推定している。

　しかし、これもむしろ、推定内容が稚拙なため、かえって説得力に乏しく、むしろ批判者の力量が問われる一例であろう。つまり、羽入には、OEDが†10.と11.とを別の項目として立てた意味が分かっていないのではないか。あるいは、いっそう正確にいえば、ヴェーバーも、明晰/判明に記されているOEDの「項目†10.と11.の意味の違い」は、他の検索者と同様、一読してすぐに理解し、「一緒くたにし」たはずはないが、そのうえで、その「意味の違い」をどう捉え返したのか、そうしたヴェーバーの方法的思考の意味が、羽入には「分かっていなかった」のではなかろうか。

　すでに丸山尚士が指摘しているとおり[47]、現実の「言語ゲマインシャフト」において「語」られ、「諒解」をとげられる語彙の「意味の違い」は、それ自体としては明晰/判明ではなく、「流動的移行」の関係にある。現に羽入書も、本稿第一四節冒頭に引用した「結論」のなかで、学術書としては珍しく、「論じられる」を「論じれる」、「もしそうだとするならば」を「もしだとするならば」と記しており、現在進行中の「流動的移行」傾向を反映している。辞典(少なくとも「歴史的原理に則る大辞典」)とは、現実に進行した「流動的移行」関係にある用例群を蒐集し、あとから明晰/判明な「理念型」的区別を立て、これを規準に用例を分類——つまり、個々の用例を相対的にもっとも近い項目に内属させ、その欄に記載——したものであろう。辞典の区別が先に「制定」されて、現実の用例が(あるいは当該語を発する行為者が)その「制定準則」「制定秩序」に「準拠」するのではない。「言語ゲマインシャフト」は、「欽定

oktroyieren」ないし「協定 paktieren, vereinbaren」される「制定準則」「制定秩序」をそなえた「ゲゼルシャフト Gesellschaft」ではなく、「諒解ゲマインシャフト Einverständnisgemeinschaft」である[48]。

とくにこのOED "calling" 項目IIのばあい、9.†10.11.の三者が近接した流動的移行関係にあることは、語源学的に説明されており、とりわけ中間項の†10.は†符号を付けられて、廃語（歴史的に廃れていった語義）とされている。とすれば、その欄に記載された用例 greater calling の「語義諒解」（「上級の身分」）は、11.のそれ（「上級の職業」）に移行していく途上にあり、記載された年代以降には、†10.の語義は廃れて11.のそれに収斂した、と解して差し支えなかろう。なお、†10.の欄には、greater calling のほか、"1555 We are commanded... to apply ourselves to goodness, *every one in his calling.*" という、「アウグスブルク信仰告白」一六条の nach seinem Beruf に似ていて、ルターが後に「世俗的職業」の意味に解したのと同じ用例、また、11.の欄には、unlawful calling のまえに、"1551 As careful familie shall cease hir cruell *callinge* and suffre anie laiser." といった用例が示されている。

小括

以上が、羽入書「第一章」にたいする批判、そこにおける「意味変換操作」の追跡／論証である。

羽入は、ⓐ「遺跡」（＝マックス・ヴェーバーの全著作）から一「遺構」（＝「倫理」論文）を、「遺構」からその一「部位」（＝第一章「問題提起」第三節「ルターの職業観」第一段落の「トポス」とそこに付された三注）を、さらにその「部位」から一「遺物」（＝「イングランドにおける Beruf 相当語＝ calling の普及経緯」にかんする原文一六行約一五〇字）を抜き出している。そのさい、「遺跡」のなかでの「遺構」の位置価、「遺構」のなかでの「部位」の位置価、「部位」のなかでの「遺物」の位置価、が顧みられず、それぞれを抜き出す根拠が論証されていない。したがって、当の「遺物」が、「遺構」とその「部位」の「配置構成」のなかで本来そなえていた「意味」と「限定」が無視されている。

原著者ヴェーバーは、「ルターの職業観」節冒頭、「トポス」としての Beruf 論で、「使命としての職業」という聖俗二義を併せ持つ語 Beruf が、宗教改革者ルターの聖書翻訳から、原文ではなく翻訳者の精神の表明として（つまり意訳によって）創始されたと主張し、その歴史的経緯と帰結（の一部）を注で詳細に論じた。なるほど、ルターにかぎらず、西洋近世以降プロテスタントが優勢となる諸民族の宗教改革者たちは、それぞれ「顕示的信仰 fides explicita」に欠かせない聖書の自国語訳に取り組み、それぞれ（「神に召し出された使命としての職業」という聖俗二義を併せ持つ）Beruf 相当語を創り出していった。しかしそれは、改革者・翻訳者各人が置かれている「言語ゲマインシャフト」の歴史的・社会的条件のいかんにかかわりなく、一律にルターの創始過程を真似て（あるいはそれに合わせて）、そのパターンを反復ないし縮小再生産していったというのではない。ルターが『シラ』句の独訳で語 Beruf に「使命としての職業」という語義を創始したからといって、他の改革者・翻訳者も、みな判で押したように『シラ』句の自国語訳から始め、「言語創造的影響」力を発揮すると決まっているわけではない。ヴェーバーがそんな主張をしたためしはないし、だいたいまともな歴史・社会科学者が、歴史的・社会的条件の多様性を無視して、そんな戯言を語るはずもない。

ルターのばあいは、救済追求「軌道」の「世俗内」「転轍」という画期的「意義」が、「現世の客観的秩序」「身分」「職業」を「神の摂理」と捉える「摂理観の個別化」「伝統主義」と結びつき、「使命としての職業」概念が孕まれ、これが聖書翻訳計画の進捗状況とあいまって、聖句としてはまず（反貨殖主義的・伝統主義的な「神への信頼」を説く）旧約外典『シラ』一一章二〇、二一節の（純世俗的職業ないし職業労働を意味する）ergon と ponos に（それまで「神の召し」あるいはせいぜい「聖職への招聘」という純宗教的意味に使われてきた）語Berufを当てるという形式で、それだけ鮮やかに表明された。以後、この大胆な意訳がルター派においては（排斥されるのでも、廃れるのでもなく）受け入れられ、『コリントI』七章二〇節他の聖句にも俗語の語彙にも普及し、一方ではルター派宗教政治勢力の伸張、他方では領邦国家の分立と方言群の割拠状態という「言語ゲマインシャフト」の特殊な歴史的・社会的条件のもとで「言語創造的影響」もおよぼして現在にいたっている。しかし、ルターのドイツとは歴史的・社会的条件の異なる「言語ゲマインシャフト」に生きて、ドイツ語以外の言語を母国語としている宗教改革者たちは、ルターによる宗教改革思想の影響を（聖書翻訳のみでなく、著作にも表現されるルターの「生き方」そのものから）強く受け、その一環としてBeruf語義創始の意義は重々認識し、思想とともに自国語に移したいと思い立つにしても、それぞれ自国における（あるいは自国を拠点とする）宗教改革を進めるにあたり、そのプログラム全般のなかで、どれだけの比重を「言語改革」に置き、これをどのように進めていくか、という一点にかけては、一方では、それぞれの「言語ゲマインシャフト」における歴史的・社会的諸制約（彼我の力量の差を含む）、他方では、それぞれの母国語の状態（ステロ化・合理化の度合い）に応じて、それぞれ取り組みのスタンスと帰結とを異にせざるをえなかったろう。

こうした視点と研究プログラムは、ヴェーバー歴史・社会科学の一ジャンルとして、ここで「言語社会学」的比較語義史と名づけられ、今後、新進気鋭の若手研究者によって引き継がれ、鍛えられ、展開されていってほしいと思う。(49)とまれヴェーバーは、問題の注三第六段落で「イングランドにおけるBeruf相当語の普及経緯」という（まさに羽入が抜き出す）論点に入る直前の第五段落末尾で、かれが「倫理」論文の主題との関連で最重要視していたカルヴァン派への影響にこと寄せて、そうした視点を明快に語り出し、影響先「言語ゲマインシャフト」の歴史的・社会的諸条件と、そのなかに生きる宗教改革者・翻訳者の主体性を捨象しないようにと警告を発した（あるいは、かれの歴史・社会科学に少しでも通じていれば、そう警告していると読み取れるように語った）。しかも、カルヴァン派の大衆宗教性が「確証問題への関心」（という主体的条件の成熟）から、ルターの職業概念を受け入れて鋳直すのは、後代（一七世紀以降）のことで、ルターの直接の影響には帰せられず、イングランドにおけるBeruf相当語callingの成立／普及だけにも帰せられない、それこそ（「倫理」論文の主題にとっては）はるかに重要な問題で、本論（第二章）に入って正面から本格的に取り扱うから、このあと注三第六段落では立ち入らない、およそ注しかもその末尾で触れて済ませられる問題ではない、とはっきり断っている、あるいは断っているも同然なのである。

しかもその第六段落の原文一六行約一五〇字については、ヴェーバー自身、かれの「言語社会学」的比較語義史研究としては大いに限界があり、かれとしても不十分／不満足なものと重々心得ていたにちがいない。かりにかれがイギリス人で、「トポス」にBerufでなくcallingをもってきたとしよう。そのばあいには、語形callingが聖俗二義を併せ持つBeruf相当語に歴史的に形成される経緯を、ちょうどかれが「トポス」に選定した自国語Berufについて、長大な注三でルターの思想と用語法の変遷をたどって突き止めたように、またそれが創始点でそれ以前にはタウラーのRufという「廃れた」用例があっただけであろうと、ルター以前に遡って調べて（「自分の知るかぎりでは」と慎重に断って）語ったように、自国語の古語義史であればこそ手をくだせた独自の研究を、イングランドについて、たとえばルターの代わりにウィクリフなりティンダルなりを焦点に据えて完遂しなければならなかったであろう。いや、じつはそのことは、ヴェーバーがルターのみを震源として宗教改革の伝播を見ていくドイツ中心の歴史観の持ち主で(50)はなかったからには、あるいは少なくともそうした史観から解き放たれて考えることができたろうからには、なにも英語のcallingを「トポス」とはしないまでも、本来ここでできればcallingについても、そうした独自の研究をまっとうしなければならないと承知していたにちがいない。

しかし、ヴェーバーは、そうした独自の語義史研究を第一次資料に当たって遂行しなければならないという規範的格率と、つねに過大な研究課題を抱え、研究主題を目指して「道草」を食わず効率よく研究を進めたいという経済的格率との「せめぎ合い」を、また「素材探し」と「意味探し」との緊張を、生きていた。かれの関心の焦点は、なんといっても、語形はもとより語義にもなく、なるほど語義にも表明されはする人間諸個人の「生き方」（意味・思想・エートス）にあった。ここで、宗教改革の思想が「生き方」におよぼした影響を追跡するにあたって、その途上で語義史にも立ち入る必要が生じたとしても、それに度はずれた時間と労力を割くわけにはいかない。そこでかれは、賢明にも「自分の足らざるを補う」次善、むしろ最善の策を採った。ちょうど、OEDが刊行され始め、その第二巻に、碩学マレーが自国語なればこそ、callingの歴史的用例を広く蒐集し、語義を明晰／判明に（ヴェーバー流にいえば「理念型」的に）分類し、分類項目間の流動的移行関係にかんして語源学的な説明を与えてくれていた。そこでヴェーバーは、自分でにわかには調べようもない歴史的用例の素材は、（例の「エリザベス時代における宮廷用のイングランド国教会聖書」を除き）おそらくは確かに全面的にマレーの記事に依拠し、ただ独自の観点から記事内容を再構成して、「イングランドにおけるBeruf相当語callingの普及経緯」の大筋を、注三第六段落の叙述にまとめたのである。すなわち、旧約外典『シラ』とは異なってどの宗派にも一様に重視された『コリントI』七章二〇節を定点観測点として klēsis の訳語の変遷をたどると、前稿でも概観したとおり、注目すべきことにウィクリフのもとですでに一三八二年 clepynge（『コリントI』一章二六節では clepinge）と訳されていたが、一五三四年のティンダル訳（改訂第二版）[51]、一五五七年の「ジュネーヴ版」では state に戻り、さらに一五八二年のランス版と「エリザベス時代における宮廷用のイングランド国教会聖書」では『ヴルガータ』にならって vocation に「戻って」いるが、興味深いことに、一五三五／三九年のクランマー監修・カヴァーデイル訳から一五六八年の『主教たちの訳』をへて一六一一年の『キング・ジェイムズ欽定訳』へと、むしろイングランド国教会の公認訳聖書のほうに calling 系が用いられ、引き継がれ、定着している。これも、テューダ王朝が教皇庁から独立して国教会を結成し、カトリックと大陸のプロテスタンティズムとの中間で、自国語聖書の編纂と普及に関心を寄せ、ときにイニシアティヴをとるといった、イングランド「言語ゲマインシャフト」の（ドイツともロマン語系諸国とも異なる）歴史的変遷を映し出していると、ひとまずはいえよう。

ただし、注三第六段落における原文一六行約一五〇字の叙述は、イングランドにおける（Beruf 相当語としての）calling の語義形成と普及にかんする「言語社会学」的比較語義史研究としては、「トポス」の付論とはいえ密度の高い、ルターに焦点を合わせたドイツ語 Beruf 創始の研究に比べれば、当然のことながら格段に見劣りがする。かりに、羽入なり別の研究者なりが、ヴェーバーとは異なり、イングランドを研究の主要なフィールドに選び、そこにおける calling の語義形成／変遷／普及を主題として本格的に研究し、ヴェーバーを批判的に乗り越えようとするのであれば、右記第一三節の後半部で設定したような問題、すなわち、①ルターに一世紀半先行するウィクリフにおける clepynge が、はたして Beruf 相当語であったのかどうか、あったとすれば、いかなる歴史的経緯をへてそうなったのか、②大陸に亡命してルターやカルヴァンと交流するなかで英訳をおこなったティンダルやウィティンガムよりも、イングランド国教会公認訳のほうに calling が多用され、普及し、定着していくようなのはなぜか、この calling は Beruf 相当語なのか、そうとすればいかなる経緯でそうなったのか、そうでないとすれば、ルター／ルター派の、あるいはピューリタン的な用語法との間にどれだけの齟齬があったのか、③『箴言』二二章二九節「わざ m^{e}lā'khā」の訳語として business に換えて calling が当てられる（まさにルターにおける『シラ』意訳事件と機能的に等価の）ピューリタン的意訳事件が起きるのは、いつ、どこで、どのようにしてであったか、というような問題を再設定し、歴史・社会科学的に（「トポス」以上の密度をもって）究明しなければならないであろう。かりに羽入が、注三第六段落の原文一六行約一五〇字の叙述から、こうした問題を引き出し、「ヴェーバーでヴェーバーを越える」方向に、あるいはもとより他の研究方法／技法を用いてもよいが、前向きに研究を進めたのであれば、ヴェーバー自身も草葉の陰から身を起こして、わたしたちヴェーバー研究者とともに、心から喜び、その功績を讃えたことであろう。

第五章　「末人の跳梁」状況

はじめに

前章「言語社会学的比較語義史研究への礎石」では、羽入書第一章「“calling”概念をめぐる資料操作――英訳聖書を見ていたのか」の叙述に内在して、羽入の「意味変換操作」を剔出した。

この反批判をとおして明らかにされたとおり、ヴェーバーはつねに、過大な研究課題を抱え、どんな問題についても「一次資料に当たって事実を確かめ、歴史的経緯を究明すべし」と要請する規範的格率と、膨大な課題を効率よくこなして成果にむすびつけようとする経済的格率との「せめぎ合い」を、「素材探し」と「意味探し」との緊張を交えて、生きていた。ということは、一篇の論文を執筆するときにも、主題に向けて効率よく――つまり、個々の論点に割り当てる時間と労力を、論点それぞれの価値関係性ないしは合目的性に応じて制御して――叙述を進め、早く主題の議論に集中しようとする求心力と、「トポス」にかんする比較語義史的補足論議でも、「人間にかかわることで、わたしに無縁なことはない」とばかり、比較の諸項（少なくともその代表例）についても一次資料による検証にまで立ち入って、「補説 Exkurs」（「経済的格率」の観点からすれば「道草」）にも時間と労力を惜しむまいとする遠心力との交差圧力を受けながら、双方の狭間に身を置いて、つねに最善の選択を心がけていた、ということであろう。

「倫理」論文のばあい、ヴェーバーは、そういう「せめぎ合い」のなかでの選択として、「Beruf 相当語の一六世紀イングランドにおける普及」という論点については、形式上独立の注を設けず、注三の末尾（第六段落）に繰り入れる形で、簡潔に切り上げようとしたにちがいない。また、内容上も、当時刊行途上にあったOEDの、英語語義史に通じた碩学マレーの記事を、なるほど「二次資料」とはいえ、（当時のかれには、にわかには蒐集できない）歴史的素材の最良の集成として、摂取し、活用している。かりにかれが生きていて、これを「資料操作」として咎められたとすれば、「杓子定規に『一次資料』規範に固執するよりも、柔軟に良質の『二次資料』を活用するほうが、（他に振り向けてもっと有効に使える時間と労力を節約できるばかりか）内容上も『おのれの足らざるところを補って』もらえて『結果的にベター』（『自分にとってはベスト』）ということもありうる」と答えたであろう。

ただ、つねにより高い、いっそう完璧な究明と論証をめざす学問の規範に照らせば、他国の「言語ゲマインシャフト」における Beruf 相当語の創始経緯にかんする叙述も、自国のルターにかんする叙述と同等の水準にまで引き上げることが、あくまで可能ではあったろう。ヴェーバーも、かりにそうした言語社会学的比較語義史が「倫理」論文の主題であったとすれば、万難を排して、より高きをめざす学問の規範にしたがったにちがいない。「規範的格率と経済的格率とのせめぎ合い」を生きなければならない、実存（現実存在）としての研究者は、価値関係的パースペクティーフによって制御された研究の途上、時間と労力のおよぶ範囲の境界線上で、（別の観点からは、あるいは高次の規範に照らせば「欠落」「不備」「不足」と見なされてもやむをえない）こうした「限界問題」に直面し、現実にはその究明を断念し、問い残さざるをえない。

さて、こうした「限界問題」は、ちょうど学問論争と法廷闘争との「境界問題」をもなしている。学問論争を法廷闘争になぞらえることは、ある範囲内では可能かつ有効であろう。しかし、訴訟における「勝敗」といった法廷闘争のカテゴリーに囚われると、なによりもまずこうした学問上の「限界問題」が、「弁護」すべき「被告人」の「弱み」とも感得され、訴訟の展開には「不利な」材料にもなりかねないと予感され、ここから「限界問題」の存在すら認めないという防衛反応が生じやすい。そうなると、比喩は学問上、かえって有害になる。というのも、学問は、そうした「限界問題」をこそ、まさに知的誠実性をもって直視し、批判し、仮説を構成して検証し、そのようにして（単線的あるいは「弁証法的」に）進歩をとげていくものだからである。

第一節 「限界問題」にたいする二様の対応——学問的批判と偶像破壊

ところで、学問論争において、ある研究者が、他の研究者を批判するばあい、そうした「限界問題」にどういうスタンスをとるか、という一点に、当該批判者の学者としての品位が顕れるように思われる。

一方の極に想定される批判者は、批判相手の「限界問題」を、高次の規範に照らして「欠落」「不備」「不足」と認定するにしても、それを無条件に「瑕疵」「欠陥」一般に解消して非難するのではなく、相手が二格率の「せめぎ合い」のなかで最善の選択をなしたかどうかを、当該論点の位置価と価値関係性に照らして、まずは検証する。そのうえで、批判者自身も「より高きをめざす学問の規範」に服して、当の「限界問題」を問題として再設定し、むしろ自分自身の問題として引き受けようとするであろう。あるいは、当の問題を自分の問題ともする（たとえば言語社会学的比較語義史を専門的に研究する）意思はなくて、他の（そうした意思をもつ）研究者とくに後進に託すとしても、当の「限界問題」に迫る批判相手の議論（たとえばヴェーバーの Beruf 論、とくにルターとドイツ語圏にかんするヴェーバーとしてもっとも密度の高い議論）から、そこに潜在している（たとえば言語社会学的比較語義史の）研究方針とパースペクティーフを引き出し、つとめて明快に再構成して、当の「限界」を越える、「ヴェーバーでヴェーバーを越える」方向性を示し、問題を託す他の研究者に提供する責任は負うであろう。

このばあいには、批判者も批判相手も、ともに「より高きをめざす学問の規範」に服そうとするから、批判が、相手の「限界」暴露と否定だけには終わらず、当の「限界」を越えるなんらかのポジティヴな成果を生み出す公算が高い。いいかえれば、そうした者どうしの論争は、どんなに激しくとも「生産的限定論争」となる。少なくとも、そうする責任は、批判者にも堅持されているであろう。

それにたいして、他方の極に想定される批判者は、相手とともに「より高きをめざす学問の規範」に服し、そのもとで相互に批判を交わしながら、(どんなに熾烈な論争となっても)あくまで理非曲直を争おうとするのではなく、相手をむしろ、暗々裏にせよ「偶像」に見立て、その「偶像」を引き倒すことで、みずからを偶像として立てようとする。そういう「批判者」はむしろ、「偶像崇拝の裏返しとして偶像破壊をこととする者」、「偶像崇拝者と同位対立の関係にある偶像破壊者」、「偶像破壊のかぎりにおける自己崇拝者」ともいいかえられよう。思うに、そうした「偶像崇拝＝破壊者」は、対象の偶像化と自己の偶像化に通じる「抽象的情熱」ないし過度の興奮を制御できない。というのも、そうした情熱や興奮を鎮めて偶像化を背後から引き止める人間存在の原点に背いて、「根のない水草」のように大地から浮き上がり、ちょうどそれだけ、内奥の空洞を埋め、不安を鎮めようと、どこかに偶像を立てて「拠り所」とせざるをえないからである。

とまれ、そういう「偶像崇拝＝破壊者」が、「偶像」に見立てて「打倒」しようとする相手の「限界問題」に直面するばあい、なにが起きるか。かれは、「限界問題」を、関連論点の位置価や価値関係性にかかわりなく、ただちに相手の「瑕疵」「欠陥」と決め込み、「弱み」と見て挑みかかり、特定の「瑕疵」「欠陥」を相手総体の「瑕疵」「欠陥」にまで過当に一般化し、それに非難を集中して、相手を「倒した」かに見せ、まさにそうすることで、みずから「寵児」「勝利者」「英雄」として躍り出、「偶像」として祀り上げられようとする。

第二節 「偶像崇拝＝破壊者」の「末人」性

立ち入って観察してみると、かれは、自分よりも優れた、より高い客観的価値を認めて、現実にそれをめざして努力する、ということができない。あるいは、かつてはめざしていたかもしれないが、挫折し、絶望し、(その絶望を絶望として見据えて) 再起してはいない。かれがたとえば学問を志すとしても、「より高きをめざす学問の規範」に服して、現にある自分の殻を割って出、克己し精進して「より高い客観的価値」を実現しようとし、まさにそのことをとおしてみずからも向上しようとするのではない。むしろ、現にある自分に安住したまま、自分よりも優れたもの、より高い客観的価値をそなえたもの、その意味で現にある自分を脅かすものを、なんとかして引き倒し、自分の水準以下に引きずり下ろして、自分は「人間性の最高段階に上り詰めた」と思い込みたがる。

いっそう根本的にいえば、かれには、人間存在の原点に揺るぎなく腰を据え、さればこそ内外に偶像を立てず、内面的に自己充足する、ということができない。だからかれには、なんらかの外的対象を打倒・否定し、ちょうどそれだけ自己を偶像化し、自己満足・自己陶酔に耽る以外、自己尊重感を保つすべがない。したがって同時に、そうした外的対象が、現にあるがままの自分にも打倒・否定できる範囲内になければならないと察知し、「死人に口なし」の「死者」を撃つか、生者なら「返り討ち」を恐れ、「手強い」相手は避けようと、「小賢しく立ち回る」よりほかはない。こうした退嬰的基調のうえにたつ「ライフ・スタイル」こそ、ヴェーバーが「倫理」論文の末尾で、『ツァラトストラ』(ニーチェ) の寓意を引いて「末人たち die letzten Menschen」と呼び、後にオルテガ・イ・ガセが「大衆人 Massenmensch」と名づけた類型のそれにほかならない。

いっそう正確にいえば、そうした「末人」としての「偶像崇拝＝破壊者」は、世上「高い価値をそなえている」と評価されているものを、まさにそれゆえ (そうした評価の当否を批判的に吟味検証することなく) 即「偶像」として受け入れ、当の「偶像」を世間の規準に即して「打倒」し、世上「偶像破壊者」の「栄誉」を手に入れようとする。「最高の」「栄誉」をかちえるには、「最高」と評価されている「もっとも有名な」「偶像」を「倒す」にかぎる。それには、「偶像」の「弱みにつけ込む」のが、いちばん手っとり早い。それがはたして「弱み」か、自分自身はそうした「弱み」とは無縁か、などと胸に手を当てて考え始めると、足を引っ張られるから、そうした反問はいっさい止めにして、遮二無二「弱みにつけ込もう」とする。「偶像」が学者であれば、世間一般には「学者は誠実で緻密」と見られているから、反対に「詐欺」「杜撰」と決めつけ、誰にでもある「限界問題」の「弱み」から無理にも「瑕疵」「欠陥」を引き出して「証拠」に仕立て、あたうかぎり「誠実で緻密」な「論証」を装い、世評をひっくり返して見せれば、効果覿面、耳目を聳動するに足りよう。世間には、「最高」の「偶像」に反感・怨念を抱くだけの「学者」もけっこういるから、そういう類の「識者」、あるいは「耳目聳動」を喜ぶ「評論家」には、効果抜群、かれらから絶賛/拍手喝采を引き出すのも難しくはあるまい。

たしかに、「××研究者」は腹を立て、反感をつのらせるにちがいない。しかし、ここにも「××読みの××知らず」がけっこう多いから、「自分は××研究者ではない」とかわして反論を回避するか、『××入門』まで書いてしまってその伝は使えない「啓蒙家」も、「自分には『もっと巨大な』課題がある」とかなんとか、「黙殺」つまりは「沈黙は金」の処世術に逃げ込むか、まあそんなところであろう。「××研究者」が在職する大学・大学院を見渡しても、昨今、「教官」のそうした日和見的・「亀派」的「ライフ・スタイル」を正面から問い質せる、気骨のある学生・院生は、絶えて見かけない。「大学教官」の「××研究者」は、「見て見ぬふり」をしていさえすれば安穏としていられるわけで、みな、「放っておけばどうにかなろう」「だれかがやってくれるだろう」くらいに受け止め、「雉も啼かずば撃たれじものを」で、自分からあえて反論を買って出る「物好き」など、まずどこにもいまい。

万一、「手強い」反論が出てきたとしても、そのときはそのときで、「やはりまだいる偶像崇拝者」、「詐欺師に騙された哀れな輩」「廃棄物を垂れ流す××産業の営業者」「ブランド商品をけなされてヒステリックに反応」とかなんとか、俗耳に入りやすいレッテルにはこと欠かない。だから、そのときは、反論内容にはいっさい応答せず、「ポピュリズム」で押しきれば、なんのことはない。

「末人」の計算は、小賢しくもしたたかである。この「羽入事件」についてみても、少なくとも結果的には、ひとつの「不安材料」を除き、状況は大筋として「末人」の思惑どおりに推移してきているではないか。

第三節　「末人跳梁」の予兆

こうした事態にたいしては、さまざまな対応がありえよう。「ま、そんなに目くじらを立てなさるな。『若僧』の駄々を歎く光景は、なにもいまに始まったことではない。『××研究』もいまや、どこにでもいる驕慢な『分からず屋』をひとりくらいは抱え込めるほど裾野を広げたと考えれば『もって瞑すべし』ではないか」と達観して鷹揚に構える人もあろう。あるいはさらに、「向きになって正面から対応すると、かえって相手の『思うつぼ』にはまり、傷をいっそう広げかねないから、放っておいて『淘汰』に委ねるのが、やはりいちばん賢明ではないか」と政治的配慮をめぐらす人もいよう。それぞれ一理も二理もある批判で、筆者としては、そうした批判を受け止めてそのつど応答しながら、自分の対応を調整／制御していけることを、たいへん幸いなことと考えている。と同時に、そうであればこそ、そうした批判にあえて逆らい、異なる方向をとろうとする理由を述べ、さらなる批判にそなえる必要もあろうかと思う。

筆者は、五〇年の研究歴／四〇年の研究指導歴（とくに古典文献講読ゼミの経験）から、ヴェーバーにかぎらず、古典といわれる書物は、そう簡単には理解できず、三読四読し、沈思黙考し、「議論仲間」の友人と議論したり、先輩や師匠に問い質したり、研究文献／二次文献に当たったりして、ようやく読解の糸口が摑め、だんだん分かってくるものではないかと思う。(1) そうであればこそ、そうこうするうちに、そのように「努力して分かる」こと自体が楽しみとなり、それを励みにいっそう努力するという好循環も生まれよう。そのようにして、初見では難解な古典文献を根気よく精読するうちに、「恣意を克服して対象に就く（Sachlichkeit の）精神」も育ってきて、これがやがては文献読解以外にも、現実の問題に対処する場面で、その人の sachlich で明晰な判断と態度決定に活かされるのではあるまいか。ここに、「古典を学ぶ」意義のひとつがあると思う。

ところが、一九八〇年代に入ってから、学生／院生のあいだに、古典文献講読演習で、「あなたのいまの読み方は間違ってはいないか、そこはむしろこう読むべきではないか」とストレートに指摘すると、考えなおすか反論するかではなしに、怒り出すという現象が目立ち始めた。そういうばあい、筆者としては、「当為」を振りかざしたり、権威主義的に「畳みかけ」たりした覚えはなく、むしろ「直截な指摘」をためらう弱さを克服しなければならないと気を引き締めながら、sachlich な理由を添えて、意図してストレートに指摘し、反論を促すようにつとめてきたつもりである。ともかくもそのころまでは、同一人が同じスタンスをとって指導に当たってきても、そうした怒気を含む対応に出くわしたことはなかった。だから、それはむしろ、学生／院生の側に、自分よりも優れたものから学んで向上しようという気構えと根気が薄れ、現にある自分に居直り、すぐ自己満足に耽りたがり、そういう退嬰的な姿勢をただそうとすると逆に恨む、あるいは、あえてそうする「手強い」相手は避ける、そうした脆弱な気質が蔓延してきた兆候と理解せざるをえない。

したがって、一九九八年に初めて（名古屋大学の院生がコメントを求めてきた）羽入論文「マックス・ヴェーバーの『魔術』からの解放」（『思想』、同年三月号）を読んだときにも、「あ、あれだな、あれがとうとう『言論の公共空間』にまで大手を振って登場するようになったな」と察しがついた。そのときには、論文の内容よりもむしろ、そうした論文が、文献読解の厳密性にかけては定評があって、筆者も金子武蔵先生のゼミからは学ぶところのあった、東京大学大学院倫理学専攻から学位を取得して出てきたことに、たいへん驚いた。と同時に、その意味では事態を深刻に受け止めながらも、当の出身母胎の善処に、やはり期待をかけたのである。(2)

しかし事態は、筆者の期待する方向には動かなかった。「善処」がなかったか、あっても功は奏さなかったのか、図に乗って表題を「魔術」から「犯罪」にエスカレートさせた羽入書が、数年後、これもそこそこ定評のあった『ミネルヴァ人文・社会科学叢書』の一点として公刊されたのである。その後の筆者の対応については、本書第二章「学問論争をめぐる現状況」、第三章「虚説捏造と検証回避は考古学界だけか」などで述べたので、ここでは繰り返さない。問題はむしろ、羽入書の自己主張(「偶像破壊＝自己偶像化」要求)に「見て見ぬふり」をし、「末人」が「わがもの顔」に振る舞うのを放任しておくと、いったいどうなるか、当面は小さな問題にすぎないとしても、そこからやがて、この日本社会における学問、ひいては思想／文化一般のありかたに、どういう影響がおよんでいくか、という点に求められよう。

第四節　諸価値の「下降平準化」と「類が友を呼ぶ」「集団―ゲマインシャフト形成」

「鳴り物入り」の「学界デビュー」は果たせても、「末人」は「末人」である。「より高きをめざす学問の規範」に服し、客観的(真理)価値に仕えて、その発展に寄与しつつみずからも向上しようとするのではない。そういう志、向上心をもたないのが「末人」の「末人」たる所以である。むしろ、客観的価値の世界を、ひたすら自己中心に、一方では、自分が「最高」の「偶像」を「詐欺師」と断する「世界初の発見」をなしとげ、「人間性の最高段階に上り詰めた」と思い込み、自己満足・自己陶酔に耽る、退嬰的営為の手段として、他方では、そのままで「寵児」「勝利者」「英雄」として脚光を浴びようという「虫のいい」イヴェントの舞台として、自己本位に最大限、利用しようとする。

では、学問なら学問といった客観的価値の世界が、「末人」によってそのように自己中心・自己本位に、「偶像破壊＝自己偶像化」に利用され、喰い荒されても、当の客観的価値そのものは、微動だにせず、安泰を保てるのであろうか。そこまで楽観が許される状況であろうか。むしろ、当初は目に見えない程度と形においてではあれ、客観的価値規準とそれに見合う価値パースペクティーフが攪乱され、たとえば「杜撰」と「緻密」、「詐欺」と「誠実」とがこもごも取り違えられ、そうした混乱／混濁のうちに、諸価値が相殺され、「平準化 nivellieren され（下降方向で均され）」ていくことにならないかどうか。そのゆくてには、「なにが『価値』で、なにが『非価値』か」、もはや曖昧で判断がつかない、もう「なにがなんだか分らない」という「アノミー（無規範・無規制）状態」をへて、あげくのはて「けっきょくは自分の恣意を『価値』として押しつけ通せる、図々しいほうが勝ちだ」という権力主義が台頭し、気骨のない「大衆人」がこぞって追従に雪崩込む、という状況が、出現してこないかどうか。

もとより、ひとりの「末人」が孤立的にせよ登場すれば、事態がそこまで直線的に進む、というのではない。そうした予測を大真面目に掲げるのであれば、「強迫観念」に囚われていると決めつけられてもいたしかたない。しかし、ある「（物質的また観念的）利害状況 Interessenlage」（たとえば「相対的に恵まれない『寵児』願望者のルサンチマンと『過補償』動機」）が構造的に生み出され、そうした「利害状況」を共有する「集群ないし統計的集団 Gruppe」（les incompris intellectuels）が（「目には見えない」にせよ、いわば「潜在的ゲマインシャフト」として）生み出されてくると、そうした社会的基盤のうえでは「類が友を呼び」、まずはマス・メディアやインターネットを媒介とする「離れればなれの群集形成」、ついで「時宜的なゲマインシャフト形成 gelegentliche Vergemeinschaftung」をへて、ばあいによっては「カリスマ的」リーダーのもとに（開放的―閉鎖的）「ゼクテ（結社）」が結成されもしよう。[3]もとより、こうした「集団―ゲマインシャフト形成」の階梯は、一方向的な「進化」の「段階」として「実体化」されてはならない。それはむしろ、そのときどきの諸条件に応じて「形成されては反転して解消し、また反転しては形成される」双方向の「離合集散」（漸移的流動的相互移行関係）を、動態的に把捉しようとする、概念標識・理念型スケールと見なされるべきである。[4]ただ、そうした「集団―ゲマインシャフト形成」と交錯しながら、「形成―解消」の両局面で（「解消」の局面でも）客観的諸価値の「下降平準化」が進み、ただ、「形成」局面では「平準化」がいっそう加速される、と予想される。こうした概念構成によって、事態の推移ばかりか、思いがけない展開も予測し、見通せるようになる。

じっさい、「類が友を呼ぶ」「時宜的ゲマインシャフト形成」は、今回、一見思いもよらないところに出現した。なるほど、羽入書の登場後、まずは「羽入予備軍」（「利害状況」を共有する「統計的集団」としての les incompris intellectuels）のあいだに、羽入書を歓呼して迎える「離ればなれの群集」が形成され、羽入書を「誠実で緻密な論証」と取り違え、客観的価値規準を曖昧にし、その「下降平準化」に一役買ったであろう。この事実は、その間の「インターネット評論」の動向から、ほぼ確実に推認される。ところが、「時宜的ゲマインシャフト形成」のほうは、一見思わぬところに「絶賛者」が群がり、「賞＝ＳＨＯＷ」を演じて「偶像破壊」イヴェントの列に伍する、世にも珍奇な形態をとった。『Voice』誌二〇〇四年一月号に掲載されている「山本七平賞」選考委員、加藤寛、竹内靖雄、中西輝政、山折哲雄、養老孟司、江口克彦の「選評」は、「末人」の「偶像破壊」に唱和して「時宜的ゲマインシャフト形成」に走った「ＰＨＰ名士」「ＰＨＰ識者」の資質と水準を露呈したデータとして、客観的諸価値の「下降平準化」を押し進める「末人」共同戦線の広がりを示す一徴候として、注目に値する。

第五節　「信じ難きを信じ」——加藤選評を読む

（一）加藤寛（千葉商科大学学長）によれば、「戦後の学生時代、私たちはマックス・ヴェーバーに浸りつづけていた。若きヴェーバーと碩学G・シュモラー［sic］との大論争、[5] ヴェルトフライハイト（価値判断排除論［sic］）[6] など私たちは読み耽り、それを題材として友人たちと論じ合ったから、ヴェーバーは私たちの青春のシンボルであった」という。なるほど、若いころヴェーバーを勉強したこと、とくに、ヴェルトフライハイトなどの題材をめぐる「議論仲間」を持てたことは、それ自体たいへん結構なことであったといえよう。ところが、当の加藤が、「そのヴェーバーが学問的犯罪を犯したという衝撃が羽入氏の研究を通じて解き明かされている。しかもそれがたんなる感想コメントではなく、厳密なテキスト・クリティークにもとづきその検証を試みたのだから、読むうちに肯んぜざるをえなくなる。こんなことが小説ではなく学術論文によってなされるなど正直いって信じられなかった」と告白している。

さて、かりに加藤が、羽入書を「小説ではなく学術論文」として読み、羽入の「検証」を「読むうちに肯ん」じたとすれば、加藤の「青春」とは、当の「学問的犯罪」を見抜けずに「ヴェーバーに浸りつづけ」た錯誤ということになり、加藤としては、まずそうした自分の「青春」を問い返すべきであろう。ところが、加藤は、そうせずに、なにか他人事のように、羽入書を評価し、歓迎する。なぜか。加藤は、「大塚久雄信奉というかたくなな日本の学界（空気）に抗したこの画期的な著作が陽の目を浴びたことを喜びたい」とも語っており、この感情のほうが強くて、自己点検を妨げられているのではあるまいか。この「大塚久雄信奉」とは、ヴェーバー研究の現況を知る者にはやや時代錯誤に響くが、案外、加藤の世代には共有されている本音なのかもしれない。とすれば、加藤の「青春」体験は、かれには「かたくなな」ルサンチマンを残し、これが今回のいささか軽率な羽入書評価に発現してしまったといえよう。「軽率な」というのも、加藤自身、学者であれば、おそらくはＰＨＰ研究所から回されてきた推薦状に賛意を表するまえに、「倫理」論文を再読し、羽入の主張をそれと逐一対比して検証し、そのうえで羽入書を学問的に評価すべきであったろうからである。そうする暇がなければ、「信じ難きを信ずる」まえに、少なくとも専門のヴェーバー研究者の意見を聞いて、慎重を期すべきであったろう。羽入書が「厳密なテキスト・クリティーク」を装いながら、「検証」の体をなさず、「相手を見ない行司には、相手を手玉にとっているかに見えるひとり相撲」にすぎないことは、事前（二〇〇三年四月）に『季刊経済学論集』（六九巻一号）に載った書評「四疑似問題でひとり相撲」で指摘されていた。加藤が、「専門家の意見を聞く」という学者として当然の手順を踏まずに、羽入の主張を「肯ん」じたとすれば、軽率で無責任であったといわざるをえないし、かりにそうしてもなおかつ「信じ難きを信じた」というのであれば、よほどの「節穴」というほかはない（この「軽率で無責任か、それとも『節穴』か」という批判は、加藤のみでなく、六人の選考委員すべてに当てはまる）。加藤も、加藤自身の専門領域では学問的訓練を積み、ひとかどの業績も挙げてきたにちがいないから、多分前者であろう。かれの「青春のシンボル」が、かれに学者としての品位と責任感は残さず、あちこちでいい加減なことをいう「名士」「識者」にのし上がることは妨げなかったとすれば、まことに残念といわざるをえない。

なお、加藤はいちおう、「『犯罪』という題名は語感が強すぎる。……これは出版社の売らんがための『犯罪』というべきか（?）」と、疑問を呈してはいる。しかしこのばあい、たしかに出版社の「売らんがための『犯罪』」も問題であるが、著者羽入自身も、本文でヴェーバーを「詐欺師」「犯罪者」と断じているのである（二、一八、一九二）。加藤はなぜ、著者の不見識のほうは不問に付せるのか。ここでもおそらく、あの「かたくなな」ルサンチマンから、羽入書が「陽の目を浴びたことを喜び」、広く推奨したいという願望が、かれの判断を誤らせたのであろう。

第六節　「ポピュリズムの走狗」——竹内選評を読む

（二）竹内靖雄（成蹊大学教授）は、羽入書を「完成度の高い推理小説のようにおもしろく読」んだそうである。「羽入探偵は、この［資本主義を推進した精神的エネルギーはプロテスタントの倫理であるという］ヴェーバーの推理を吟味し、そこにはインチキな操作があってこの推理は成立しない、ということを完膚なきまでに立証してみせたのです。これはこの学問の分野では大変な『壮挙』で、かの巨人ヴェーバーの像が、その売りものである『知的誠実さ』という土台から崩れ、倒れていくさまが見られます。これがおもしろくないわけはありません。」

なんたることか。「完膚なきまでに立証」「大変な『壮挙』」「巨人像が土台から崩れ、倒れる」等々、「決まり文句」の賛辞を連ねて推奨する竹内とは、「ポピュリズムの走狗」か。こういうコピーライターには、『倫理』論文と羽入書を読んでからものを言え」といってみても始まるまい。

さらに竹内は、羽入書の書き出しを絶賛する。「この本の冒頭ではいきなり羽入夫人が登場して、『マックス・ヴェーバーの嘘』を指摘します。名探偵羽入氏のワトソン役かと思った夫人がじつは主役の探偵に指図し、叱咤激励して仕事をさせる。どんな小説も顔負けの鮮やかな導入部です。そして読みはじめると、たしかに難解な専門用語が充満してはいますが、緻密で明快な論理で組み立てられた文章に導かれて、一気に読み通すことができます。」劈頭一番、「女房」を「トイレに本を持ち込む癖がある」巫女に仕立て、「だいたいが詐欺師の顔してる」（i）との託宣を口に入れる「悪ふざけ」を、竹内が「大人」として「たしなめる」のも忘れて賞揚するとは、学者としてのスタンスと力量ばかりか、人間としての品位のほども疑われよう。羽入書に「緻密で明快な論理」を読み取るとは、「この私には、『緻密で明快な論理』をそれと判別する準拠枠がありません。推薦回状に掲げられた『決まり文句』をただコピーライターとして味つけするだけです」との告白と解しておこう。

第七節　本能／感情／恣意に居直る自己中心／自民族中心主義――中西選評を読む

（三）中西輝政（京都大学教授）は、羽入書の評価に入るまえに、自分の学問観を披瀝している。かれは、「若いころから『マックス・ヴェーバーにはどこか、ウソ臭いところがある』と本能的に感じていた」ので、羽入書を読んで、『やっぱりそうだったか』との思いを繰り返し感じた」という。若き中西は、そうした「本能的感情」から、「ヴェーバーを押し戴く友人たちを尻目に、早々とイギリスに留学」する。そして、ドイツ人は「お話」として貶める「イギリス流の事実の羅列のような歴史にこそ、まだしも真実があると思うようになった」。というのも、「人間にかかわる話はまず、すっきりと割り切れるようなものはない」。ところが、（かれによれば）「そこを強引にネジ曲げて『整然たる体系』ないし『〇〇理論』と呼ばれるようなものをつくらないと、『偉大』ということにならない」。そこで、学者はとかく（たぶん「偉大」と賛美されたくて）「人間にかかわる話」を「すっきりと割り切り」「強引にネジ曲げて」、「整然たる体系」ないし「〇〇理論」をつくろうとする。とくに「職業としての学問（出世）［sic］を意識しすぎると」、どうしてもそうなる（らしい）。だから、そういう『偉大な知性』というものには、つねに警戒が必要」というのである。

さて、学問も人間の営みであり、その根本性格も「人間にかかわる話」の一種であろうからには「すっきりとは割り切れない」はずである。ところが、中西は、そう語った舌の根も乾かぬうちに、ドイツ人の「体系ないし理論志向」とイギリス人の「事実志向」というふうに、「民族性」ないし「国民性」を規準に立てて「すっきりと割り切って」見せる。なにしろ「本能」と「感情」(7)を重んじ、「恣意」に居直った中西には、自己矛盾などどうでもよいのであろう。

ところで、方法的に限定された規準を意識して立て、そのようにいったんは「すっきりと割り切って」みると、問題はそれからで、「ドイツ人の学問」、「イギリス人の学問」といっても、前者は「体系ないし理論志向」、後者は「事実ないし素材志向」と、「割り切れる」ものではなく、「プロクルーステースの床」に寝かせて「強引にネジ曲げ」られるものでもなく、事態は無限に多様であるという原事実が、明るみに出てくる。そうして初めて、そのように多様な「ドイツ人の学問」のなかで、ヴェーバーの歴史・社会科学が占めている独自の位置と根本性格を把捉し、規定することもできる。

詳細は省くけれども、「人間にかかわる話はまず、すっきりと割り切れるようなもの〔で〕はない」とは、ヴェーバーの根本了解ないし原認識でもある。ただ、そこからヴェーバーは、中西が（まさに中西の身の丈には合わせて）想定するように、「職業としての学問」を「出世」の手段と解し、「偉大」と称されるために、多様な事実を「強引にネジ曲げ」て「すっきりと割り切れる」「整然たるヴェーバー体系」ないし「ヴェーバー理論」を構築しようとするのではない。そういう「体系」ないし「理論」は（中西には「体系」一般、「理論」一般とみなされているが）、ヴェーバーにとっては「世界観」的「全体知」として斥けられるべきものである。さりとてヴェーバーは、中西と同じように、知性に早々と見切りをつけ、本能、感情、ないし「実感信仰」に逃げ込んで「居直ろう」ともしない。むしろ、知性ないし理論に、ある限界内で、相応の役割をあてがい、観点による制約とその一面性を自覚しながら、現実の諸側面にたいする「叙述手段」「索出手段」「（因果的意義の）検証手段」として十全に活かそうとする。そうすることによって初めて、（中西もわれ知らず陥っている）実感信仰の暗闇における特定観点（「民族性」「国民性」）の排他的絶対化、その観点からする理論の実体化、というありふれた弊害からも脱却することができる。

というわけで、中西の学問観は、ヴェーバーにたいする批判どころか、むしろヴェーバー以前への退行である。そういう退行点から無理に「批判」を装えば、「ウソくさい」というような「本能」「感情」「実感」を臆面もなく持ち出し、それに「居直り」、「立て籠もり」、あわよくば「ポピュリズム」で押し切ろうとするよりほかにはあるまい。もとよりそれでは、「イギリス人」にたいしても、あるいはイギリス人にたいしてこそ、説得力を持たない。じつは、こういうことは、中西が「ヴェーバーを押し戴く友人たちを尻目に、早々とイギリスに留学し」たというちょうどそのころ、おそらくはその「友人たち」が「理論信仰と実感信仰との同位対立」を克服すべく、たしかにヴェーバーを題材としながら議論していた問題で、日本の学界ではすでに解決ずみといってもよい。中西は、「尻目」にかけた日本でも、「早々と留学した」イギリスでも、この問題にかけてはなにごとも学ばず、とうの昔に乗り越えられた旧聞を、いまになって蒸し返すしか能がないのであろう。

ところが、中西は、自分の退行点をなんと知的進化の頂点に定め、諸国民をそこにいたる進化線上に配列して、「自己中心 egozentrisch」の「〃お話〃としての歴史」を組み立てる。いわく、「日本は極端な例としても、ドイツはもちろんアメリカでさえ、ヴェーバーは大変な偶像でありつづけてきた。しかしイギリス人、場合によればフランス人でも、ヴェーバーは『わかりきったことを、妙に難しくいう人』というイメージを抱いている人が多い。知的な後進・先進社会のちがいかもしれない」。ヴェーバーの叙述は、再三指摘してきたとおり、「分かりきったこと」を「トポス」として出発し、そこから読者との対話を進めて、議論を深めていくが、この対話に就いていけないか、就いていこうとしない人が、「妙に難しい」と弁明するのであろう。ちなみに、英仏のヴェーバー研究は、とくに内在的読解の面で長らく遅れをとっていたが、一九九〇年代に入ってから、さすがにそうした点が反省され、原典から触りの部分の仏訳[8]が刊行されたり、イギリスで専門誌『マックス・ヴェーバー研究[9]』が発刊されたりして、活況を呈してきている。

さらに、中西の退嬰的「自己中心」主義は、通則どおり、独りよがりの「自民族中心主義 Ethnozentrismus」に結びつく。「本書〔羽入書〕の、『きめ細かな論証』の手続きと問題を絞り込む『縮み志向』の持続、さらに本当の意味で『価値自由』な素直な視点とヒューマンな感覚でもって、西欧思想特有の『偉大なウソ』に対し、いわばハチの一刺しで報いる痛快な仕事というのは、まさに日本人にしかできない仕事だと思った」。ここでは、さきほどの「知的な後進・先進社会」図式がいとも簡単に放棄され、「西欧―日本」図式にとって替わられている。西欧の諸国民においても、進化につれて克服されていくはずであった「偉大なウソ」が、いつのまにか「西欧思想特有」となり、それに羽入書が対置されて、これが「日本人にしかできない」、「痛快な仕事」に祀り上げられるのである。
なるほど、中西は、そうした「自己中心」「自民族中心」の虚構により、いっとき「痛快」の「感情」を味わい、羽入と自己陶酔をともにして「本能」を充たしはしたであろうし、今後もそうしていたいであろう。しかし、日本という「島国のなかで」そうした児戯に耽っていたのでは、西欧の学問を、その最高の所産に内在して乗り越えることはおろか、その平均水準において対等に伍していくことすらおぼつかない。だいたい中西に、イギリスならイギリスの学界で相応に評価されている学問上の実績はあるのか。羽入書の登場と中西らによる有頂天の絶賛は、西欧の学者の目には、なるほど「日本人にしかできない」「壮挙」と映るかもしれない。ただし、その表情には、「そういうスキャンダルもセンセーションも、たしかに『日本人にしかできない』ことで、まことにお気の毒」との同情と、高齢の学者であれば「かつての独善的日本主義に走らなければよいが」との憂慮が、避けがたく浮かぶであろう。中西が、「そんなことはない、羽入書は国際的に通用する業績だ」と主張したいのであれば、羽入が望んでいることでもあるから、羽入書の英訳刊行に「一肌脱いで」みたらどうか。その過程で中西は、「西欧思想」の現実にいくらかは触れ、羽入書の実態に直面させられるであろう。

さて、中西流の退嬰的「自己中心主義」「自民族中心主義」は、それにもかかわらず、いな、まさにそれゆえ、普遍的な「ヒューマニズム」の衣を身にまとって現われ、ちょうどそれだけ「人間的」とか「ヒューマン」とかの諸価値の「下降平準化」をもたらすほかはない。羽入をなんと「ヒューマンな感覚」の持ち主と讃える中西は、「夫人「マリアンネ・ヴェーバー」の書いた伝記を読んだときよりも本書「羽入書」を読んでヴェーバーをずっとヒューマンな存在に感じたものである。やっぱり彼も『人の子』ということである」と語って、選評を結んでいる。この間、中西にかぎらず、「ヴェーバーも『人の子』」、「ヴェーバーも一人の人間」という口吻が流行り、ときとしてヴェーバー研究の専門家にまで伝染してしまった。

もとより、「ヴェーバーも一人の人間である」とは、ヴェーバー自身も認めていたとおり、当たりまえのことで、なにもとりたてて反論したり、問い返したりする必要もない。ここにきて、その「当たり前のこと」が、なぜ、ことさら持ち出され、まことしやかに語られるのか。問題は、「人間」の内実をどこに求め、なにを規準としているか、にあろう。たとえば中西が、どこでヴェーバーを「ヒューマンな存在」と「本能的に感じて」いるか、といえば、その規準は、やれ「(注の片隅で)原典を調べず杜撰」とか、やれ「詐術を弄した」とか、(ちょうど羽入や中西には見合う)「あら捜し」や「こじつけ」の域を出ない、低い次元に設定されており、そうした次元でしか学問を語れない「志の低さ」が誇示され、ヴェーバーをそこまで引きずり下ろすことで自己慰撫・自己満足に耽ろうという魂胆が見え見えである。しかも、そうした水準で「末人仲間」になるのを潔しとしない異見者/異論者には、「聖マックス崇拝者」というレッテルを貼ろうと身構えていて、暗々裏に同調への心理的圧力をかけている(気の弱いヴェーバー研究者は、こうした圧力に屈しないように用心されたい)。「末人」には、人間として「より高い」規準に生きようとする他人は、低きに「縮み」込もうとする自分たちを脅かす存在として「目障り」このうえないのだ。この状況で、「ヴェーバーは人間」という口吻が、互いに低きに就き、ともに慰撫に耽ろうとする「末人ゲマインシャフト」の儀礼となり、呪文となる。「末人」たちは、そのようにして「ヒューマニズム」を装いながら、「類が友を呼び」、人間的諸価値の「下降平準化」に拍車を掛けるのである。

第八節　「一論文を訳してはみたが、とてもとても……」——山折選評を読む

(四) 山折哲雄(国際日本文化研究センター所長)も、竹内靖雄と同様、「押しも押されもしない巨人伝説を一挙に突き崩す

鮮やかな仕事」、「何しろ、ヴェーバーが営々として築き上げた輝かしい理論的な支柱がじつはたんなる砂上の楼閣であったことを、緻密な実証を積み重ね、鋭い論理のメスを振るって白日の下にさらけだすことに成功している」と絶賛し、「ポピュリズムの走狗」としてコピーライターぶりを発揮している。山折も、竹内と同じく、なにが「緻密な実証」で、なにが「鋭い論理のメス」か、「自分の『学者』人生では学べませんでした」と告白しているのである。

ただ、竹内といくぶん違うのは、「草木もなびく巨人への信奉者たちは目を剝いて驚愕するであろう」、「模倣と学習に明け暮れるヴェーバーかぶれ、ヴェーバー信者たちの魂を震撼させるであろう」と快哉を叫び、「溜飲を下げ」ている点である。さもありなん、山折はかつて、ヴェーバーの「ヒンドゥー教と仏教」第三章「アジア宗教におけるゼクテ形成と救世主［グル］崇拝」を、他のふたりの共訳者とともに邦訳し、『アジア宗教の基本的性格』と題して公刊している（一九七〇、勁草書房刊）。ところが、この翻訳は、「横を縦になおした」だけの代物で、誤訳／不適訳が多く、なによりもヴェーバーの原文を（「倫理」論文を含む）比較文化史のパースペクティーフのなかに位置づけしていない。それができなければ、この論文を訳す意味は皆無にひとしいのであるが。これでは、山折が、原著者ヴェーバーの作品は「自分にはとても分かりません」と「引け目」を感じ、さりとて自分では批判論文は書けず、ルサンチマンに凝り固まって、「ヴェーバーかぶれ」「ヴェーバー信者」に「八つ当たり」するのも無理はない。

今回、「末人」後輩による耳目聳動作の出現に、その内容を絶賛するならするで、「自分もかつて当の『詐欺師』の作品を邦訳して普及に加担しました」と率直に認め、自己批判しなければならないところなのに、自分の責任には頬かむりして長年の鬱憤を晴らしたようである。加藤と同じ世代に属する「名士」「識者」のひとりとして「大塚史学」「大塚ヴェーバー論」へのルサンチマンに駆られていると読める。ただ、山折はいったん「青春体験」の域を越えて半専門家となり、責任が生じているだけに、加藤ほど「開けっ広げ」には振る舞えず、ちょうどそれだけ陰湿なのであろう。「願ったり叶ったり」とばかり後輩「末人」の「偶像破壊」にとびつき、ほんとうには分らないのに「緻密な実証」

のお墨付きを与え、ヴェーバー／ヴェーバー学への秘かな敵意を正当化しているのである。

第九節　「掛け持ち推薦業」の弁——養老選評を読む

（五）数多の「賞＝ＳＨＯＷ」への推薦業掛け持ちで忙しい養老孟司（北里大学教授）は、自分が無責任に踊らされていることを半ばは感知していて、弁明を怠らない。しかし、その理屈はいかにも無理で、かえってかれの実態を正直に語り出している。

養老は、「本書は難解とされたヴェーバーの代表的業績、『プロテスタンティズムの倫理と資本主義の精神』におけるヴェーバーの論証が、知的誠実性をまったく欠くことを、文献学的検証によって明確に証明したものである」と、おそらくは推薦回状に謳われていたであろう文言を、分かったように書き写している。ただかれは、掛け持ち業者だけに、他の五人ほど不用心／無批判ではなく、「この結論を鸚鵡返しにしたら危うい」と一瞬察したにちがいない。ただちに「かりに著者の論考が誤りであることを証明したいのなら、同じ手続きを踏めばいい。評者にはもちろんそんな暇はない。したがって当面、それがいかに破天荒なものであったとしても、著者の結論を素直に受け入れるしかない」と弁明し、防戦の構えをとっている。

しかしこれは、なんともおかしな理屈で、弁明の体をなさない。誰も、評者養老に、羽入論考が誤りであると、同じ手続きを踏んで証明することまで期待してはいない。かりに暇があっても力量があろうとは思えない。だからといって、「暇がない」から、「著者の結論を素直に受け入れるしかない」というのは、短絡である。それでは、「自分の専門ではない」、「専門でない領域で反証している暇はない」と言いわけしさえすれば、どんな結論でも「素直に受け入れ」られることになり、(「掛け持ち推薦業」の「名士」として「賞＝SHOW」に「箔を付けて」まわることはできても)評者は勤まらない。評者とは、最低限、候補作を読み、それにたいする反論があるかどうかを確かめ、あれば両者を読み比べて、双方の当否を検証する義務を負う。その「暇もない」というのであれば、評者にならなければいい。なった以上は最低限の義務を果たすのが、評者の責任である。

さて、羽入書のばあい、「著者の論考が誤りである」と「同じ手続きを踏」んで「証明し」ている書評「四疑似問題でひとり相撲」が、事前に発表されていた。養老は、自分では「同じ手続きを踏」むことができなくとも、「同じ手続きを踏」んで反論している書評は参照し、羽入書にたいする推薦回状の評価を再検討することはできたであろうし、評者としてその「暇は」どうしてもつくらなければならなかったはずである。かれは、じっさいにはどうしたか。かれの選評には、書評「四疑似問題でひとり相撲」を参照した形跡はなく、推薦回状の結論をたしかに「素直に受け入れ」たと推認される。

もっとも養老は、右記のとおり「当面」という留保を設けている。とすると、右記の書評とその趣旨を敷衍した拙著『ヴェーバー学のすすめ』の羽入書論駁が、その後「言論の公共空間」で広く論議されるにいたっている以上、養老は、「留保」を解除し、養老として羽入書を評価しなおし、提示すべきではあるまいか。遅ればせながら、羽入書と拙評／拙著とを読み比べ、評者として責任ある評価をくだし、ゆえあって広くいきわたっている「無責任な掛け持ち推薦業者」との汚名を晴らしたほうが、身のためではあるまいか。

ところで、話を選評の内容に戻すと、養老には、羽入書の(再三具体的に指摘されている)冗漫で杜撰な叙述が、批判的に読解できなかったようである。そこで、竹内と同じく、「おもしろい」という「感じ／感想」に逃れ、無理な評言を捻り出しては、「読み物」と学術論文との規準混濁を押し進める。「本書が『おもしろい』のは、たんに内容が重いというだけではない。これだけ重大な結論を導こうとすれば、多くの反論が予想される。それを考慮しつつ、著者はきわめて慎重に論を進める［?］。ゆえに論述にムダがなく、手落ちがない［ほんとうか?］。そのために全体に緊迫感が生じる［ほう?］。同時に奥さんのコメントやドイツ人学者の手紙のような、付帯的なエピソードが生きる［人によっては?］。『読む本』としても［sic!］たいへんおもしろく、よい作品になったのは、そのためであろう。」感想にも、読み手の水準が露呈されるようだ。

（六）江口克彦（PHP研究所副所長）の選評は、とりたててコメントするに値しない。ただ、左記の評言がおそらくは推薦回状の原文であったろうと思われるので、引用しておく。「……『マックス・ヴェーバーの犯罪』は、マックス・ヴェーバーが、代表作『プロテスタンティズムの倫理と資本主義の精神』において展開した論理の曖昧さと『ごまかし』を徹底的に炙り出した学術論文である。著者は、周到な論理構成と厳密な文献検証によって、マックス・ヴェーバーの詐術の実態を明らかにしていく。その巧みなレトリックと畳み掛けるような論証の手法は迫力と説得力に富み、一瞬、本書が学術論文であることを忘れさせて、まるで推理小説を読んでいるような興奮さえ感じさせるほどであった。」

第一〇節　醜態は自滅に予定されているか——個人責任にもとづく実存的投企の要請

以上の六選評はいずれも、評者が、各人の専門外にある「倫理」論文への論難につき、みずから「倫理」論文を読んで吟味検証することなく、専門家の意見も聞かず、おそらくはPHP研究所からの推薦回状を鵜呑みにして、学者としては軽率な評価をくだし、無責任な賛辞を呈したものである（そうでないといいたければ、ひとりでも、束になってでも、反論するがよい。筆者が相手になろう）。そのうえ六人（とくに竹内と養老）は、羽入の「図に乗った」「悪ふざけ」にたいしても、本人の将来を慮って「たしなめる」風もない。むしろ（とくに加藤、中西、山折は）羽入の幼弱な論難にかこつけて「江戸の仇を長崎で撃つ」かのようである。いい歳をして、若輩の羽入を、寄ってたかって「食い物」にし、羽入を「知的誠実」から遠ざけ、「自分の虚像を追いかける人生」に送り込んでいる。かれらは、かれらの評価の誤りを学問的に立証され、それだけ羽入や羽入予備軍らの後進を毒したと知っても、なに食わぬ顔で「梯子を外し」、「あとは野となれ、山となれ」の無責任風情を通すであろう（責任を感じるなら、いまからでも遅くはない、反論するがよい）。

ところが、そうした「PHP名士」連の賛辞を浴びて登壇した羽入のほうも、開口一番、「ほんとうをいうと皆さんが私からお知りになりたいことは、じつは一点でしかない」と切り出し、「お前のとこの夫婦はいったいどうなってるんだ？ ……お前の女房はいったい何者なんだ？」を知りたいだろうと言い放って、得々と「世紀の偉業」の「楽屋裏」を明かす。この「悪のり」ぶりには、さすがの「PHP名士」らも、「とんだ玉を掴まされた」と悟ったのではあるまいか。とまれ、『Voice』誌二〇〇四年一月号のこの特集記事は、一方では世に「保守派論客」と呼ばれる「大衆人識者」から、他方ではそういうポピュリズムに付け込む「寵児」願望者から、「類が友を呼んで」生まれた「時宜的ゲマインシャフト形成」の事実を証し、その知的・道徳的な質と水準を端的に標示している。そうした資料としては、一読に値しよう。

では、現代日本のこうした思想・精神状況を直視して、いまなにをなすべきなのか。このとおりあらわにされた「末人の跳梁」にたいして、それでも「見て見ぬふり」をしていていいのか。

この問題をめぐり、再度ある類型の批判者たちに登場してもらうならば、かれらは、「どちらも真面目に対応すべき相手ではない。放っておいて醜態をさらすにさらさせ、自滅するに任せよう」というスタンスをとり、『深追い』は避ける」といいかえて、「見て見ぬふり」をつづけようとするであろう。だが、それは、独りよがりの楽観ではないか。

暗黙にせよ「自滅」に「予定」されているかのように想定しているが、その根拠はあるのか、あるとすればそれはなにか。むしろ、大塚久雄も折衷的に抱え込んでいた世界観的マルクス主義の影響をまだ引きずっていて（少なくとも自覚的に清算するにはいたらず）、なにか「歴史的必然」を味方につけているかのように感得（じつは迷信）して、やはり歴史に「世俗内救済」を求め、「明るい未来」への展望が開けなければ（あるいは逆に、「段階的飛躍」に「急転」すべき「破局」「前夜」にまで追い詰められなければ）行動に立ち上がれず、個人責任にもとづく状況への実存的投企には見向きもしない、なにかそうした「集団的無責任／集団的相互慰撫」の退嬰的気風に、いまなお（状況がここまできても）どっぷりと浸っているからではないのか。キルケゴールが鋭く指摘したとおり、「世界歴史の華やかな舞台にうつつを抜かして」、「腑抜け」[10]になってはいないか。

筆者は、ヴェーバーとともに「歴史内救済」への幻想を拒否する。筆者は、「明るい未来」への展望よりも、「これ以上暗い未来」への現実の動向に歯止めを掛けることを、この時点における実存的・責任倫理的課題として選びとる。そして、自分にとって制御可能な、具体的な現場から出発し、自分の実存的投企の意味を、大状況も射程に入れて吟味し確認し展望し発表し、できることなら同じく個人責任から出発する実践者と呼応／提携していきたい。そのようにして、少しでも社会的に広がりのある運動を押し進め、「現実の暗い動向」に歯止めを掛け、そのことをとおしてこそ「少しでも明るい未来」を築く、いや、築くそなえをしていきたい。

第一一節　思想・文化闘争としての学問的内在批判

では、「自分にとって制御可能な、具体的な現場」とはなにか。それは、現在の筆者にかぎっていえば、さしあたりヴェーバー研究を中心とし、同心円状また遠近法的に広がっている学界および「言論の公共空間」である。今回、ほかならぬその中心点に、「限界問題」につけ込んで、いとも斬りつけやすい、(しかし自分の身の丈に合わせて)矮小な「ヴェーバー藁人形」を作っておいて、一見鮮やかに斬って見せ、いっとき快感に浸ると同時に読者も楽しませ、学問をポピュリズムで押し切ろうとする際物の衣をまとって、学問の客観的規準とそれに即した蓄積を一挙に葬り去ろうという、ふてぶてしい「末人」のニヒリズムが、公然と姿を現し、「大衆人識者」と「大衆人読者」をたぶらかして絶賛と歓呼賛同をせしめた。この「時宜的ゲマインシャフト形成」について、かの類型の批判者たちは、『保守派論客』が、またいつものようにたむろして『言いたい放題』の無責任を競い合っているだけだ」とし、「まともな相手ではない」と「タカをくって」、問題そのものも「仲間うちだけの話題」にとどめ、いっさい対外的発言は差し控えようと政治的に申し合わせたかもしれない。しかし、当人たちはそうして自己慰撫/自己満足に耽っていられるとしても、「言論の公共空間」を構成する多様な関係諸階層は、はたしてどう受け止めるであろうか。とりわけ、そういう「不作為の作為」は、①やがては日本の学問/思想/文化を担って立つと期待されるが、いまのところは学問へのスタンスがまだ固まってはいない、後継者たるべき学生/院生や、②ジャーナリズムや在野から学界の動向に注目し、「言論の公共空間」に書籍として登場する諸業績を学問としての客観的規準に即して評価し、そのようにして日本の学問・文化の一翼を担い、今後とも担っていこうとする、識見あるジャーナリストや読者層の健在は心強いとしても、すべてのジャーナリストや読者がそうではなく、③「読み物としての面白さ」や「センセーション」を好み、論述内容を自分で読んで検証しようとするよりも、「だれそれがどうこういっている」という「有名人」の評言や、「○○は××の弟子だから××に同調するのも当然」というような「人脈」「係累」「系譜」に準拠した判断に頼り、一見穿った評価を弄んで悦に入る「大衆人読者」や「インターネット評論家」も含む、広範囲の多様な公衆には、どう映り、どういう帰結をもたらすであろうか。それこそ、「専門家のひとりよがり」と映り、徐々に「黙っていたのでは分らない」、「それも、羽入書に応答できない『苦し紛れの沈黙』ではないか」との疑問が広まるのも当然であろう。そうこうするうちに、ポピュリズムがますます優勢となり、やがては「ヴェーバー研究」が外堀を埋められ、その前例が他の学問分野に波及し、広く文化状況一般に右記の「アノミー状態」がもたらされないともかぎらない。「そうなったらなったで、それでもかまわない」、「自分は自分の『巨大な課題』に専念するのみ」というような「天才気取りの」独りよがりな言辞は、社会とくに「言論の公共空間」のなかで、右記①②③などの公衆に囲まれ、①②に支えられて学問研究と教育に携われる専門家として、まことに無責任/社会的に無責任ではあるまいか。

それにたいして筆者は、どの戦線でも論陣を張り、フェアな勝負に出たい。なるほど、六「名士」の選評は、政治的言表であって学問上は取るに足らず、逐一採り上げて論じても学問的ヴェーバー研究にはなんのプラスにもならないとは、初めから分かりきっている。しかしそこでは、世上「名士」が、わけ知り顔で、自信たっぷりに、羽入書を「周到な文献検証」と「緻密な論理」でヴェーバーの「学問的犯罪」を「完膚なきまでに立証」した「画期的」な「学問上の」「壮挙」、云々と喧伝しているのである。「名士」とはどういうものかを知らないで、これらの選評を読んだら、そのとおりと信じたり、信じたくはないが動揺する人が出ても不思議はない。①の学生/院生のなかからは、羽入書と『Voice』誌二〇〇四年一月号の選評を目にして、「この日本の学界と『言論の公共空間』では、こういうやりかたで高い評価がえられ、(どんな類であれ)『有名人』も絶賛してくれるのであれば、自分がいまやっている暗中模索にも似た粒々辛苦の努力など、どういう成果に結びつくのやら、ひょっとすると徒労ではなかろうか」と、苦しい修業を疑い始め、放棄してしまう人が出てこないともかぎらない。これにたいして、くだんの批判者は、「そんなことでギヴ・アップするようなら、初めから学問などやらなければいい」と無責任に言い放つかもしれない。しかしそれは、多くの弟子を初めから養成した経験がなく、ある程度業績を発表し始めて見込みのありそうな新人を「一本釣り」することにのみ専念し、それだけを「研究指導」と心得てきた「ひとり狼・お山の大将」の無理解な言辞である。少なくとも、こういう「賞=SHOW」が流行り、そのつど「名士」連が無責任な賛辞をふりまいて、反論も受けずに繰り返されていけば、「いったいなにが『周到な文献検証』なのか、『緻密な論理』なのか、『完膚なきまでの立証』なのか、『画期的な学問的壮挙』なのか、……」が、(とりわけ、ア・プリオリにそうした規準と判定能力を持ち合わせているわけではない広汎な学生/院生また読者にとっては) どうしても曖昧になり、評価規準の「下降平準化」が避けられないであろう。

これにたいする原則的な対応は、ただひとつ、しごく単純である。学問をポピュリズムで押し切ろうとする政治的な動きにたいして、こちらも政治的に対抗して「敵に似せておのれをつくり」、「同位対立」に陥るのではなく、あくまでも学問性に徹して対応するのである。(11)「PHP名士」連のいうように、羽入書がはたして「緻密な論理」による「周到な文献検証」の体をなしているかどうか、ヴェーバーが「学問的犯罪」を犯したと「完膚なきまでに立証」しているのかどうか、その実態を、緻密な論理と周到な文献検証によって暴露し、羽入が「ヴェーバー詐欺師説」という虚説を捏造している事実を、完膚なきまでに立証するのである。そうすることによって、ポピュリスト(羽入と「PHP名士」連双方)の企図を打ち砕くと同時に、学問的な立証とはいかなるものか、その実例をこちらから具体的に提示/対置し、価値規準の曖昧化、「下降平準化」に歯止めをかけ、むしろその規準をこちらから一段引き上げるのである。

こうして、羽入書にたいする一連の学問的内在批判は、『ヴェーバー学のすすめ』刊行後における各位の議論内容を摂取して、その続篇/補完篇をなすと同時に、「末人の跳梁」状況にたいする思想・文化闘争という意味を取得する。現在、日本社会のさまざまな領域に、「羽入事件」「PHP・山本七平賞=SHOW」と本質を同じくする価値崩壊・「下降平準化」の現象が顕われてきているが、筆者としては、筆者にとって制御可能な、具体的な現場の問題(マックス・ヴェーバー研究における学問的価値規準の問題)から思想・文化闘争を始めて、価値崩壊・「下降平準化」に抗し、その射程(12)を確かめながら一歩一歩日本の学問・文化の向上に微力を尽くしていきたい。この一連の内在批判を終えて、羽入書が学位（博士号）に値しない事実を論証したうえは、当の学位を授与した東京大学大学院倫理学専攻における学問的価値規準の崩壊とその責任の問題に、思想闘争の戦線を拡大していく予定である。

III ふたたび内在批判から歴史・社会科学的方法思考へ

第六章　語形合わせから意味解明へ

――ルター職業観とフランクリン経済倫理との間

はじめに

羽入書第二章「"Beruf"-概念をめぐる資料操作――ルター聖書の原典ではなかった」は、つぎの四節から構成されている。

第一節　"Beruf"をめぐるアポリア
第二節　ヴェーバーによるアポリアの回避
第三節　資料による検証
第四節　「現代の普通の版」のルター聖書

本稿では、羽入の叙述に内在し、この順序に沿って、かれの主張に反論していこう。

第一節　全体から前半部へ、古プロテスタンティズムからルターへ、意味（因果）帰属から語形合わせへの視野狭窄

第一節「"Beruf"をめぐるアポリア」を、羽入は、「まず初めに、ルターの"Beruf"‐概念に関するヴェーバーによる議論が、『倫理』論文全体の構成にとっていかなる重要な意味をもっているかを見る」（六五）と書き出している。ところが、羽入は、すぐにつづけて、『倫理』論文前半部においてヴェーバーは『資本主義の精神』の起源を古プロテスタンティズムにまで遡る」という。ここで早くも、①「全体」から「前半部」へと視野が狭められている。念のため、この「第一節」をお終いまで読んでみても、「後半部」の本論にかんする議論は見当たらない。これでどうして「倫理」論文全体の構成におけるヴェーバーBeruf論の意義が語れるのか。

つぎに、②「古プロテスタンティズム」とは、どの範囲をいうのか。ルターのみか、それともカルヴァン他の主だった宗教改革者も含むのか、[1]あるいはさらにカルヴァン派を初めとする「禁欲的プロテスタンティズム」の「大衆宗教性」までも含めるのか。羽入はこのあと、もっぱらルター（しかも、ルターの「職業義務」思想ではなく、語Beruf）に論及するのみである。ところが、ヴェーバー自身は、当のルターにかんする叙述（第一章第三節「ルターの職業観」）を終えようとするさい（全一二段落中、末尾に近い第一〇段で）、「〔このあと本論で〕古プロテスタンティズムの倫理と資本主義精神の発展との関係を探究するにあたり、カルヴァン、カルヴィニズム、およびその他のピューリタン諸『ゼクテ』が達成したところから始める」[2]と予告している。つまり、「古プロテスタンティズム」に「禁欲的プロテスタンティズム」の大衆宗教性までを含め、これに力点を置いている。とすると、羽入はここで、「後半部」とともに、ルター以外の「古プロテスタンティズムの倫理と資本主義精神の発展との関係」という「倫理」論文の研究主題を、捨象してしまったのではないか。そのうえで、いったいどうして、「倫理」論文全体におけるヴェーバーBeruf論の意義を論じよ

うというのか。

さらに、③「遡る」とは、どういう意味か、あるいは、いかなる方法的手続きを指すのか。後代に用いられたある語（たとえば一八世紀のフランクリン父子が『箴言』二二章二九節の訳語として読んだcalling）を、時間的に遡って、前代に用いられたある語と比較し、双方が互いに一致するかどうか（たとえば一六世紀のルターが、同じ聖典の同じ箇所の訳語にBerufを当てたか、それともGeschäftで通したか）を確認するというような、たんなる外面的・没意味的な語形合わせか、それとも、ヴェーバーが「倫理」論文でじっさいに駆使し、方法論文献で一般的に定式化している「意味（因果）遡行」＝「意味（因果）帰属」のことか。

この点にかけては、ここで結論を先に述べ、追って証拠を挙げていくとすれば、じつは羽入は、歴史・社会科学方法論の理解を欠き、「意味（因果）帰属」を「語形合わせ」と取り違えている。そのため、一八世紀のフランクリン父子はcallingで読んだ『箴言』二二章二九節の「わざ $m^{e}l\bar{a}'kh\bar{a}$」が一六世紀のルターではGeschäft（gescheft）でBeruf（beruff）ではなかったという——一、『箴言』と『シラ』とのコンテクスト、したがってそれぞれの語義および含意の違い、二、プロテスタントはプロテスタントでも宗派ごとの解釈の差異、三、語義の歴史的変遷、つまり「意味形象」(3)の空間的／時間的被制約性と多様性を、歴史・社会科学として正当に考慮に入れれば、しごく当然の——齟齬を、語形合わせの「遡行」が達成されない「アポリア」と見誤る。そして、その当然の齟齬を、ヴェーバーも（羽入には好都合なことに）同様に「アポリア」に見立ててくれて、その打開に苦心惨憺したあげく、苦し紛れに「詐術」をも弄した（あるいは弄しかけて「ルター聖書の原典を見ない杜撰な資料操作」に陥った）という自己中心で彼我混濁の「虚説」を捏造する。第一章「"calling"概念をめぐる資料操作——英訳聖書を見ていたのか」のばあいと同様、ⓐヴェーバー（「遺跡」）の「倫理」論文（「遺構」）における「『資本主義の精神』論」「『職業義務』論」「Beruf語義成立史論」（「「遺構中の」部位」）の特定叙述（「遺物」）を、「意味（因果）帰属」にかかわる原コンテクスト（当該「部位」

における「遺物」群の「配置構成」から抜き取って、ⓑ「語形合わせ」のコンテクスト（著者ヴェーバーの関知しない羽入の「配置構成図」に移し入れ、ⓒ「アポリア」打開の「詐術」、ないしは少なくとも「杜撰な（原典代替）資料操作」に意味変換してしまうのである。

第二節　「資本主義の精神」の禁欲的特徴——読解不備の「搦手迂回論」

羽入は、当の「遡行」につき、右記の引用にすぐつづけて、「ヴェーバーの論証を多少とも子細に検証してみるならば……、ヴェーバーは実はそこでは『資本主義の精神』の起源を直接には求めておらず、むしろ間接に、すなわち『職業義務の思想』の歴史的由来を尋ねることによって、つまり言わば搦手から回り道をして求めている」ことが「すぐに分かる」という（六五）。しかし、④ヴェーバーはなぜ、そんな七面倒くさい『搦手から〔の〕回り道』をしなければならなかったのか。かれがはたして、「回り道」をしたのか。

「倫理」論文を「多少とも子細に検証してみるならば」、ヴェーバーは第一章第二節を正面から「資本主義の『精神』」と題し、当の「資本主義の精神」（以下、「精神」と略記）を、（羽入が視野を狭めてもっぱら取り上げる第一〜八段落よりも少し下った第一四段落では）「正当な利潤を、先にベンジャミン・フランクリンの例について見たようなやり方で[4]、**職業として** *berufsmäßig* 組織的かつ合理的に systematisch und rational 追求する志操 Gesinnung」と（暫定的に）定義している。なるほど、ここではとりあえず、「精神」が「職業義務の思想」を一契機として「含んでいる」というふうに見てもよかろう。しかし、その一契機は、なにもかも一緒くたにして「職業義務」一般を強調する思想の謂いではない。一貫して著者ヴェーバーの念頭にあるのは、この暫定的定義からも、フランクリン文献による例示に始まってここにいたる行論からも、明らかなとおり、「正当な利潤を組織的かつ合理的に追求する志操」「エートス Ethos」にいわば溶け込み、「組織的かつ合理的な」（つまり、自己審査と熟慮による自己制御がよく利いた）利潤追求に活きてはたらき、体現されるような、そうした特定の「職業義務」思想である。後段で展開されるヴェーバーの「職業義務」論を先取りしていっそう正確に規定すれば、（a）およそ職業を、「神の摂理」にもとづく「伝統的秩序」の一環と見て、同じく「神の摂理」によって自分がいったん編入された職業に「堅くとどまれ」あるいは「忍従せよ」と説く「伝統主義」的な「職業義務」思想（ルター/ルター派）ではなく、（b）職業を、自分個人が「神から（伝統的秩序を媒介とせず、むしろ直接に）与えられた使命」を達成し、「恩恵の身分」に属する（「神の道具」に選ばれている）ことを「確証」して、「選ばれているのか、それとも捨てられているのか」という不安から逃れる「手段」、そのために「組織的かつ合理的な行為」を実践する「場」ないしは「拠点」とみなし、したがって、よりよく使命を達成できそうなら、伝統的秩序に逆らう転職も可とする、「禁欲（主義）的」な「職業義務」思想（カルヴィニズムをもっとも首尾一貫した類型とする「禁欲的プロテスタンティズム」）、——前者（a）でなく後者（b）に「選択的親和関係 Wahlverwandtschaft」をもつような、そうした類型の「職業義務」思想なのである。

右記の暫定的定義のすぐあとで、ヴェーバー自身が明記しているとおり、「フランクリンの『説教』に明らかに現われているような、一定の禁欲的特徴 ein gewisser asketischer Zug(5) こそが、かれにとって「知る値する」「精神」の「本質」であり、これをこそ、その起源と目される、しかるべきプロテスタント宗派（ルター派ではなく「禁欲的プロテスタンティズム」）の信仰内容に直接「意味（因果）帰属」することが、「倫理」論文の主題にほかならない。「職業義務の思想」という一契機も、そういう「一定の禁欲的特徴」と結びつき、そうした特徴を生み出すような特定の「職業義務」思想として、そのかぎりで問題とされる。「精神」と「職業義務の思想」とが、なにか別々の実体としてあって、前者の「意味（因果）帰属」を企てるのに、まず後者を前者に「含み込ませて」おいて、後者の「意味（因果）

帰属」で代替する、などというのではない。

むしろ、「職業義務の思想」一般を故意に前景に取り出して「精神」に残る要素は不問に付す、そういう捉え方は、「倫理」論文の行論の大筋——すなわち、フランクリン文献による例示から「精神」の暫定的定義に進み、その「意味内容」（職業義務の禁欲的履行）の歴史的起源を求めて（第一章第二節）、ひとまずルター／ルター派への遡行を試みるものの、そこには、「職業義務」はともかく、（「わざ誇り Werkheiligkeit」として排斥される）「禁欲的特徴」は「意味（因果）帰属」できないと見て（第一章第三節）[6]、カルヴィニズムを初めとする「禁欲的プロテスタンティズムの職業倫理」に転じ、そこにこそ「職業義務の禁欲的履行」を十全に「意味（因果）帰属」する（第二章本論）[7]、ヴェーバー自身によ る論旨の展開——を把握しそこね、なにか「前半部」「問題提起」章だけで「ことを済ませ」、「問題を処理し尽くせる」かのように錯覚する視野狭窄の産物であろう。「前半部」だけでフランクリンとルターとを無理に直結しようとすれば、前者によって例示される「精神」の「意味内容」の二契機を、「職業義務」と「禁欲」とに分離、実体化し、ルターとは結びつかない「禁欲」のほうは捨象し、（「職業義務」一般としては）ルターと結びつく「職業義務」のほうを取り出して強調し、これをルターに「語形合わせ」で直結するよりほかはあるまい。そうしておいて、直結できない「アポリア」を捻出し、その「アポリア」を打開しようとの「苦し紛れの詐術」をヴェーバーに帰そうという算段ではあるまいか。そういう「意味変換操作」、ヴェーバーの叙述に「アポリア」を「あらかじめ忍び込ませておいて、あとから取り出して見せる」操作が、羽入の脳裏で進行しているのではないか。しかし、あまり先を急がずに、羽入の説くところを、いましばらく聴くとしよう。

第三節　例示と定義との混同による徴表「エートス」の看過

つぎに羽入は、「搦手迂回論」が成り立つ二条件を、ひとつは「『職業義務の思想』を『資本主義の精神』の内に、それも『資本主義の精神』にとって構成的な意味を持つものとして含みこませること」、いまひとつは「『職業義務の思想』の起源を実際に古プロテスタンティズムへまで遡らせること」（六五—六六）に求める。そして、第一条件について、つぎのようにいう。「ヴェーバーがフランクリンの二つの文章から『資本主義の精神』の理念型を構成した時点では、まだ『職業義務の思想』は『資本主義の精神』の内には含まれていなかった。そこでの『資本主義の精神』の定義にしたがえば、『自分の資本（初版では財産）を大きくすることへの関心』は、確かに『自己目的』としてはみなされていたものの、いまだ『職業義務』としてはみなされてはいなかったのである」（六六）。

さて、ヴェーバーは確かに、第一章第二節の冒頭に、「精神」の理念型を構成する方法にかんする覚書を記し、定義にかんする（研究が進展したうえでなければ定義はくだせないが、なんらかの事前了解がなければ研究に着手することもできないという）ディレンマを打開するための「暫定的例示」として、そのかぎりで「フランクリンの二つの文章」を引用し、その趣旨を、**「信用に値する**紳士という理想、とりわけ自分の資本を増加させることへの利害関心を自己目的として前提とし、この利害関心に向けて個々人を**義務づける** *Verpflichtung* 思想」[8]と要約し、そこには、それにたいする違反が「一種の義務忘却 Pflichtvergessenheit」として非難されるような「エートス」が表明されている、と特徴づけている。

この箇所のヴェーバーの叙述を、羽入による右記の解釈と比べてみると、羽入は、⑤この「時点」（第五段落まで）ですでに、「精神」の理念型が構成され、「定義」がくだされたと早合点しており、例示の趣旨の要約を「定義」と取り違えている。しかも、⑥その「意味内容」としては、ヴェーバーが（まだ「職業義務」ではないとしても）「義務づける思想」「エートス」性を取り出して、これを「本質的」徴表として強調しているのに、羽入は、不注意にか故意にか、この徴表を見落としている。「自分の資本を大きくすることへの関心」を「自己目的」とみなすだけでは、「精神」とはならず、それだけでは「精神」を定義したことにはならない。それはまた、どこにでもあるもので、とくに「近代資本主義」を特徴づけるものではない。「利害関心 Interesse」とは、たとえ「自己目的」とみなされても、本性上、適度に充足されれば止まるか弱まるもので、それだけでは、資本蓄積を「軌道」に乗せ、システムとして近代資本主義を生み出すには足りない、つまり近代資本主義に「適合的」ではない。そうした利害関心が、「理念 Idee」によって媒介され、「義務づけられ」て初めて、じっさいにも「自己目的的」つまり無制約的に発動されるようになり、資本蓄積の軌道が敷かれる。こうした「義務づけ」が、一定の規模で社会集団／社会層に共有されるまでは、並外れて強烈で止むことのない利害関心も、「慣習倫理とは無関係な個人的気質 eine persönliche, sittlich indifferente, Neigung」(9)にとどまり、ヤーコプ・フッガーのような「前期的大商人」を散発的に生むことはあっても、システムとして近代資本主義を創り出すにはいたらない(10)。

つぎの第六段落で、ヴェーバーは、「時は金なり」の信条を外面的には生涯貫いた当のフッガーを類例として引き合いに出し、かれには（慈善事業には出費を惜しまない道徳的資質はあっても）経済活動そのものにリンクされる「倫理的色彩を帯びた生活原則 eine ethisch gefärbte Maxime der Lebensführung」――つまり、フランクリンの文章からはかれの一面として読み取れる「エートス」――は欠落していた、と指摘する。そうして初めて、「この論文では、この［エートスという］独特の意味で、『資本主義の精神』という概念を用いる」と定義風に定式化している(11)。そして、一九二〇年の改訂稿では、その「資本主義」とは当然「近代資本主義」のことで、これ以外の古今東西の「資本主義」には、この「エートス」が欠けている――つまり、このエートスこそ、「近代資本主義の精神」の構成的契機である――と、初稿発表（一九〇四年）以降の広汎な比較宗教社会学的研究（「世界宗教の経済倫理」）の成果を集約して、「精神」

概念の普遍史的な「文化意義」を簡潔に浮き彫りにするのである。

ところが、羽入の解釈には、ほかならぬその「独特の意味」がすっぽりと抜け落ちている。羽入は、「資本主義の精神」と「職業義務の思想」とを区別するからには、前者の「意味内容」を（後者と区別して、それ自体「独自のものとして）どう捉えるのか、明確に規定して提示しなければならないはずである。しかし、そうした規定は、右記「自己目的」論という不備な定式化以外、どこにも見当たらない。

第四節　コンテクスト無視の『箴言』句抽出と、歴史的特性の脱落

むしろ羽入は、「職業義務の思想」による「代替遡行」論の先を急ぎ、つぎの第七段落の叙述から、『箴言』二二章二九節（「汝、そのわざ Beruf に巧みなる人を見るか、かかる人は王のまえに立たん」）の引用を、これまたコンテクストを無視して抜き出す。そして、⑦「倫理」論文における語 Beruf の初出と見誤り、そこでヴェーバーが『資本主義の精神』の内に、……『**職業義務の思想**』を含みこませることに見事成功した」（六七）という。しかし、ヴェーバーはじつは、前段で「エートス」（「価値合理的」「目的非合理性」）という第一（要素的）理念型を鋭く一面的に構成すればこそ、一方では、この第七段落で「功利主義への転移傾向」（「価値非合理的」「目的合理性」）という対抗的側面に着目して第二（要素的）理念型を構成し、そうした「転移」を引き止めてエートス性との均衡を保たせている背後の要因を求めて、他方では、（第一要素の）「時は金なり」「信用は金なり」と、すべての生活時間と対他者関係を一途に捧げて利潤追求・貨幣増殖に専念する「禁欲的特徴」の「不自然さ」にたいする「なぜ、そうまでして」との問いに答えて、「一般経験則」「法則論的知識」から、なんらかの宗教性を想定する。そして、フランクリン自身が同趣旨の問い[12]

に、「父親が少年ベンジャミンにつねひごろ『箴言』句を引いて教訓を垂れた」と答えている箇所を、『自伝』から引用する。つまり、ヴェーバーは、第一要素の「義務づけ」の起源を、「職業義務の思想」一般ではなく、「組織的かつ合理的な利潤追求」を「使命」として要請し、「一定の禁欲的特徴」を生み出すような、そうした「職業義務」思想に求め、その背景としても、宗教性一般ではなく、『箴言』句の愛好に表明されるような、そうした宗派信仰(13)を示唆しているわけである。羽入の解釈では、⑧第七段落で『箴言』句が引用されるコンテクストの理解、したがって、前半で構成される第二（要素的）理念型と、これに対抗する「職業義務」思想の特異な性格とが、脱落している。

第五節　語と思想との混同——読解力不備と生硬な思考

つぎに、第二条件にかんして、羽入は、『**職業義務**の思想』の歴史的由来への問いに対して、ヴェーバーは次のように答える」として、「こうした『**職業義務**の思想』は聖書翻訳者達の精神から由来したのである」（六七）と「倫理」論文第一章第三節第一段落中の一文(14)の参照を指示している。ところが、この箇所は、「現在の意味におけるこの語 das Wort in seinem heutigen Sinn は、聖書の翻訳に、しかも原文ではなく、翻訳者たちの精神に由来している」とあり、主語は「語」であって、「思想」ではないし、もとより、『箴言』二二章二九節を引用して説かれるような「こうした『**職業義務**の思想』」ではない。ところで、著者ヴェーバーは、つぎの第二段落を、「語義 Wortbedeutung と同様に、**思想** *Gedanke* もまた新しく、宗教改革の産物である(15)」と書き出しており、語義論（第一段落）と思想論（第二段落以下）とを明示的に区別し、語義論を「トポス」として、第一段落とその三注に限定し、集中的に論じている。したがって、⑨「**職業義務**の思想」の由来を、かりにヴェーバーが「ルターの職業観」節内で問うていると見て、そこに答えを求めるとしても、第二段落以下の思想論ならともかく、節の冒頭に出てくるとはいえ、Beruf 一語ないし一語義の由来しか扱っていない「トポス」論議の第一段落に、一目散に直行し、いったんそこに到着したら他の箇所はいっさい顧みないというのは、いかにも短兵急で、語義論と思想論との混同／すり替えというほかはない。しかも、⑩いささかなりとも肝心の「意味内容」に思いをいたすならば、本来、『箴言』二二章二九節を引用して説かれるような「こうした『**職業義務**の思想』」の起源が、ルターに遡れるはずはなく、かりに第二段落以下も参照するにせよ、問題を「ルターの職業観」節の枠内で扱いきれると考えて、そこに視野を限定してしまうこと自体が、ヴェーバーとは無縁な、羽入の独り合点であろう。それは、内容上も、（フランクリンもルターも知らない）無謀なくわだてといわざるをえない。

ところで、羽入は、せっかく「翻訳者」が「翻訳者たち」と複数であることに着目しながら、「このすぐ次に続く部分での彼［ヴェーバー］の叙述、及びその部分に付された注からただちに分かることは、彼がここで重視しているのは実はマルティン・ルターただ一人である」（六八）と決め込んで、折角の着眼の意味を考えようとしない。じつは、「ルターの職業観」節の枠内でも、ヴェーバーが念頭においている聖書翻訳者は、けっしてルターひとりではなく、明示的にもたとえばメランヒトンに言及しているばかりでなく、ルターによる『コリントI』七章二〇節の Ruf を Beruf に改訳して現在にいたる翻訳者たちや、『シラ』一一章二〇、二一節の意訳語 Beruf を（拒否するのでも、無視するのでもなく）受け入れて現在にいたる再改訳連鎖の当事者たちなど、黙示的には無数の翻訳者を考慮に入れている。それはともかく、羽入がここで「ルターの職業観」節に視野をかぎってしまった以上、そこで主に論じられるのがルターひとりなのは、むしろ当然で、なにもことさら述べ立てるまでもない。しかし、だからといって、ヴェーバーが「職業義務の思想」一般、ましてや『箴言』二二章二九節を引用して説かれるような「こうした『**職業義務**の思想』」の歴史的起源を、もっぱらルターひとりに求めている、ということにはならない。羽入は、意識的な詐術というよりもむしろ、「木を見て森を見ない」、そのため「木も見ない」、文献解読力の不備と、いろいろな箇所を関連づけて論旨の展開を慎重に追跡する柔軟な思考力の不足とのため、このようにしておそらくは無意識裡に、つぎからつぎへと議論を「すり替え」てやまないのであろう。

第六節 「全論証の要」としての語形合わせ――「アポリア」創出の準備完了

このあと、羽入は、「使命としての職業」を意味する「ドイツ語の“Beruf”、あるいは英語の“calling”といった表現は、ルターの聖書翻訳から初めて生まれたものなのである」(六八)と、じつは「ルターの職業観」節、しかもその全一三段中の第一段落における「トポス」論議のみの、だれも知らない者はいない小括を、こと改めて要約し、そこからつぎの命題に飛躍する。

「そしてここにおいて同時に、『職業義務の思想』をめぐるヴェーバーの探究は、おのれの目的をすでに達したこととなる。すなわち、ルター、つまり古プロテスタンティズムにまで到達し得たのである。『職業義務の思想』の根源を古プロテスタンティズムに見出すことと、『資本主義の精神』そのものの起源をもまた古プロテスタンティズムの宗教世界へと遡らせることとは、もはやあと一歩の違いでしかない」(六八)。

羽入は、自分では気がついていないのであろうか。「思想」を「語」に、「古プロテスタンティズム」を「ルター」に、「意味(因果)帰属」を「語形合わせ」に、それぞれ「すり替え」ているということに。そうした無意識の「すり替え」によって、全「倫理」論文の研究目的が、本論にも入らないうちに、「問題提起」章「ルターの職業観」節の第一段落で、すでに達成されたかのように見えるのであろう。さらに羽入はいう。

「したがって以上のことからわれわれは次のように述べることが許されよう。フランクリンの『自伝』に引用されていた『箴言』二二・二九の一節から、"Beruf"という語を引き出し、そしてさらにはただこの"Beruf"という語の語源をたどることのみによって直接にルターへと遡る部分、この部分こそが『倫理』論文の全論証にとって要をなす、と。そして本章で検討対象とするのが正に右部分である。なぜならこの部分のヴェーバーの論証には一つのアポリアが隠されているからである。」(六八)

むしろ、羽入が「この部分」に「アポリア」を隠し、ここを撃てば「倫理」論文全体、あるいはヴェーバーその人を倒せる——あるいは、自分が撃って倒せるのはここしかない——と思い込んでいるので、当の「部分」が、まさに『倫理』論文の全論証にとって要」と見え、あるいは半ばはそう見せようと、これまで剔出してきた①~⑩の「脱落」「混同」「すり替え」が犯され、やっと思い通りの命題に到達した、というのではあるまいか。

とまれ、ここでこんどは、「前半部」から「全体」への飛躍がなされた。この第一節冒頭、「全体」からいきなり「前半部」(しかも、「精神」節の第一~八段落と「ルターの職業観」節の第一段落とその三注のみ)に視野を狭めた羽入が、こんども「語形合わせ」の微小部分から、一挙に「全体」に言及範囲を広げ、「全論証」にかんする論証ぬきに、当の微小な「語形合わせ」を、これこそが「全論証の要」と主張する。内容としても、一八世紀の人フランクリンの『自伝』から一語を抜き出し、それが一六世紀のルターの訳語と直接一致するかどうかという見当違いの無理な「語形合わせ」を、「倫理」論文の主題と決めてかかる。

第七節　「アポリア」の導入――「語形合わせ」へのすり替えにもとづく思い込み

では、羽入は、右記のように虚構された「全論証にとって要」の箇所に、どのようにして「アポリア」を持ち込むのか。それがほんとうにアポリアなのか。

羽入は、ルターが『箴言』二二章二九節の「わざ mᵉlāʼkhā」を“Beruf”でなく“geschefft”と訳していた事実を挙示したのち、「したがってヴェーバーは、『箴言』二二章二九節のその箇所においてルターが“Beruf”という訳語を使ってはいなかったにもかかわらず、フランクリンの用いた“Calling”という表現から、ルターの“Beruf”という訳語へと『倫理』論文中において飛び移らねばならぬ、ということになる」（六九）と主張する。しかし、なぜ「飛び移らねばならぬ」のか、その理由が説明されていない。

一八世紀のフランクリン父子が用いた英訳聖書では“Calling”と訳されている『箴言』二二章二九節の「わざ」を、一六世紀のルターが、理由あって、（“Calling”に相当する）“Beruf”でなく“geschefft”で訳していた、ということは、歴史上ありうること、いな、フランクリン父子とルターとの（とりわけ宗教思想ないし宗教的背景の）差異と、双方を隔てる約二世紀間の歴史的変遷とを考え併せるならば、むしろ当然のこと、ではあるまいか。ヴェーバーが「倫理」論文によって捉え、説明しようとしている事柄そのものに、もう少し立ち入って考えてみると、「厳格なカルヴィニスト」(16)と紹介されている父フランクリンが、そうした宗派的背景からして、『箴言』二二章二九節の business（＝geschefft）をあえて“Calling”と改訳した英訳聖書を使ったのにたいして、カルヴィニズムを「わざ誇りに傾く行為主義 Werkheiligkeit」として原則的に斥けたルターが、当の『箴言』二二章二九節には、あえて“Beruf”（＝“Calling”）を当てず、geschefft で通していた、というふうに説明されるのではないか。ヴェーバーは、歴史・社会科学者として、そうした宗派ごとの差異と歴史的変遷とを念頭に置きながら、フランクリンの『自伝』から『箴言』二二章二九節を引用した箇所に、ルターはBerufでなくGeschäftと訳していると、わざわざ不一致をこそ、注記しておいたのではないか。

さて、羽入のほうは、羽入書第一章で、一六世紀イングランドにおけるBeruf相当語の普及という論点につき、現実の語義諒解とその流動的移行よりも、辞書OEDにおける項目分類にこだわって、ヴェーバーの「読み違い」を想定していた。とすると、ここでも、それと同じように、事柄ないし歴史よりも、「倫理」論文の字面(における「語形合わせ」)に囚われて、宗派ごとの聖典解釈したがって語義/訳語の差異やその歴史的変遷を考慮に入れず、後代のフランクリン父子が聖典のある箇所を"Calling"で読んだからには、すでに二世紀前のルターも、そこを"Beruf"と訳しているはずで、双方の訳語が「倫理」論文中の「飛び移り」で「直接一致」しなければならない、と早合点し、この思い込みを、「アポリア」としてヴェーバーの叙述に読み込んでいるのではないか。この点は、突き詰めれば、「歴史が先か、文献学が先か」という問題に行き着き、「文献の記載どおりに歴史が進行しなければならない」という羽入の観念論(あるいは「拷問具」としての「没意味文献学」への固執)を明るみに出すであろう。しかし、ここではそこまで議論を詰めず、とりあえず具体的問題点として指摘すれば、羽入のこうした「飛び移り直結論」は、羽入書第一章では「唯『シラ』回路説」の形をとって現われていた、あの「言霊崇拝」の呪術的カテゴリー——ルターが『シラ』一一章二〇、二一節で、「神与の使命としての職業」というBerufの語義を創始し、「言語創造的影響」をおよぼしたからには、歴史的・社会的条件を異にする他の「言語ゲマインシャフト」でも、みな一様に『シラ』一一章二〇、二一節を起点としてBeruf相当語が普及し、ルターのばあいと同一の「言語創造的影響」をおよぼす、と決めてかかった杓子定規の生硬な論法——と同質であって、あのカテゴリーがこんどは『シラ』句ではなく『箴言』句の訳語(という異なった局面)に適用されているだけではなかろうか。

そういうわけで、ヴェーバーがフランクリン父子の"Calling"からルターの"Beruf"へと『倫理』論文中で飛び移らねばならぬ」という「必然性」には、根拠がない。それはむしろ、「意味（因果）帰属」を「語形合わせ」にすり替えている羽入の思い込みで、それを羽入が、まさにここで、「全論証にとって要」の箇所に持ち込んだ——あるいは、本来筋の通ったヴェーバーの叙述（「遺物」）を、ⓐ原コンテクスト（「遺構部位の遺物配置構成」）から引き抜き、ⓑ羽入の「配置構成図」に移し入れ、ⓒ「アポリア」に意味変換した——のではないか。

第八節　彼我混濁の「自明の理」——短い注が「アポリアを解く約束」？

ところが、羽入のほうは、ここですばやく、当の「必然性」の論証が済んだかのように、それが「自明の理」であるかのように、既定の前提として語り始める。羽入は、「ヴェーバーはもちろん、この事態がみずからの論証にとって致命的となりかねぬことを良く知悉していた」（六九）という。しかし、「もちろん」といわれても、羽入がなにを根拠にヴェーバーの「腹の内」を「良く知悉して」いるのか、当の根拠の提示がないので、理解しようもない。羽入は、そのすぐあと、フランクリン『自伝』からの引用箇所にヴェーバーが付した当の「短い注」を、『箴言』二二・二九。ルターは、"in seinem Geschäft" と訳している。古い英訳聖書は "business"。これについては六三ページ、注（1）を参照せよ」というふうに引用し[17]、なぜかここで——この参照指示だけで——ヴェーバーが、「読者に対し、このアポリアを後ほど解くことを約束した」（六九）と決めてかかっている。

しかし、なぜ、この注記の文言が、そうした「約束」と解せるのか。かりにヴェーバーが、羽入の思い込みどおり、詐欺師ないしは（少なくとも、自分にとって不都合なことを隠す）知的に不誠実な学者であったとして、この注と、ここで予告されている「六三ページ、注（1）」つまり「ルターの職業観」節第一段落に付された注三との間に、一方の語形“Calling”が他方の語形“Beruf”に一致しない「アポリア」が潜んでいると「良く知悉していた」とすれば、どうしてわざわざ、「ルターではGeschäftでBerufではない」と、自分を「アポリア」の窮地に追い込む不利な材料を、自分のほうから積極的に提示したのであろうか。むしろ、ヴェーバーは、一六世紀のルターではGeschäft、「比較的古い älter」[18]英訳聖書では business と訳されている事実と、それが一八世紀のフランクリン父子では“Calling”に改訳されて出てきて、business (Geschäft) にも宗教的意義が賦与されるにいたっているという不一致を、隠すどころか積極的に提示し、この語形不一致にも表示される歴史的語義＝意味変遷を示唆し、その思想的／エートス的背景をこそ、ここから一歩一歩解明し、本論に入って探究していくと(そういいたければ)「読者に約束」しているのではないか。そう解するほうが、はるかに自然で、「全論証構造」にも整合するのではないか。

　ところが、羽入はいう。

「この短い注は、“Beruf”に関する注にくらべ従来あまり注目されてこなかったが、重要なのは“Beruf”に関する注よりもむしろこの注なのである。なぜなら、“Beruf”に関するあの膨大にして難解な注を書かざるを得なかった、そのそもそもの原因となる事態がこの短い注の内に含まれているからである。“Beruf”に関する注における肝心の問題点が従来看過されてきたのも、この右の短かな注が一体何を意味し、いかなる奇妙かつ厄介な事態のことを指しているのかということに関して、研究者達がこれまで全く関心を払ってこなかったからにほかならない。」(六九―七〇)

　こう述べて、羽入は、当の「短い注」の意義を、抽象的に謎めかして読者の関心を掻き立て、他の「研究者達」はその謎を「従来看過」してきた、と自分の「独創性」をほのめかしている。しかし、では、当の「事態」とは、じつのところ、いったいなんのことか。この問いに、羽入はすぐ、「ヴェーバーにとっていささか厄介な右記……の事態は、結局、フランクリンが『自伝』において英訳聖書の正統的な言い回しからはややずれた“Calling”という語によって聖書の句を引用したこと、そして聖書翻訳には見当たらないこの表現を足掛かりとしてヴェーバーが宗教改革の父へとまで遡ろうとしたことから生じた事態である」(七〇)と答えている。とすると、ここに、「謎」の正体が、羽入自身の口から、問わず語りに語り出されているのではないか。すなわち、羽入は、「表現」つまり「語」を「足掛かり」として「宗教改革の父」つまりルターに「語形合わせ」という意味で「遡る」ことが、原著者ヴェーバーの企図であり、「倫理」論文の「全論証の要」である、という当初からの誤読/誤解を、ここにも持ち越している。その誤読/誤解にもとづく羽入の思い込みをヴェーバーに読み込み、そうした彼我混濁から、「膨大にして難解な注を書かざるを得なかった、そのそもそもの原因となる事態」「奇妙かつ厄介な事態」を創作し、ヴェーバーに押しかぶせているのではないか。

第九節　「同義反復論法」――「アポリア」から「アポリアの回避」へ

ここから、例の「同義反復論法」が始まる。つまり、フランクリン父子の用語とルターのそれとの不一致という当然の事態が、じつは「意味(因果)帰属」の「語形合わせ」へのすり替えにもとづく羽入の誤読/誤解から「アポリア」に化けているだけなのに――あるいはむしろ、まさにそれゆえ――、「アポリア」「アポリア」と「自明のこと」のように復唱され、畳みかけられる。そうこうするうちに、「倫理」論文を自分で読解して論旨を捉えてはいない読者/識者/論文査読者/「賞」選考委員は、そのかぎりで、いつのまにかそう信じ込まされてしまう、という段取りである。

「ヴェーバーは、このアポリアの意味を、『倫理』論文中において自らはっきりとは説明しなかった。しかしながら、前掲の短い注の内に目立たぬようにほのめかされている事態は、実際のところかなり深刻なものである。なぜなら、後に出てくる“Beruf”に関する注の内でヴェーバー自身も認めているように……、“Geschäft”という語も“business”という語も共に、“Beruf”とは異なり、『神から……与えられた使命』などというような宗教的観念は一切含んではいぬ言葉であるから」(七〇)。

「なぜなら」以下は、そのとおりである。しかし、それがどうして「深刻」なのか。羽入にとっては「アポリア」でも、ごく当然のことであってみれば、ヴェーバーもそれを「アポリア」に見立てて「その意味を、みずからはっきり説明する」必要などないし、だいたいそんな「意味」は思ってもみなかったろう。「目立たぬようにほのめかす」などと、いかにも詐欺師がやりそうな詐術めいたことを「ほのめかして」いるが、それは、羽入の脳裏には浮かんでいても、ヴェーバーの関知するところではない。さて、羽入は、つづけていう。

「フランクリンの『自伝』の一節からなるほど独語“Beruf”へと移行することはできる。しかしその聖書からの引用句『箴言』二二・二九をルターは“Beruf”とは訳してはいなかった以上、そこからルターの“Beruf”‐概念へと直接に遡ることはできない。フランクリンが『自伝』で引用した『箴言』の一節から、ルターにおける“Geschäft”という全く宗教性を帯びていぬ、ただ単に世俗的職業を意味するに過ぎぬ言葉へと遡ることはできても、ルターの聖書翻訳によって創造された“Beruf”という、世俗的職業を指すと共に〝神から与えられた使命〟という宗教的含意をも含み込んだあのプロテスタンティズムに特有の概念へと遡ることは、したがってこのままでは不可能であることになる。」(七〇―一)

それは、そのとおりである。だが、それがどうしたというのか。

ただ、羽入はここで、一行空けて、こう断定する。「以上がこの短い注の内に含まれているアポリアである」(七一)と。ここに明示的に語り出されたとおり、羽入のいう「アポリア」とは、じつはアポリアでもなんでもなく、フランクリンにおける『箴言』二二章二九節の“Calling”から、ルターの“Beruf”へと、「語形合わせ」という意味で「遡る」

ことはできない、というごくあたりまえの事態にすぎない。「アポリア」「遡る」といった語が、なにか「マジック・ワード」としてはたらいて、「意味（因果）帰属」と「語形合わせ」とのすり替えを隠蔽し、謎めいた印象を与えているだけである。

ところが、羽入は、このあとすぐ、「ではいかにしてヴェーバーはこのアポリアを回避したのか。われわれはここでようやく“Beruf”-概念に関するあの注を扱うことになる。このアポリアを回避するためにこそ、妻マリアンネをして嘆かせたあの長大な『脚注の腫瘍』……は書かれたのである」（七一）と畳みかける。「アポリア」を既定の前提とし、その「アポリア」の回避に論点を移して、「ルターの職業観」節第一段落の注三が「このアポリアを回避するためにこそ……書かれた」と、ヴェーバーの執筆意図を「自明の理」であるかのように決めてかかる。そして、つぎの第二節を「ヴェーバーによるアポリアの回避」と題し、「前述のアポリアを回避するためのヴェーバーの議論が始まるのは、“Beruf”-概念に関する注の第二段落目からである」（七一）と書き出している。ある注記の意図について、著者の叙述から証拠を引いて論証することなく、「アポリア回避のため」と決め込み、この独り合点を反復力説して読者を誤導している、ととれないこともない。しかし、羽入が主観的に意識してそうしている、とまで主張しようというのではない。

以上のとおり、「語形合わせ」論の平面にある羽入には、フランクリン父子の“Calling”がルターの“Beruf”に直接、語形一致しない、あたりまえの事態が、「アポリア」と映る。羽入は、さらに彼我混濁から、自分の先入観をヴェーバーにも推しおよぼす。ヴェーバーもまた、羽入の「アポリア」を自分のアポリアとして「解決を読者に約束」するが、それができず、「アポリア回避のため」、「膨大で難解な」注三を書いたのだそうである。このあと、羽入は、この筋書きに沿い、羽入の思い込みを、つぎつぎにヴェーバーに読み込んでいく。逆にいえば、ヴェーバーの叙述から羽入に好都合な語句を抜き出してきては、この筋書き（羽入の「配置構成図」）に編入し、並べ替えていく。こうして、第二節「ヴェーバーによるアポリアの回避」で、問題の注三につき、「アポリア回避」のための（できることならず「詐術」、（できなくともせめて）「杜撰」な「操作」を「暴こう」というのである。羽入は、この先入観に囚われて、注三についても、全六段にわたる叙述[19]を、ヴェーバー自身の論旨の展開に内在し、事柄に即して無理なく解釈することができず、むしろ自分が持ち込んだ「アポリア回避のため」の「操作」を、なんとか検出しようとするのではないか。その次第を、つぎに検証していくとしよう。

第一〇節　『シラ』句へのBeruf適用は思い違いか——「まとめ」のバイアスと意味変換

羽入は、第二節を「前述のアポリアを回避するためのヴェーバーの議論が始まるのは、“Beruf”‐概念に関する注の第二段落目からである」（七二）と書き出し、ここでも第一段落を飛ばして、第二段落に直行する。問題の「脚注の腫瘍」（注三）を構成する全六段につき、各段の論点と論旨の展開を、本文との関連において、まずは全体として概観し[20]、そこで原著者ヴェーバーがなにを論証しようとしているのか、対象に即して具体的に見きわめようとはしない。その第二段落から、羽入はまず、ルターにおける語“Beruf”の用法をヴェーバーが二種に類別している箇所を抜き出し、「ヴェーバーの主張」をつぎのように「まとめて」いる。

引用1「ここでのヴェーバーの主張をまとめてしまえば次のようになろう。ルターは、本来は『純粋に宗教的な概念』だけに用いられるはずであった“Beruf”という訳語を『ベン・シラの知恵』一一・二〇、二一節における二つのギリシャ語ergon（……）とponos（……）とを訳す際にも、この二つのギリシャ語は純粋に世俗的な意味しか持っていなかったにもかかわらず、用いてしまった。言い換えるならばルターは、元来は『世俗的職業』という意味しか含んでいなかった二つのギリシャ語 ergon と ponos に対して、奇妙なことにも、純粋に宗教的な概念だけに普通は用いられるはずだった訳語“Beruf”をすっぽりとかぶせてしまったのである。『世俗的職業』の意味しか持たぬ語に純粋に宗教的概念にのみ用いられてきた訳語をかぶせてしまったこと、こうしたルターのこの言わば意訳から、宗教的な観念ばかりか『世俗的職業』という意味をも含み入れた、あのプロテスタンティズムに特有の“Beruf”という表現が生まれたのであり、そして正にこれこそがルターの創造であったのである、と。」(七二)

羽入は、この文章を、「ヴェーバーの主張」の「まとめ」と称し、そのつもりで書いている。しかし、ここですでに、羽入のバイアスがかけられ、ヴェーバーの叙述を構成している語群(「遺物」)が、羽入のコンテクスト(「配置構成図」)に移し入れられ、「意味変換」をとげている。すなわち、羽入はなるほど、ルターの「言わば意訳」とも表記しているが、それがどういう意味の「意訳」なのか、宗教改革者ルターのいかなる思想にもとづく、いかなる内的必然性に支えられた「意訳」なのか、とは問おうとしない。むしろルターが、なにか「奇妙な」「思い違い」あるいは「ことの弾み」で、語“Beruf”の「本来」の用法から「逸脱」し、語“Beruf”を『シラ』一一章二〇、二一節の ergon と ponos にも当ててしまった(とヴェーバーが解している)かのように、語っている。ヴェーバー自身は、この「意訳」を、宗教改革思想にもとづく主体的な——内的必然性をそなえた——訳語選択と考え、だからこそ、本文では「翻訳者の精神に由来する」と表記し、第二段落以下で、当の宗教改革思想を、とくに職業観に焦点を合わせて、詳細に論じているのである。むしろ、当の第二段落以下を視野から逸している羽入が、『シラ』における「意訳」を、思想との結合関係から切り離して、「思い違い」ないし「ことの弾み」と解し、そのようないわば没意味的偶発事として貶価しようとしているのではないか。

第一一節　没意味的偶然としての Beruf 語義創造？——『シラ』句貶価への助走

つぎに羽入は、こんどはいきなり注三第三段落の末尾に飛び、二種用法の架橋問題、すなわち「一見まったく相異なる二種の用語法を『橋渡し』しているのは、『コリントI』中の章句とその翻訳 die Stelle im ersten Korintherbrief und ihre Uebersetzung である[21]」という論点を取り上げる。しかしここで、ヴェーバー自身は、この引用のとおり『コリントI』中の章句とその翻訳」と明記したうえ、つぎの第四段落冒頭で「現在普及している諸版では in den üblichen modernen Ausgaben」と明示的に断り、わざわざ七章一七〜三一節のコンテクストをほとんど逐語的に引用している。ところが、羽入は、ここでもやはり、ヴェーバー自身によるコンテクストへの着目／参照指示の意味を、当のコンテクストの意味内容に立ち入って考えようとはせず、「ヴェーバーによってここで言及されている箇所とは七・二〇のことであ」ると速断する。そして、ヴェーバーが「ルター自身は、〔「現在普及している諸版」では確かに Beruf と訳されている〕七章二〇節の原語 klēsis を、一五二三年の釈義では Beruf でなく Ruf と訳し、『身分 Stand』と解していた」と主張している事実を、みずから認めながら、つぎのようにいう。

　引用2「さて、ヴェーバーが“Beruf”‐概念の成立史に関する自らの立論にとって決定的な主張を持ち出すのは正にこの次である。

　ルターが『コリントI』七・二〇の〝身分〟という意味を含んだ、したがって、純粋に宗教的な元来の概念からはすでにいささか逸脱していたこの“klēsis”をも、純粋に宗教的な観念しか含んでいなかったパウロ的な“klēsis”と全く同様に“Beruf”と訳してしまったという事態は、今度は訳した当人であるはずのルター自身に逆に影響を与えてしまい、さきほどの『コリントI』七・二〇における『各人は各人の現在の身分 Stande [sic] に留まるべきである』という『終末論的に動機付けられた勧告』と、他方では『各人はその仕事に留まれ、という伝統主義的かつ反貨殖主義的に動機づけられた「ベン・シラの知恵」における勧告』とで、ただ双方の『勧告が事柄として似ているということだけから』（……）、元来は『労苦 Mühsal』（……）をしか意味しなかったはずの後者の『ベン・シラの知恵』一一・二一における純粋に世俗的な“ponos”という表現までも、『同様に“Beruf”と訳す』（……）に至らせた、と。より端的に言うならば、ルターは『コリントI』七・二〇で自分が行った訳に引きずられて『ベン・シラの知恵』一一・二一の“ponos”をも“Beruf”と訳してしまったのである、と。」（七四）

この一節は、羽入のバイアスを、それなりにはっきりと示している。すなわち、羽入は、ルターが、やはりなんらかの「思い違い」ないし「ことの弾み」で、まず『コリントI』七章二〇節の“klēsis”を“Beruf”と「訳してしまい」、これが「今度は訳した当人であるはずのルター自身に逆に影響を与えてしま」った、あるいはルターが、「『コリントI』七・二〇で自分が行った訳に引きずられて」、たんなる「事柄としての類似」だけから、『ベン・シラの知恵』一一章二一節の“ponos”までも、“Beruf”と「訳してしまった」（とヴェーバーが主張している）かのように記している。いうなれば、羽入は、翻訳者（のひとりルター）の精神における語義創始を、なにかビリヤード場で、突き手ルターの気まぐれから打ち出された「Beruf 玉」が、たまたま『コリントI』七章二〇節の「klēsis 玉」に当たり、跳ね返ってこんどは『シラ』一一章二一節の「ponos 玉」にも当たったかのように、なにかそうした没意味的偶発事とヴェーバーが捉えていたかのように、解しているのである。なるほど、羽入は、終末論的勧告と伝統主義的勧告との「事柄としての類似」に言及はしている。しかし、当の「類似」の具体的意味内容を探り出し、それが『シラ』句への Beruf 適用とどういう意味関係にあるのか、――肝心のところを捉え、立ち入って論じようとはしない。むしろ、『シラ』における Beruf の語義創造を、ルターにおける没意味的偶然に還元する方向で、先を急ぐかのようである。

しかし、立ち止まって考えてもみよう。まず、事柄として、宗教改革者として聖書の翻訳に心血を注いだルターともあろう者が、そういう「思い違い」ないし「ことの弾み」で、ponos に Beruf を当て、“Beruf”第二種の語義を創始して「しまった」というようなことが、およそありえようか。また、「意味」のカテゴリーを彫琢して歴史・社会科学に持ち込んだヴェーバーが、「翻訳者の精神における語義創始」を、なにかそうした没意味的偶然の所産と解し、そうした解釈を公表するほど「杜撰」であった、というようなことが、これまたありえようか。そうした解釈はむしろ、ヴェーバーの方法を理解せず、「意味（因果）帰属」を「語形合わせ」にすり替えている羽入が、ヴェーバーの叙述をそうした没意味文献学の平面に無理やり移し替えようとして、いかんせん捉え損ねている実情を、露呈しているだけではないのか。

いまひとつ、羽入はここで、ルター自身が『コリントI』七章二〇節の"klēsis"を"Beruf"と訳した、だから一五二三年釈義のRufから"Beruf"に改訳した、と（ヴェーバーが主張しているかのように）決めてかかっている。しかし、そうした判断の根拠は、いったいどこにあるのか。この点は、羽入による一連の主張を、ヴェーバー側の典拠と突き合わせて検討する後段で、改めて問題にするとしよう。

第一二節 『箴言』句は「全論証の要」、『シラ』句は「思い違い」——軽重関係の転倒？

さて、羽入は、「ここまでのヴェーバーの議論に関してはっきり確認しておくべきこと」（七四—五）として、つぎのように述べる。いよいよここで、『箴言』句と『シラ』句との「軽重関係」が持ち出され、「アポリア回避」論も佳境に入る。

引用3「ここまでのヴェーバーの叙述によって明らかにされたことは、いかにして『ベン・シラの知恵』一一・二〇、二一（……）におけるルターによる"Beruf"という翻訳がプロテスタンティズムに特有なあの"Beruf"という語の始原となるに至ったか、ということだけに過ぎぬ、ということである。右の説明によってはいぜんとして一向に明らかにされていぬ［sic］ことは、『箴言』二二・二九における“Geschäft”という訳語と『ベン・シラの知恵』一一・二〇、二一における“Beruf”という訳語との双方を前にして、一方では前者の『箴言』二二・二九は『倫理』論文の全論証の構成にとって極めて重要な箇所であるにもかかわらず、そして他方では、後者における“Beruf”という訳はそれに比すれば、双方の勧告が『事柄として似ていた』がためのルターの思い違いから生じた言わば、単なる誤訳、不適訳、あるいは少なくとも余りにも自由な意訳とみなすべきようなものであるに過ぎぬにもかかわらず、なにがゆえに前者をあっさりと無視して後者を格別に重んずることがヴェーバーには許されるのか、ということである。」(七五)

ここで、これまで引用1・2の文言から否応なく生じてきた「没意味的偶発事論」という印象が、「ルターの思い違いから生じた……誤訳、不適訳、余りにも自由な意訳」という羽入自身の明示的表記により、客観的に裏づけられた。それと同時に、羽入がヴェーバーの「主張」「論証」「議論」を逐語的に引用せず、むしろ羽入流の「まとめ」をもって代えようとするとき、羽入がなにを抜き去り、代わりになにを読み込もうとしているか、いい換えれば、「まとめ」に表明された羽入の解釈が、ヴェーバー自身の元来の主張からいかにずれてきているか、またそれはなにゆえであるか、――かれの意味変換操作とその動機が、いっそうはっきりしてきたようである。

というのは、こうである。羽入のこの「確認」によれば、「脚注の腫瘍」は、“Beruf”の語源を『シラ』句の翻訳に遡行して説明するだけでは足りないらしい。それに加えて、というよりもむしろ、(羽入によれば) 本来はもっぱら、『箴言』二二章二九節の翻訳に論及し、それがなぜBerufと改訳されず、Geschäftのままだったのかを説明しなければならないらしいのである。というのも、羽入には、(ルターの精神における「意味」を射程に入れて考えれば) 当然の (ルターとフランクリン父子との間の) 齟齬・不一致が、(「意味 (因果) 帰属」の「語形合わせ」へのすり替えによって)「アポリア」と感得されている。そして、彼我混濁のかれは、この「アポリア」をヴェーバーにも押しおよぼし、ヴェーバーもまた「アポリアを知悉して」、その「回避のために」こそ、この「脚注の腫瘍」を書いたと決めてかかっている。したがって、その羽入は、ヴェーバーもまた、そこで『箴言』二二章二九節の翻訳に論及せざるをえず、しかも死活を賭けて、(語形「一致」を証明して「解決」することができないからには)「詐術」ないし「狡い杜撰」の操作で「アポリア」を「回避」「隠蔽」し、それが明るみに出て「全論証の要」が崩壊する事態だけは避けようと、悪戦苦闘するにちがいない、他方、そうした「回避」「隠蔽」を暴露してヴェーバーの「詐術」ないし「狡い杜撰」を立証することこそ、自分の「使命」である、と信じて怪しまないからである。

とすれば、そうした羽入にとっては、ヴェーバーが、『シラ』論と『箴言』論とに軽重をつけ、後者にこそ力点を置かなければならないはずなのに、逆に前者を重視し、「本末転倒」に陥っている、ということになろう。そこで羽入は、第一章ではあれほど『ベン・シラ』『ベン・シラ』と「唯『シラ』回路説」を復唱して、『シラ』句の「原発・本源」的意義を強調してやまなかったのに、ここでは一転して『シラ』句を「思い違い」の所産として貶価する。これもちょうど、羽入書第三章「フランクリンの『自伝』をめぐる資料操作」では、フランクリンによる「神」表記を真に受けてはならないと説きながら、第四章「『資本主義の精神』をめぐる資料操作」では、一転して「神」表記をみずから真に受けているのと、まったく同様である。羽入には、ヴェーバーがこの「脚注の腫瘍」を書いたのも、羽入の「アポリア」をヴェーバーも引き受けて「回避」するためであるから、ヴェーバーも、Geschäft のままだった『箴言』句そのものの意義をまるごと貶価して、フランクリン父子の Beruf と一致しない「矛盾」「アポリア」を表に出すまいと、意義に乏しい『シラ』句を前面に押し出すことで、不一致を「隠蔽」し、「アポリア」を「回避」している、と映るのであろう。あるいは、そのように映し出そうとするのであろう。ことはすべて「アポリア」虚構の延長線上にあり、「脚注の腫瘍」が「アポリアを回避するために」書かれたから、そのためには『箴言』句の意義が貶価されなければならず、さらにそのためには『シラ』句の意義が強調されなければならない、という筋書きである。羽入は、ヴェーバーの「主張」を「まとめ」る形式を借りて、この羽入のストーリーを、ヴェーバーその人に帰そうとするのである。

第一三節　「軽重関係」から「時間的前後関係」へ——虚構のさらなる一展開

こうして羽入は、プロテスタント諸民族の言語に特有の Beruf 相当語の始源を、ルターの聖書翻訳に遡り、翻訳者の精神から説明するという（本文のコンテクストによって限定された）「脚注の腫瘍」の課題を、恣意的に踏み越え、もっぱら当の課題に捧げられているヴェーバーの議論を、『箴言』句と『シラ』句との軽重比較論という羽入のコンテクストに移し入れて、前者より後者を重視するヴェーバーの「論拠」を問い、つぎのように「要約」する。

引用4「ルターは旧約正典に属する『箴言』の方を、外典に属する『ベン・シラの知恵』よりも『数年……』早く訳した。他方では、双方の翻訳の間に当たる期間にルターの信仰は深まっていった。こうしたルターの信仰の深まりというものは、——ヴェーバー自身の言葉で言い換えるならば、『三〇年代の正に初頭に……高まってきた……秩序の神聖視』や『神の……摂理へのますます精緻化されてきた信仰』、そして『神の不変の意志によって望まれたものとして世俗の秩序を甘んじて受け入れようとする……傾向』といったものは——『ベン・シラの知恵』の翻訳において初めて現われたのであって、『箴言』を翻訳した際にはまだ現われていなかったのである。ルターが、『箴言』二二・二九におけるヘブライ語の m^{e}lā'khā ……を——それは『ベン・シラの知恵』一一・二〇のギリシャ語テキストにおける "ergon" という語の『原語に当たる』……のだが——このヘブライ語を『箴言』の翻訳の頃にはまだ "Geschäft" と訳していたのは、それゆえなのである。したがって、ルターの言葉遣いの研究に際しては、ルターの信仰の深まりがいまだ現われていぬ〔sic〕“Geschäft”という訳語は度外視して一向構わぬのである、と」（七五―六）。

ここでも羽入は、字面では、ルターの訳語選択にかかわる思想的契機、すなわち、「秩序の神聖視／摂理観の個別精緻化／伝統主義」に言及はしている。しかし、ルターにおいてそうした思想傾向が強まるときに、『七十人訳』の原語としては同一の、『箴言』二二章二九節のergonと『シラ』一一章二〇節のergonとの、双方にたいするルターの意味解釈／意味関係が、具体的にどう変わってくるか、とは問わない。したがって、『箴言』句のergonにはBerufを当てずにGeschäftで通し、『シラ』句についてはergonばかりかponosにまでBerufを当てるルターの内的・思想的必然性が、理解できない。というよりも、およそ考えられない。羽入には、ルターは相変わらず、ビリヤード場における一「玉突き手」として措定されており、かれから繰り出された「Beruf玉」が『コリントI』の「klēsis玉」から跳ね返って、『シラ』の「ergon玉」ばかりか「ponos玉」にも当たったからには、こんどはさらに『箴言』の「ergon玉」にも当たるはずで、それこそ「時間の問題」と感得されている。ことはすべて、没意味文献学の「語形合わせ」論の平面で進行している。

しかし、じつは、原語の語形は同一のergonでも、『箴言』のコンテクストに置かれたばあいと、『シラ』のコンテクストに入れられたばあいとでは、（「玉突き手」ならぬ）特定の宗教改革者たる特定の主体ルターにとっては、けっして（羽入が暗に想定しているように）同義・等価ではなく、双方への意味的対応・意味関係も、かれの思想変化につれて、理解・説明可能な形で変遷をとげ、したがって各対応・関係の意味内容を理解・説明することこそ、肝要である。ところが、「拷問〔具〕」（四）として没意味文献学に頼る羽入は、こうした課題設定に、およそ思いいたらないし、ヴェーバーがまさにそうした課題を負って意味解明に沈潜している姿も、目に入らない。したがって、ルターが『シラ』一一章二〇、二一節のergon／ponosにBerufを適用する経緯を、ルターの思想変化との関連において、ルターの思想的な訳語選択として（ヴェーバーが）説明しようとする文脈のなかで、ルターが同一語形のergonにBerufを適用しなかった『箴言』二二章二九節の用例を「数年前」つまり時間的に至近の対照例として（ヴェーバーが）引き合いに出すのはなぜか、――その方法上の意味が、羽入には理解できず、「時間的前後関係」に還元されるよりほかはない。

羽入は、ルターが『箴言』を訳した一五三〇年ころには、「秩序の神聖視／摂理観の個別精緻化／伝統主義」がまだ強く顕れなかったので『箴言』のergonにはBerufを当てなかったけれども、『シラ』を訳した一五三三年には、「伝統主義／摂理観の個別精緻化／伝統主義」が強まったので『シラ』のergonとponosにはBerufを当てた――とすれば、一五三三年の『シラ』訳以降は、同義・等価の（と暗に想定されている）『箴言』二二章二九節にもBerufを当て、元のGeschäftからBerufへと改訳して当然である、いな、ぜひともそうしなければならない――、と信じて怪しまない。そうした想定のうえに、ルターがその後も『箴言』二二章二九節のergonにはBerufを当てず、Geschäftで通した事実を立証できれば、「『伝統主義／摂理観の個別精緻化／伝統主義』の強まりゆえに『シラ』のergonとponosにはBerufを当てた」というヴェーバーの「説明」が「崩壊」する――ということは、フランクリン父子におけ る『箴言』二二章二九節の訳語callingから、ルターのBerufに「遡る」（羽入流没意味文献学では「語形を合わせる」）ことができず、「倫理」論文が「全論証の要」で「破産」することになる――、と考えられたのであろう。すべて、『箴言』のergonと『シラ』のergon（とponos）とは、ルターにとって意味上、同義・等価で、時間的前後関係だけが問題である」という非現実的・非歴史的想定を持ち込み、そうした虚偽前提のうえに展開される、架空の議論なのである。

さて、じっさいには、『箴言』のコンテクストでは、伝統主義的な神信頼を説く『シラ』のコンテクストとは異なり、「わざの巧みさ」が、伝統の介在／制約ぬきに、フリーハンドで称揚されている。それゆえ、『箴言』句は、伝統の媒介なしにも、神から直接与えられた使命として（「神の道具」として）職業労働への専念を説く、たとえばバクスターら「禁欲的プロテスタンティズム」の徒には、それだけすんなり受け入れられ、愛好され、やがてはフランクリン父子のモットーともなっていく。しかし、同じくプロテスタンティズムといっても、「禁欲的プロテスタンティズム」とは異質で、むしろ対立する宗教性に生きたルターにとっては、『箴言』句は、それだけ「わざ誇り」を触発しやすい、なにか危うい句と感得されざるをえない。ルターは、「わざ誇り」をともなう「禁欲」を、神信頼の秘かな欠落ゆえに過度に人為に頼り、「神の無償の恩恵にたいする純一な恭順」(というルター的宗教性の中心価値)を脅かす、人為／人間中心の「行為主義」として、思想的・原則的に斥けてやまない。したがって、ルターは、それもかれが伝統主義に傾けば傾くほど、その『箴言』の ergon に Beruf を当てて宗教的意義を賦与することはできず、改訳を怠るどころか、思想的・自覚的に Geschäft で通すほかはない。ただし、「わざに巧みな」を「わざに熱心な」に改めるのであれば、「わざ誇り」を挽める方向への思想的改変／語彙選定であるから、かれの宗教性の原則に悖らず、むしろ意味適合的で順当であろう。『箴言』句にかけては、こうした熟慮にもとづく意味的対応こそ、(「玉突き手」ならぬ)宗教改革者・思想家ルターの精神に相応しい。ところが、こうした意味関係とその変遷は、羽入流没意味文献学の射程を越え、羽入の顧慮には入ってこない。

第一四節　『シラ』句改訳の状況と主体——理解科学的再構成

このあと羽入は、以上のいささか冗漫な「まとめ」を、さらに五つの論点に「まとめ」ている。そこで、それら五論点を、逐一、本物のヴェーバーの主張と突き合わせ、羽入の「意味変換操作」を究明していかなければならない。しかし、そのまえに、ヴェーバー自身の関連叙述を、労を厭わず全文訳出し、引用しておきたい。というのも、この問題にかかわるヴェーバーの叙述は、一方では、事柄として重要で、ヴェーバー的方法の妙味がいかんなく発揮されている箇所ではあるが、他方では、確かに難解で、既訳では決定的な箇所に（羽入の恣意的ストーリーを誘発したと思われる）不適訳が散見されるからである。後段における参照の便宜上、（a）〜（c）に三分するが、原文ではひとつづきの五文章からなっている。

引用（a）「ところでルターは、各自が現在の状態 Stand にとどまれという、終末観を動機とする勧告のばあいに、klēsis を Beruf と訳していたのであるが、その後 später、旧約外典を翻訳したときには、各自がその生業にとどまるのをよしとする、『シラ』の伝統主義的な反貨殖主義にもとづく勧告についても、すでに schon 両勧告が**事柄として類似している**という理由からも、ponos を Beruf と訳し、この訳語が〔受け入れられ、普及して〕現在にいたっている。（これこそが、決定的かつ特徴的な点である。先に述べたとおり、『コリントI』七・一七の箇所では、klēsis はおよそ『職業 Beruf』、すなわち特定された仕事の領域、という今日の意味では用いられていない。[22]）」

引用（b）「その間（あるいはほぼ同時に）一五三〇年のアウグスブルク信仰告白が、プロテスタントの教理を確定し、カトリックの——世俗内道徳を貶価し、修道院実践によって凌駕すべしと説く——教理にたいして無効を宣していたが、そのさい『各人はそれぞれの Beruf に応じて』という言い回しが用いられていた（この点については前注二を見よ）。このこと〔①〕と、ちょうど一五三〇年代の初葉、生活の隅々にもおよぶ、まったく個別的な神の摂理にたいするルターの信仰が、ますます鋭く精細に規定される形態をとるにいたった結果、各人の置かれている秩序を**神聖なもの**として尊重するかれの捉え方が、本質的に強まってきたこと〔②〕、それと同時に、世俗の秩序を、神が不変と欲したもうた秩序として受け入れようとするルターの〔伝統主義的〕傾向がますます顕著になったこと〔③〕、——これらのこと〔①②③〕が、ここ〔『シラ』一一章二〇、二一節〕で、ルターの翻訳に現われているのである。[23]」

引用（c）「»Vocatio« は、ラテン語の伝来の用語法では、神聖な**生活**、とくに修道院における、あるいは聖職者としての生活への神の召しという意味に用いられていたが、ルターのばあいには、右記〔プロテスタントの〕教理の圧力によって、世俗内の『職業』労働が、そうした色調を帯びるようになった。というのも、ルターは、『ベン・シラの知恵』に見える ponos と ergon を、それまでは**修道士の**翻訳に由来する（ラテン語の）類似語しかなかったので、いまや »Beruf« と訳すのであるが、数年前になお einige Jahre vorher noch、『箴言』二二章二九節に見えるヘブライ語の m^{e}lā'khā——すなわち、『ベン・シラの知恵』のギリシャ語テクストに見える ergon の原語で、ドイツ語の »Beruf« や北欧語の kald、kallelse とまったく同様、**聖職への** »Beruf«〔召し〕に由来する語 m^{e}lā'khā——には、他の箇所（『創世記』三九章一一節とまったく同様、»Geschäft« を当てて訳していたからである（『七十人訳』では ergon、公認ラテン語聖書では opus、英訳聖書では business、北欧語やその他、わたしの手元にある翻訳はすべて、これと一致している[24]）。」

第一五節 「まとめ」の「まとめ」による意味変換——斬りつけやすい藁人形の立ち上げ

さて、そこで、ヴェーバー自身のこうした主張内容と照合しながら、羽入による「まとめ」の「まとめ」五項目を、逐一検討しよう。

「（1）ルターは『コリントI』七・二〇における〝身分〟の意味を含んだ“klēsis”を“Beruf”と訳した。」（七六）というようなことを、ヴェーバーはどこでも主張してはいない。羽入は、少し後の箇所で、「ルター訳聖書では『コリントI』七・二〇は“Ein jeglicher bleibe in dem Beruf, in dem er berufen ist”（AfSS: 39; RS: 67; 大塚訳一〇五頁、梶山訳・安藤編一四二頁）と訳されている」（七七）と述べているが、この箇所の「ルター訳聖書」とは、ヴェーバーがわざわざ明示的に断っている「現在普及している諸版」であって、ルター自身が独訳した聖書そのものではない。ヴェーバーはそこで、読者との「トポス」としてわざわざ「普及諸版」を用い、『コリントⅠ』七章一七〜三一節のコンテクストをほぼ逐語的に引用して、そのなかでは七章二〇節の klēsis が、同一のコンテクストで具体的に論及されている「割礼／包皮別」「奴隷／自由人別」「未婚／既婚別」といった「種族的」「社会的」「配偶関係上」の「諸身分 status, Stände」を意味することができ、後に「普及諸版」では（別人によって）Beruf と訳されてもおかしくはない（「客観的に可能な」）意味連関をなしている事実を、具象的に読者に伝えようとしたのであろう。ルター自身によっては『コリントⅠ』七章二〇節の klēsis が、少なくとも一五二三年の釈義では Ruf と訳され、Beruf と訳されていない事実は、ヴェーバー自身が明示的に述べ[25]、羽入も認めていた（七三）はずである。ルター自身の訳と「普及諸版」との混同に陥っているのは、いったいどちらなのか。

なお、引用（a）に見える「各自が現在の状態にとどまれという、終末観を動機とする勧告」を、『コリントⅠ』七章二〇節を特定して指すと解釈する向きもあろうが、それは誤りであろう。「終末の日が迫ったいま、現世における状態（→地位、→身分、→職業）に思い煩うことなく、そこにとどまり、主の再臨を待て。それもあとほんのしばらく」という趣旨の「終末論」的勧告とは、パウロ／ペテロ書簡一般の根本性格であるから、「そのばあいには、klēsis を Beruf と訳していた」というその Beruf とは、第一種用法に該当する。たとえば『エフェソ』では[26]、「時が満ちるに及んで、救いの業が完成され、あらゆるものが、頭であるキリストのもとに一つにまとめられ」（新共同訳一章一〇節）る、という展望のもとに、四章では、「神から招かれたのですから、その招き klēsis にふさわしく歩み、一切高ぶることなく、柔和で、寛容の心を持ちなさい」（四章一―二節）、キリストは「ある人を使徒に、ある人を預言者、ある人を福音宣教者、ある人を牧者、教師とされた」、「こうして聖なる者たちは奉仕の業に適した者とされ、キリストの体を造り上げていき、ついにはわたしたちは皆、神の子に対する信仰と知識において一つのものとなり、成熟した人間になり、キリストの満ちあふれる豊かさになるまでに成長する」(四章一一—一二節)、「キリストにより、体全体は、あらゆる節々が補い合うことによってしっかり組み合わされ、結び合わされて、おのおのの部分は分に応じて働いて体を成長させ、みずから愛によって造り上げられてゆく」(四章一六節)と述べられ、それゆえ、五章では「妻と夫」、六章では「親と子」「奴隷と主人」が、(それぞれの「状態→地位→身分 status, Stand」にあって)キリストの戒めに忠実に生きるように、と説かれている。終末への展望のもとに、現世そのものには無関心ながら、「招きから生まれた信徒団 *ἐκκλησία* (ekklēsia)」としては、そのなかにも持ち込まれざるをえない現世の身分的差等を覆すのではなく、さりとてそれに思い煩うのでもなく、それぞれの「分に応じて」「招き」に忠実に生きよ、という(「伝統主義」に通じる)一種の「有機体説的社会倫理」が定立されている、といってよいであろう。ヴェーバーは、ルターが「後に」『シラ』を訳したときには、「すでにこうした事柄としての類似からも」、『エフェソ』他の klēsis に当てていた第一種用法の Beruf を『シラ』の ergon と ponos にも当てることができたと主張しているのであろう。そうした「客観的可能性」が『シラ』句において実現されるあと一歩に必要な契機は、①「神の召し」による「状態・地位・身分」を「聖職者身分」への制限から「世俗的身分」一般に解き放つ、まさしく宗教改革としての「カトリック的世界像の打破」「聖職者道徳と在俗平信徒道徳との同等視」、②「世俗的身分」のみか「世俗的職業」をも「神の召し」と見る「摂理観の個別精緻化」、③その「世俗的職業」を、「神の摂理」として神聖視される伝統的秩序に編入し、その一環として捉える「伝統主義」でなくして、なんであろう。

「(2) 初期における"Ruf"から"Beruf"への**ルターの用語の揺れ**(AfSS: 39; RS: 66; 大塚訳一〇三頁、梶山訳・安藤編一四一頁)、及び、後者へと訳語が暫時[sic 漸次?]確定していったプロセスを**『コリントI』七・二〇そのものが証している。**」(七六)

というようなことも、ヴェーバーはどこでも主張してはいない。しかも、当の「用語の揺れ」とは、「以上見てきたヴェーバーの主張を……まとめ」ただけの確定済み論点ではなく、「まとめ」の形を借りて「既定事項」と見せかけながら、ここで初めて、新たに導入された問題点である。その典拠には、羽入書ではこれまでいちども触れられたためしがなく、当然、検討されても確証されてもいない。羽入は、ここでもまた、いきなり第二段落に、こんどは遡って飛ぶ。そして、ヴェーバーが、ルター以前に、Beruf でなく Ruf が「使命としての職業」という聖俗二義を併せ持つ語義で使われたことはないか、ルターがそうした用語法の影響を被ってはいないかを、『コリントI』でなく『エフェソ』にかんするタウラーの説教と、タウラーとルターとの関係について検証しているコンテクストから、「ルターの言葉遣いは最初の内は（Werke, Erl. Ausg. 51, S. 51 を見よ）Ruf と Beruf との間を揺れていた」（七七）という一文のみを、ここでも例によって当のコンテクストを無視して引き抜き、したがって「揺れ」そのものの意味も誤解して、自分に好都合な論点に仕立てあげるのである。

　ヴェーバー自身の叙述を引けば、つぎのとおりである。

「わたしがこれまでに知りえたかぎり、»Beruf« でなく »*Ruf*« が、（klēsis の訳語として）世俗的労働の意味で使われたことはあり、最初の用例は、『エフェソ』第四章にかんするタウラーの美しい説教『「施肥に赴く」農民について』（Basler Ausg. f. 117 v）に見られる。『施肥に赴く農民が実直にみずからの Ruf に励むならば、自分の Ruf をなおざりにする聖職者よりも』しばしば万事に優る、というのである。しかし、この語〔Ruf〕は、この〔世俗的職業労働の〕意味では、世俗語のなかに入り込んでいかなかった。ルターの用語法は初め、»Ruf« と »Beruf« との間で揺れている（s. Werke, Erl. Ausg. 51, S. 51）にもかかわらず、タウラーによる直接の影響は、けっして確かではない――なるほど、たとえば『キリスト者の自由』には、まさしくタウラーのこの説教に共鳴するところが、しばしば見られるが――。というのも、ルターは当初、この語〔Ruf〕を、タウラーの右記の句のように純世俗的な意味には用いていないからである。」[27]

なるほど、「揺れ」にかんしては、ここで『エアランゲン版著作集』五一巻五一ページの参照が指示され、そこには『コリントⅠ』七章二〇節における »Ruf« の用例が示されている。羽入は、ここを典拠に、この「揺れ」をⓐ『コリントⅠ』七章二〇節に限定したうえ、ⓑその時間的な揺れと解釈し、ヴェーバーが »Ruf« から »Beruf« への改訂を主張した証拠と決めてかかっている。しかし、ヴェーバーは、右記のとおり「ルターのⓐ用語法 Sprachgebrauch は、ⓑ初め anfangs」と明記し、ⓐ「用語法」、すなわち、個々の用例ではなく、いくつかの用例のまとまりについて、あるいはある範囲の用例群に見られる一定のパターンについて、しかもⓑ「初め」と、時期のほうを限定して「揺れ」に言及している。したがって、この「揺れ」とは、ある聖典の特定の一箇所（たとえば『コリントⅠ』七章二〇節）にかぎって、そこに用例として当てられる語が、たとえば初期の Ruf から後期の Beruf に変わるというふうに、時間的に「揺れ」る、というのではなく、時期を「初め」にかぎると、同じ klēsis の訳語として、ある聖典には Ruf、他の聖典には Beruf を当てるというように、複数聖典間にまたがるいわば空間的な「揺れ」が認められる、という意味に解されなければならない。そのばあいの、他の複数の聖典とは、このコンテクストで取り上げられている『エフェソ』を含め、同じパラグラフの冒頭で列挙されている『テサロニケⅡ』、『ヘブル』、『ペテロⅡ』をおいて他にはあるまい。じっさい、初期一五二二年の「ルターの用語法」は、『コリントⅠ』を含むこの五書簡にまたがって、『コリントⅠ』の ruff とそれ以外の beruff との間で「揺れ」を示していたのである。[28] ヴェーバーとしては、beruff の用例のほうは、この段落の冒頭で列挙してあるから、当然読者にも了解済みと見て反復は避け、稀少例で初出の ruff のほうだけを挙示しておいたのであろう。したがって、“Ruf” から “Beruf” へと「訳語が暫時［漸次?］確定していったプロセスを『コリントⅠ』七・二〇そのものが証している」というのは、コンテクストを無視して複数聖典間の空間的「揺れ」を『コリントⅠ』七章二〇節の時間的「揺れ」と取り違えた、羽入の早合点ないし思い込みではあっても、ヴェーバーの主張ではない。

「(3)『コリントI』七・二〇における勧告と『ベン・シラの知恵』一一・二一における勧告との双方の勧告における事柄としての類似性に影響されたために、**前者の勧告『コリントI』七章二〇節において*"Beruf"*という訳語を自身が用いたこと**に引きずられ、ルターは後者の勧告『ベン・シラの知恵』一一・二一においても、元来は宗教的観念を全く含んでいなかったギリシャ語ponosをも、『コリントI』七・二〇におけると同様"Beruf"と訳すに至った。それは同時に、ルター個人の『神の全く特殊な摂理へのますます精緻化されてきた信仰』に影響された結果でもあった。」(七六)

ということも、羽入流の没意味的「語形合わせ」論の平面における半ば誤った議論である。ヴェーバーは、宗教改革者ルターが『シラ』一一章二〇、二一節で「使命としての職業」という語義を創始する経緯とその諸契機を、意味関係において的確に捉えている。ところが、羽入の議論は、そうしたヴェーバーの叙述にたいして「まとめ」の体をなしてはいない。

まず、ルターは、『コリントI』七章二〇節のklēsisをBerufと訳してはいなかったのだから、それに「引きずられ」て『ベン・シラの知恵』一一章二一節のponosをBerufと訳すわけがない。縷々述べてきたとおり、ヴェーバーも、そんなことを主張してはいない。

つぎに、羽入は、「事柄として類似している」ふたつの勧告のうち、一方を『コリントI』七章二〇節に限定し、繰り返し強調している。しかし、ヴェーバー自身の表記は、引用(a)に見られるとおり、「各自が現在の状態にとどまれという、終末観を動機とする勧告」であって、『コリントI』七章二〇節ではない。したがって、ヴェーバーの一般的表記を、『コリントI』七章二〇節に特定するには、その根拠を示さなければならない。しかし、羽入は、その根拠を示していない。

また、ルターが『シラ』一一章二一節の ponos の訳語として Beruf を選択した根拠として、ヴェーバーは、確かに「事柄としての類似性」と「摂理観の個別精緻化」に論及している。羽入も、ここでいちおう「影響関係」として両者に言及はしている。しかし、両者がどんな意味内容をそなえ、どういう意味でルターの訳語選択を規定しているのか、という肝心要の問題点となると、(ヴェーバーはそれをこそ、右記引用(a)(b)のとおり、明快に説明しているのに)羽入は、その意味内容・意味関係にはまったく立ち入らない。

「事柄としての類似 sachliche Aehnlichkeit」とは、一方では、前述『エフェソ』の「終末論を動機とする勧告」の具体例に明らかなとおり、そこですでに「使徒」「預言者」「福音宣教者」「牧者」「教師」などの「聖職者」が、神の「召し」による「状態→身分(職業)」と見られており、「妻と夫」「親と子」「奴隷と主人」といった世俗的「身分」も、それぞれの「状態→地位→身分 status, Stand」にあって、「おのおの……分に応じて働いて体〔すなわち ekklēsia〕を成長させていく」ように、と説かれ、他方、『シラ』一一章では、いわば「分を越える」「罪人のわざ」、たとえば「一攫千金」の「パーリア資本主義」的「暴利」に直面しても、「羨まず、妬まず」、「神信頼をかき乱されて思い煩うことなく」、心穏やかに「生業にとどまって日々の糧をえる」ように、との趣旨が、「神信頼の知恵」として説かれている事態、――こうして、双方の勧告が、各人の現にある状態を神の「召し」ないし「摂理」として受け入れ、そこで神に奉仕する「生き方」を最善の「使命」ないしは「知恵」として称揚している意味内容上の類似性を――片や終末論、片や(宗教的)伝統主義という根拠づけの相違はあっても、それはひとまず留保して――指していったものであろう。こうしてすでに「事柄としての類似性」により、『エフェソ』他の「終末論的勧告」に用いられていた第一種の Beruf(ないし Ruf)が、(タウラーによっても)ルターによっても「聖職者」への制限を取り払われ、『シラ』の「伝統主義的勧告」にも適用される「客観的可能性」が与えられる。そして、この可能性を実現する主体的契機こそ、つぎの引用(b)で取り出される三要因、すなわち、①(修道院実践による世俗内道徳の凌駕を説く)カトリックの教理を無効と宣告して、世俗内道徳をこそ重視するプロテスタントの教理が、一五三〇年の「アウグスブルク信仰告白」で公式に表明されていたこと、そこで用いられた、強勢を付加されたBerufをRufに戻す必要は、スコラ的語形論議ならぬ熾烈な社会運動としての宗教改革の経緯からして、さらさらないこと、②ルターの摂理観が「個別精緻化」されて、「世俗的身分」のみか「世俗的職業」をも「神の召し」と見るにいたったこと、③伝統的秩序を神聖と見て、「世俗的職業」もその一環として捉える「伝統主義」が強まったこと、――この三要因の、互いに相関連し、相乗して進展する作用に求められよう。

「(4)『神の不変の意志によって望まれたものとして世俗の秩序を甘んじて受け入れようとする……彼の傾向』が、**後に外典を翻訳した時期**ほどにはまだ高まっていなかった**『数年前』の時期に翻訳された**『箴言』においては、したがってルターは訳語として"Beruf"ではなく"Geschäft"を選んだ。」（七六―七）

というようなことも、ヴェーバーの叙述の「まとめ」ではなく、論旨のすり替えにすぎない。ルターが『箴言』にGeschäftを当てたのは、「時期」の問題ではなく、『箴言』句の意味内容と、それにたいするルターの思想的意味関係の問題である。ヴェーバーは、『箴言』句と『シラ』句とが同義／等価で、ただ、ルターの伝統主義が一五三〇年から一五三三年にかけての「数年間」に、急に「高まり」、あるいは急に顕れ、その結果として、一五三〇年の『箴言』訳ではm^elā'khā'（ergon）にBerufを当てず、Geschäftと訳していたのに、一五三三年の『シラ』句のergon（m^elā'khā）にはBerufを当てるようになった、と主張しているのでは毛頭ない。右記の引用（c）のコンテクストから明らかなとおり、ルターが、時間的に至近の「数年まえにはなお」、原文／原語からはBerufを当てやすい『箴言』二二章二九節のm^elā'khā'（ergon）にBerufを当てず、数年後には、Berufを当てにくい『シラ』一一章二〇節のergonのみか一一章二一節のponosにまで、原語の原意からは無理でも、あえて――まさに「翻訳者（意訳者）の精神」において——じっさいにBerufを当てたのはなぜかといえば、それは、ルターの「摂理観の個別精緻化」と「伝統主義」とが強まり、こうした思想／思想変化が訳語の選択に表明された結果である、というのである。

そもそもヴェーバーは、『箴言』二二章二九節を主軸として、ルターにおける一五三〇年から一五三三年にかけての思想変化を、訳語選択について検出しようとしているのではない。そうした見地は、この第一段落注三全体が、本文から被っている限定を顧慮せず（「枝葉は見ても、木は見ず」）、「アポリア回避」のために書かれたと決めてかかっている羽入の、恣意的な想定にすぎない。むしろ、ヴェーバーは、原文／原語からは無理な『シラ』一一章二〇、二一節の意訳によるBeruf語義（「使命としての職業」）創出という（この「脚注の腫瘍」の主題として本文から注に送り込まれている）事実を、歴史的結果に見立て、そこに表明される「翻訳者の精神」に「意味（因果）帰属」するために、『箴言』二二章二九節を、時間的に至近の類例、しかも絶好の比較対照例として、合目的的に選択し、引き合いに出しているのである。なぜそれが「合目的的」なのかといえば、『箴言』二二章二九節には、ergon (m^{e}lā'khā) という『シラ』一一章二〇節のergon (m^{e}lā'khā) と同一の原語が用いられながら、コンテクストからは、「わざの巧みさ」をフリーハンドで称揚し、「わざ誇り」「行為主義」を触発しやすい問題傾向を帯びており、翻訳者ルターにおける、まさに「伝統主義」が強まれば強まるほど、かれとしては原則上ますます斥けざるをえない意味関係にあるからである。したがって、ルターが、その『箴言』二二章二九節のergon (m^{e}lā'khā) にはBerufを当てず、時間的に至近の『シラ』一一章二〇、二一節のergonとponosにはBerufを当てたという事実は、伝統主義的な神信頼を説く『シラ』句は愛好して、これには宗教的な意義を認め、Berufを当てる、翻訳者ルターの伝統主義精神を、それだけ鮮やかに浮き彫りにし、Beruf語義の創始という結果を、当の意訳に顕れたルターの伝統主義精神という一契機に、こよなく「意味（因果）帰属」することになるわけである。羽入には、ヴェーバーが『箴言』二二章二九節を引き合いに出す、こうした方法上の意味が、皆目分からないのであろう。

「(5) したがって、ルターの用語法の研究に際して、『箴言』二二・二九における "Geschäft" という訳語を**考慮に入れる必要はない**のである。」(七七)

というようなことも、ヴェーバーは主張していない。もしほんとうに「"Geschäft" という訳語を考慮に入れる必要はない」というのであれば、前述のとおり『箴言』二二章二九節の Geschäft を引き合いに出すにはおよばない。問題は、どういう意味で『箴言』二二章二九節の Geschäft を「考慮に入れる」のか、にある。ヴェーバーは、ルターが『シラ』一一章二〇、二一節の ergon と ponos には Beruf を当てて語義「使命としての職業」を創始した結果事実について、それにたいする翻訳者ルターの伝統主義精神の「意味（因果）」的意義を問うコンテクストにおいて、そのかぎりで右記のとおり十二分に、『箴言』二二章二九節の Geschäft を考慮に入れている。したがって、そこからは、そのルターにおいては、その後伝統主義の精神が強まれば強まるほど、『箴言』二二章二九節の ergon (m^{e}lā'khā) にはそれだけますます Beruf は当てられず、「わざに巧み」を「わざに熱心」に撓める改訳は順当としても、「わざ」そのものの訳語としては原則的／自覚的に Geschäft で通す以外にはない、という帰結も導かれる。そうした当然の帰結を、『シラ』一一章二〇、二一節改訳以降の『箴言』二二章二九節の訳語を調べて立証してみても、ヴェーバーの立論を側面的に補完しこそすれ、その「破綻」を立証することにはならない。かえって、問題を「意味（因果）帰属」から「語形合わせ」の「時間的前後関係」にすり替えている羽入の水準が、立証されるばかりであろう。

というわけで、羽入がつぎの「第三節」で「資料による検証」に委ねるという（羽入は「ヴェーバーの主張」の「まとめ」と称している）以上の五論点は、いずれも本物のヴェーバーの主張とは縁もゆかりもない。むしろ、羽入の水準で、羽入にも「斬りつけやすい藁人形」を立ち上げているにすぎない。

以上に見てきたとおり、羽入は、ルターによる『シラ』句改訳という第一段落注三における「トポス」の主題について、一方では、語 Beruf の（第一種を含む）用例とそれぞれのコンテクスト、改訳対象ないし素材としての『シラ』句の意味内容、媒介項（「架橋句」）としての『コリントI』七章一七～三一節の意味内容などを、具体的に調べて、与件としての状況の「布置連関」を再構成し、他方では、その状況に対処する翻訳主体ルターの、改訳に関与する諸契機（プロテスタント教理の成立／宣言、摂理観の個別緻密化、伝統主義）をやはり具体的に調べて、ルターによる歴史的な状況内翻訳の経緯と思想的必然性をみずから理解（できれば追体験）し、その内実を論証／叙述するという（右記引用（a）～（c）で、ヴェーバーが地で行っている）学問的手続きを、みずから採っていないし、ヴェーバーの叙述を綿密にフォローして理解することさえしていない。羽入は、そういうヴェーバーの「理解科学」的「意味（因果）帰属」の方法を理解（いわんや会得）していないし、この方法が適用され、ルターにおける歴史状況内翻訳という事柄そのものが（羽入の脳裏に）再構成される基礎／素材として読みこなされるべき、ヴェーバーの叙述そのものを読み解くこともできなければ、関連のあるキリスト教聖典のコンテクストと意味内容を、みずから聖書をひもといて調べ、理解することも、していない。熟考と労苦を要するそうした地道な学問研究に代えて、ルターをいわばビリヤード場に移し入れ、安直な没意味文献学的「語形合わせ」論の水準で、「意味（因果）帰属」の方法を自覚的に駆使したヴェーバーの立論／論証を、一挙に「打倒」しようと、いわば「蟷螂が斧」を振り上げ、見当違いに降り下ろしているにすぎない。ただ、彼我混濁の羽入には、そうした彼我の落差と、自分がどこでどう間違っているのか、自力では対象化できないであろうから、こうしてかれの行論に密着して反論していくことが、なお必要とされよう。また、後進の学生／院生諸君には、羽入と同じ轍を踏むことなく、「理解科学」的「意味（因果）帰属」の方法が的確に会得され、駆使されていくように、そのための「捨石」、「一里塚」ともなれば、と願う。

筆者が思うに、ヴェーバー歴史・社会科学の方法は、「ロッシャーとクニース」「客観性論文」「理解社会学のカテゴリー」といった抽象的方法論文をなんど読んでも理解できないし、いわんや、その手順を会得し、「自家薬籠中のものとして」応用することなど、思いもよらない。[29] むしろ、方法論文から読み取った抽象命題や知見がじっさいにはなにを意味しているのかを、たとえばこういうBeruf語義の歴史的「意味（因果）帰属」といった具体的適用例について、なんども確かめ、みずから歴史的諸与件（聖典の特定箇所の意味解釈など）も調べて熟考し、しかもそうして具体的に捉えられた方法を、試みに繰り返し、自分が直面している状況の問題に適用して――抽象的な方法論と具体的な経験的モノグラフとを統合的に読解するとともに、状況内主体として応用を重ねることで――初めて的確に会得され、「身につく」のではあるまいか。そして、それがひとたび「身について」しまえば、羽入流の「文献学」を振りかざされても、それを「拷問具」として押さえ込まれても、びくともせず、かえって即座に、そうした没意味外形論議の虚妄性を見抜き、容易に論駁することができよう。

第一六節　「『コリントI』七・二〇、Beruf改訳説」への「反証」――藁人形との格闘

さて、羽入は、第二章第二節を「本章で資料に基づく検証が試みられるのは、……ヴェーバーの主張のうち、われわれによって強調を付された部分、すなわち、正にその骨格部分である」（七七）と結んで、第三節「資料による検証」に入っている。その「(1)『コリントI』七・二〇における"Beruf"?」と題されたセクションで、羽入はまず、『コリントI』七章一七〜三一節のコンテクストにたいするヴェーバーの参照指示を、恣意的に七章二〇節に限定し、複数聖典にまたがる訳語の空間的な「揺れ」（ヴェーバーの論旨）を、『コリントI』七章二〇節におけるRufからBerufへの時間的な「揺れ」（羽入の主張）にすり替え、そのようにして「『コリントI』七章二〇節、Beruf改訳説」を虚構

する。そのうえで、ルター自身に「時間的な揺れ」は認められず、Rufで通している事実を、「ヴェーバーの主張」への「反証」のつもりで、うやうやしく写真入りで証明する（七七―八一）。しかしこれでは、「ヴェーバー藁人形」は斬れても、ヴェーバーの主張そのものには届かず、むしろ側面的な補完をなすにすぎない。かりにヴェーバーが当の事実に言及したとすれば、「ついでながら、ルター自身は、この『コリントI』七章二〇節のklēsisは、RufからBerufに改訳していない。しかし、『普及諸版』からと断ってほぼ逐語的に引用した七章一七～三一節では、『割礼／包皮』『奴隷／主人』『既婚／未婚』といった『種族的』『社会的』また『配偶関係上』の具体的な『諸身分』を、『神の召しを受けたときから現在にいたる状態』、『終末までしばらくとどまるべき身分』として引き受けるようにと説かれ、この趣旨が七章二〇節と七章二四節に一般命題として要約されている。したがって、ルターの宗教改革思想によって『命令』と『勧告』との区別が廃絶され、聖職と世俗的身分が同等・等価とみなされたうえに、『摂理観の個別精緻化』が強まれば、当の『身分』が『職業』にまで細分化されることは『明証的』に『理解可能』であり、その意味で『コリントI』七章一七～三一節が、Beruf用法の第一種と第二種とを思想上『架橋』しうることは明らかである」と簡潔に注記して済ませたところであろう。

第一七節　「『コリントI』七・二〇、Beruf改訳」の思い込み――「パリサイ的原典主義」の陥穽

ところが、羽入は、「補完」では気が済まない。なんとかヴェーバーを倒そうという焦りが、制御されず、「価値不自由」に、じっさいになしえている論証を飛び越して突出／顕示され、この「勇み足」がみずからの墓穴を掘っている。そもそも「『コリントI』七・二〇、Beruf改訳説」そのものが、ヴェーバー自身の主張ではなく、羽入による混同の

産物にほかならない。羽入は、ヴェーバーが「現在の普及諸版では」と明示的に断り、ルター自身の訳とははっきり区別して『コリントI』七章一七～三一節を引用している箇所から、七章二〇節だけを抜き出し、「ルター訳聖書では『コリントI』七・二〇は……Beruf……と訳されている」と、ヴェーバー自身が「主張」している、と早合点してしまう（第三節冒頭）。ヴェーバー自身は「ルター訳聖書」とその「現在の普及版」とをはっきり区別し、後述のとおり理由あってわざわざ後者を用い、したがって当然、「ルター訳聖書では『コリントI』七・二〇は……Beruf……と訳されている」と思ってはいないし、「主張」してもいないのに、羽入のほうが、両者を混同し、ヴェーバーが、『コリントI』七・二〇、Beruf 改訳説」を定立するのに、本来は「ルター自身が訳した原典」を用いるべきところを、それができなくて、普及版で「代替」している、と決めてかかっている。

羽入がなぜ、そうした倒錯／速断に陥るのか、といえば、かれには「パリサイ的原典主義」ないし「原典フェティシズム（呪物崇拝）」とも呼ぶべき習癖が顕著で、そのため規範と現実との区別がつかないからであろう。羽入は、ヴェーバーが『コリントI』七・二〇、Beruf 改訳説」を定立していると思い込んだうえに、「パリサイ的原典主義」の規範を杓子定規に適用し、当該説の定立には「オリジナルなルター聖書」を用いるべきであって、そうせずに普及版を引用しているのは、そうできずに、普及版で代替せざるをえないからにちがいない、と決め込んでしまう。普及版からの引用にはなにか別の意味がありはしないか、と思慮をめぐらす余裕がない。つまり、規範と現実とを区別し、規範の拘束力はいったん相対化して、むしろ規範の意味内容を、現実を索出する「理念型」として利用する[30]ということができず、「現実は規範どおりでなければならない」との観念論的先入観を現実に押しおよぼして、規範と現実との混淆に陥り、この混淆を押し進めてやまないのである。自分の規範的所見からただちに、ヴェーバーもまた、本来は「オリジナルなルター聖書」に依拠すべきである、と自覚していたはずで、そうしなかったのは、（相応の理由があるからではなく）そうできなかったからで、やむなく「普及版」で代替せざるをえなかったのだ、と決めてかかり、さらに、そうとすれば、ヴェーバーもまた、「普及版」使用を、『コリントI』七・二〇、Beruf 改訳説」の定立に必要で十分な「証拠の欠落」、「本来の論証からの逸脱」と「自覚」していたにちがいなく、その「不都合」を、「知的誠実性」の建前をかなぐり捨てても、なんらかの「資料操作」ないし「トリック」を用いて「隠蔽」しようとしたにちがいない、という方向に、ヴェーバーを「詐欺師」に仕立てる推論街道をひた走る。すなわち、『コリントI』七・二〇、Beruf 改訳説」という第一次虚構から、これを論証ぬきに前提に据え、さらに『コリントI』七・二〇、Beruf 非改訳、隠蔽説」という第二次虚構を捏造し、「濡れ衣を着せ」、これを「楯にとって」糾弾しようというのである。この筋書きに凝り固まった羽入は、彼我混濁から、そうした自分の推論がはたしてヴェーバー側の確たる証拠によって裏づけられるかどうか、と問うて、慎重に検証するいともなく、むしろヴェーバーによる（「普及諸版」使用の）明示も「暗示」にすり替え、なにかいかがわしい「資料操作」「トリック」の「証拠」に「意味変換」しようとする。

羽入は、第三節「(1)『コリントI』七・二〇における"Beruf"?」の末尾で、ルターが一五二三年の『コリントI』七章の釈義ではRufを用いていたという（ヴェーバーも確認／明記している）事実と、『エフェソ』四章にかんする（タウラーとルターとの関係を論ずるヴェーバーの）叙述から抜いてきた「初期における用語法の揺れ」という文言とを、短絡的に結びつけて(31)、またまた「以上見てきたことをまとめれば以下のようになる」（八四）と、「まとめ」の形を借りて、自分の短絡的臆断をヴェーバーになすりつける。いわく、「(4)……ヴェーバーは、ルターは『コリントI』七・二〇の当該部分の訳語として初期の段階では"Ruf"を、しかしながらその後の段階では"Beruf"を採用するに至った、と判断した」（八四）、「(5)……時間の推移と共にこの［RufとBerufとの間の］揺れも最終的には"Beruf"へと収斂していったのである、と論じた」、「(6)……この……事実こそが、逆にルター自身に影響を与え、ルターをして、元来は宗教的含意など全く含んでおらず、ただ世俗的意味をしか持っていなかった『ベン・シラの知恵』一一・二一の"ponos"をも、『コリントI』七・二〇と同様に"Beruf"と訳させるに至らしめたのである、と主張した」（八四—五）と。このとおり畳みかけては、羽入が混同と「パリサイ的原典主義」によって虚構した『コリントⅠ』七・二〇、Beruf 改訳説」という、ありもしない「判断」「論定」「主張」に「ヴェーバー」を送り込んだうえ、「(7) ただしヴェーバーは、ルターの用語を研究するに当たって自らが用いていたルター聖書が『現代の普通の版におけるルター聖書』であることは自覚していた」（八五）とする。[32] ただ、この「論点 (7)」を、どのように判断すべきかについてはここではまだ扱わぬ」（八五）と留保し、後段における論難の伏線を張って、第三節「(2) 翻訳の時間的前後関係に関するヴェーバーの論点」に移っている。

ところが、第二章を結ぶ第四節『現代の普通の版』のルター聖書」では、つぎのとおり、羽入の「判断」を開陳して、「普及版」使用の明示を「暗示」にすり替える。

「ここでわれわれにとって二重に残念なことは、ヴェーバー自身がそのことを、すなわち、自らが用いているルター聖書が〝本物のルター聖書〟ではなかったことを、承知していた節があることである。『倫理』論文における『(現代の普通の版における) ルター聖書では……』という表現、この言い回しは、ルターの用語法を研究するに当たって、オリジナルなルター聖書ではなく、ルターの死後すでに何度となく校訂され、一九〇四年の当時『普通に』出回っていた『現代の普及版』のルター聖書を自分が用いていたことを、彼が知っていたことを暗示している」（一〇四）と。

ヴェーバー自身は、「普及諸版」使用を「暗示」でなく明示して、『コリントⅠ』七章一七〜三一節をほぼ逐語的に引用しているのであるから、そう「承知していた」のは当然で、「節がある」もなにもあったものではない。むしろ、羽入が、ヴェーバーの「普及諸版」明記とその意図を解せず、自分の生硬な「パリサイ的原典主義」のコンテクストに移し入れて、①「本来はオリジナルなルター聖書を用いるべきところを、そうすることができず、さりとて『オリジナルなルター聖書』であると称して読者を欺くわけにもいかず、苦し紛れに『普及版』とだけは記して、原典を参照しない怠慢を糊塗した」（「杜撰」説）、あるいは②「『オリジナルなルター聖書』を参照すると、ルター自身は『コリント

I』七・二〇を終生Rufで通し、Berufに改訳していない事実が明るみに出て、『「コリントI」七・二〇、Beruf改訳説』（羽入にとっては『ヴェーバーの自説』）が破綻をきたすので、『普及版』で『代替』し、『自説』の『破綻』を隠蔽した」（「詐術ないしトリック」説）、ないしは（両者の中間を採って）③「『オリジナルなルター聖書』を参照すると、『自説』が『破綻』しそうだ、との予想から、わざと原典調査を怠った」（「狡い杜撰説」）という、なにかいかがわしい「資料操作」に持ち込もうとする。その思い込みに凝り固まるあまり、羽入には、ヴェーバーの公明正大な明示も、なにか陰謀めいた「暗示」と映るほかないのであろう。

第一八節　実存的歴史・社会科学をスコラ的「言葉遣い研究」に意味変換

むしろ、こうした「意味変換」は、ヴェーバーがなぜ、よりによって（読者も参照しやすい）「普及諸版」を用い、もとよりそう明示し、『コリントI』から（七章二〇節のみでなく）七章一七～三一節をわざわざ逐語的に引用しているのか、——その意図が、羽入には、皆目分からず、思ってもみない、という実情を、かえって鮮明に露呈しているのではないか。ヴェーバーは、『ヴェーバー学のすすめ』第一章で詳論したとおり、実存的関心事としての「職業義務観」について、同時代の読者と「トポス」を共有し、そこを起点として歴史的始源に遡り、その「意味」を「生まれつつある状態でstatu nascendi」捉えたうえ、翻って現在の状況に戻り、読者とともに明晰な意味‐態度決定にそなえようとする。そうした、かれ一流の実存的歴史・社会科学の一環として、ここでも、そうした「トポス」として、語Berufの現在の意味から叙述を起こし、読者も容易に手にしうるルター聖書普及諸版『コリントI』七章一七～三一節のコンテクストに見られるBerufが、（ルター自身は訳語にRufを当てていたとしても、後継の訳者たちが

Beruf に改訳しても奇異ではないほどに）ルター的用語法の第一種と第二種とを「架橋」できる――そこに、ルターにおける「世俗的職業と聖職との同等視」「摂理観の個別精緻化」という主体的契機が加われば、容易に「神与の職業」という現在の語義に転じうる――「神与の身分」という意味がそなわっている、という（ルターの『シラ』改訳における語義創始にたいしては）与件としての事実を、読者とともに確認しているのである。むしろ羽入のほうが、ルターにおける語義創始を、現在の実存的関心事からも、ルター自身の実存的意味志向（思想とその変遷）からも、切り離して、ただたんに『コリントⅠ』七章二〇節（のみ）の訳語が外形上どう変わったか、接頭辞 Be-がついたかどうか、といった没意味偶発事論のスコラ談義に移し替えている。そのうえ、ここでまたしても、『現代の普通の版』でルターの訳語の変遷をたどることは、与謝野源氏や谷崎源氏をテクストとして用いて紫式部の言葉遣いを研究することに等しい」などと、見当違いの比喩を持ち出し、（ルターに始まるさまざまな職業義務観と「近代資本主義の精神」との「適合的」「意味連関」を探索する）ヴェーバーの実存的歴史・社会科学を、「ルターの言葉遣いの研究」にすり替えている。

第一九節　前段の「資料操作」が、「結論」では「トリック」に変わる

ただし、この第二章第四節では、この論点にかんして、「あのヴェーバーに対して、あのヴェーバー本人に対して、直接に問い質してみたいことはいくらも出てくるが、答えはもはや返ってはこない。……ヴェーバーの資料操作の足跡を資料に基づいて確実にたどることは、それゆえ現在のわれわれには残念ながらこれ以上はできない」（一〇五）と述べ、追及を打ち切っている。ただ、あたかも「直接に問い質してみ」れば、ヴェーバーが「オリジナルなルター聖書」

を「普及版」で代替し、(『コリントI』七章二〇節のBeruf改訳という)証明されないことの証明を装った「詐術」「トリック」を、自分の「尋問」で暴いて見せられるのに、と悔しさをにじませ、「知的誠実」を装って余韻を響かせる風情ではある。そうしておいて、羽入書末尾の終章「『倫理』論文からの逃走」で同じ論点を再度取り上げるや、こんどはいきなり、こう裁断する。

「ヴェーバーによる『コリントI』七・二〇にかんする論証が一つのトリックであったことに、一人の人物がすでに気づいていた可能性がある。それはヴェーバーと同時代の人物であった。そしてその人物は、それにもかかわらず、そのことに関して死に至るまで沈黙を守り続けた、と思われる。その人物とは、他でもないトレルチである」(二六九―七〇)と。

トレルチさえ「ひた隠しにした」「トリック」を、われこそ「世界で初めて」暴いて見せた、と胸を叩きたい羽入の気持ちはよく伝わってくる。しかし、羽入はいったいどこで、当の「トリック」を、まさにトリックとして立証したのか。『コリントI』七章二〇節の訳語問題を、羽入なりに主題化して直接取り上げていた第二章でも、羽入はなんとか「詐術」「トリック」の立証にまで持ち込もうと奮闘してはいるが、当然のことながら「決め手」を欠き、けっきょくは無理と悟ってか、「尋問すれば立証できるのに」と、悔しさをにじませ、余韻を響かせるだけで、打ち切っていたではないか。それを、「終章」にきていきなり、さながら立証済みの「結論」であるかのように持ち出すとは、それこそ、叙述の隔たりによって読者の正確な記憶が薄れるという事情につけ込む、いうなれば「正真正銘のトリック」ではないのか。(33)

第二〇節　精妙な「意味（因果）帰属」も「奇妙」と映る

第三節「(2) 翻訳の時間的前後関係に関するヴェーバーの論点」では、この表題通りの疑似問題（羽入の「配置構成図」に移し入れられ、「意味変換」された「ヴェーバーの論点」）について、ヴェーバー自身は関知しない虚妄の議論が繰り広げられ、「語形調べ」に紙幅が費やされている。

ヴェーバーは、ルター自身による『コリントI』七章二〇節の訳語が、一五二二／二三年にBerufでなくRufであった事実を、二度にわたり――ひとつには『エフェソ』におけるタウラーとルターとの関係にかんする議論で、『エアランゲン版著作集』五一巻五一ページを参照して確認するように指示し(34)、いまひとつには、「二〇節については、ルターは一五二三年になお、この章［七章］の釈義で、古いドイツ訳にならい、klēsisをRufと翻訳し（『エアランゲン版著作集』五一巻五一ページを参照）、当時はStandの意味に解していた(35)」と明言して――見紛う余地なく提示していた。ところが、羽入は、ヴェーバーの当の所見を、たびたび、あるときにはみずから他ならぬ『エアランゲン版著作集』五一巻五一ページの写真を掲げて引用し、確認していた（七三、七八―九）にもかかわらず、ここでは、ヴェーバーが「ルターは一五二二年に『コリントI』七章二〇節をBerufと訳した」と主張したかのように語り出し、この虚構のうえに論難を繰り広げる。しかも、そのつど「（実際には“ruff”であったが）」と括弧にくくって書き添え、あたかもヴェーバーの「錯誤」を羽入が発見し、是正しているかのように装っている。羽入は、「ヴェーバーの主張」（八六）を、「一五二二年に『コリントI』七・二〇にBeruf、一五二四年に『箴言』二二・二九にはGeschäft、一五三〇年の『アウグスブルク信仰告白』では『プロテスタンティズムの教理』が確定し、“einem jeglichen nach seinem Beruf”という表現、一五三三年には『シラ』でBeruf」というふうに、年表風にまとめたうえ、つぎのようにいう。

「時間的順序に基づいたルターの翻訳相互の影響関係に関するヴェーバーの右［表示］の立論は、純粋に年代的な順序の見地から見た場合には、やや奇妙に響く面を持っている。というのはそれは、『コリントI』七・二〇においてルターが行った“klēsis”に対する“Beruf”という訳語の選択は（すでに見たように、実際には“ruff”であったが）、すぐ二年後の『箴言』のルターの翻訳には全く影響を与えず、他方、一一年後の『ベン・シラの知恵』のルターの翻訳には影響を与えたということを主張しているからである」（八七）と。

　ルターの気紛れから打ち出された『コリントI』七章二〇節の「Beruf」が、近くにある『箴言』の「ergon 玉」には当たらなかったのに、遠くにある『シラ』の「ergon 玉」ばかりか「ponos 玉」にまで当たったのは「奇妙」というのであろう。さらにいわく。

「またさらに奇妙なことには、『コリントI』七・二〇における“Beruf”という訳語は——ヴェーバーにしたがえば、ヘブライ語の m^{e}lā'khā（仕事・務め）こそは正に、חֹק（定められたもの。〔hōq〕）と共に古代語における独語“Beruf”の唯一の相当語であったはずである（……）にもかかわらず——『箴言』二二・二九における m^{e}lā'khā の翻訳の際には全く影響を与えず、ところが他方『ベン・シラの知恵』一一・二〇、二一における“ergon”と“ponos”の翻訳に際しては、この二つのギリシャ語がドイツ語の“Beruf”に似た色彩を全く持ってはいなかったにもかかわらず、『コリントI』七・二〇における“Beruf”という訳語が（実際は“ruff”であったが）この二つの語の訳語の選択に影響を与えた、と主張しているからである」（八七）と。

　はて、なぜ「奇妙」なのか。原語 ergon = m^{e}lā'khā の原意からすれば Beruf を当てやすい『箴言』二二章二九節には Beruf を当てず、逆に当てにくい『シラ』一一章二〇、二一節には Beruf を当てた、一見逆説的な事実を、「奇妙」と受け取る感性の持ち主は、「原語／原意を規準として似たものどうしが影響しやすい」との、いうなれば「没意味文献学的法則」を暗に前提とし、じっさいに起きたことが、その法則に反するがゆえに「奇妙」と感得しているのであろう。しかし、ルターにおいて、かりにその「法則」どおりにことが起きたとすれば（羽入には「奇妙」でなく「順当」と映るかもしれないが）、そのルターはそれだけ、原語／原意に忠実な祖述者でこそあれ、宗教改革者、その思想を聖典の翻訳にも貫徹する意訳者ではない、ということになる。そのばあいには、プロテスタントの優勢な諸民族の言語に固有の Beruf 語義が、聖書の原文ではなく、翻訳者の精神に由来するという本文の命題と、当の由来にかんする注三の詳論とが、互いに矛盾をきたし、注の論証が本文の命題を裏切っていることになろう。ところが、注三を成心なく読めば、ルターが、まさに「没意味文献学的法則」に逆らい、Beruf を当てやすい『箴言』句には Beruf を当てず、Beruf を当てにくい『シラ』句にはあえて Beruf を当てた、という当の事実が、妥当な論拠を添えて立証されれ、まさに順当な経過として力説されていることが分かる。そのように『箴言』二二章二九節訳を主題としてではなく、もっぱら至近の対照例として、そのかぎりで引き合いに出すことによって初めて、主題としての『シラ』一一章二〇、二一節訳における Beruf の語義創始が、原文ではなく、翻訳者ルターの精神――しかも、『箴言』句に潜む「わざ誇り」「行為主義」は原則的に斥け、むしろ生業／職業における堅忍を「神信頼の知恵」として称揚する『シラ』句のほうは愛好する「伝統主義」の精神――に、的確に「意味（因果）帰属」されているのである。[36] むしろ、この明晰な論証を「奇妙」としか受け止められず、そう言明して憚らない羽入のほうが、本文との関連で注を読まず（「木を見て森を見ず」）、『箴言』句と『シラ』句との、主体ルターにとっての意味内容上の差異を顧慮せず（「意味音痴」）、このコンテクストで『箴言』句を（至近の対照例として、そのかぎりで）引き合いに出す、方法上の意味にも思いいたらない（「方法音痴」）、というほかはない。まさにそれゆえ、「時間的前後関係」という疑似問題にのめり込み、「（語形合わせ）アポリア回避」の自分の筋書きに「ヴェーバーの論点」「ヴェーバーの主張」をつぎつぎに移し入れては、無理な「意味変換」を重ね、「みずから墓穴を掘る」ことにならざるをえないのであろう。

第二節　思い込みの悲喜劇――誰か、事前に目を覚ましてやれなかったか

第三節「(3) ルターによる改訂作業」では、ルター訳聖書の初版ばかりか、改訂作業を視野に入れても、『箴言』二二章二九節の Geschäft は適訳として改訂されず、『シラ』一一章二〇、二一節の Beruf 訳以降にも維持されたという(ルターにとっての双方の意味を考慮に入れれば、じつは当然の)事実を、ヴァイマール版全集に記載されている訳語／訳文の異同のみでなく、(変更がなかったので結果として)記載されていない改訂作業についても、「改訂委員会」の記録などを調べ、例によってうやうやしく写真を掲げながら、一四ページ(八九―一〇二)の紙幅を費やして立証している。ご丁寧に、『シラ』一一章二〇、二一節のほうも、一五三三年以降の改訂によって、なにか Beruf 以外の訳語に変更されていないかどうか、確かめる、という念の入れようである。羽入がなぜ、こうした「ちぐはぐな」作業に、情熱を傾け、膨大な時間と労力を割けるのか、といえば、そうして「時間的前後関係」を調べて確証しさえすれば、「時間的に後に来る訳語をこそより重視すべきであるとのヴェーバーの主張」(一〇六―二六七)を「反証」でき、そうできれば「アポリア回避のためのヴェーバーの立論」(一〇六、二六七―八)も崩れる、と思い込んで怪しまないからであろう。

ところが、ヴェーバーは、『箴言』二二章二九節と『シラ』一一章二〇、二一節とを、意味上同義・等価と想定して、ただ「時間的に後に来る訳語をこそより重視すべきである」などと、荒唐無稽なことを主張したためしはないし、だいたい(「意味」のカテゴリーを彫琢して歴史・社会科学に持ち込んだ)かれが、そんなことを考えるわけがない。そういう憶説はもっぱら、ルターによる語義創始をなにかビリアード玉の跳ね返り衝突であるかに解し、ヴェーバーが『箴言』句を引き合いに出す方法上の意味にも思いいたらない、没意味文献学徒の脳裏にのみ宿る迷妄であろう。それは、「末人」だけが(トレルチ、ブレンターノ、ロバートソン、ホルらを凌駕して)「われこそ最高段階に上り詰め

た」と思い込みたい一心から、徒労とは「知らぬが仏」で戯れられる「疑似アポリア」――いっそう正確には、フランクリン父子の calling がルターの Geschäft と語形一致しないという第一次「疑似アポリア」のうえに、「結論を前提とする petitio principii 論法」で、その「アポリアを回避するためには」とつぎつぎに虚構され、「まとめ」の形を借りてはヴェーバーに帰せられてきた派生態「疑似アポリア」群――の（羽入にのみ「世界で初めて」崇高深遠と感得されるらしい）オーラにほかならないであろう。

なぜ、誰かが、ここにいたるまえに――こうした徒労に駆り立てられ、あげくのはて満天下に恥をさらすまえに――「君が信じているのは『鰯の頭』なのだよ」と羽入に注意してやれなかったのか。あるいは、注意しても聞かずに「突っ走った」のか。それならどうして「博士」の学位を認定はしたのか。

そういうわけで、ここで羽入書前半にかんする批判的検証を終えるにあたり、またしても、これほどの「博士」を育て、世に送り出した旧名門研究室（東京大学大学院人文・社会系研究科倫理学専攻）の責任を問わざるをえないことになる。

第七章　「歴史的個性体」としての理念型構成
――「資本主義の精神」におけるエートス・功利的傾向・職業義務

はじめに

羽入書第三章「フランクリンの『自伝』をめぐる資料操作――『理念型』への固執――」は、左記の六節から構成されている。

第一節　フランクリンの功利的傾向
第二節　「神の啓示」の謎（1）
第三節　「神の啓示」の謎（2）
第四節　フランクリンの倫理の非合理的超越
第五節　『自伝』におけるコンテキスト
第六節　倫理的観点から見た「資本主義の精神」の不成立

第一節で、羽入は、ヴェーバーが「フランクリンの功利的傾向」を「否認し」――「資本主義の精神」（以下「精神」）

の理念型から「斥け」――、その「論拠」として三点を挙示した、と主張する。すなわち、①『自伝』に表れたフランクリンの「正直な」性格（以下「論拠①」）、②徳の「有益性」という観念を神の「啓示」に帰している事実（「論拠②」）、③貨幣増殖を「最高善」として追求する姿勢の（現世の幸福／快楽／利益にたいする）非合理的超越（「論拠③」）、の三つである。羽入は、そのうえで、論拠①は「個人の好みの問題」にすぎず、学問的な議論の対象とはならない、として棚上げし（いずれにせよ、論拠として薄弱である、として棄却し）、②と③を取り上げて反論する。第二／三節では、論拠②にかんして、ヴェーバーのいう「啓示」が『自伝』を詮索しても検出されず、ヴェーバーが「フランクリンの功利的傾向」の「否認」を焦るあまり、テクストを「読み誤った」のであろうとする。第四節では、論拠③にかんして、フランクリンの営利追求に「非合理的超越」は認められないと主張する。第五節では、フランクリンが『自伝』中で『箴言』二二章二九節を引用した直後に「勤勉が富と名声を得る手段と心得た」と述べているくだりを捕らえて、「倫理性」を「否認」する言表と解し、③の非合理的超越説を「グロテスクなまでの暴論」と決めつける。第六節の結論では、ヴェーバーの三「論拠」をすべて「棄却」しえたとの想定のもとに、「精神」の「倫理性」とは、一方では『自伝』中の「啓示」の解釈を誤り、他方では『箴言』句引用のコンテクストを「恐らく意図的に無視し」（一九〇）て、捏造され、固執された虚構である、と断定する。そうしたうえで、「世間では普通、こうした作業を指して『でっち上げ』と言い、そうした作業をした人物を『詐欺師』と呼ぶ」（一九二）と宣告している。

そこで、以下、羽入書の叙述に内在して反論を加えよう。その趣旨は、羽入書第一／二章にたいする批判（本書第四、六章）のばあいとまったく同様である。そもそもヴェーバーは、フランクリンの説く「道徳的訓戒」の功利的傾向を、羽入のように「フランクリンの功利的傾向」と取り違えて「否認」したりはせず、「精神」の理念型（「歴史的個性体」としての「理念型複合」）に、いわば「第二要素」として取り入れている。しかも、この独特の「功利的傾向」を、「第一要素」として措定されたエートスの構造に根ざしながら、一人歩きしてエートス性を掘り崩しもする動的契機（いうなれば「鬼子」として押さえ、まさにそこから、いわば「第三要素」として、(「職業義務の思想」一般ではなく、『箴言』二二章二九節の引用に象徴され、ルターには「わざ誇り」「行為主義」として斥けられた）独特の「職業義務観」という対抗力を索出し、その「宗教的背景」を予示しつつも、まずは「精神」を、（一方に、当の職業義務観に由来するエートス性、他方に、功利的傾向という）互いに相対立する二傾向間の動的均衡として、捉え返している。こうした概念構成によって、「精神」総体から「倫理性」が薄れ、「功利的傾向」が優勢となって「純然たる功利主義」に解体する経緯を、それだけ動態的に、だが「固有法則性」に則った経過として捉え、これを規準に、中世末から現代にいたるヨーロッパ精神史の「理念型スケール」を構成している。

それにたいして、羽入はむしろ、「暫定的例示」手段のかぎりにおけるフランクリン文書への論及を、フランクリン総体を対象とする「固有の意味におけるフランクリン研究」と混同し、当のフランクリンの人物ないし人柄について「倫理的か、功利的か」の生硬な二者択一を振りかざし、「前者でなければ後者」と速断する形式論理に凝り固まるあまり、これを「ヴェーバー」に持ち込んで、ヴェーバーもまた（「倫理性」を救い出すために）功利的傾向を単純に「否認した」と早合点する。あとは、こうした彼我混濁の独り合点のうえに、「否認の三論拠」を虚構し、それらにこれまた（以下で論証するとおり）杜撰で恣意的な「反論」を加え、独善的な「結論」を引き出し、「ヴェーバー」を「詐欺師」と断罪するにいたる。

したがって、そうした羽入書第三章にたいする学問的批判は、ヴェーバーが「功利的傾向」を「否認した三論拠」という羽入の問題設定自体を「疑似問題」として暴露した『ヴェーバー学のすすめ』第二章第一節以下によって、基本的にはすでに完結しているといえる。問題そのものが「疑似問題」であってみれば、羽入がそれをめぐってどんなに奮闘しても、たかだか「ヴェーバー藁人形」を撃てるにすぎず、（ヴェーバーその人を「詐欺師」「犯罪者」として打倒しようという）所期の目的が達成されるわけはない。あるいは、「功利的傾向」の論点を、ヴェーバー自身におけるコンテクストから「抜き取り」、羽入の「疑似問題」のコンテクストに「移し入れ」、その間の「意味変換」によって捏造された虚説を、いかに論難してみても、虚空に響くだけで、当該論点に本来そなわっている意義は揺るがず、かえって論難者の姿を映し出すばかりであろう。そういうわけで、もうこれ以上、羽入書につきあう必要はない、といえばいえる。

しかし、そうした内在批判をとおして否応なく明るみに出てくる羽入の執筆＝虚説捏造動機を、第三章「虚説捏造と検証回避は考古学界だけか――『藤村事件』と『羽入事件』にかんする知識社会学的な一問題提起」で試みたように、ひとつの社会現象として、現代大衆教育社会における構造的諸要因の一帰結として、捉え返していくと、「疑似問題」をめぐる学問的には無価値な「疑似論議」も、「末人」特有の問題性を露呈しており、そうした問題を具体的に研究する格好のデータとして、新たな意義を取得する。すなわち、学問的業績の達成には欠くことのできない、地道な研鑽努力に耐えられず、耳目聳動的な「スタンド・プレー」で「大向こうを唸らせ」、一挙に学界の「寵児」「チャンピオン」に躍り出ようという「末人」流の動機が、「学問的批判」を装う叙述のなかに、どのように浸透し、そのじつ学問性を損ね、本人には半ば意識されないままに「みずから墓穴を掘っている」か、――そうした具体相を剔抉する「反面教材」データとして、羽入書の活用も可能なのである。そのようにして、本人の知的誠実性にもとづく自己批判と立ち直りを促すと同時に、同じ構造的圧力にさらされている羽入予備軍には、同じ轍を踏むまえにみずから軌道を修正するように、警告を発し、負の教訓を提供することができよう。また、羽入書が、一方では、東京大学大学院人文・社会系研究科倫理学専攻の指導教官／論文査読委員から、日本倫理学会の「和辻賞」選考委員まで、他方では、越智武臣のような「歴史家」から、加藤寛／竹内靖雄／中西輝政／山折哲雄／養老孟司／江口克彦ら「山本七平賞」選考委員にいたるまでの評論家を、なぜかくも容易に誤らせることができたか、――羽入書側の「手法」を明らかにし、評者側の評価能力不備も具体的に剔出し、双方の学問的責任を明確にする必要があろう。そうすることによって初めて、学問的業績にかかわる全社会的な評価システムの攪乱と価値規準の「下降平準化」傾向に暫し歯止めをかけ、責任性回復へのよすがとすることもできよう。そういうわけで、一見「屋上屋を架す」「無用の縷説」と思われるであろうが、羽入流の「疑似問題」設定そのものばかりか、そのうえに立つ「疑似論議」「似而非論証」の中身にも、内在批判を延長し、虚説捏造の「手法」を明らかにしていくことが、避けて通れない課題となる。

以下、本章第一～一二節は羽入書第三章第一節、第一三～二〇節は同第二節、第二一～二八節は同第三節、第二九～三一節は同第四節、第三二～三七節は同第五節、第三八節は同第六節、それぞれの批判に当てられている。

第一節　「精神」の理念型と「功利的傾向」

羽入書第一節で、羽入は、ヴェーバーが、『資本主義の精神』の理念型を定式化したそのすぐ直後［sic］の部分で」（一四〇）、「精神」の「倫理的性格」を強調したあと、「初めて……フランクリンの『自伝』に向かい」（一四一）、「フランクリンの道徳的訓戒がすべて alle moralischen Vorhaltungen 功利的傾向を帯びている」[1]事実を認めている、といったんは認める。ところが羽入は、ここで早くも、「功利的傾向」の担い手、あるいはそうした傾向を帯びているとして特徴づけられる対象を、「道徳的訓戒のすべて」から、丸ごとのフランクリンにすり替え、「こうしたフランクリンの極めて現実主義的で露骨な功利的傾向は、先ほどヴェーバーによってエートスと呼ばれるほどまでに特有の倫理的色彩を帯びたものとして構成された『資本主義の精神』の理念型とは鋭く相反し合うものと思われる」（一四二）と述べたうえ、そうした印象をヴェーバーに押しおよぼし、つぎのように推断する。

「ヴェーバーの構成した『資本主義の精神』にとって厄介なのはフランクリンの非常に現実主義的な功利的傾向であ

った。問題はいかなる論拠を用いて、彼がフランクリンの功利的傾向を、いったん構成した『資本主義の精神』の理念型を脅かすほどのものではないとしてしりぞけているかである」（一四三）と。

ここから羽入は、当の「論拠」として三点（「論拠①②③」）を挙げ、「反論」を加え、「論拠を奪う」ことで、ヴェーバーは「理由なく」「フランクリンの非常に現実主義的な功利的傾向」を「否認」し、（顕著に「倫理的性格」を帯びたものとして）すでに「構成」し「定式化」していた「精神」の「理念型」に「固執した」との「結論」に持ち込み、そうした「資料操作」で読者を欺く「詐欺師」「犯罪者」である、との断罪をくだそうとするのである。

さて、右記の行論からただちに読み取れるのは、羽入が、ヴェーバーは「精神」の理念型を定式化した後で、それとは別個のものとして、「フランクリンの非常に現実主義的な功利的傾向」問題の処理に当たり、（羽入の判断では）これが「精神」の理念型を「脅かすほど」「厄介」であるにもかかわらず、（ヴェーバーは）そうでないと強弁し、それを「斥けようとし」て三「論拠」を挙げた、と解している事実である。しかし、はたしてそうか。では、ヴェーバーは、「精神」の「理念型」を、どこで、どのように、いかなる内容のものとして構成／定式化し、「功利的傾向」問題に転じたのか。「すぐ直前［sic］の部分」とはどこか。そのばあい、「理念型」とは、いかなる概念と解されているのか。「要素的理念型の複合」としての「歴史的個性体」概念のことか、それとも、当の「複合」に編入される一「要素」を指しているのか。

じつは、ヴェーバーは、「倫理性ないしエートス性」と「功利的傾向」とを、（それぞれを別個に取り出してみれば）形式論理上は「相反する」性質であるとしても、双方をあえて切り離さず、「歴史的個性体」としての「精神」に内属する対抗要素として、「精神」を双方の動的均衡において捉えていたのではないか。そうしてこそ、「理念型」が、動態把握の思考法として活かせるのではないか。こうした疑問がつぎつぎに浮ぶと同時に、羽入が「倫理」論文の読解にとって基本的に重要な、こうした疑問点のひとつひとつに、自分の主観的印象を散発的に投げつけるばかりで、（かれの印象を共有しない他者にも通じる）普遍妥当性をそなえた概念規定をもって答えていない——羽入の論述は全体として、無概念印象批評の域を出ない——という事実に否応なく気づかされる。(2)

第二節　「精神」の理念型は、どこでいかに構成されるか——羽入の「完了」はじつは端緒

ではまず、ヴェーバーによる「精神」の理念型は、どこで構成されているのか。これについて羽入は、『倫理』論文・第一章・第二節冒頭」（一三九）と述べるのみで、「冒頭」とはどの範囲をいうのか、その位置を正確に特定していない。しかし、その「素材として、フランクリンの『自伝』は……使われてい」ず、「使われているのは、フランクリンによる二つの文章、『若き職人への助言』（……）と『富まんとする者への私信』（……）のみである」（一三九）と述べていること、また、「すぐ直後［sic］で」「資本主義の精神のもつ倫理的性格を……強調している」（一四〇）として、第五段落（第一章第二節の冒頭から数えて第五番目の段落、以下同様）中程からの改訂増補部分（内容としては、「暫定的例示」としての二文書抜粋で説かれている「道徳的訓戒」が、「処世術」ではなく、「倫理」それも「エートス」である旨を述べている箇所）を引用していることからも、羽入が、第五段落の前半で「精神」の理念型構成ないし定式化がすでになされた、と見ていることが分かる。

この点はまた、羽入が、羽入書第二章で、「ヴェーバーがフランクリンの二つの文章から『資本主義の精神』の理念型を構成した時点では、まだ『職業義務の思想』は『資本主義の精神』の内には含まれてはいなかった。そこでの『資本主義の精神』の定義にしたがえば、『自分の資本』……を大きくすることへの関心」……は、確かに『自己目的』としてはみなされていたものの、いまだ『職業義務』としてはみなされてはいなかった」（六六）と述べ、テクスト読解としては杜撰であるが(3)、当該「時点」は事実上特定しているところからも、傍証されよう。

しかし、はたして羽入のいうとおり、ふたつの文章の引用（第四段落）と、（概念上「処世術」と「倫理」、「倫理」と「エートス」とを区別して）「精神」を「エートス」と規定している改訂増補文との間に挟まれた数行（第五段落前半）で、すでに「精神」の理念型が構成され、定式化されている、といえるであろうか。むしろ、そうした捉え方にはかえって、「理念型」理解の不備が露呈されているのではあるまいか。念のため、当該箇所の原文を邦訳して引用すると、つぎのとおりである。

「以上の文章は、フェルディナント・キュルンベルガーが、才知と悪意を散りばめた『アメリカ文化の姿』のなかで、ヤンキー主義のいわば信仰告白と呼んで嘲っているのと同じものであるが、ここでわれわれに説教している主こそ、じつは**ベンジャミン・フランクリン**なのである。ここに特徴ある語り口で語り出されているのが『資本主義の精神』であることは、たとえこの『資本主義の精神』という言葉で理解される〔諸要素の〕**すべて**が含まれているとまでは主張できないとしても、なんぴとも疑いをさし挟まないであろう。キュルンベルガーの『アメリカにうんざりした男』は、そこに語り出されている処世知を『牛からは脂をつくり、人間からは貨幣をつくる』と要約している。そこで、われわれとしても、この箇所にいましばらくとどま〔り、そこに表明されている意味内容を詮索してみ〕るとしよう Verweilen wir noch etwas bei dieser Stelle, deren Lebensweisheit Kürnbergers »Amerikamüder« dahin zusammenfaßt: »Aus Rindern macht man Talg, aus Menschen Geld«。とすると、この『吝嗇の哲学』に顕著な特徴が、信用の置ける**紳士** der kreditwürdige *Ehrenmann* という理想、またとくに、自分の資本を増加させることへの利害関心が各人にとって自己目的であるという前提のうえに、そうした利害関心に向けて各人を**義務づける** *Verpflichtung* 思想にある、ということが分かる。(4)」

さて、この叙述は、二文書の趣旨をそのかぎりで要約し、概念的加工の緒につく起点をなしてはいる。しかし、理念型の「構成」、「定式化」あるいは「定義」を終え、つぎの別種の——つまり、構成ずみの理念型を翻って適用し、対象とされるフランクリンの特性を記述する――方法的操作に移る「すぐ直前［sic.］」といえるであろうか。むしろ、著者ヴェーバーは、「暫定的例示 provisorische Veranschaulichung」のために引用した先行第四段落のフランクリン二文書抜粋を読んだ読者が、そこからたとえば「一途な金儲け根性」「がめつい金儲け心得」としてであれ、ともかくも「資本主義の精神」と呼べる意味内容を「直観的 anschaulich」に読み取ってくれたかどうか――「暫定的例示」が、そのかぎられた目的を達成したかどうか――と問い、ひとまず共通の確認がえられたと見て、こんどは「直観」された当の意味内容の概念的加工に転じ、一歩一歩「精神」の理念型を構成していこうとし、（ばあいによっては、その途上で、当初の「例示」からは漏れている要素も索出し、拾い上げ、概念的に規定して、内包を「拡充」していこうとの予想のもとに）第一歩を踏み出した、というべきではないか。そして、キュルンベルガーと同様、アメリカニズムに「吝嗇」「金儲け主義」（と、ゆえあって「偽善」と）を嗅ぎつけやすいドイツ人読者を主として念頭に置き、その「神経を逆撫でする」方向で、したがって論理的／概念的にはそれだけ慎重に、当の「金儲け主義」の「金儲け」が、確かに「金儲け」にはちがいないとしても、それ自体が（ということは、「金儲け」にも携わる一個人フランクリン総体が、というのではなく）、なにか「反道徳的」な活動として卑しめられるのではなく、かえって「義務づけ」られた「道徳的営為」として、「定言的命令」によって「要請」されている（と感得され、熱っぽい説教の信条ともされている）事実――「金儲け」と「倫理」との、この驚くべき「選択的親和関係」――の直視を迫り、この関係をこそ、解きほぐしにかかっているのではあるまいか。

第三節　問題は「人物」ではなく「経済活動そのもの」の意味づけ——類例比較をとおして例証

初版の叙述は、このあとただちに、ヤーコプ・フッガーという類例との比較に移る（第六段落）。というのも、そうした類例比較は、フランクリン文書の標語のひとつ「時は金なり」の警句どおりに「生涯を金儲けに捧げた」——その点にかぎってはフランクリン説教の信条にかない、共通の基礎のうえに比較が可能となる——ヤーコプ・フッガーが、一個人としては慈善事業に私財を投ずる「倫理性」の持ち主であったにもかかわらず、「金儲け」そのものは、カトリックの教えにしたがい、たとえば慈善事業への出費（資本蓄積からの逃避）によって償われるべき「反道徳的」もしくは「道徳外の」活動と心得ていた、という対照的事実を、鮮やかに浮き彫りにするからである。そのようにして、ヴェーバーは、双方の「倫理」の歴史的特性を交互の対比において鋭く把握し、古今東西の「資本主義」に普遍的なフッガー流の「冒険商人気質」にたいして、フランクリンのエートスを西洋近代に特有の「経済倫理ないし志操」として位置づけると同時に、問題そのものが、フランクリンもしくはフッガーの人物／人柄を研究対象に据え、それがなにか丸ごと「倫理的」か「功利的」かを、（かりにそうであれば最重要な）「原典」としての『自伝』に依拠して判定する、というような位相にはなく、「金儲け」活動そのものの意味づけにあることを、このうえなく明瞭に例証しているのである。

この論点は、「倫理」論文中、羽入も視野に入れて読んではいる数少ない段落と段落との間に位置を占め、右記のとおり、ヴェーバーによる問題設定の焦点の所在を明示する位置価を帯びている。ところが、羽入は、なぜかこの論点には止目せず、論及もしない。この事実も、偶然の読み落としではなく、かれの「フランクリン丸ごと功利的」の思い込みが、「価値自由」に制御されない先入主／固定観念となって、かれのテクスト読解を杜撰／皮相に流れさせている事情、また、かれが（ちょうど第二章でも、類例比較としての『箴言』二二章二九節引用の意味を読み取れず、「時間的前後関係」という疑似問題にのめり込んだように）ここでもフッガーとの類例比較の方法的意味に無頓着で、当の位置価を読み取ろうにも、そのカテゴリーをそなえていない実情を、問わず語りに語り出しているのではあるまいか。

第四節　改訂時増補の意味――「類的理念型」の導入による明晰な補完

さて、改訂時には、第五段落の「義務づける思想」という規定のあと、つぎの第六段落でフッガーとの類例比較に入るまえに、数行が増補され、一見あたかもそこで、すでに概念的定義がくだされているかのような印象を受ける。しかし、はたしてそうか。そのばあいの「概念」とは、いかなる概念なのか。

なるほど、そこでは、キュルンベルガーのいう「処世知 Lebensweisheit」につき、まずは「処世術 Lebenstechnik」と「倫理 Ethik」とが、概念上区別され、社会科学的に定式化される。「処世術」も「倫理」も、一定の行為を推奨ないし指令するルール（準則）であることに変わりはないが、当のルールに違反したばあいに被る社会的反作用の質が、対照的に異なる。前者では、違反により（違反から自然必然的に生ずると予期されていた）不利益を被ること（たとえば「衛生上の禁止条項」を破って「病気」になること）が「愚鈍」として嘲笑されるだけであるのにたいして、後者では、違反それ自体が、「当然なすべきこと（義務）」の侵害ないし忘却として「一種独特の sui generis」非難を浴び、重大なばあいには組織的な「制裁」の対象とされる。「倫理」準則のばあい、違反者は、当の違反自体から自然必然的に不利益を被ることはないが、人為的・社会的な「非難」ないし「制裁」を受け、これがかれの被る主たる「不利益」となる。こうした「類的理念型 gattungsmäßige Idealtypen」としての概念規定によって、「倫理」が、「規範学Dogmatik」から「経験科学empirische Wissenschaft」の平面に移される。すなわち、「規範的倫理学」においては「当為としての妥当性」を問われる「規範Norm」が、この種の観察可能なメルクマールによって特定される行為「準則Maxime〔格率〕」に意味変換され、「価値自由」な経験科学的／歴史・社会科学的観察と因果的説明の対象に据えられるのである。この概念標識に照らして、先の二文でフランクリンによって説かれていた意味内容が、「処世術」であるばかりでなく、その域をこえて、まさにこの意味の「倫理」であることが、概念上いっそう明瞭に再確認され、(5)以下で、経験科学的／歴史・社会科学的研究の対象として議論されることになる。

つぎに、そうした区別のうえで、こんどは「倫理」と「エートスEthos」とが区別される。すなわち、当の「倫理」が行為主体にいわば「浸透」している度合いについて、なお「規範」の性格をとどめ、行為主体を「外から」拘束する段階から、行為「準則」になりきって、「内から」無意識のうちにもじっさいに行為を規定していく段階まで、スペクトル状の流動的／漸移的相互移行関係を考え、後者の極を「エートス」と名づけ、個々の行為をそのつど両対極間に位置づけるスケールにしつらえて、経験科学的／歴史・社会科学的研究に活用しようというのである。こうした「類的理念型」のひとつとして、「倫理」と「エートス」との区別を適用すれば、フランクリンの二文書抜粋によって例示される「倫理」は、そのうち「エートス」に至近の位相にあるといえよう。この点は、本章後段で、羽入の望むとおり、フランクリンの『自伝』にも立ち入って、立証されよう。

さて、こうした概念は、それ自体確かに、規範学としての倫理学を、経験科学／倫理科学に組み換える概念媒体として、基礎的な意義をそなえている。しかし、「倫理」論文における当面の論理展開においては、初版の第五段落末尾にある「義務づけ」という規定では不十分と見ての補足にすぎない。「類的理念型」概念の援用によって「エートス」という明快な規定が与えられたからといって、それで「精神」の理念型構成そのものが完了するわけではない。方法上は、「歴史的個性体」としての「精神」概念を一歩一歩構成していく途上における——しかも、その第一歩を踏み出したばかりの階梯における――「類的理念型」の援用による概念規定の補完、いっそうの明晰化措置、というふうに位置づけられよう。「歴史的個性体」としての「精神」という「理念型複合」としては、せいぜいその「第一要素」が把握され、(改訂稿では「類的理念型」を導入して) 概念上いっそう明晰に規定されたにすぎない。

第五節　「精神」につき構成が目指される「理念型」は、「歴史的個性体」である

　ところが、そうするとこのあたりで、いうところの「理念型」とは、いかなる概念か、それがはたして「歴史的個性体 historisches Individuum」なのか、そうとすれば、それは、どういう手順を踏んで構成されるのか、といった問題が提起されよう。ヴェーバーの「理念型」が、厄介な多義性を帯びている問題で、議論が絶えないことを思えば、その規定次第では、ひょっとして羽入の「完了説」に妥当性が回復されないともかぎらない。そこで、ヴェーバーが、「倫理」論文のほかならぬこの箇所で、「理念型」をいかに捉え、どのように構成するつもりでいたかにつき、「暫定的例示」の二文に先行する、この節の文字通り冒頭（第一～三段落）に遡って、かれの方法論的覚書に当たり、その点を確認しておくとしよう。

「この研究の表題には、『資本主義の**精神**』というなにかいわくあり気な概念が使われている。この呼称のもとに、なにが理解されるべきなのか。これに『定義』ともいうべきものを与えようとすると、われわれはただちに、われわれの研究目的の本質に根ざすある種の困難に直面する。

　およそこうした呼称がなんらかの意味をもちうるような、そうした対象が見出せるとすれば、それはもっぱら、ひとつの『**歴史的個性体**』であるよりほかはない。すなわち、歴史的現実のなかにある諸連関を、われわれがその**文化**

意義という観点から概念上ひとつの全体へと組み合わせてえられる、そうした諸連関の一複合体、でなければならない。

ところで、そうした歴史的概念は、内容上、個別の**特性**において意義のある現象にかかわるから、『直近の類、種差 genus proximum, differentia specifica』の図式にしたがって定義する（ドイツ語でいえば限定する abgrenzen）というわけにはいかず、歴史的現実のなかから取り出される個々の構成諸要素を用いて漸次**組み立て**られなければならない。したがって、その究極の概念的把握は、研究に先立ってではなく、むしろ**結末**においてえられるべきものである。いいかえれば、ここでわれわれが『資本主義の「精神」として理解しているものの、最良の――ということはつまり、ここでわれわれの関心を引く観点にもっともよく適合した――定式化は、その究明をへて初めて、しかもその主要な成果として提示することができる。［ここで採用する観点が、『精神』を問題とする唯一可能な観点であるというのではなく、観点を異にすれば、また別の側面が『知るに値する』本質的な特徴として把握されよう。］……

それにもかかわらず、ここで分析と歴史的説明の対象とされるものがなんであるか、あらかじめ確定しようとすれば、できることは、ここで資本主義の『精神』と呼ばれているものにかんする概念的定義ではなく、さしあたりはせいぜい、その暫定的例示にすぎない。そうした例示は確かに、研究の対象にかんする［事前］了解をえるためには欠かせない。そこでわれわれは、そうした目的のために、問題の『精神』を物語っている一文書を取り上げ、分析と歴史的説明の手がかりとしよう。この文書は、ここでさしあたり問題とされるものを、ほとんど古典的といえるくらい純粋に含んでいるばかりか、宗教的なものとの直接の関係を**ことごとく**失っているために、［『精神』と宗教との関係を問う］われわれの主題にとっては『予断が入らない voraussetzungslos』という長所をそなえている。[6]」

ここに明言されているとおり、ヴェーバーはこの第一章第二節で、「暫定的例示」として引用される二文書を手がかりに、「歴史的個性体」としての「精神」の理念型を、「歴史的現実のなかから取り出される個々の構成諸要素を用いて、漸次**組み立てて** aus seinen einzelnen der geschichtlichen Wirklichkeit zu entnehmenden Bestandteilen allmählich *komponieren*」いこうとしている。なるほど、「その究極の概念的把握」は、「結末」において、「禁欲的プロテスタンティズムの倫理」との「意味（因果）連関」が「歴史的に説明され」て初めて達成されるとしても、当の「意味（因果）連関」を問われるべき「被説明項」として「精神」の「歴史的個性体」概念が構成され、定義されるまでには、「暫定的例示」からの長い道のりが予想されよう。じっさい、はるか後段（第一四段落末尾）で、「先にベンジャミン・フランクリンの例について見たようなやり方で、正当な利潤を**職業として** *berufsmäßig* 組織的かつ合理的に追求する志操を、ここで暫定的に『（近代）資本主義の精神』と名づける」(7)という定義風の定式化に出会うが、そこでは「正当な利潤の組織的かつ合理的な追求」を促し、正当化する「独特の職業観」との結合という核心が、羽入も第二章で注目していたとおり「含み込まれて」いる。ところが、羽入が「精神」の理念型がすでに構成されたとみる第五段落では、まだこの核心が欠けており、「歴史的個性体」概念の構成は、まだ途上にある、というほかはない。

それにもかかわらず、羽入は、歴史的現実の複雑/多様性に照らして紆余曲折に富む「個々の構成要素からの漸次組み立て」の行程を、「第一歩」のところで恣意的に切断し、「倫理性」（「第一要素」）を実体化して、同じく（羽入によって）実体化された「功利的傾向」（「第二要素」）と、「あれか、これか」の形式論理的・二者択一的対立関係に組み入れてしまう。そうすることによって、議論を、ヴェーバーが後者を「否認」し「斥け」て前者「倫理性」に「固執」した、という羽入の筋書きに持ち込み、ヴェーバーはそれ以降の理念型構成を「断念」すべきであったのに、「固執」を正当化する「資料操作」によって読者を「欺いた」と称し、ヴェーバーを「詐欺師」「犯罪者」に仕立てようとする。羽入は、そういう（おそらくは「初めに目的ありき」の）「似而非論証」に向けて、「疑似論議」街道をひた走る。

第六節　道徳的訓戒の「第二要素」・功利的傾向——「精神」エートスの「鬼子」

さて、ヴェーバーは、フッガーとの類例比較のあと、（改訂稿では）当のエートスが、近代資本主義（じつは近代文化一般）に独自の歴史的特性をなす旨を、「倫理」論文初版以降における比較宗教社会学研究の成果を集約する形で示し、そのあと第七段落で、「歴史的個性体」構成のつぎのステップに移っている。ところで、羽入は、その箇所について、「エートスと呼ばれるほどに、『**倫理的**色彩を帯びた生活原理……』（……）という性格を持ったものとして構成されたこの『資本主義の精神』の理念型を手にして、いまや初めてヴェーバーはフランクリンの『自伝』へと向かい、そこで、当の理念型「に一致しないものの中でも最も問題であると思われる」、『偽善"Heuchelei"』（……）ともみなされかねぬまでのフランクリンの『功利的傾向』（一四一）に直面し、「ヴェーバー自身そのことを次のように認める」（一四二）として、（羽入のコメントをさし挟みながら）第七段落の途中までを、ほぼ全文引用している。しかしそこで、ヴェーバー自身は、こう書き出している。

「とはいえ、フランクリンの道徳的訓戒は全て功利的傾向を帯びている utilitarisch gewendet。つまり、正直は信用をもたらすから**有益**である、時間厳守や勤勉や節約も同様で、**だから**［有益であるから］**こそ**、それらは善徳なの**である**。——ここからはとりわけ、つぎのような帰結も生ずるであろう。すなわち、たとえば正直の**外観**が同一の効果を生むばあいには、外観だけで十分であって、そうした徳目を（効果には）必要ないまでに遵守するとすれば、それはフランクリンの目には、非生産的な浪費として、非難すべきものと映るにちがいない。」（一四二）

羽入は、この叙述をなにか、ヴェーバーが、前段で構成された理念型を「手にして」、ここでこんどは一個人フランクリン総体を対象とする『自伝』研究に転じ、「フランクリンの極めて現実主義的で露骨な功利的傾向」に直面して、ひとまずは明記せざるをえなかった、かのように解している。しかし、この引用冒頭の文章の主語は、フランクリンではなく「道徳的訓戒」(複数)である。そして、引用文中でその具体例として挙示されている「正直」「几帳面」「勤勉」「節約」とは、「暫定的例示」に引用された二文書において、フランクリンが(他人の「信用」をえ、遊休金を借りて運用し、「金銭上の成功 monetary success」に到達するために遵守すべき)徳目として説いていたものである。

ここで、かの二文書をもういちど、こんどは引用者ヴェーバーが施した強調(隔字体)に注意して読み返してみると、印象が変わり、たとえば「正直」であること自体と同時に、他人から「正直」と見られること(「正直の外観」)とがふたつながら重要であると説かれていたことに気がつく。あるいは、この「二重性」に、改めて注意を惹かれる。つまり、フランクリンの説く「道徳的訓戒」においては、「事実どうであるか」といういわば「使用価値」視点と、「他人からどう見られるか」という「交換価値」視点とが、微妙に均衡を保っているのである。

そこで、ヴェーバーは、「暫定的例示」の二文書から、前段でまずは「エートス」の側面を、「第一理念型」あるいは(「歴史的個性体」としての「理念型複合」の)「第一要素」として一面的に抽出したうえで、そのさいにも留保して気遣っていたとおり、まさに意図して一面的な抽象をなしたがゆえに抽出から漏れた諸要素を、ふたたび二文書に戻って検索しなおし、当の「道徳的訓戒」が、これまた驚くべきことに、一見背反する――こちらも一面的につきつめれば「偽善」にいたって「悪徳」に反転し、「反対物」に転化する――「功利的傾向」を帯びている事実に注目し、同じく意図して一面的に鋭く定式化するのである。したがって、ヴェーバーの叙述は、羽入が自分の主観的印象に頼って無概念のまま決めてかかっているように、第六段落までは理念型構成であったが、ここでその適用による「フランクリン研究」に転じ、人物研究にとっては最重要な『自伝』に向かったため、初めて「厄介」な「功利的傾向」に直面してうろたえ、「すでに構成されている当初の理念型に固執」して「功利的傾向」の「棄却を焦った」というような代物ではなく、前段と同一の例示素材から(「歴史的個性体」として)「精神」の理念型を構成する、その第一ステップから第二ステップへ、当の第二要素の定式化へと、予告どおり整然と進んでいるだけである。ここでいったん二文書の

「道徳的訓戒」に戻り、それを吟味しなおして、前段の集約には漏れた、「精神」の他の要素を拾い出して定式化しているのである。「他の要素」といっても、互いに無関係な二要素が併存／並立しているというのではない。「正直」「几帳面」「勤勉」「節約」といった徳目が、「貨幣増殖―信用―（そのために有益な）徳目」という系列に編入されているために、効果としての（第一次的には）「信用」、（「信用」を介して最終的には）「貨幣増殖」に力点が移動し、キルケゴールのいうとおり「結果」に気を取られて「他領域（キルケゴールにとっては「非倫理」）に転移(8)」する傾向を免れがたい。そうなると、徳目遵守が、それ自体の「固有価値」に即した「自己目的」ではなくて、もっぱら「信用」をかちえる――「価値」ある「目的」を達成する――「手段」と見なされ、そのかぎりで等価であれば「外観」「見せかけ」「ポーズ」で代替できるばかりか、このほうがいわば「倫理的エネルギー」の支出（「価値合理的」硬直性維持の緊張）が少なくてすみ、いっそう「目的合理的」である、ということにもなる。つまり、こうした「功利的傾向」は、エートスの構造そのものに根ざし、「転移」につれ、反転して「倫理」性を掘り崩して「偽善」を生む「鬼子」ともいえよう。

第七節　「功利的傾向」の証拠（ⓐⓑ）と反対の二証拠（ⓒⓓ）――羽入は、ⓓをⓐと混同

そこで、ヴェーバーはいまや、確かに初めて『自伝』を援用して、こういう。「じっさい、フランクリンの自伝をひもといて、かれがあの［右記、正直などの］善徳の実践に『改信』した物語や、ましてやかれが、控え目の**外観**や、自分の功績を故意に隠しておく**外観**を堅持することは、社会一般に認められるのに役に立つ、と説いているくだりを読む人は、必ずやつぎの結論に達するにちがいない。すなわち、フランクリンによれば、そうした善徳やその他あらゆる

善徳はもっぱら、各人にとってじっさいに有益 nützlich であるかぎりにおいて、善徳であるにすぎず、たんなる外観が同一の効果を生むばあいには、当の外観で代用すれば十分ということになる。これは、厳密な意味における功利主義にとってはじっさいに避けがたい帰結である。ドイツ人が通例アメリカニズムの善徳について『偽善』と感ずるものの正体が、ここで鮮やかに看破されたともいえそうである。(9)」

このようにヴェーバーは、「功利的傾向」の証拠として、ⓐ善徳実践への「改信 Bekehrung」物語と、ⓑ「控えめの狡智」の勧告（たとえば図書館創設などの事業を立ち上げるさい、「発起人」として表に出ようとはせず、「裏方」に止まったほうが、相棒の「妬み」を買わずに事業が円滑に進むし、やがては誰が真の功労者かも明るみに出てくるもので、いっときの自己抑制が十二分に報いられようという、確かに「功利的」な「処世知」勧告）を挙げる。

しかし、そのうえで、「ところが、ほんとうのところは、けっしてそれほど〔ドイツ人の先入観で割り切れるほど〕単純ではない」と反論に転じ、こんどは「功利的傾向」に収めきれない反対側面の証拠を、やはりふたつ挙げる。すなわち、ⓒ「ベンジャミン・フランクリンの自伝に、なんといっても世にも稀なほど正直に表白されている、かれ自身のキャラクター Benjamin Franklins eigener Charakter, wie er gerade in der immerhin seltenen Ehrlichkeit seiner Selbstbiographie zutage tritt」と、ⓓかれが善徳の「有益性」に思いいたった事態そのものを、そうすることによってかれに善をなさしめようとする神の啓示に帰しているという事情 der Umstand, daß er die Tatsache selbst, daß ihm die »Nützlichkeit« der Tugend aufgegangen sei, auf eine Offenbarung Gottes zurückführt, der ihn dadurch zur Tugend bestimmen wollte と、――このふたつである。そして、「ここ〔ⓒⓓ〕に示されているのは、なにはともあれ、ただひたすら自己〔利益〕中心の〔功利的〕準則に粉飾を凝らすこと以外のなにものかである(10)」とむすび、さらに、ⓔ貨幣増殖を「自己目的」とし「最高善」ともする〔禁欲的〕スタンスの（幸福主義や快楽主義にたいする）非合理的超越性、という議論に移っている。

さて、ヴェーバーはこのうち、証拠ⓓの典拠を、右記のとおり、ⓐ〜ⓒとは異なって、『自伝』とは特定していない。なるほど、この点は、かれのほうから、当の「事態」と「事情」をどこから読み取ったのか、その典拠を、追検証が可能なように明示しておくべきだったろう。しかし、この点をかれの手落ちと認めるとしても、学問的批判の手順としては、当の典拠を検索し、そのうえで是非を論ずるべきであろう。ところが、羽入は、(i)出典をいきなり『自伝』と決めてかかり、(ii)当の「啓示」を、なにか「突如として『神の啓示』がくだり、それに『打たれて』一八〇度の『回心』をとげる」といった「啓示による劇的回心体験」というふうに狭く解釈して、「キー・ワード」(一四六)としたうえ、(iii)当の「啓示」を、字面の類似から、意味上は正反対の「功利的傾向」の証拠ⓐにおける「改信」と混同している。こういう早合点による恣意的限定[(i)、(ii)]と混同[(iii)]のうえに、「劇的回心体験」を表示する字句を、もっぱら『自伝』中に捜し回り、それがどこにも見当たらない、ヴェーバーはなにを「読み誤った」のかと、例によって外形上の些事詮索と杜撰な推論を繰り広げる。

ところで、羽入は、そのようにして主観的にはヴェーバーを追い詰めようと奮闘しながら、そのじつ客観的には、せっかくヴェーバーも挙示してくれていた、「倫理性」への反対証拠＝(羽入の形式論理にとっては)「功利的傾向」の証拠ⓐを、「倫理性」の証拠ⓓのつもりで、みずから懸命に否認している。かりにヴェーバーが、羽入の主張どおり、「功利的傾向」を「否認」していたのだとしたら、羽入は、当の「功利的傾向」の一証拠をみずから否認することによって、ヴェーバーに加担し、ヴェーバーの主張をそれだけかえって補強していることになる。ところが、羽入は、こうして自分自身が陥っている論理的背反関係／自己矛盾に、自分ではまったく気がつかないらしい。さればこそ、自分の主張にみずから反証をつきつける「自己否定」「自殺行為」に、躍起になり、「成果」を勝ち誇れるのであろう。

ここには、他人を「拷問」(四)によっていわれなく「犯罪者」に仕立てようとする「検察ファッショ」流においては、ほかならぬ拷問具(羽入のばあい「文献学」じつは没意味文献学)への過信が仇となって論理的思考力が鈍り、他方、そうした弱み（没意味／弱論理）の補償／過補償のために翻って拷問その他の強権手段に頼りたがるという「悪循環」が、萌芽の形ではあれ、はっきりと姿を現している。恣意で論理を差し押さえる「知性領域におけるファッシズム」の、こうした「氷山の一角」を、負の教訓として深刻に受け止め、全社会的に広がるまえに、萌芽のうちに、自由な言論によって摘み取るべきではないか。そうするのが、当の「悪循環」を見抜ける専門家の責任／社会的責任ではないのか。ただ、本稿では、この問題そのものが、つぎの「論拠②」につき、羽入が見当違いの「拷問」じつは「自己否定」に奮闘する第二／三節に属しているので、当該二節における羽入の「疑似論議」を取り上げる後段まで、しばらく留保しておきたい。

第八節　自伝に正直に表白された「キャラクター」が、それ自体正直とはかぎらない

ここでさしあたり、第一節に属する問題として取り上げなければならないのは、「論拠①」にかかわる論点ⓒである。これを羽入は、「個人的な好みのレベルでの論拠に過ぎ」ず、「蓼食う虫も好き好きの諺にもある通り、個人の好みに関して学問的に論議することはできない」（二四四）といって棚上げしている。

しかし、この論点ⓒは、右記のとおり「ベンジャミン・フランクリンの自伝に、なんといっても世にも稀なほど正直に表白されている、かれ自身のキャラクター」の問題である。「フランクリン自身のキャラクター」と、それが「なにはともあれ世にも稀なほど正直に自伝に表白されている」こととは、なにはともあれ別のふたつのことで、自伝への表白が「正直」になされているからといって「フランクリン自身のキャラクター」そのものまでが丸ごと「正直」である、ということにはならない。ところが、邦訳では、「自伝に現われているベンジャミン・フランクリン自身の世

にも稀なる誠実な性格」（大塚訳、四七）、「自叙伝にあらわれているベンジャミン・フランクリンの性格が、とに角世にも稀な誠実の人であることを示している点」（梶山訳／安藤編、九四）という具合に、なにはともあれフランクリンに好意的に訳され、ヴェーバーがあたかも「フランクリンの性格」そのものについて「誠実」との倫理的価値判断をくだしているかのようにも読める。羽入はといえば、「自伝における正に何といっても珍しいまでの正直さで現われているようなフランクリン自身の性格」（一四二、一四三、一四四）と、三度まで正しく訳出して「いい線をいっているな」と思いきや、最後には「フランクリンの『自伝』に現われているフランクリンの性格を、正直とみなすべきか、あるいは、単なる偽善が余りにも開けっ広げで図々しいまでになっているためにまるで正直であるかのように見えるだけであるとみなすべきかは、個々人の好悪であって学問的には議論できない」（一四四）と述べ、やはり邦訳に引きずられたのか、「表現形式」と「キャラクターそのもの」との混同に陥り、ヴェーバーの命題を「倫理的価値判断」と解して、議論を打ち切っている。どうやら「単なる偽善が余りにも開けっ広げで図々しいまでになっているためにまるで正直であるかのように見えるだけである」というのが、おそらくは羽入流印象批評の眼目で、そう主張したいところなのであろう。それならそれで、主観的価値判断を込めた評言を散発的に振りまくことは止め、「そうみなすべきか」どうかではなく、「そう見なせる」のだと、正々堂々と論じればよいではないか。規範学としての倫理学の経験科学／歴史・社会科学への組み換えを前提に据え、ヴェーバーと同じく、『自伝』からの「暫定的例示」と「直観内容の概念的加工」によって積極的に対立命題を提起し、ヴェーバーの命題に対置し、学問的論議に委ねて、理非曲直を争うべきではないのか。

第九節　「十三徳樹立」の実践的企てにおいて「倫理とエートスとの乖離」問題に直面

さて、この論点ⓒにかんするヴェーバーの表記自体は、確かに抽象的で、舌足らずの観を免れない。フランクリンの『自伝』が、よきにつけ（後述）悪しきにつけ[11]相対的には「開けっ広げ」で「率直」なことは、大方首肯されるところであろうが、そのように「率直」に語り出されている「キャラクター」のうち、なにが「価値関係」上「有意味な関連にある relevant」といえるのか。この点について論旨の補足が許されるとすれば、注目されるのはやはり、一七三一年、フランクリン二五歳のころ、「完徳 moral perfection」の域に到達しようと決意し、「十三徳樹立」のため「自己審査手帳」をつくって努力したという事実（そこに現われた「フランクリン自身のキャラクター」）であろう。その動機について、かれは『自伝』で、つぎのように語っている。

「わたしは、いかなる時にも過ちを犯さずに生活し、生まれながらの性癖や習慣や交遊のために陥りがちな過ちは、ことごとく克服してしまいたいと思った。自分はなにが善でなにが悪かは分かっている、あるいは分かっていると思うから、つねに善をなし、悪を避けることができないわけはあるまいと考えたのである。しかしやがて、わたしは思ったよりずっと困難な仕事に手をつけたことに気がついた。なにかある過ちに陥らないように用心していると、思いもよらず、他の過ちを犯すことがよくあったし、うっかりしていると習慣がつけ込んでくるし、性癖のほうが強くて理性ではおさえつけられないこともちょくちょくある始末だった。そこでわたしは、とうとうつぎのような結論に達した。完全に道徳を守ることは、同時に自分の利益でもあるというような、たんに理論上の信念だけでは the mere speculative conviction that it was our interest to be completely virtuous, 過失を防ぐことはとうていできない。確実に、不変に、つねに正道を踏んで違わぬという自信を少しでもえるためには、まずそれに反する習慣を打破し、良い習慣を創ってこれをしっかり身につけなければならないというのである。[12]」

フランクリンはこのように、自分の「生き方 Lebensführung」「実践的態度 Habitus」ないしは「人格 Persönlichkeit」を全体として捉え、その「道徳的完成」をあたかも自己目的とするかのように、「自己審査手帳」という独自の方法を編み出し、日々個々の過失と闘って克服していくいわば積み上げ方式で、自分の「キャラクター」をみずから制御――道徳的に組織化・合理化――していこうとくわだてた。まさにそれゆえ、規範としての「倫理」と実践としての「エートス」との乖離というこの領域に固有の困難に直面し、さればこそ「完徳が利益でもある」という功利的な「理論上の信念」の限界も悟って、「十三徳」を「習慣」つまり「エートス」として「しっかり身につけ」ようとしたのである。つまり、こうしたくわだてと努力には確かに、「なにはともあれ、ただひたすら自己〔利益〕中心の〔功利的〕準則に粉飾を凝らすこと以外のなにものか」[13]が現われている、といえよう。いずれにせよ、「外観の代用で十分」とする「純然たる功利主義」からは、フランクリンのこうした「完徳のくわだて」は、途方もない「心的エネルギーの浪費」と見られ、捨てて顧みられなかったであろう。

第一〇節　「目的合理的」利益追求の限界と「神の恵み」の要請

もとより、フランクリンが、「完徳」を目指す「目的合理的」努力の結果、めでたく「目的」を達成し、「完徳」の域に達したというのではない。かれ自身も、「大体からいえば、わたしは自分が心から願った道徳的完成の域に達することはもちろん、その近くにいたることさえできなかった」と率直に認め、しかし「それでも努力したおかげで、そのような試みをしなかったばあいにくらべて人間もよくなり幸福にも a better and a happier man なった」、「この自伝を書いている数え年で七九歳になる今日まで、わたしがたえず幸福にしてこられたのは、神のみ恵みのほかに、このささやかな工夫をなしたためであるが、わたしの子孫たる者はよくこのことをわきまえてほしい[14]」と述懐し、同時に勧告している。

ここでフランクリンは、かれが幸福という利益を掌中に収めえたのは、完徳をめざす「ささやかな工夫」の結果であるとともに、「神のみ恵み」による、と明記している。とはいえ、こうした言及は、いきなり持ち出されたのでは、なにか「功利的信念」のイデオロギー的な粉飾ないし正当化ではないかと疑われもしよう。しかし、必ずしもそうとばかりはいいきれない。というのも、フランクリンは、「自己審査手帳」の冒頭に、五つの祈禱文を記し、毎日それを唱えて「完徳への道」を歩む励みにしたという。そのうち、かれ自身がつくった祈禱文は、つぎのようである。「おお、全能の神よ。恵み深き父よ。慈悲深き指導者よ。わがまことの道 my truest interest〔まことの利益〕を見出すかの知恵を増させたまえ。その知恵の指し示すことをなしとぐる決意を強めさせたまえ。われと同じく汝の子なるものにたいするわが心からのつとめを嘉したまえ。そは汝のたえざる恵みにたいしてわがなしうる唯一の報いなり[15]。」

つまり、フランクリンにとっては、なにが「わがまことの利益」であるかが、初めから分かっていて、その利益を目的として意識し、達成するために、徳目を遵守する——したがって、時には「徳目遵守の外観」で代用する——、というのではないらしい。「全能の神」が同時に「恵み深き父」「慈悲深き指導者」として立ち現われ、その「神は、徳をこそ嘉しめたまわめ He must delight in virtue、しかして神の嘉したまうもの、あに幸いならざらんや And that which he delight in must be happy」（アディソンの『カトー』から取った題句・第一祈禱文[16]）と信じられている。それゆえ、徳を実践することが、神の嘉したまうところとなり、人知をもってははかりがたい「全能の神」の采配のもとに初めて（「目的合理的」な利益追求の直接性においてではなく）、「わがまことの利益」が見出され、もたらされる、と考えられている。さればこそ、徳の実践－神の嘉納と采配－「わがまことの利益」の達成、という媒介関係を洞察する「知恵を増」し、「その知恵の指し示す」徳を、かの「完全に道徳を守ることは、同時に自分の利益でもあるというような、たんに理論上の信念だけ」ではいかんともなしがたい困難にもめげずに、なんとか「なしとぐる決意を強めさせたまえ」と、当の「知恵の泉」と目されている神にひたすら祈念する、ということにもなるのであろう。(17)

第一一節　フランクリンの「宗教性」――「予定説」を抜き去った「勧善懲悪神」

じっさい、フランクリン自身、この「十三徳樹立」にかんして、「読者も気がつくであろうが、わたしの計画は宗教とまったく無関係というわけではなかった」と明記し、ただ「ある特定の宗派に特有な教義といったものは、ぜんぜんその痕跡もなかった。わたしはわざわざこれを避けたのである(18)」と付言している。そして、そうした宗教的背景についてはさらに、つぎのように詳細に語ってもいる。

「わたしは長老教会の会員として敬虔な教えを受けて育った。ところで、この派の教義のなかには、たとえば**『神の永遠の意思** the eternal decrees of God』**『神の選び** election』**『定罪** reprobation［捨てられた者への永罰］』**など**、わたしには不可解なものがあり、また信じられぬものもあったが、また日曜はわたしの勉強日だったので、日曜の集会には早くから出ないことにしていたが、だからといって、宗教上の主義をまったく持たないわけではなかった。たとえば、神の存在、神が世界を創造し、摂理にしたがってこれを治めたまうこと、神のもっとも嘉したまう奉仕は人に善をなすことであること、霊魂の不滅、すべての罪と徳行は、現世あるいは来世において、かならず罰せられ、または報いられること、などについては、わたしはけっして疑ったことはない。これらは、あらゆる宗教の本質であると考え、そしてわが国のあらゆる宗派の宗教に見出せることなので、わたしはすべての宗教を尊敬したのである。(19)」

つまり、フランクリンの神とは、カルヴィニストの「予定説の神」から肝心の「予定説」を抜き去り、「隠れたる神

Deus absconditus」を捨てて「啓示されている慈悲の神」のほうを採り、「人類の道徳的向上と幸福の増進」を願う「善意の勧善懲悪神」に見立てたものである。[20]かれの『自伝』には、「神義論問題」の虜になって悩んだ形跡はまったくない。したがって、「神義論問題」の首尾一貫した解決のひとつとして「予定説の神」に到達したはずもない。かれは生来、肯定的・楽天的な気質の持ち主で、そうした気質を素地に、長老派の教義や戒律からも、それ以外の諸宗派・諸宗教からも、非宗派的な共通項を取り出し、自分の気質に適う取捨選択をおこなって、大衆的な信仰箇条と実践指針に再編成し、「神」をも、かれの人類徳性化／幸福増進運動に役立てようと、その「補強装置」の主柱に組み換えてしまった、ともいえよう。

なるほど、かれは、「十五歳になるかならないころには、天啓そのもの Revelation［語頭大文字、無冠詞に注意］itself さえも疑い始めた」[21]と語り、「人と人との交渉が真実 truth と誠実 sincerity と廉直 integrity とをもってなされることが、人間生活の幸福 the felicity of life にとってもっとも大切と信じ」、当の三徳を生涯実行しようと決心した時期にも、「天啓はじっさいそれ自体としては as such［天啓が天啓であるという理由では］わたしにとってなんの意味 weight［重み］ももたず、わたしはむしろ、ある種の行為は天啓によって禁じられているから悪いのではなく、あるいは命じられているから善いというのでもなく、それらの行為が、それら自体の本性において in their own natures、どんな事情を考えても all the circumstances of things considered、われわれにとって有害 bad for us であるから禁じられ、あるいはわれわれにとって有益 beneficial to us であるから命じられているのであろうという意見を抱いた」と述べ、「そうした［三徳への］信念をえたおかげで、さらにまた恵み深い神の摂理のためか、守護天使の助けのためか、あるいは偶然にも環境に恵まれたせいか、またはそれらすべてによってか、わたしは遠く父の監督と訓育のもとを離れ、他人の間にあってしばしば危い境遇に陥ったにもかかわらず、危険の多い青年期を通じて、宗教心の欠如から当然考えられる意識的な下等下劣な不道徳や非行をひとつも犯さずにすんだのである」[22]と、「なにはともあれ世にも稀なほど率直に」述懐して、自分自身の徳性維持を、天啓と宗教心にではなく、（行為自体が、あらゆる事情を考えて「われわれ〔人間〕にとって」有害か有益かを究極の規準とし、「天啓」を差し置いても、いわば人間本位に善悪を定めようという）「功利的」信念に帰している。そればかりか、「十三徳樹立」を提唱する小著を『徳にいたる道』として刊行しようと思い立ったときにも、「そこでわたしが説明し強調したいと思ったのは、人間の本性だけを考えても the nature of man alone considered、もろもろの悪行は、禁じられているから有害 hurtful なのではなく、有害だから禁じられているのであり、したがって来世の幸福を望む者はもとより、現世の幸福を望む者にとっても、徳を積むこと to be virtuous が有利 every one's interest なのだという教え doctrine であった」と言い切っている[23]。したがって、ヴェーバーが、この側面にかぎってはまさにこの「教え」を典拠として引用し、明示しているとおり（右記ⓐ）、フランクリンの道徳論には、かれ生来の素地に見合うと思われる「功利的」傾向が一貫して見られる。かりにこれが「一人歩き」したとすれば、費用最少の「外観の代用」で十分という帰結に行き着くほかはなかったろう。ところが、フランクリンは、「教え doctrine」ではなく「実践」となると、右記のとおり「たんに理論上の信念」では不十分と認め、その限界を見据えて、「全能」であると同時に「恵み深き父」「慈悲深き指導者」としての神の援助を、「当然かつ必要 right and necessary なこと」[24]として要請するのである。

そして、この側面においては、「なぜ、徳が利益に通じるのか」「完全に徳を守れなくとも、それなりに幸福になれるのはなぜか」という問題も、「恵み深き父」「慈悲深き指導者」のまさに「恵み深く」「慈悲深い」摂理として説明される。すなわち、およそ人間が、「理論上の信念」どおりに、ただそう「教え」られさえすれば善徳を「固有価値」「自己目的」として完遂できるほど倫理的に強靭であるならば、当の「理論上の信念」だけで十分で、「利益」「幸福」といったいわば「報酬」「釣り餌」は、キルケゴールの主張[25]どおり「報酬ばかり気にする不健全で非倫理的な欲求」を目覚めさせ、「非倫理」への「転移」を招く動因として、「あらずもがな」としりぞけられてしかるべきであろう。ところが、じっさいには人類の大多数は、キルケゴールのように飛び抜けて潔癖な「倫理エリート」(あるいは、「倫理的実存」の段階をもこえて「宗教的実存」にまで上り詰めずにはやまない「真摯さのエリート」)ではなく、それほど倫理的にも強靭ではなく、遺憾ながら「報酬」という「うま味」がなければ「頭では分かる」善徳も実行できない「倫理的弱者」にすぎない。そうした実態に見合って、フランクリンの神は、人間のそうした弱さを「裁き、永罰に定めたまう」「予定説の神」ではなく、人間の弱さを「大目に見たまい」、徳行が「利益」「幸福」に連なり、「倫理的弱者」でもそうした「報酬」に「釣られて」徳行に志を向け、最大限実践できるのであれば、それもよしと、「親切に按配／配慮したまう」「慈悲深い神」なのである。こうして、「なぜ、徳が利益に通じるのか」、「完全に徳を守れなくとも、それなりに幸福に恵まれるのはなぜか」との、「理論上の信念」では解けない難問にも、「善意の神」の摂理という一種の「幸福の神義論」が、回答として与えられることになろう。

第一二節　「啓示 Revelation」とは、「劇的降霊 - 回心体験」とはかぎらない

なるほど、そうした回答は、ある日突如として、さながらパウロがイエス運動を取り締まろうとダマスコに赴く途上、イエスの霊に打たれて一八〇度の回心をとげたように、フランクリンにもなにか劇的な「聖霊降下」の形式で閃き、無信仰であったかれも突如、その「摂理をまさに天啓として受け入れ」、その「勧善懲悪神」への信仰に目覚め、以後敬虔な有徳生活を送るにいたった、というわけではなさそうである。少なくとも、劇画世代が好みそうな、そうした「劇的降霊 - 回心体験」の物語は、『自伝』には明記されていない。しかし、受容形式はどうあれ、そうした意味内容における回答そのものは、フランクリン神観のコロラリー(系)として、当の神「の摂理」、すなわち「人知を越

えるある天啓 eine Offenbarung Gottes として受け入れられている」、あるいは「受け入れられるに相応しいものとされている」と表記されても、けっして牽強付会とはいえまい。そうした表記は少なくとも、こうした問題にかんするレトリックの許容範囲内にあり、「ありもしないことの意図的な捏造」として非難される体のものではない。むしろ、「啓示」といえばもっぱら「劇的降霊‐回心体験」と頭から決めてかかり、『自伝』表記の柔軟な意味／思想解釈など「眼中にない」、生硬な字面拘泥と短絡的推断のほうが、「木を見て森を見ない者には、木も見えない」という負の教訓の開陳ではあるまいか。

そういうわけで、かりに『自伝』以外の全言表を調べ尽くして、（「フランクリンが善徳の『有益性』に思いいたったのも、神の啓示による」という、当の）「啓示」体験をつぶさに描写するような記述には行き当たらなかったとしても、『自伝』に「なにはともあれ世にも稀なほど正直に」記録されている「十三徳樹立」のくわだてと実践にかぎるとしても、「ただひたすら自己〔利益〕中心の〔功利的〕準則に粉飾を凝らすこと以外のなにものか」が十分に表白されているといえよう。つまり、このヴェーバーの主張は、「蓼食う虫は好き好き」の「好悪の問題」ではなく、「フランクリン自身のキャラクター」にかかわる「価値自由」な経験科学／歴史・社会科学の命題として、右記のとおり立論／立証できると思われる。少なくとも、そのようなものとして、論議の対象となりうる。

ということはとりもなおさず、羽入書第一節における羽入の問題設定――ヴェーバーが「倫理」論文で、フランクリンの「倫理的傾向」を「否認し」、理念型構成から「斥け」た、との前提のうえに立つ、その三「論拠」という問題設定――自体が、疑似問題であるばかりか、同じく第一節の範囲内で、当の疑似問題のひとつ「論拠①」を取り上げてみても、「学問的論議の対象とはならない」という羽入の主張が、誤訳に引きずられた臆断で、じつは「フランクリン自身のキャラクター」自体は立派に学問的論議の対象となりえ、現に論議の末、ヴェーバーの立論の妥当性がほぼ立証された、といえよう。

第一三節　「早合点」から「唖然とするような世界的な盲点」を「発見」

羽入は、第二節『神の啓示』の謎（1）」に入ってまもなく、証拠ⓓの「神の啓示」に当たる記述が、「フランクリンの『自伝』の内には、どこを捜してもどういうわけか見当たらぬ」（一四五）と述べたうえ、（羽入書ではよく出会う事態であるが）自分の早合点とはつゆ知らず、論脈から逸脱して「ヴェーバー研究」一般に非を鳴らし始める。この箇所は、羽入の執筆動機を窺わせるデータとしては注目に値するので、少し長くなるが引用してみよう。

「ヴェーバー自身の言い回しを借りて敢えて諧謔的に述べるならば、次のように言えよう。事実、フランクリンの『自伝』をひもといて読む者なら誰でも、必然的に次のような結論に達せざるを得ない。奇妙なことにヴェーバーの申し立てにもかかわらず、フランクリンが『徳が「有益である」という考えが自分に浮かんだという事実そのものを、そのことを通じて〈AfSS：**そのことを通じて**〉自分を徳へと導かんと欲し給うた神の啓示に帰している』などという事柄に関するいかなる直接的言及もそこには存在しない、と」（一四五―六）。

謙虚でしなやかな思考の持ち主であれば、こういう事態に直面したとしても、「直接的言及」はともかく、間接的言及がありはしないか、と慎重に『自伝』を読み返し、それでも関連叙述を見出せなかったばあいには、なにか他の典拠は考えられないか、典拠がはたして『自伝』ときまっていたのかどうかと、いったん自分の出発点に戻り、ばあいによっては自分の「早合点」「勇み足」に気がつくはずである。ところが、羽入はそうではない。羽入書第二章で、フランクリン父子の Beruf とルターの Geschäft とが直接「語形一致」しないといって「アポリア」と決め込んだのと同じように、ここでも『自伝』に「直接的言及」がないという皮相な読みで、なにか「鬼の首でも取ったかのように」得意になり、特徴的な口吻で「ヴェーバー研究者」を非難し始める。

「読者にこんなことを伝えると、ヴェーバー学者はこの百年間一体何をしてきたのかと怒鳴られそうなのであまり大きな声では言えぬのであるが、誰もがただちに簡単に気づくべきであったこのことを、驚くべきことにヴェーバー研究の世界はこれまで全く気づいてこなかったのである。驚き呆れるかもしれぬが、これがヴェーバー研究の世界の情けない実情である。基礎研究ができていぬ［sic］のである。『自伝』には徳への改信を神の啓示に帰したいかなるフランクリンの記述も存在せぬ。この単純な事実を、これまで誰一人として指摘してこなかったのである。」（一四六）[26]

羽入は、この機に乗じて「ヴェーバー研究者」への「怨念」を晴らそうとでもするかのように、一気にまくし立てる。しかし、そうしているうちに、羽入の「論拠②」に相当する証拠ⓓの「神の啓示」を、右記のとおり反対証拠ⓐの「改信」物語と混同して、「徳への改信を神の啓示に帰したいかなるフランクリンの記述も存在せぬ」という当然のことを、なにか自分の「大発見」であるかのように錯覚してしまったらしい。そのうえで、こうご高説を垂れる。「アカデミックな世界というものは、皆が同じ方向を向き、同じものを見、同じことをしたがる世界なので、どうしても意外な落ちが出る。しかもヴェーバー研究の世界というのはその傾向がとりわけ非常に強い。唖然とするような世界的な盲点が時として生ずるのはそのためである。もちろん、基本的盲点の発見の可能性もいまだにそれだけ豊富にある研究領域ということになるが」（一四六）と。

かりに羽入が、羽入固有の価値理念に照らしてある「事実」に光を当て、ひとつの学問的業績と認定されるに足る「新発見」をなしとげたとしても、それだけで得意になり、必ずしも価値理念を同じくするわけではない他の研究者が当の「事実」には光を当てず、「知るに値しない」として放置してきた当然の事態を、「唖然とするような世界的な盲点」といいつのるとすれば、だれしも首を傾げざるをえまい。しかも、羽入のばあいには、その「新発見」なるものが、独り合点の錯覚にすぎないときている。むしろ、「驚くべきこと」「驚き呆れる」「情けない」「唖然とするような世界的な盲点」云々と、矢継ぎ早に決めつけられると、かえってそれだけ、当人を駆っている衝動が透けて見えるではないか。

確かに、学界の同調志向には根強いものがある。とはいえ、だからといって「なにか別のことをすればいい」ということにはならない。それでは、奇を衒い、同位対立に陥るばかりで、「唖然とするような初歩的な盲点が時として生ずる」。ただ、その種の「空威張り」は、だれの目にも「笑い種」と映るから、さして罪はない。むしろ問題は、「自分の言うことは、まだ誰も言ってはいないだろう」とほのめかして、「独創性」をひけらかすような風潮一般が、「中堅」や「若手」のあいだにも広まっている事態であろう。こうした「個性」崇拝の風潮に、かつて真っ向からたちはだかり、「事柄 Sache に就け」と要求したのが、ヴェーバーその人であった。だから、問題の風潮に棹さすポピュリストが、ほかならぬヴェーバーを「目の敵」にし、真っ先に「槍玉に挙げよう」とするのには、十分に動機はあろう。また、「中堅」や「若手」が、さすがに「手垢にまみれた大言壮語」は「見苦しくも逆効果」と察知して、自分では賢明に手控えるとしても、さりとて、そうした風潮の体現者にあえて苦言を呈してたしなめようとはせず、つまり問題の風潮に抗すること自体は厭い、「見て見ぬふり」を通そうとするのも、やはり根は同一であろう。

第一四節　没意味文献学は、キーワード検索で打ち止め、思想所見には無頓着

閑話休題。フランクリンは、『自伝』の冒頭、執筆意図を二通りに明かしている。ひとつは、いわば「利他的」側面で、「わたしは貧しい賤しい家に生まれ育ち、のちしだいに身を起こして富裕の人となり、ある程度世間に名も知られ、かつこの歳になるまでかなり幸運に恵まれて日を過ごしてきたが、子孫の者からすれば、そうなるまでにわたしが採用し、神さまのお蔭でたいそう成功した有益な手段 the conducing means I made use of, which with the blessing of God so well succeeded のなかには、自分の境遇にも役立ち、したがって真似したらよいと考えられるも

のもあろうから、その手段を知りたいものだと思うことだろう[27]」と語っている。いまひとつは、「利己的」ともいうべき側面で、かれは、「好きなようにしろといわれたら、これまでの生涯を繰り返すことに異存はないが、それはできない相談なので、それに近いこととして生涯を振り返り、思い出すことを筆にして永久に記録できれば『大いに自分の**自惚れ** *vanity* も満足させられよう』」との趣旨を「いさぎよく白状して」いる。[28]

ところで、フランクリンは、過度におよんで形骸化すると「自惚れ」ともなる「自負心 pride」につき、別の箇所で「十二徳」に「謙譲 humility」をつけ加えて「十三徳」とした経緯にこと寄せて、つぎのとおりやはり「率直に表白」している。

「われわれが生まれ持った感情のなかでも、**自負心**ほど抑えがたいものはあるまい。どんなに包み隠そうが、それと戦おうが、殴り倒し、息の根をとめ、ぐいぐい抑えつけようが、いぜんとして生きつづけて、ときどき頭をもたげ、姿を現すのである。おそらくこの物語のなかにもしばしばその自負心が姿を見せることであろう。なぜかといえば、わたしは完全にこれに打ち勝ったと思うことができるとしても、おそらく自分の謙譲を自負するであろうから[29]」と。

ところが、『自伝』の冒頭では、この持論につぎの見解がつけ加えられる。

「たいていの人は、自分がどんなに自惚れ屋でも、他人の自惚れは嫌うものだが、しかし、わたしは、他人の自惚れに出会うと、いつもなるべく寛大な目で見ることにしている。自惚れというものは、その当人にもまたその関係者にも、しばしば利益をもたらす productive of good と信ずるからである。したがって、人生の他のさまざまな楽しみとともに、自惚れを与えてくださったことにたいして神に感謝する to thank God for his vanity among the other comforts of life としても、多くのばあい、かならずしも道理にあわぬことではあるまい[30]」と。

そしてここで、「神への感謝について述べたついでに」とことわり、つぎのとおり証言している。

「上述のようなこれまでのわたしの幸運は、まったく恵み深い神のみ心によるもので、わたしは神に導かれて前にいった手段を見出し、それを有効に使うことができたのである。このことをわたしはうやうやしく言っておきたい I desire with all humility to acknowledge that I owe the mentioned happiness of my past life to His kind providence, which lead me to the means I used and gave them success。そして、このように信ずるところから、神のみ恵みが今後もわたしのうえに働いて、今までの幸福が将来もつづき、また他の人々と同様、運命の逆転に出会うことがあっても、これに堪えることができるであろうと、もとより当然であるとしてはならぬけれども、わたしは信じたいのである」と。(31)

ここには、「自負心どころか、自惚れのような、人間には『悪徳』として嫌われる心根でさえ、神はそれをいわば善用して、当人にも関係者にも利益をもたらすように按配してくださる、とすれば、ましてや『善徳』ともなれば、かならずや利益に結びつけてくださるばかりか、『固有価値』としては善徳をまっとうできない、いわば『倫理的弱者』の(わたし他、圧倒的多数の)人間にも、『人生の他のさまざまな楽しみ』には心惹かれて善徳にも赴くように配慮してくださっている(神は、善徳を利益に結びつけることによって、倫理的弱者のわたしにも善をなさしめようとしている)」という趣旨の思想所見が、語り出されているではないか。すなわち、(「予定説」の「隠れたる神」ではなく「啓示された慈悲の神」、「(人類に)善意を寄せる勧善懲悪の神」への信仰と感謝が、(個人的な「劇的啓示体験」に由来したかどうかではなく)神の啓示に淵源する『啓示宗教』としてのキリスト教諸宗派から共通に引き出され(フランクリン倫理における「定言命令」の側面)、人間の本性に照らしても首肯される(「功利的」側面)「道理」として、明快に表明されているではないか。なるほど、ここでの表記は、「神の啓示」への明示的に特定された直接的言及ではない。しかし少なくとも、「わたしのうえに働いて」いる「神のみ恵み」にたいするこうした感謝の言表から、『自伝』の他の箇所(32)からも推認できる右記のような神信仰の思想所見を読み取ることは、けっして無理ではなかろう。そして、その思想所見は、フランクリンの「道徳的訓戒全体」が、「なにはともあれ、ただひたすら自己［利益］中心の［功利的］

準則に粉飾を凝らすこと以外のなにものか」を含んでいることの、紛れもない証拠ⓓであろう。

羽入も、この『自伝』冒頭には止目し、「神の恵み」や「神の親切な摂理」への言及を、原文も交えて引用してはいる。しかし、証拠ⓓに相当する「事情」、あるいは少なくとも、証拠ⓓに集約されているような思想所見が、そこに間接に語り出されているのではないか、と問うて、引用箇所の意味を熟考しようとはしない。むしろ「双方とも『徳 virtue（Tugend）』に関する言及ではなく、また肝心のキーワードであるところの『啓示 Revelation（Offenbarung）』という言葉を含んではいない」（一四六）と述べて、意味探究は打ち切ってしまう。つまり、羽入にとっては、「倫理」論文のみかフランクリンの『自伝』も含めた「文献学的」研究とは、（コンピューターを使えば瞬時に完遂される）「キーワード検索」という出発点で打ち止めになり、それだけで「能事終われり」とばかり、軽率な「結論」的断定も厭わない作業のようである。羽入は、そうした「没意味文献学」の水準に止まったまま、ふたたび「ではヴェーバーは一体どこから、フランクリンを徳へと導かんと欲された神の啓示がフランクリンに下った、という〝事実〟への証拠を取り出したのであろうか。どうやったらわれわれは、『自伝』においてヴェーバーが自らの主張の論拠として［sic］みなしていた箇所を突き止めることができるのであろうか」と問い、相変わらず「典拠は『自伝』における直接言及のみ」という決め込みのもとに、「啓示」を「劇的聖霊降下‐回心体験」の方向に狭めて解釈ないし転釈し、ひたすらそういう「キーワード」の検索に没頭する。しかも、そのようにもっぱら「キーワード」に力点を置くあまり、当初には半ば「邪道」「本末転倒」と意識しながらも、『自伝』でなく、「倫理」論文に「キーワード」を捜し始めるのである。そして、なんと意味上は正反対の「功利的傾向」の証拠ⓐの箇所に「改信」「啓示」という「キーワード」を見つけ出すや、語形の外面的一致に引きずられて、意味上は正反対の証拠ⓓとⓐとを混同し、そのまま証拠ⓐの言表に「劇的啓示‐回心体験」が読み取れるかどうか、という見当違いの些事詮索にのめり込んでいく。やがて羽入は、その途上で、自分のやっていることが本来「邪道」で「本末転倒」であることも忘れてしまう。しかも、そうした没意味と弱論理の迷走ぶりを、三二ページにもわたって開陳し、なんと「世界初の発見」に祀り上げて勝ち誇る。その次第を追跡するとしよう。

第一五節　「キーワード」に囚われて反対証拠どうしを混同

羽入はいう。

「これも『倫理』論文を読んでいく時にはよくあることなのであるが、〔羽入にとっては〕原資料であるはずの『自伝』の頁をめくって直接丹念にその箇所を捜すよりも、むしろ『倫理』論文中のそれに関係すると思われる部分を〔意味上は反対証拠であっても!?〕捜すほうが、手っとり早く賢明である場合が多い。本来の学問的手法としてはこれは飽くまでも邪道なのであるが、もともと『自伝』には全く書かれていぬ〔sic〕ことを、ところが書かれていぬ〔!?〕はずの『自伝』の中で一体どの箇所をヴェーバーは用いたのであろうか……、と当たりを付けねばならぬという、そもそもが本末転倒の作業をおこなわねばならぬので、こうした振る舞いもせざるを得ぬ〔!?〕ことになる」（一四七）と。

ヴェーバーが「邪道」「本末転倒」を強いているかのように責任転嫁しているが、じつは、羽入のほうに、そうした「邪道」「本末転倒」に勇躍して乗り出すほどに、「原資料」中の「キーワード」という思い込みが激しく、『自伝』に間接には表明されているかもしれない思想所見を、柔軟かつ慎重に探し出そうとする学問の「正道」に、戻ろうにも戻れないだけの話ではないか。そこで羽入は、「すぐ直前〔sic〕の頁に次のような奇妙な叙述があることに気づく」（一四七）として、「倫理」論文から、なんと「功利的傾向」にかかわる証拠ⓐの叙述を引用し、つぎのようにコメントする。

「もちろん、事実、フランクリンの『自伝』をひもといて実際に読んでみた者であれば誰でも、〝そのような徳にフランクリンが『改信』した〟というような〝劇的〟物語［と独り決めして⁉］はどこにも書かれていないことは知っている。しかしながら、この［⁉］ヴェーバー言うところの［⁉］『あのような徳へのフランクリンの［劇的？］「改信」の物語』こそが、徳が有益であるという考えが浮かんだという事実そのものをフランクリンが帰しているという――やはりヴェーバー言うところの――例の『神の啓示』と何らかの関係があるに違いないのである」（一四七）と。

ここに明言されたとおり、羽入は、「改信」を「〝劇的〟物語」と転釈することによって「啓示」と関連づけ、（なるほど「すぐ直前［sic］」に出ているとしても、「倫理」論文自体のコンテクストのなかでは意味上正反対の）証拠ⓐとの混同に陥ってしまった。ちなみに、羽入書を読んでいると、冗漫な同義反復とともに、「奇妙な」あるいは「奇怪な」という形容詞に頻繁に出会う。ところが、羽入によってそう形容されたヴェーバー自身の叙述をよく読んでみると、他のばあいと同様、このばあいにも、当の叙述自体は論理的に筋が通っており、むしろ読み手に当該の論脈が読み取れないために「奇妙」「奇怪」という主観的印象が生じている、という関係が明らかになる。したがって、羽入の「奇妙」「奇怪」の連発は、かれがみずから告知している読解不能標ないし誤読信号と受け取って、まず間違いない。さて、羽入は、反対証拠どうしの混同のうえに、「キーワード検索」の結果を、つぎのように報告する。

「正にこの『徳への「改信」』という表現に付けられたヴェーバーの注の内に、『啓示 Offenbarung』という単語が使われているのをわれわれは見出すのである。その注の内でヴェーバーは、フランクリンの『自伝』の内のある箇所をドイツ語で引用している。したがってこの部分こそがフランクリンの『徳への「改信」』に関するヴェーバーの主張の証拠［ⓐ］部分であり、また同時に［⁉］恐らくは『徳が有益であるという考えが浮かんだという事実そのものをフランクリンが神の啓示に帰している』というヴェーバーの陳述の論拠［ⓓ］となる部分を指し示してくれている箇所であることになる［⁉］」（一四七―八）と。

なるほど、同一の箇所が、その意味内容の解釈いかんによっては、互いに正反対の傾向の証拠になる、ということも、ありえないことではない。(33)しかし、羽入は、そうした意味探究／意味解釈には踏み込まず、ただ『啓示』という単語が使われている」かどうかだけで、ものごとを判断し、この箇所をなんと反対証拠ⓓの典拠と混同し、そのようなものとして検討しようというのである。

そこで、羽入は、当該注記の全文を引用する。この注記は、「倫理」論文の全論証構造のうちでは、価値関係性に乏しい微小な一論点にすぎないが、ここでの議論の争点をなすという意味では重要なので、まず独訳文と英語版原文を引用し、筆者の訳を示し、(34)そのうえで、この注記について羽入が問題とする論点をひとつひとつ取り上げて検討していくとしよう。

第一六節　三徳目への「改信」——「神の啓示」から「人間生活の幸福」への規準転換

独訳原文：In deutscher Uebersetzung: »Ich überzeugte mich endlich, daß *Wahrheit*, *Ehrlichkeit* und *Aufrichtigkeit* im Verkehr zwischen Mensch und Mensch von höchster Wichtigkeit *für unser Lebensglück* seien, und entschloß mich von jenem Augenblick an, und *schrieb auch den Entschluß in mein Tagebuch*, sie mein Lebenlang zu üben. Die Offenbarung als solche hatte jedoch in der Tat kein Gewicht bei mir, sondern ich war der Meinung, daß, obschon gewisse Handlungen nicht schlecht, bloß *weil* die offenbarte Lehre sie verbietet, oder gut deshalb seien, *weil* sie selbige vorschreibt, doch—in Anbetracht aller Umstände—jene Handlungen uns wahrscheinlich nur, *weil* sie ihrer Natur nach schädlich sind, verboten, oder *weil* sie wohltätig sind, uns anbefohlen worden seien.[35]«.

英語版原文：I grew convinc'd that *truth*, *sincerity* and *integrity* in dealings between man and man were of the utmost importance to the felicity of life；and I form'd written resolutions, which still remain in my journal book, to practice them ever while I lived. Revelation had indeed no weight with me, as such；but I entertain'd an opinion that, though certain actions might not be bad *because* they were forbidden by it, or good *because* it commanded them, yet probably these actions might be forbidden *because* they were bad for us, or commanded *because* they were beneficial to us, in their own natures, all the circumstances of things considered.[36]

拙訳（独訳から直訳）：「わたしはとうとう、人間関係における**真実**、**正直**、および**誠実**が、**人生の幸福のために**きわめて重要だと確信するようになった。そしてその時以来、わたしは、それらの徳を生涯実行しようと思い立ち、**この決意を日記にも書きつけておいた。**とはいえ、啓示そのものは、わたしにとってじっさいには重要ではなく、わたしの考えは、つぎのとおりであった。すなわち、ある行為が悪いのは、啓示された教えがその行為を禁じている**から**ではなく、あるいは、ある行為が善いのも、啓示された教えがその行為を命じている**から**ではなくて、――あらゆる事情に鑑みて――ある行為がわれわれに禁じられているのは、おそらくはもっぱら、それが本来有害だ**から**であり、ある行為が命じられているのも、それが本来有益だ**から**である、という考えである。」

とすると、「啓示」という表記が出てくる後半は、nicht（kein）A, sondern B（AでなくてB）の構文からなり[37]、そこには「(フランクリンは真実、正直、誠実の徳目を生涯遵守しようと決意したが）それはなにも、それらの徳目が従来『啓示宗教』において『天啓』『神の啓示』として命じられてきたからではなく、むしろそれらの徳目を遵守すること自体が人生の幸福にとってきわめて重要であると確信したからだ」との趣旨が表白されている。この趣旨を突き詰めれば、「神の啓示」を中心に据える「啓示宗教性」の立場から、人間中心の功利的見地への移行、とも要約できよう。すなわち、ある内容の行為準則を、それがまさに「神の啓示」であるがゆえに遵守する、という宗教的立場（「神中心主義」）から、世俗的・功利的見地——つまり、たとえ内容としては同一の行為準則であっても、それ自体が、あらゆる状況を考慮に入れても、本来（ということはつまり、「神の啓示」であるかいなかにかかわりなく）人間にとって利益か不利益か、と問い、そうした「人間利益中心の」規準にしたがって評価しなおし、これに応じて遵守するかいなか、遵守するとすればどの程度厳格にか、を決めるという（「神中心主義」にたいして「人間中心主義」の）世俗的・功利的見地——への思想的立場変換をこそ、意味しているといえよう。したがって、ヴェーバーが、この箇所を、フランクリンの「道徳的訓戒全体」における「定言命令 kategorischer Imperativ」の側面ではなく、それと対抗／拮抗している「功利的傾向」の証拠ⓐとして引き合いに出したのは、意味上まことに適切で、筋が通っているというほかはない。なにか「劇的な啓示」が「突如」フランクリンに下ったかどうか、が問題で、ヴェーバーが、そうした意味内容に着目してこの箇所を（独訳からであれ、英語版原文からであれ）引用している、というのではない。だいたい、こうした世俗的／功利的見地への「改信」を、逆方向にある「神の啓示」が媒介している、というようなことが、起きえようか。この点は、英語版『自伝』の原文を参照しても、まったく変わらない。

ところが、羽入はこのあと、この引用文に関連して、迷走を重ね、「批判」を開陳する。それらを左記の五点⑴〜⑸に要約し、コメントしていこう。

第一七節　出典明示義務にかかわる「パリサイ的原典主義」の誇張と歪曲

⑴羽入はまず、ヴェーバーが「自分の使った独訳本の版と引用頁を明らかにしなかった」のは「アカデミズムの礼

儀に反して」（二四九）いると批判する。なるほど、そうした出典明示は、「アカデミズムの礼儀」というよりもむしろ、引用にかかわる著訳者／引用者双方の責任を明確にし、内容にかんする読者の追検証を容易にするために、遵守されるべき要請である。この点、ヴェーバーは通例、そうした要請を遵守するばかりか、内容上の着想については、たとえば「メルクスの教示によれば」とか、出所を明示すべく努めており、そうした「研究者としての基本的義務」をないがしろにしていたわけではない。ただ、引用が広い範囲におよび膨大なことと、すばやく叙述を仕上げて発表（状況に投企）しようと、記憶に頼って再度の文献検索／確認を省くことがあるため、価値関係性の乏しい箇所については、出典を明示しきれない瑕疵が生じてしまっていることもいなめない。フランクリン『自伝』からのこの引用も、その一例といえよう。

羽入が、そうした瑕疵を指摘し、出典検索を促し、みずからも一定程度検索に携わっているのは、そのかぎり学問上正しく、文献研究への寄与ともなりえよう。ただ、かれのばあい、そうした瑕疵の指摘が、なにがなんでもヴェーバーを倒そうという衝動と結びつき、方法無理解（「暫定的例示」のかぎりにおけるフランクリン論及と「固有の意味におけるフランクリン研究」との混同）ともあいまって、どんなに小さな瑕疵でも、なにか致命的な欠陥であるかのように針小棒大に描き出すばかりか、しばしばそれが、単純なミスではなく「読者を欺くために、意図して犯され、隠蔽される詐術、詐欺」であるかのようにこじつける、歪曲／曲解をともなっている。というよりもむしろ、そうした衝動に駆られ、なにがなんでも打倒しようとするあまり、どんなに矮小な「重箱の隅」の「あら捜し」――そうすることの意味にも価値関係性にも無頓着な、いわば自己目的としての瑕疵暴露――にも、大真面目に専念できるのであろう。そういう稀有な一面性ゆえに、平衡感覚をそなえた余人には看過されたり、大目に見られたりしている小さな瑕疵にも、目を止め、暴き立てられるというのも、一種のメリットかもしれない。したがって、反論者としては、羽入による誇張や歪曲への論駁は当然としても、他方、そうした否定面に関心を奪われるあまり、打倒動機あればこその殊勝な文献的寄与の可能性までも、ひとしなみに否定してしまわないように、よく注意しなければならない。

⑵さて、羽入の文献調査によれば、フランクリンの『自伝』には、ロビンソン版（一七九三）、テンプル・フランクリン版（一八一八）、ビグロー版（一八六八）の三種があり、ヴェーバーは、「倫理」論文の執筆にあたり、当時の最新版で信憑性も高いビグロー版を用いるべきであったという。ところが、ヴェーバーは、どの版を使ったのかを記載していない。他方、ヴェーバーは、「暫定的例示」に用いた二文書（「富まんとする者への指針」と「若き商人への助言」）については、『スパークス版全集』第二巻のページ数まで明示している。ところが、同じ『スパークス版全集』の第一巻に収録されている『自伝』については、なんの文献情報も与えていない。

この点についても、右記⑴のばあいと同様で、ヴェーバーは『自伝』についても文献情報を提供しておくべきだったろう。そうしていれば、「痛くもない腹を探られなくても済んだ」にちがいない。羽入はこの点につき、「調べれば調べるほど、フランクリンの『自伝』に関するヴェーバーの動きは奇怪で謎が深まっていく」（一五二）と、例によって「奇怪」という信号を発しながら、主観的には「詐術」をほのめかし始める。となると、羽入の文献情報提供はそのかぎりで功績と認めつつも、ヴェーバーの「動き」がはたして「奇怪」で「謎」なのかどうか、という究明に移らざるをえない。

第一八節　迷走のはて——独訳における二語句付加で、「啓示」が「劇的聖霊降下‐回心体験」に一変？

⑶羽入は、ヴェーバーが『自伝』の英語版を読んだのか、独訳を読んだだけなのか、を問題とし[38]、独訳と英語版原

文との対比を企てる。すると、独訳では、「とうとう endlich」と「そのとき以来 von jenem Augenblick an」という副詞と副詞句が付加されているにすぎないことが分かる。ところが、羽入は、この点についてつぎのようにいう。「しかしながらこれから筆者が読者諸氏にお目に掛けようとするのは、この二つの表現『ついに endlich』と『その時以来 von jenem Augenblick an』という言葉のあるなしによって、『神の啓示』という例の言葉の意味がいかに大きく変わってしまうかである」（一五四）と。ここで羽入は『神の啓示 Offenbarung eines Gottes』という例の言葉」と表記しているが、これがなにを指すのか、定かでない。「功利的傾向」の証拠ⓐには「啓示そのもの die Offenbarung als solche」、「功利的準則の粉飾には解消しきれない、それ以外のなにものか」にかんする反対証拠ⓓには「神の啓示 eine Offenbarung Gottes」とある。羽入はここで、ⓐⓓ二箇所に二様に表記されたキリスト教の「神 Gott（無冠詞）」以外に、さまざまな宗教のもろもろの神々のなかから「一柱の神 ein Gott」を引っ張ってきて、持ち込もうというのであろうか。しかし、ここは羽入が、ⓐとⓓとの混同のうえに、ⓓの「神の啓示」を誤記したものと解するほかはなかろう。ところが、そうすると、羽入は、証拠ⓓの「啓示」の意味が、反対証拠ⓐへの独訳時の二語句付加によって「大きく変わってしまう」と主張していることになる。しかし、それは、いったいどういうことであろうか。羽入が珍しく「意味」を問うて「読者諸氏にお目に掛け」たいというのであるから、興味も惹かれよう。

「もしもフランクリンの『自伝』からヴェーバーによって引用されたこの文章の内容を、これら二つの加筆された副詞的表現を考慮に入れつつ分かりやすく明示しようと思うならば、われわれは恐らく次のように解釈することが可能であるし、またそのように解釈するしか途はないであろう。

ある日フランクリンは**ついに次のように確信するに至った。**徳は有益であり、人と人との交渉における真実と正直と誠実さがわれわれの人生の幸福にとって最も重要なのだ、と。この確信はフランクリンにとって非常に劇的に現われたので、まるでそのことを通じて彼を徳へと導かんと欲された**〝神の啓示〟であるかのように彼には思われた。**彼はその時以来生涯に渡ってそうした徳を実行しようと決心し、その決心を日記にも書き込んだ。しかしながらフランクリンにとっては、それが啓示だったことが重要だったわけではない。なぜなら彼によれば、ある行為が悪いのは、ただ単にそれらが啓示によって禁じられているからではなく、それらが本来有害だからであり……云々、と。

読者は右の〝劇的改信〟の物語の形成に当たって、『ついに』・『その時以来』という二つの表現が効果的に働いていることに注意されたい。」（一五四）

はて、読者がこの陳述を「注意」して読むと、羽入が「そのように解釈するしか途はない」という当の「解釈」を、受け入れ、首肯することができるであろうか。そもそも「〝劇的改信〟の物語」とはなにか。それが、英語版原文はもとより、独訳文からも、読み取れるのであろうか。独訳時に付加されたという「ついに endlich」という副詞は、「確信」にいたるまでに長い時間を要したという事情は伝えても、「確信」そのものが「突如 plötzlich」「劇的に dra-stisch」出現したというような態様まで意味してはいない。「その時以来」とは、文字通りその時点以後の継続を指示するだけで、これまた「その時」における「確信」出現の様相がなにか「劇的」であったと修飾する語句ではない。だいたい、かりにそうした「劇的な啓示体験」がじっさいにあって、そこに力点が置かれた叙述であるとすれば、すぐさま当の「フランクリンにとっては、それが啓示だったことが重要だったわけではない」と書き足して、「劇的体験」の重みをみずから打ち消すというのは、なんとも不可解／不自然ではあるまいか。

もっとも羽入は、まさにヴェーバーがそうした不可解な解釈をやってのけている、と主張したいのではあろう。しかしそれは、彼我混濁の羽入が、自分の虚構をヴェーバーに押しかぶせようと奮闘／迷走しているうちに、このへんでもう彼我の区別がつかなくなってしまっている証左ではあるまいか。ヴェーバーは確かに、フランクリンにおける真実、正直、誠実といった徳目への功利的確信の形成を、「改信 Bekehrung」と表記はした。しかし、その「改信」が、逆方向の「神の啓示」に媒介され、しかも「劇的な聖霊降下による突発的な回心体験」だった、あるいはなにかそうしたものを契機として生起した、というようなことは、語ってはいないし、(かれならずとも、まともな研究者が)そういう空想に耽るとは、まず考えられまい。じじつヴェーバーは、右記のとおり、この箇所を意味上適切に、「啓示宗教性」から離脱する方向にある「功利的傾向」の表明と解して、その証拠ⓐに採用していたのである。むしろ、羽入がご丁寧にも「読者諸氏にお目に掛けようと」している右記「迷走録」のひとこま中、なにが「〝劇的改信〟の物語の形成に当たって……効果的に働いている」かといえば、それは、独訳文の二付加語句ではなく、まさに羽入が紛れ込ませている「独創的な」文章、つまり「この確信はフランクリンにとって非常に劇的に現われたので、まるでそのことを通じて彼を徳へと導かんと欲された〝**神の啓示**〟**であるかのように彼には思われた**」という(羽入の思い込みをそのまま吐露している)くだり以外にはないであろう。

ところが、羽入は、「以上のようにわれわれは『倫理』論文の注における〝フランクリン〟の文章を、ヴェーバーにしたがって、そしてヴェーバーと共に解釈することが可能である。あるいはより厳密に述べるならば、『倫理』論文におけるヴェーバーによるフランクリンの描写にしたがう限り、『倫理』論文の注で引用されているフランクリンの文章を右に示したように解釈せざるをえないのである」(一五五)と結論づける。つまりは、「ヴェーバーによる描写」、「ヴェーバーの解釈」の捏造を完了する。羽入が、(i)「典拠は『自伝』における直接的言及のみ」との早合点、(ii)「啓示」語義の(「劇的聖霊降下‐回心体験」への)恣意的狭隘解釈ないし転釈、(iii)ⓐⓓ反対証拠どうしの没意味文献学的混同、にもとづく以上の迷走の産物を、「死人に口なし」で、ヴェーバーにかぶせ終わり、「ヴェーバー藁人形」を立ち上げたのである。「ヴェーバーにしたがって」「ヴェーバーと共に」という、例によって冗漫な同義反復は、羽入流に即断すれば、「倫理」論文を読んでいない読者を誤導してヴェーバーに「濡れ衣を着せる」「詐術/詐欺」の類ともいえよう。しかし、それにしては稚拙にすぎる。むしろ、迷走中の彼我混濁の徒が、自分の陳述の意味を考え抜いていないために、自分でも半信半疑で自信がもてず、繰り返しによって「自分で自分を納得させなければならない」「おぼつかない足取り」の証左と解しておこう。

第一九節　結論を繰り返しても、誤りは誤り——没意味文献学の消去法が仇

(4)羽入は、なんど反復しても自信がもてないのか、「したがって、『倫理』論文の注におけるフランクリン『自伝』からのこの引用部分こそが、フランクリンが『徳へと「改信」』したというヴェーバーの主張の証拠箇所なのであり、またそれによってフランクリンが徳へと改信したとされる『神の啓示』の証拠箇所でもあるのである」（一五五）と、結論をまたもや繰り返している。そこでやむなく反論も繰り返せば、前半は不正確、後半は誤りである。「ヴェーバーの主張」とは、「フランクリンの道徳的訓戒全体が、功利的な傾向も帯びており、それだけが一人歩きすれば、『善徳の外観が同一の効果を収めるなら、それだけで十分』という『偽善』にもいたりかねない」という趣旨である。ヴェーバーは、その「功利的傾向」の証拠のひとつⓐを、「人と人との交渉が真実と正直と誠実とをもってなされることが、啓示されている神の命令だからではなく、人間生活の幸福のために、きわめて重要であると確信するようになった」という趣旨の「徳（真実、正直、誠実）への『改信 Bekehrung』の物語」に求め、『自伝』から右記の（この趣旨の確信内容を述べた）一節を引用しているのである。こうした「改信」においては、当の徳目が、「定言命令」として要請され、効果のいかんを問わずに（「価値合理的」に、「固有価値」として）遵守されるべき規範であることを止め、「人間生活の幸福」のための行為準則として、「人間生活の幸福」への役立ち／効用とその度合いを問われるようになり、そうなると「同等に役立つなら外観の代用で十分」という帰結にもいたりかねないであろう。羽入は、「フランクリンが『徳へと「改信」』したというヴェーバーの主張」というが、ただそれだけなら、ことさら主張するまでもないことであ

り、問題は、その「徳」がいかなる「徳」として把握されるにいたったのか、というその意味内容にある。ところが、羽入は、その意味内容は捨象してしまい、もっぱら「改信」という語——しかも、その語義の「劇的聖霊降下‐回心体験」という狭隘な解釈ないし転釈——に力点をシフトさせ、みずからズレ込んでいく。そうすることによって、この「改信」を、字面／字義の表面上の類似から、別のコンテクストにある「神の啓示」と（これもおそらくは、コンテクストの意味上の差異を識別できないために）混同し、この羽入の混同を、持ち前の彼我混濁癖からヴェーバーに押しかぶせる。すなわち、ヴェーバー自身はすぐさま、「それにもかかわらずフランクリンの道徳的訓戒全体は、功利主義には解消しきれない」という（趣旨の）意味上は反対方向の主張に転じ、その証拠をこそ、ⓒ『自伝』に率直に表明されている「フランクリン自身のキャラクター」とともに、ⓓ（こんどは典拠を『自伝』、ましてや『自伝』における直接言及とは限定せずに）「フランクリンが善徳の『有益性』に思いいたった事態そのものを、そうすることによってかれに善をなさしめようとする神の啓示 eine Offenbarung Gottes に帰している事情」に求めた。ところが、羽入は、右記引用のなかでも、「フランクリンが徳へと改信したとされる『神の啓示』」と記して「改信」と「啓示」とを短絡的に結びつけている。しかし、ヴェーバーのいうⓓの「神の啓示」とは、フランクリンを功利主義的な徳へと改信させるような、なにかそういう「神の啓示」ではない。だいたい、「人間生活の幸福ないし利益」中心の功利的道徳観への意味／思想転換、「人と人との交渉における真実／正直／誠実」といった徳目への功利主義的確信の形成が、逆方向にある「神の啓示」によって媒介されるはずがない。

　では、羽入において、なぜ、そうした誤読／誤解が生じたのか。それはまず、没意味文献学を「万能の拷問具」であるかに過信してやまない羽入が、そういう自分の水準に合わせて、「神の啓示」の典拠を『自伝』における直接言及と決めてかかり、『自伝』では「啓示」という語形が他には使われていないとの消極的理由から——もっぱら消去法的に、つまり語の意味には無頓着に——、別の意味コンテクストにある「改信」「啓示」と混同して怪しまなかったからであろう。[39] それほどまで意味上の短絡に無頓着になれるのも、字面／語形に引きずられ、「意味／思想連関」の研究を「キーワード検索」で済ませられると勘違いしているからにちがいない。

第二〇節　四邦訳をひとしなみに自説の論拠に捩じ曲げる無理

⑸羽入は、そのように「改信」と「啓示」とを無理やり結びつけたうえで、なお執拗に、「以上のことは我が国の従来のこの部分の邦訳においても確認することができる」（一五五）と主張する。そして、「啓示そのものは、しかしながら、事実、私にとっていかなる重みもなかった」という部分につき、既刊の邦訳四種の訳文を引用し、自説に好都合なように、ひとしなみに「解釈」して見せる。

①梶山訳（九六）「だが私には、黙示の内容そのものが重要だったのではなく、……」。
②梶山・大塚訳（四八）「私には、だが、黙示そのものが重要だったのではない」。
③阿部行蔵訳[40]「だが、**この黙示**そのものは私にとって、実際にはそれほど重要なものではなかったのである」。
④大塚訳（四九）「私にとって、**それが**啓示だったことが重要だったわけではない」。

さて、先に引用した独訳文、英語版原文、および拙訳のコンテクストから明らかなとおり、この「黙示」ないし「啓示」は、なにか特定の「啓示」体験を指しているのではない。むしろ、フランクリンが重視するにいたった徳目／行為準則の根拠づけについて、その重点が、もはや「天啓」「啓示」にはなく、「人間生活の幸福」にたいする効用へと移っている関係を陳述し、啓示宗教性から世俗的功利主義への規準変換を表明しているのである。したがって、①梶山訳のように「黙示の内容そのものが重要だったのではなく」と訳出すると、「黙示の内容としての徳目／行為準則そのものは、いぜんとして重要であったが、ただその根拠づけが、神の啓示から功利的評価に移されている」という原文の趣旨に、逆行しかねない。したがって、この訳文は、四つのなかでは一番ミス・リーディングで、不適訳とみなさざるをえない。他方、③阿部訳と④大塚訳とは、「この」「それ」という指示代名詞が、なにか特定の「啓示」体験を指示ないし含意しかねず、そのかぎりで不適切というほかはない。むしろ、②梶山・大塚訳が、「黙示そのものが重要だったのではない」とあえて直訳に止め、「では、重要だったのはなにかといえば、むしろ人間生活の幸福にたいする効用であった」との余韻を響かせるかぎりで、フランクリンの原意、またヴェーバーの適切な解釈にもっとも近く、相対的にはもっとも妥当な邦訳であったといえよう。

　ところが、羽入は、つぎのように述べて、特定の「劇的聖霊降下－回心体験」という自分の解釈に、しかも、そうした解釈がもっぱら独訳から、二語句の付加によって生ずるという右記の自説に、強引に誘導する。

「いずれの翻訳者達も一致して示そうと努力していることは、ここで何らかの特定の啓示がフランクリンに下った。ただし、その啓示そのものがフランクリンにとって重要であったわけではない［では、重要であったのは、いったいなにか？］……という［羽入作の!?］物語である。『**それが啓示**だったことが……』とか、あるいは『**この黙示**そのものは……』といった言い回しで訳者達が苦心して［!?］表そうとしているのはそのこと、すなわち、これがある特定の日の特定の瞬間についにフランクリンに下った**特定の啓示**であることをである。つまり、ある日、ついに［endlich］フランクリンに神から啓示が下ったのであり、フランクリンが徳へと改信したのはその時以来［von jenem Augenblick an］であり、その決心を彼は日記にも書き込んだのである、と」（一五六―七）。

　かりに訳者たちが「**この黙示**そのものが重要であった」とか、「**それが啓示**だったことが重要だったのだ」と訳して、そのあと当の特定の「啓示」が下った時点、様相、内容、効果などについてこと細かに述べて記しているのであれば、かれらが「ある特定の日の特定の瞬間についにフランクリンに下った**特定の啓示**」を「苦心して表そうとし」

た、といえないこともなかろう。しかし、邦訳者はそれぞれ、この箇所を、一方では「啓示宗教性」ではなく「功利的傾向」の証拠というヴェーバーによる参照指示の趣旨に沿い、他方ではもとより独訳原文にしたがって（あるいは英語版原文も参照して）、フランクリンの原意を忠実に訳出しようと「苦心し」たにちがいなく、その結果、右記のような一長一短はあるにせよ、いずれも羽入の強引な誘導方向とはまったく逆に、「ある特定の日の特定の瞬間についにフランクリンに下った**特定の啓示**」というようなニュアンスは「一致して」払拭している。

ところが、羽入は、この自作物語につぎのような主観的印象評言を対置し、「勝ち誇った」余勢を駆って、またもや「世界のヴェーバー研究」に矛先を向ける。

「しかし、あの楽天的で開けっ広げで神秘的体験などとはおよそ縁もゆかりもなさそうなフランクリンに、神からの啓示など一体いつ下ったのであろうか。人は見かけによらないとは言うものの、あのフランクリンにそんなことがあったであろうか〔羽入以外の誰が、そんなことを主張したろうか!?〕。筆者は本節の冒頭で次のように述べた。フランクリンの『自伝』中には、神の啓示がフランクリンに下ったというような類の摩訶不思議で敬虔な記述など残念ながら全く見つけ出せない、遺憾にもそのことに世界のヴェーバー研究はこれまで気づいてこなかった、と」（二五七）。「世界のヴェーバー研究」がいかに多岐にわたろうとも、「倫理」論文の本題と論脈から逸れた、「神の啓示がフランクリンに下った……摩訶不思議」などという戯言を真に受け、裏づけを『自伝』中に捜そうなどとは、誰ひとり思ってみなかったろう。「世界のヴェーバー研究」は、「末人」の迷妄を中心に回っているのではない。

第二節 「改信」とは、「三徳への功利的開眼」で、「啓示による宗教的回心」ではない

羽入は、第三節『『神の啓示』の謎(2)』でも、さほどの価値関係性はもたない、フランクリン『自伝』中の一語「啓示 Revelation」(二用例)にこだわり、ヴェーバーが「フランクリンの道徳的訓戒全体に見られる功利的傾向」の証拠ⓐに採用し、「倫理」論文の注に引用していた箇所を、同節冒頭で再度、こんどは英語版原文から引用している(一五八)。ところが、羽入はそこで、原文の not (no) A, but B 構文を、indeed A, but B の譲歩構文と取り違え、原語と訳語「確かに」および「しかし」(こちらは誤訳)を、わざわざ網かけして表示している。原文でも諸訳でも、「啓示は重みをもたなかった」という not A の趣旨が、そのまま B で、「徳目の評価規準は、人生の幸福にとっての効用で、啓示ではなかった」と敷衍されているだけであるから、B に前置されている but は、「しかし」とは訳せない。

ところが、羽入は、なにを思ったのか、譲歩構文が一般に用いられる状況について縷々解説し、独訳も sondern を「英語原文の but に忠実に、『しかし aber』に置き換えた」(一六〇)ほうがよかったと主張する。そのうえで、A に「呼応」する「キーワード」を検索し、「意外にも簡単に」(一六一)、つまり直前のパラグラフに、「十五歳になるかならぬかで……啓示そのものを疑い始めた」という箇所を「見つけ」(一六二)、「呼応」関係をつぎのとおりに説明する。

「フランクリンの言う『啓示』とはこの啓示のことである。『啓示は確かにそれ自体としては私にとって何らの重みも持っていなかった。しかし[!?]……』というあの文章は、『ところが、私は、十五歳になるかならぬかで、……啓示そのものを疑い始めるようになった。』というこの文章とつながっているのである。すぐ直前[sic]のパラグラフで、十五歳になるかならぬかで啓示すらも疑い始めるようになってしまった、と書いてしまっていただけに、それとは打って変わって[!?]『私は人と人との交渉において真実、正直、誠実といったものが人生における幸福にとって[!]最も重要であると確信するようになった。そして私はそれらを生涯実行するために決心を書き記したものを作り、それは

いまだに私の日記に残っている。』といかにも抹香臭く道徳的に説明し始めた時、何らかの留保事項を付けておく必要をフランクリンは感じた[!?]のである。『啓示は確かにそれ自体としては——相変わらず——私にとって何らの重みももっていなかった。』と」(一六二—三)。

しかし、フランクリンが「啓示を疑い始めた」ことと、「人と人との交渉において真実、正直、誠実といったものが人生における幸福にとって最も重要であると確信するようになった」こととは、どういう関係にあるのか。前者から後者への移行は、なにか「打って変わって」ともいうべき「回心」であろうか。フランクリンが、再度「神の啓示」を受け、あるいは信じなおし、それによって「真実、正直、誠実という徳目の重要性」を確信するようになった、と告知しているのなら、話は別である。しかしかれは、羽入の引用にも明記されているとおり、それらの徳目が「人生における幸福にとってもっとも重要」と確信するようになった、といっているだけである。ということは、かれがいぜんとして、「神の啓示」ではなく「人生における幸福」を評価規準とする功利主義の平面に立っていて、その枠内でただ、真実などの徳目がやはり「人生の幸福にとって」こそきわめて重要と確信し、その遵守を決意し、日記に書き留めた、というにすぎない。そうした三徳目遵守の道徳的決意を、さらに「十三徳樹立」のような「完徳の達成」へとエスカレートさせ、それをどんな方法で実現するか、といっそう実践的に問題を立てなおし、日ごとの「自己審査」という方法的実践に踏み切り、まさにそれゆえ「規範としての倫理」と「実践としてのエートス」との乖離、したがって「たんに理論上の確信 the mere speculative conviction」の限界に直面して、(カルヴィニズムの「隠れたる神」ではなく)「啓示された勧善懲悪神」の「慈悲深い」支援を希求し、「善徳が『利益』に結びつくこと自体、(徳目を『固有価値』としては遵守しきれない『倫理的弱者』の)自分にも、なおかつ善をなさしめようとする『恵み深い神の摂理』である」と悟るのは、まだ先のことである。とすれば、「三徳の重要性への開眼」というこの第一転機では、いわば「人生における幸福」を規準とする「功利的道徳観」ないしはその「たんに理論上の確信」が成立しているにすぎず、なるほど「道徳的」ではあっても、いささかも「抹香臭く」はない。羽入は、フランクリン『自伝』の原文からも、「三徳の重要性への開眼」という第一転機の性格とその限界を読み誤っているのではないか。

それに、①「神の啓示への疑い」②「三徳の重要性への開眼」③『神の啓示』そのものの重さの否定」④「徳目評価規準の『人生における幸福』への変換」という意味連関を、かりに羽入のように捉えるとすれば、②の文章にindeedが入り、③④（not A, but B）連結の冒頭に、逆接の接続詞Butが立たなければならないであろう。かりにそうであったとすれば、①「神の啓示」を疑い、放棄した、②それにもかかわらず、「打って変わって」、確かに「三徳の重要性に開眼」はした、③しかし、（それはなにも、ふたたび「神の啓示」がくだったとか、聖書に啓示されている「神意」を再認識したから、というのではなく）『神の啓示』そのものは、わたしにとってなんの重みもなく」、ということはつまり、④「内容としては同じ徳目でも、その評価規準は、『神の啓示』から『人生における幸福』に置き換えられていた」というふうに訳出され、羽入の主張どおりに解釈することができよう。

ところが、フランクリン『自伝』のほかならぬ英語版原文において、indeedはじっさいには③に挿入されている。ここでふたたび、英語版原文と独訳とを比較してみると、独訳では、羽入が主張しているように「ついにendlich」と「そのとき以来von jenem Augenblick an」という副詞と副詞句が付加されているだけではなく、③に「とはいえjedoch」という逆接の副詞が加えられ、羽入流の解釈に近づいている。また、この箇所の「倫理」論文からの邦訳は、梶山訳／安藤編で「だが私には、啓示の内容そのものが……」（九六）、大塚・梶山訳で「私には、だが、啓示そのものが……」（四八）、阿部訳では「だがこの啓示そのものは、……」（一五二）とあり、唯一（独訳を英語版原文と照合したと思われる）大塚単独訳だけが「私にとって、それが啓示だったことが重要だったわけではない」（四九）と、jedochを省いて、英語版原文どおりに訳出している。とすると、羽入の解釈は、主観的には英語版原文に厳密にしたがっているつもりでも、じつはそうではなく、例によって原文のページも注記してはいるものの、（英語版原文からは逸脱した）独訳と、（おそらくは独訳からの直訳で、それに応じて同じく英語版原文からは逸脱した、大塚単独訳以外の）邦訳三種とに引きずられて、②の「開眼」をあたかも「啓示による回心」であるかのように読み、この解釈をあとからフランクリンの原文に読み込み、それに合わせて副詞 indeed を③から②に移し、構文まで譲歩構文と取り違えているのではあるまいか。

①から④にいたる大意は、（英語版原文はもとより、独訳／諸邦訳でも）当該箇所を成心なく読めば、無理なくつぎのとおりに解されよう。すなわち、「十五歳のころ、『神の啓示』を疑い始め、それまでは『神の啓示』として根拠づけられていた道徳的行為準則（徳目）までも否認するにいたったが、その後、そのためにさまざまな不都合が自他に生じてきた結果／効果を、経験的に見きわめ、そういう人間生活への効用というまさしく功利的見地から、人間関係における真実、正直、誠実の三徳目が『人生の幸福にとって』きわめて重要との『理論的確信』に到達した、したがって『啓示』そのものには、その間一貫して重みはなく、たとえ徳目が内容上は『啓示』に一致するとしても、その根拠づけないし評価規準は『人生の幸福』に移されていた」と。このように読めば、論旨はまことになだらか（順接的）で、趣旨一貫している。ヴェーバーは、三徳への「理論的確信」にいたるこの経過――譲歩構文で表現されなければならないような「ジグザグ」ないし一進一退はともなわず、首尾一貫して功利的な地平を越えない経過――を指して、なるほど「徳への『改信』物語 die Erzählung von seiner »Bekehrung« zu jenen Tugenden」とは呼んだ。[41] しかし、その「改信」とは、「天啓」「神の啓示」を疑うあまり徳目まで否認してしまったそれ以前の境地からは「徳への『改信』」であっても、「（宗教的）啓示体験による回心」というような意味ではない。だからこそ、ヴェーバーはそれを、フランクリンの道徳的訓戒全体におけるもっぱら「功利的側面」「功利的傾向」の証拠ⓐとして、的確に挙示しえたのであろう。むしろ羽入ひとりが、「改信」といえば「啓示」、「啓示」といえば「聖霊降下による百八十度の劇的回心体験」というふうに、「キーワード」の類似ないし一致に引きずられて早合点に恣意的転釈を重ね、反対証拠どうし（「功

利的傾向を越えるもの」の証拠ⓓと「功利的傾向そのもの」の証拠ⓐと）を混同し、そうしているうちに（ⓓの「啓示」を『自伝』でなく「倫理」論文中に捜すという）自分の「邪道」「本末転倒」も忘れて、迷走また迷走、ついに「中学英語さえ分かれば誰にでも分かる」構文 not A, but B を、譲歩構文 indeed A, but B と取り違えるところまできてしまったのではあるまいか。

第二二節　構文取り違えの深層——他人を陥れる戦略が裏目

右記のとおり、羽入は、原文の①から④にいたる文脈から、ことさら②「三徳の重要性への開眼」を取り出し、解釈上は indeed もそこに移して考え、当の「開眼」をなにか、それ以前とは「打って変わって」「抹香臭い」、つまり宗教的な確信に「回心」した一齣であるかのように強調している。その点はまた、すぐあとのところで、フランクリンが「感じた」こととして（「感情移入」というよりもむしろ「感情投入」して）言葉を補い、「啓示そのものは相変わらず自分〔フランクリン〕にとっては意味を持たなかった〔③〕。しかしそれにもかかわらず〔!?〕、啓示された教えに対して〔!?〕自分〔フランクリン〕はある程度まで忠実に、したがって以前よりもずっと道徳的に生きるようになり始めた〔②〕」（一六三）と敷衍している（じつはご覧のとおり、②と③を入れ替えてしまっている）ところからも、明らかであろう。羽入がさらに（「感情投入」を強めて）いうには、それにたいしてフランクリンは、「読者に対し自分の説明が余りにも信心深そうに映りかねぬことを懸念して」（一六二）、あるいは「自分の説明が読者をして、彼の父が息子である自分に望んだような全く〝正統的〟な長老派教会の宗教性へと自分がその当時すでに改信していたと誤解させることを恐れ」（一六三）て、[42] いわばそうした宗教性の印象を払拭しようと、but (sondern, 羽入によれば aber) 以下の「しかし〔!?〕

私は、……の意見を抱いた〔④〕」というくだりを書き足したのだそうである。羽入によれば、なんとそこに、『自伝』に現われた「フランクリン自身の性格」の「正直さ」「誠実さ」が看取されるという。

このように、②の記述からことさら「啓示された教えへの（ある程度の）忠実」「抹香臭さ」「信心深さ」「長老派教会の宗教性」を「読み取れる」――あるいは、そう「誤解」されかねないほどである――と繰り返し強調するのも、「啓示」を「聖霊降下‐劇的回心体験」と転釈し、ヴェーバーによる反対証拠ⓓ（「自己〔利益〕中心の「功利的」準則を粉飾すること以外のなにものか」の証拠）中の「啓示」を、この③の「啓示」と（当初には「邪道」「本末転倒」と知りつつ、語形の一致に引きずられて）短絡的に結合／混同し、この羽入の解釈を、彼我混濁からヴェーバーに押しかぶせて、ヴェーバーがそう「誤読」したという結論に持っていこうとする羽入の戦略と、半ば無意識裡にも連動しているのではないか。すなわち、②の「三徳の重要性への開眼」をいかにも「啓示」体験による敬虔な「回心」――その意味の「改信」――であるかに（フランクリン自身、そういう「誤解」をまねきかねないほどに、いったんは「譲歩」して記述していたと）見せ、ヴェーバーが当の記述に「引きずられて、そう誤読、誤解した」というふうに描き出そうとするあまり、フランクリンの記述自体も、そうした「誤読」「誤解」を触発しかねないほどのいわば「啓示関連性」をそなえているかのように、羽入のほうで右記「啓示された教えへの（ある程度の）忠実」「抹香臭さ」「信心深さ」「長老派教会の宗教性」などの語句を補って誇張し、羽入自身の戦略に好都合に、傾向的に解釈して組み入れた結果といえよう。

ところで、迷走がここまでくると、羽入のヴェーバー「批判」とはいったいなんだったのか、と改めて問わざるをえなくなる。ヴェーバーは、フランクリンにおけるこの「三徳の重要性への開眼」を、『自伝』のコンテクストを適切に解して、「啓示の教えへの（ある程度の）忠実」「抹香臭さ」「信心深さ」「長老派教会の宗教性」といった誤解の余地はない、正反対の功利的確信形成として捉え、さればこそもっぱら、フランクリンの道徳的訓戒全体における「功利的傾向」の証拠ⓐとして挙示していた。この傾向が一人歩きすれば「効果が同等ならば外観の代用で十分」とする「偽善」にもいたりかねない、とまで論じていた。とすると、ヴェーバーのこの議論は、フランクリンにおける「神の啓示」への敬虔や、そうした啓示宗教性に由来する倫理性・エートス性には反対し、それを否認して、フランクリンをもっぱら「功利的」人物として捉えたいらしい(43)羽入にとっては、それだけ有利な証拠ではないか。ところが、羽入はここで、羽入自身の「英語版原文解釈」として、「開眼」のほかならぬ功利性を否認し、むしろ「啓示の教えへの（ある程度の）忠実」「抹香臭さ」「信心深さ」「長老派教会の宗教性」といった反対傾向を、少なくともそう「誤解」されることを「恐れ」てあとから「逆接の構文」で打ち消さなければならないほどのものとして描き出し、そのかぎりで承認してしまっている。ということはとりもなおさず、「開眼」について、せっかくヴェーバーが提供してくれていたもっぱら羽入に有利な「功利性」の証拠を、ちょうどそれだけ減殺し、不利な証拠に転釈し、自分の評言と主張をかえって弱めている、ということになろう。

羽入は、なにがなんでもヴェーバーを撃てればよいとばかり、「キーワード」として飛びついた「啓示」をめぐって「疑似論証」にのめり込み、些事拘泥の語義詮索に没頭するあまり、大局が見えなくなり、自分がなにをやっているのかも、分からなくなってしまったのではないか。しかも、羽入は、自分がそうした論理的背反関係に陥っていることに気がつかない。自分の主張を自分でつぶす「自己否定」「自殺行為」に大わらわである。「没意味と弱論理の迷走のはて」という以外、なんと称すべきか。

第二三節　引用法の類例比較——「不都合でない語句を引用しなかった」のが「詐欺」なら、「不都合な語句の削除」はなにか？

さて、フランクリンは、件の一節につづけて、当の三徳の重要性にかんする功利的確信そのものの効用を、後の（『自伝』執筆の）時点からふりかえり、つぎのとおりに相対化して確認している。

「こうした信念をえたお蔭で、さらにまた、恵み深い神の摂理のため with the kind hand of Providence か、守護天使の助けのためか、あるいは偶然にも環境に恵まれたせいか、またはそれらすべてによってか、わたしは遠く父の監督と訓育のもとを離れ、他人の間にあってしばしば危うい境遇に陥ったにもかかわらず、危険の多い青年期を通じて、宗教心の欠如から当然考えられる意識的な下等下劣な不道徳や非行をひとつも犯さないですんだのである(44)」と。

ところが、羽入は、この箇所を、つぎのように引用する。

「こうした『信念 persuasion は……[sic]』——とフランクリンは続ける——『青年期のこの危険な時期を通じて、……[sic] **私が信仰心を欠いていること my want of religion** から当然予想されたような、意識的なはなはだしい不道徳や非行から私を守ってくれた』（一六四、……は羽入）と。

つまり、フランクリンが右記のとおり「恵み深い神の摂理」「守護天使の助け」「有利な環境」など「功利的確信」以外の要因を列挙している箇所を、「——とフランクリンは続ける——」という語句を挿入して塞ぎ、読者の目から遮っている。他方、「宗教心の欠如」には傍点を振り、原文まで引用して、強調している。その結果、読者は、羽入書を読むかぎりでは、フランクリンがあたかも、青年期に道徳的非行から免れたという結果を、もっぱら「自分固有の功利的信念」（一六四）に帰し、これにのみ「感謝の念」を「捧げている」（一六四）かのように、受け取らざるをえないであろう。

ところで、羽入によるこの引用操作は、羽入がヴェーバーについて問題とし、ヴェーバーを「詐欺師」と決めつける一根拠とした「ヴェーバーの引用操作」と一見よく似ている。そこで、両操作を類例として比較してみるとしよう。まず、「ヴェーバーの引用操作」についてであるが、フランクリンは『自伝』中で、『箴言』二二章二九節を引用した直後に、「わたしはその時分から、勤勉を富と名声を得る手段と考え、これに励まされていた」と述べている。(45) ヴェーバーは、「倫理」論文中で、フランクリンに「特有の職業義務観」とその宗教的背景を示唆するために、この箇所から『箴言』二二章二九節を引用した。(46) ところが、羽入は、このあとの（羽入書第三章）第五節で、ヴェーバーを「好き勝手に資料を切り刻んでしまう」プロクルーステースになぞらえたうえ、ここも、「『箴言』二二・二九からの引用のみで切ってしまって」『倫理』論文だけを読む限り、読者にはフランクリンがその直後に『自伝』で何を述べていたか分からないような仕組みになっている」（一八八）と難詰する。さらに第六節では、「彼〔ヴェーバー〕は……『自伝』において『箴言』二二・二九から引用がなされている部分のコンテキストを、今度は『啓示』の場合のように単なる不注意からの軽率さ〔!?〕ではなく、恐らくは意図的に無視した」（一九〇）と推認し、そのうえに、「世間では普通、こうした作業を指して『でっち上げ』と言い、そうした作業をした人物を『詐欺師』と呼ぶ」（一九二）と決めつけている。

さて、「勤勉を富と名声を得る手段と考え、これに励まされていた」というフランクリンの言表は、ヴェーバーにとって（かりにかれが、不都合な語句は削除／隠蔽するプロクルーステースであったとしても）、なにかぜひとも隠蔽しなければならないほど不都合な、功利主義一辺倒の標語であろうか。いな。フランクリン二文書抜粋によって「暫定的に例示」される「資本主義の精神」エートスは、「貨幣増殖―信用取得―徳目遵守」という独特の構造をそなえている。そこではたとえば、「勤勉」という徳目が、もっぱら「固有価値」として措定され、「価値合理的」な遵守を要請されるのではなく、（「職業における熟達」の表示であるかぎりの）「富」という「最高善」にたいして、その「富」増殖に不可欠の「信用」、あるいは（大なる「信用」をともなう）「名声」とともに、あるいは「信用」「名声」を介して、

「目的 - 手段」の系列に編入される関係にもある。そのためにいきおい、(たとえば「他人から『正直』『勤勉』と見られて『信用』され、この『信用』を『利殖』に活かせる」といった)徳目遵守の効果に力点が移動し、それだけ功利主義へと推転をとげ、ばあいによっては「効果さえ同等であれば外観の代用で十分」という「偽善」にもいきつく傾向を帯びざるをえない。とすれば、「勤勉を、富と名声を得る手段と心得、これに励まされていた」というフランクリンの語句は、「資本主義の精神」エートスに固有のこの二面構造と変動傾向を、的確かつ明快に表示する恰好の標語をなしているといえよう。

そういうわけで、ヴェーバーにとって、当の語句の意味内容は、なにも読者に隠さなければならないほど不都合ではなく、かえって逆に、恰好の引用を逃して惜しまれるくらいである。したがって、当の語句がヴェーバーには「不都合」なので「不作為の作為」を弄して隠蔽したにちがいない、という羽入の推測は、この一点から見ても失当というほかはない。むしろ、羽入のほうが、「倫理的か、功利的か」の形式論理的二者択一に囚われ、「精神」のこの二面構造と変動傾向(あるいは、「精神」におけるエートス性と功利性との対抗的/動的均衡)を把握できない、つまり「倫理」論文の読みが浅い、という実情を露呈する一幕といえよう。ただ、ここで問題としたいのは、羽入によるヴェーバー非難の、そうした意味内容上の当否ではない。問題はむしろ、羽入が、ヴェーバーを「不都合な(と羽入は考えている)語句を意図的に伏せて、読者を誤導し、欺いた」といって非難するのであれば、その非難は翻ってそのまま、羽入自身に当てはまる、という関係にある。ヴェーバーが、ある箇所の後続部分を、好都合であれ、引用しなかったという事実を捉えて、「不作為の作為」「意図的無視」「でっち上げ」「詐欺」と決めつけるのであれは、引用文中の語句と語句との間にある(このばあいは、羽入にとって明らかに不都合な「恵み深い神の摂理」への言及)部分を削除し、読者には「分からないような仕組みに」する引用操作も、羽入がヴェーバーを「詐欺師」と決めつけたのと同一の論法で、「意図的無視」「でっち上げ」「詐欺」として断罪されるよりほかないのではないか。

それとも、羽入は、同じことをしていても、自分は別格で、ヴェーバーであれ誰であれ、自分が攻撃対象に選んだ他人は、同じ論法で断罪できるし、断罪すべきだ、とでもいうのであろうか。他人の「知的誠実性」は、些細な点まで口を極めて問い糾しながら、自分については、同義／等価以上の問題事実を指摘されても、自分の「知的誠実性」にかけて応答することは拒む、つまり「自分の恣意を絶対化し、他人は理不尽に断罪し、異議申し立てを受けても、そのまま知らん顔を通す」というのであれば、これはもう「知的誠実性」を騙って恣意をゴリ押しする「知的不誠実の極」、「知性領域に姿を現したファシズム」というほかはあるまい。

さて、羽入は、「恵み深い神の摂理」を丸ごと文面から抹消する右記のような引用操作により、客観的には明らかに、おそらく主観的にも半ばは意識して、不都合な事実を隠蔽し、読者を誤導している。もとより、そうした「引用時の恣意的削除‐隠蔽操作」そのものが、知的誠実性の要請に悖り、学問エートスの根幹に触れる重大問題ではある。しかし、「ことがらに即して sachlich」見ると、ある意味でそれ以上に重大なのは、こうした操作による言表抹消のため、フランクリンは明記していた「恵み深い神の摂理」をいったいどう理解すべきか、「功利的確信」とこの「神の摂理」との関係をフランクリンがどう捉え、どう考えていったのか、この点にかんする第二の転機はいつ、どのようにフランクリンに訪れたのか、というような、重要で興味深い問題が、読者の視界から丸ごと消されて、問うにも問えなくなってしまうことであろう。

羽入は、「第二転機」問題への議論[47]を右記「引用操作」によって阻んだあと、自分の「疑似論証」の結論だけを急いでいる。羽入の読者誤導を是正するのに必要と思われる語句を最小限［ ］に括って挿入／補足しながら、かれの結論を引用すれば、つぎのとおりである。

「フランクリンによって『自伝』において言及されている〝啓示〟というものが、彼が十五歳になるかならぬかで疑い始め、以前ほどは確かに極端に理神論的ではなかった青春期のより後期の時代においても、信仰心の欠如のために彼にとっては相変わらず何の重みも持っていなかったところの〝この啓示〟であることはもはや〔!?、初めから、なにも英語版原文を参照しなくとも〕明らかであろう。この時期において自分に『神の啓示』が下った〔と、「啓示」を「啓示体験」に転釈する〕とか、あるいはましてや、当時の自分を『意識的なはなはだしい不道徳や非行』といった思春期にありがちな危険から救ってくれたあの自分の功利的信念を〔「恵み深い神の摂理」から切り離し〕、ヴェーバー〔について羽入〕がおこなったように、『そのことを通じて自分を徳へと導かんと欲し給うた神の啓示に帰する』などという物語を作り上げ〔て、ヴェーバーに帰す〕ることが、もはやフランクリンにとって前後の文脈からして〔また、当の文脈を的確に捉えたからこそ、『改信』を『功利的傾向』ⓐの一証拠とした、ヴェーバーの立論の趣旨に照らして〕到底不可能であるということもまたすでに明らかであろう。ヴェーバーは誤読した〔と論定したかったが、早合点／転釈／混同にもとづく迷走のはて、「天を仰いで唾する」結果に終わった〕のである」（一六四）。

第二四節　オリジナル草稿の「効用」——初めから分かりきった事実も「世界初の発見」？

つぎに羽入は、「念のために検証しておくべきこと」（一六五）と称して、またしても「三徳の重要性への開眼」問題を蒸し返す。フランクリンにおける開眼の契機は、自分や友人の放縦傾向（という効果、結果）にたいする功利的な現実的判断で「神の啓示」ではなかった、というのである。はて、その事実は、邦訳でも独訳でも『自伝』をひもといて成心なく一読すれば、誰にでも（右記①〜④のとおり）無理なく分かることではなかったか。ヴェーバーもまた、当の「開眼」を「功利的傾向」の証拠ⓐと位置づけたからには、それを「功利的な現実的判断」と認めこそすれ、否認するはずもなかろう。ところが、羽入ひとり、さきほどは当の「開眼」を、「啓示の教えへの（ある程度の）忠実」

「抹香臭さ」「信心深さ」「長老派教会の宗教性」の表明といった「誤解」をまねきかねず、「逆接構文」で打ち消さなければならないほどのものとして描き出すのに大わらわで、誰にでも読み取れる当然のこととは、つゆ思わなかったようである。そこで羽入は、ここにきて初めて、その当然の事実に直面し、自分の不明を恥じるどころか、それをあたかも、英語版原文に遡って初めて到達しえた「新発見」であるかのように書き立てる。しかもそのうえ、またしてもその「新発見」を楯に取って、じつは自分が（早合点／恣意的転釈／反対証拠との混同によって）創作した「ヴェーバー藁人形」を、再三斬りつけるのである。いわく、開眼の契機は、「ヴェーバーが言うような神の啓示などという超自然現象ではな」（二六五）い、「ヴェーバーが主張したような『神の啓示』のおかげではな」（二六六）い、「『そのことを通じて自分を徳へと導かんと欲し給うた神の啓示に帰している』とヴェーバーのように主張することが不可能であることはもはや明らかである」（二六六）、と。独り合点の思い込みを、なんど披露すれば、気がすむのか。「徳への『改信』物語」を、「功利性を越えるもの」の証拠ⓓとしてではなく、他ならぬ「功利性」の証拠ⓐとして挙示した、まっとうな研究者が（ヴェーバーならずとも）、そんなことを言ったり、主張したりするわけがないではないか。

　しかも、そのあとにはさらに「おまけ」がついている。羽入によれば、当の事実は、「実を言うと、フランクリンのオリジナルな草稿を見さえすれば、もっと明白かつ簡単に［！］説明がつくことなの」（二六六）だそうである。「ただ、筆者［羽入］としてはヴェーバーに対しフェアに対するために、これまで意図的にオリジナル草稿は用いてこなかった」（二六六）という。これは面白い。「すわ、玉手箱からなにが出るか」と胸を踊らせて「オリジナル草稿」を拝見すると、あにはからんや、Revelation が revealed religion であったとか、as such が as a Rel［igion］であったとか、別にどうということもない、同義反復あるいはせいぜい辞書解説[48]の範囲内における語の置き替えで、一行注記しておけば済む程度のことである。ところが羽入は、例の[49]「なにがなんでもオリジナル」という「価値関係性に無頓着な」衒学癖ないし『原典』呪物崇拝」から、二ページを越える紙幅を費やし、（ここは写真入りとまではいかないにせよ）

全文印字して添削跡をうやうやしく再現して見せる。お決まりの念の入れようである。というのも、羽入は羽入なりに、フランクリンがその「オリジナル草稿」をそのまま世に出していたら、「ヴェーバーは誤解をせずにすんだであろうか」（一六八）との（「誤解」を前提とする）「疑似問題」を立て、その責任を、フランクリン／独訳者／邦訳者でなく、もっぱらヴェーバーに帰する「疑似論証」で紙幅を稼ぎ、自分が「オリジナル草稿」まで「研究」して「ヴェーバーの誤解とその責任」を世界で初めて「立証」したという「疑似業績」を誇示するのに、「オリジナル草稿」が小道具として役立つと踏んだのであろう。「没意味と弱論理の迷走」もここまできて、（資料の価値関係性／合目的性に無頓着で、制御を欠く）「なにがなんでも原典主義」と、（他人の「原典無視」と「それゆえの誤読」「誤読責任」をあげつらえると思うと、そのかぎりで「原典精査」を装い、他人の不運・不幸への悦び Schadenfreude に耽る）「パリサイ的原典主義」の衒学癖と、見事に合流した、といえよう。

「念のための検証」をへた羽入の結論は、つぎのとおりである。

「以上により、フランクリンの功利的傾向を否認し、エートスと呼ばれるほどに特有の倫理的色彩を帯びたものとして構成されたはずの『資本主義の精神』の理念型を保持しようとするためにヴェーバーが持ち出した論拠のうち、第二のものは成り立たぬことは証明されたと考える。テキストであるフランクリンの『自伝』における『啓示』という言葉の持つ意味をそもそも誤読していた［と、羽入のほうが早合点／転釈／混同から誤解している］以上、ヴェーバーの主張は成り立たない［かどうかも、誤解にもとづく臆断の域を出ない］。」（一六九）

第二五節　ミュラー訳に「誤誘導」されたヴェーバーは「原典を読まなかった」？

しかし、迷走もここまでくると、止めようにも止まらない。羽入はなおも、「一体ヴェーバーは『自伝』を果たして英語できちんと[!?]読んでいたのであろうか」（二六九）と問い、ヴェーバーが「功利的傾向」の証拠ⓐとして注記した独訳文と、ミュラーの独訳文との対比を企て、双方間の異同を検索する。[50] そして、例の「ついに endlich」と「その時以来 von jenem Augenblick an」という副詞と副詞句が、ミュラー訳にも見られることを指摘し、この二語句の加筆で「啓示」が「劇的啓示体験」に変わるという件の牽強付会[51]を、ここで再度登場させ、ヴェーバーもこれに「誤誘導」されたのではないか、と推測する。

「ここで考えられるのは、ヴェーバー自身が独訳者によるこの二語の加筆のために、ある特定の瞬間にある特定の啓示がフランクリンに神から下りたと誤読させられたのでは、という可能性である。原文を読んでいれば、この部分はニュアンスが異なるので、誤誘導はさせられないであろうが、独訳のみしか読んでいない場合には、ミュラーがこの部分あまりに説明的な加筆をしてしまっているだけに、あたかも啓示がフランクリンに下りたかのように誤解させられる可能性が確かにあるかもしれぬ。」（二七六）

じっさいには、「啓示」を「啓示体験」に転釈し、「ある特定の瞬間にある特定の啓示がフランクリンに神から下りたと誤読」したのは、羽入自身である。ところが、かれは、持ち前の彼我混濁から、この誤読をヴェーバーに押しかぶせたうえ、「なぜヴェーバーは誤読したのか」という「疑似問題」まで立て、独訳時の加筆による「誤誘導」という（内容上も牽強付会の）「疑似回答」を提出していた。それをここで、またもや持ち出すのである。というのも、この「疑似回答」を前提として、そのうえさらに「原文を読んでいれば誤読させられないのに、ミュラー独訳文の『誤誘導』に乗って『誤読』したとなると、ヴェーバーは英語原文を『きちんと』読んではいなかった」と推認できると踏んだからであろう。つづけて羽入はいう。

「ヴェーバーがフランクリンの『自伝』を原典では読んでいなかった可能性というのが［sic］ここからうかがうことができるであろうが、しかしこれ以上は推測の世界での物言いにしかならぬので控えるべきであろう。確実に論証できる部分のみに論点は絞るべきである。」（一七六）

なにか「急に腰が砕けた」かのようである。しかし、推測に推測を重ね、結論内容は十二分に示唆して読者を誘導しておきながら、立証は無理と見るや、身を翻して論定は避け、むしろ「殊勝な自己抑制」を装って、他の推測内容は「確実な論証」と見せかける、小賢しい論法ではないか。羽入書でこの種の論法に出会ったのは、これが初めてではない。第一章でも、たとえば、「エリザベスⅠ世時代に刊行された英訳聖書は三種のみ」という制限条項を独断的に設定しておき、そのうえで消去法によって「ジュネーヴ聖書」と「エリザベス女王時代の英国国教会の宮廷用聖書」との「混同」というヴェーバーの「錯誤」「非常識」を推定したり、(52)『ベン・シラの知恵』の英訳を調べなかったのも「調べると自分の立論が破綻してしまうと予感していたからだろう」と推測したりしては、(53)「専門家が腹を抱えて笑う」図を思い描いたり、「どうせ英訳聖書にかんする細かい注の部分など、誰も調べやしないと高をくくっていたろう」と（いかにも羽入が思いつきそうな）推定評言の表出で「溜飲を下げ」たりしながら、最後の詰めで「身を翻し」、論定は回避して、「踵を返して」いた姿が、想い起こされよう。

羽入は、この第三章第三節でも、ヴェーバーの注記とミュラー訳とを対比して異同を検出する作業にとりかかるや、自分がこの章のこのコンテクストでは「ヴェーバーによる功利的傾向『否認』の論拠②」の論駁という限定された課題に取り組んでいることも忘れ、『箴言』二二章二九節の訳語に引きずられて脱線し、第二章のテーマとして散々論じた「十八番」の「アポリア」問題を蒸し返して、延々と論じ立てる。羽入が、自分の叙述を、自分の主題設定と分節課題に即して論理的に組み立て、極力無駄や重複を省いて、論理整合的に展開することができず、このように繰り返し論脈を逸脱しては、いわれのない推測／想像上のヴェーバー非難に耽溺してやまないのも、そうすることで、羽入を駆り立てているヴェーバー憎しの「逆恨み」衝動が、たとえ虚妄であれ、主観的印象評言の表出自体によって情動的に充足され、「溜飲を下げ」られるからではないか。ここに、この脱線の結論部分を引用すると、つぎのとおりである。

「ヴェーバーはミュラー訳の『箴言』二二・二九の部分のみを見て、ルターの“Beruf”‐概念へこれで遡れる、と早とちりしたのではあるまいか。そして『倫理』論文の前半部分の論証構造を一気に作ってしまったのではあるまいか。彼の頭の中での着想そのものとしては、『倫理』論文はあっと言う間にでき上がってしまったのであろう。そして恐らくは後になってから、全体の論証もかなりでき上がった頃になって初めて、ルター聖書がその部分を“Beruf”とは訳していなかったことに彼は気づいたのであろう。こうして彼は、自身が作りだしたアポリアに堕ち込む［と、羽入は、「自身が作りだしたアポリア」にヴェーバーを陥れたつもりになる!?］。

ミュラー訳はフランクリンの『自伝』の“calling”という語を訳していた以上、“Beruf”で適訳である。アポリアの責任はミュラー訳にはない。ヴェーバーを苦しめた［!?］アポリアを生み出す直接の切っ掛けを作ったのは、ミュラーではなく、フランクリンである。フランクリンが通常の英訳聖書には存在しない［が、バクスター以来のピューリタン的な］言い回し“calling”で『箴言』二二章二九節を引用したために、［当然ルターのGeschäftとの不一致が歴史的に生じていたのであって］全てのアポリアは［もっぱら「語形合わせ」しか眼中にない羽入の頭のなかにだけ］生じたのである。

ルターがその部分を“Beruf”では訳していないと気づいた時、論証構造に無理が生ずることは分かったはずであるから、学問的良心からするならば『倫理』論文の構想をいったんは破棄すべきであったのである。出発点をフランクリンではなく別の人物にして再度論証し直すべきだったのである。ただ、彼はそれをしなかった。無理を押し通してしまった。出発点の無理は、後になってから修正しようとしても、もはやどうにもならない。無理［「疑似アポリア」!?］

が最初に存在すれば、さらに無理を重ねることになる。無理に無理を重ねた末に、何ともいびつに歪んだ、グロテスクなまでに晦渋な『倫理』論文〔羽入書!?〕の論証構造が生まれてくることとなる。」（一七五）

この「論証構造」問題につき、筆者のほうからは、筆者の解釈を具体的に提示[54]しながら、羽入の「知的誠実性」にもとづく応答を求めている。羽入も、筆者の要請に答え、羽入の解する『倫理』論文の論証構造」とは具体的にはどういうものなのか、「確実に論証」して、示してほしい。そのうえで、それが「何ともいびつに歪んだ、グロテスクなまでに晦渋な」ものかどうか、読者を交えて、大いに論じ合おうではないか。

第二六節　問題は、フランクリンの人柄ではなく、「経済倫理」（貨幣増殖と倫理との稀有の癒着）

ヴェーバーは、「倫理」論文第一章第二節第四段落で、フランクリンの二短篇「富まんとする者への指針」と「若い商人への助言」から、かれの「経済観」「経済倫理」「経済志操」が端的に語り出され、「時は金なり」「信用は金なり」の二標語に集約されている箇所を、（フランクリン個人の「人物」ないし「人柄一般」を論ずるためではなく）「資本主義の精神」の「暫定的例示」手段として抜粋し、引用している（「二文書抜粋」）。第七段落では、当の「フランクリンの道徳的訓戒 moralische Vorhaltungen Franklins」[55]について、「功利的傾向」の二証拠（ⓐ善徳への「改信」物語、ⓑ「控え目の狡智」勧告）と、反対証拠すなわち「功利主義を越えるなにものか」の二証拠（ⓒ「フランクリン自身のキャラクター」、ⓓ善徳の「有用性」への開眼を「神の啓示」に帰している事情）を、それぞれ挙示したうえ、「この『倫理』の dieser Ethik」特性を、つぎのとおり定式化する。

「この『倫理』の『最高善 summum bonum』ともいうべき、人として自然な享楽をこのうえなく strengst 厳しくしりぞけて、ひたむきに貨幣を、それもいっそう多額の貨幣を追求して止まない努力は、それだけ so 完全に、幸福主義 Eudämonismus や快楽主義 Hedonismus といった観点［の制約］から免れていて、それだけ so 純然たる自己目的と考えられているために、いずれにせよ個々人の『幸福』や『利益』といったものにたいしてはまったく超越した、［その意味では］およそ非合理的ななにものか etwas gegenüber dem »Glück« oder dem »Nutzen« des einzelnen Individuums jedenfalls gänzlich Transzendentes und schlechthin Irrationales として立ち現れている。[56]」

このとおり、ヴェーバーは、丸ごとのフランクリンないしはフランクリンの人柄一般についてではなく、かれの二文書抜粋の「道徳的訓戒」に顕示された「経済倫理」について、「功利的傾向」を越える「禁欲的」特性を、方法自覚的に一面的に取り出し、相対的最上級としての極限にまで煮詰めて――ということはつまり、理念型的に鋭く――定式化しているのである。

ところが、羽入は、羽入書の第三章第三節末尾でも、この箇所を、ヴェーバーが「フランクリンの功利的傾向を否認するために」「持ち出した」「三つ目の論拠」（一七六）と取り違える。すなわち、証拠と反対証拠とがこもごも提出され、相互の関係が問われている議論の土俵そのものを、フランクリン二文書抜粋の「道徳的訓戒」に顕示された「経済倫理」から、その限定を恣意的に取り払って、「丸ごとフランクリン論」ないしは「フランクリンの人柄論」に「間口を広げ」、議論をそれだけ弛んだ「大雑把 sweeping な」一般人物評に鈍化させる一方、フランクリンしか眼中にない狭隘な視圏に閉じ籠もり、主観的な印象評言を述べ立てる。第四節冒頭では、対象のそうした取り違えに見合って、またしても『自伝』に、いきなり（当該理念型の「経験的妥当性」を検証する資料としての当否を問うことなしに）飛びつき、「『自伝』における一体どの部分のフランクリンの叙述を指してヴェーバーは右のような自分の主張の論拠としたのであろうか」と、的外れの問いを発し、「ここでもわれわれは、〝……『純粋に自己目的と考えられている』ような金儲けに関する叙述〟などというものを『自伝』の内に残念ながら見いださない」（一七七）と、「ヴェーバー藁人形」に襲いかかっている。

だが、考えてもみよう。このばあい、なぜ『自伝』なのか。「要素的理念型」としての鋭い概念的定式化に対応するような、そうした叙述を、なぜ、ほかならぬ『自伝』のなかに捜さなければならないのか。

では、「倫理」論文第一章第二節第四段落で、「暫定的例示」手段として引用された「二文書抜粋」から、一読して直観される意味内容とは、なにか。それは、「時は金なり」（生活時間をことごとく貨幣増殖に捧げよ）と「信用は金なり」（対人関係を直接「自己目的的 consummatory」に享受するのではなく、遊休金を借り入れて運用し利殖に活かす手段として「道具的 instrumental」に利用せよ）との二標語に象徴されるとおり、「貨幣増殖」を当面、少なくともこの二文書抜粋のかぎりでは「最高善」とするような、ともかくもきわめて特異で注目を引く「生き方 Lebensführung」ないし「生活規制 Lebensreglementierung」への要請である、と要約されよう。つぎの第五段落で規定されるとおり、貨幣増殖をめざす「勤勉」「質素」「几帳面」「正直」「思慮深さ」といった「行為規範」項目が、同時に「徳目」、その意味で「倫理的な」「行為準則」として、口を酸っぱくして一途に説かれ、「モラリストのスタイルをもって」要請されている。別言すれば、まさに「勤勉を、富と名声をかちえる手段とする心得！」(57)──が、たんに「処世知」としてではなく、「生き方」の信条として、「倫理的な熱情 eine ethische Pathetik」(58)を込めて説かれている。この点は、「一匹の親豚を殺せ kill, töten ば、それから生まれてくる子豚を一〇〇〇代までも殺し尽くす destroy, vernichten ことになる。五シリングの貨幣を殺せ murder, umbringen(59) ば、それでもって生みえたはずのいっさいの貨幣──数十ポンドの貨幣を殺しつくす destroy, morden (!) ことになる」と語り出され、貨幣への注意を怠ることが、「資本の『胎児』を『殺すこと』」、つまり「倫理的罪悪」にたとえられている事実ひとつを採ってみても、一目瞭然であろう。(60)

ヴェーバーによれば、古今東西の箴言に照らして、通例は「反りの合わない」貨幣増殖と倫理とが、このように「選択的親和関係」にあるという驚くべき事態――これぞまさしく「特徴的なこと das Charakteristische」[61]、「事柄の本質に属する dies vor Allem gehört zum Wesen der Sache」[62]「知るに値する」こと、「なぜかくなって、他とはならなかったのか、と説明するに値する」[63]ことなのである。

前述のとおり、この論点は、つぎの第六段落で、前期的大商人の代表ヤーコプ・フッガーを類例として引き合いに出し、歴史的パースペクティーフにリンクさせて、敷衍される。フッガーは、「できる間は儲けよう」と引退勧告を拒んだ事跡からも窺えるとおり、外面的には「時は金なり」のモットーを地で行き、全生活時間を貨幣増殖に捧げる「生き方」をしていたと見られよう。そこで、この外面的類似を基礎としてフランクリンと比較すると、「精神」の相違がそれだけ鮮やかに浮き彫りにされる。「フッガーのばあいには、〔そうした「時は金なり」の外面上の「生き方」にかぎっていえば〕商人的な冒険心と、道徳とは無関係な個人的気質 eine persönliche, sittlich indifferente, Neigung の表明であるのにたいして、フランクリンのばあいには、倫理的に彩色された生き方の準則 eine *ethisch* gefärbte Maxime der Lebensführung という性格を帯びている」[64]というのである。

ところが、この一文を、丸ごとのフッガーが「道徳とは無関係な」あるいは「非道徳的な」「人物」であったのにたいして、丸ごとのフランクリンは、二文書抜粋に見られるような「倫理」の「持ち主」、その意味で「倫理的な」「人物」であった、あるいは、一個人フランクリンの倫理はおよそ、二文書抜粋に見られるような「精神」に尽きている、と読み誤った学者がいた。つまり、この学者は、問題を、経済活動にかんする意味づけ、「経済観」「経済倫理」「経済志操」ではなく、ふたりの主人公の「人柄」一般と取り違えたのである。そこでヴェーバーは、そうしたナイーヴな誤解は金輪際願い下げにしてもらおうと、改訂のさい、この箇所に注記を施し、自説の意味を明快に敷衍した。「いうまでもないことであるが、ここでいわんとしているのは、ヤーコプ・フッガーが道徳に無関心な、あるいは無信仰な人物 Mann であったとか、ベンジャミン・フランクリンの倫理**一般** Ethik *überhaupt* が、右記（二文書から抜粋した）

文章に尽きている、などということではない。ブレンターノは、この点でわたしが誤解しているのではないかと気遣ってくれているが、かれの引用（……）を俟たなくとも、あの有名な博愛家〔フランクリン〕についてはよもや誤解の心配もあるまい。問題はむしろ、かれほどの博愛家が、いかにしてまさにこうした〔貨幣増殖を「最高善」とするような〕信条を、モラリストのスタイルで〔倫理的熱情を込めて〕説くことができたのか、というところにある（ブレンターノは、フランクリンの口吻に固有なこの特徴を再現していない）[65]。」

じっさいフッガーは、今日の「団地」の走りをなすような大規模な救貧集合住宅 Fuggerei をアウグスブルク市郊外に私財を投じて建設するほどの篤志家、その意味で「倫理的」「道徳的」な「人物」であった。しかしかれは、まさに営利追求／貨幣増殖という経済活動そのものにかけては、カトリックの教えにしたがって、それを「倫理とは反りが合わない」、それだけ懲罰に値し、慈善による「埋め合わせ」を要する「反道徳的 unmoralisch」、ないしは「せいぜい大目に見られる」「道徳外の außermoralisch」活動（領域）と感得していた。さればこそ、貨幣増殖の実を挙げれば挙げるほど、「秘かに疚しさを感じ」「死後の懲罰をおそれ」、慈善事業によって「精神的保険をかけ」、屈折して活路を見いだすよりほかはなかったのである。他方、フランクリンは、なるほど「博愛家」と呼ばれるにふさわしい一面をそなえてはいた。したがって、そうした一面をこそ「知るに値する」として「関心の焦点」に据える「フランクリン研究」があっても当然で、それはそれでいっこうに差し支えないばかりか、大いに望ましいことでもあろう[66]。とはいえ、フランクリンは、そうした一面にもかかわらず、別の一面としては、営利追求／貨幣増殖を「最高善」とし、「勤勉」などの徳目を遵守しつつ実現すべき「自己目的」ともみなすような、経済活動そのものの意味づけ、すなわち「経済観」「経済倫理」「経済志操」「経済エートス」を、少なくとも二文書抜粋に確信をもって表明するほどに把持していた。さればこそ、かれは、貨幣増殖の実を挙げても、「秘かに疚しさを感じ」「死後の懲罰をおそれる」どころか、開けっ広げに、なんとその徳を説き、二文書や『自伝』にも語り出しては、広く他人にも勧め、そのような「博愛家」

として振る舞うこともできたのである。

第二七節　歴史的特性の鋭い理念型構成は、歴史縦断的／文化領域横断的な比較に依存

ヴェーバーによれば、フッガーとフランクリンとの、まさにこうした特徴的な差異にこそ、経済活動の担い手／経済主体における前期的商業資本期と近代的産業資本期との歴史的種差が認められ、それと同時に、それぞれの宗教的背景の類型的な相違も垣間見られる。まさにそれゆえ、まずはこの差異を（弛んだ「人物」比較論に還元して鈍化させるのではなく、逆に）一面的に取り出して鋭く、つまり理念型的に、定式化しておく必要がある。ということは他面、ある研究者が、一方ではフッガー、他方ではフランクリン、それぞれの資料（たとえば『自伝』）を、無方法／無手勝流に抜き出し、どんなに精細に調べてみても、そうした特徴的差異を、一方では経済活動の「歴史的種差」、他方では宗派の「類型的相違」に関連する「経済倫理の類型的（典型的）差異」として捉えることはできず、鋭く定式化することもできない、ということであろう。ヴェーバーの理念型的定式化は、フッガーの経済観とフランクリンのそれとを、経済活動の歴史的変遷と宗教信仰の宗派的分化／展開とにかんする知見を背景に据え、そういう（歴史的にも文化領域的にも）縦断的また横断的に広げられたパースペクティーフのなかで、そこからそのつど取り出される「準拠枠」のなかに置いて観察し、まさにそうするからこそ、双方それぞれに認められる「他にはなく（あるいは微弱で）、そこにのみある（あるいは顕著な）」特性を、鋭いコントラストをつけて描き出すことに成功しているのである。概念的定式化のそうした鋭さと妥当性とは、類例としてどれだけの「他者」を射程に入れ、何重の比較をとおして当の特性を絞り出せるか、つまりパースペクティーフの広がり、したがってそのつどの「準拠枠」のとり方と数とによ

って、左右されるにちがいない。フランクリンの「他者」として、フッガーしか知らない者と、他にも多くの類例を知っていて、いくえにも比較ができる者とでは、特殊フランクリン的経済倫理の特性把握にも、差異が生じて当然であろう。ましてや、フッガーさえ知らず、フランクリンの経済観を、もっぱら当人の『自伝』を準拠枠と見る以外にはなすすべがない、というのでは、K・マンハイムのいう「井のなかの蛙」視座 Froschperspektive ! に跼蹐しているようなもので、「他者」に開かれた歴史的パースペクティーフも「準拠枠」もないからには、歴史的特性を同定することと自体、原理的に不可能であろう。できることはといえば、主観的な印象評言を、『自伝』から抜き出した任意の「キーワード」で潤色し、闇雲に「特性」と見せかけ、他者の鋭い定式化には、「グロテスク」「暴論」といった罵言を浴びせ、読者の「価値自由な」認識と評価に先手を打とうと大奮闘することくらいではないか。

それにたいしてヴェーバーは、個別の特性把握もパースペクティーフと「準拠枠」に依存しているというこの事情を知悉していた。そこでかれは、「倫理」論文をいわば出発点とし、方法論と概念装置をととのえて、「世界宗教の経済倫理」シリーズへと視野／思考圏を拡大し、世界の主要な文化圏の「経済倫理」を、いくえにもわたる類例／類型比較をとおして究明し、それぞれの特性を（「儒教（と道教）」「ヒンドゥー教と仏教」「ユダヤ教」「キリスト教」「イスラム教」といった）諸「世界宗教」による被制約性に即して捉え、それと同時に（このシリーズでは）各「世界宗教」がそれぞれの文化圏の自然地理的／経済的／政治的諸条件によって制約されている「唯物論的」側面も、比較による特質づけに必要なかぎりで、捉え返していった。「倫理」論文は、『宗教社会学論集』第一巻に収録され、その主題は、姉妹篇「プロテスタンティズムのゼクテと資本主義の精神」を間に挟んで、後続の「世界宗教の経済倫理」シリーズに引き継がれている。「倫理」論文では、右記のような世界史（普遍史）的パースペクティーフと研究課題を念頭におきながら、さしあたりは「西洋文化圏」にかぎり、「近代資本主義」と「前期的資本主義」との歴史的種差を、経済主体の「経済観」「経済倫理」「経済志操」「経済エートス」に視点を定め、そこに議論の土俵を限定して、さればこそれだけ鋭く把握し、定式化している。ヴェーバーは、そのうえで、「近代資本主義」、広く「近代資本主義文化」「近代的なるもの」の特性をそれだけ的確に、西洋のキリスト教、とりわけ「禁欲的プロテスタンティズム」の「世俗内的禁欲」、さらには中世修道院の「世俗外的禁欲」に「意味（因果）帰属」しようとしていたのである。

ところが、羽入は、「井のなかの蛙」にふさわしく、「倫理」論文が『宗教社会学論集』の第一巻に収録されている事実についても、巻頭の「序言 Vorbemerkung」で「世界宗教の経済倫理」との関連が語られ、位置づけられている事実についても、その意味を考えようとはしない。「倫理」論文のみを、研究者としての価値理念に照らし、価値関係性に即して研究対象に据えるというのではなくて、むしろもっぱら「もっとも有名な論文」という世評に阿ね、されば破壊の耳目聳動効果にも最大値を期待できようとばかり、いきなり抜き出し、本題から逸れた末梢部分について疑似問題を立てては、見当違いの「あら捜し」に憂き身をやつしている。他方、「世界宗教の経済倫理」シリーズのほうは、「広漠たる世界」「大風呂敷」（二七二―三）と思い込み、ヴェーバーは「倫理」論文からそこに「逃走」したのだと決めてかかる。なるほど、「倫理」論文一篇についてみても、その「全論証構造」はおろか、直接批判対象としているフランクリン論及のコンテクストと方法論的含意さえ、右記のとおり読み取れないのであるから、「世界宗教の経済倫理」となると、とても「歯が立たない」と尻込みするのも無理はない。

第二八節　「包括者」としての個人と、価値観点による制約と自由

さて、話を少しまえに戻そう。フランクリン、フッガー、カトー、アルベルティその他誰であれ、「暫定的例示」にかぎって着目され、取り上げられる特定の経済主体も、一個人「総体」としては、無限の多様性をそなえた一「包括

者 das Umgreifende」[67]（K・ヤスパース）である。すなわち、どこまで研究していっても、そのつど地平線が後退して、対象として捉え尽くすことはできない存在者である。これはなにも、フランクリンのような代表的著名人ばかりではない。すべての個人が一「包括者」なのである。このことは誰でも、「自伝」を書き始め、体験事実を素材として自分一個人を「総体」として特質づけようとすれば、すぐ気がつくことである。

ヴェーバーのばあい、この根本事態が、理念型的概念構成の認識論的前提として考え抜かれている。ある研究者が、なんらかの特定個人を研究対象として採り上げ、その特性を概念的に把握しようとするばあい、研究主体としての価値理念にもとづく価値観点から、その被限定性を自覚しつつ、対象の限定された特定側面に照射を当て、無限に残される他の諸側面は、さしあたりは不問に付すよりほかはない。したがって、同一個人をとりあげるばあいにも、価値理念を異にする他の研究主体が、別の価値観点から、対象の別の側面に光を当て、別の特徴づけをなしうることは、原理上当然のこととして承認される。ヴェーバーは、そうした前提のうえに、フランクリンについても、その「経済倫理」の限定された一側面のみを、ただそれを、研究主体としてのヴェーバーの価値関係的／歴史的パースペクティーフから見て「知るに値し」「説明するに値する」きわめて重要な「歴史的特性」として選び、その被限定性／一面性を十全に自覚しつつ、それだけ鋭く取り出して定式化しているのである。

そこを、ブレンターノは、なにかフッガーなりフランクリンなりの「人物」ないし「人柄」自体に、それぞれの「特性」が「つくりつけに」そなわっていて、したがってそれぞれを一義的に概念化できるかのような、「素朴実在論」の認識論的前提のうえに立って、議論をそういう sweeping な「人物」論にすり替えてしまった。そのうえで、ヴェーバーが方法自覚的に捉えているのとは異なる傾向なり、側面なりを持ち出して（くること自体はよいとしても）、それでヴェーバーの特質づけを「否認」、「棄却」できるかのように思い込み、（「概念 Begriff」と「概念的に把握される現実 Begriffene」との関係を考えぬかず、自分の価値理念を相対化して自覚化してはいない研究者に特有の）自己中心的で彼我混濁の議論を展開しているのである。

そのように方法論上／認識論上ナイーヴな、ブレンターノの誤解にたいして、ヴェーバーは、第六段落の注に、右記のとおり簡潔で明快な反論を特記していた。また、その後約百年、「倫理」論文の読解も、ヴェーバー歴史・社会科学方法論の研究も、両者を統合的に関連づけて方法そのものを捉えようとするくわだても、遅々たるものとはいえ、かなりの進捗を見せている。それにもかかわらず、このたび、一見「倫理」論文の注記を隅々まで精査しているかに見せかけながら、本質上／方法論上はブレンターノの轍を踏み、しかもフッガーさえ視圏にない「博士」が、大手を振って言論の公共空間に登場し、「井の中の蛙」所見を誇示し、ルサンチマンに駆られ、ヴェーバーを「死人に口なし」とばかり「詐欺師」とまで決めつけた。しかもこれに、「山本七平賞」はともかく、日本倫理学会「和辻賞」の選考委員までが、賛辞を呈して呼応／共鳴するにいたっている。この光景には、なんともはや驚くほかはない。こうした状況を放っておいて、日本の学問は、いったいどこまで漂流し、どこに行き着くのか。「子どもの火遊び」と「たかをくくっている」と、引火物／木造建築／乾燥／強風といった条件次第では、「大火事のもと」にもなりかねない。「ぼや」のうちに消火につとめ、延焼を防ぎ、火種を絶つことが、専門家の責任／社会的責任として要請されている。

第二九節　理念型の経験的妥当性と、その検証資料

ヴェーバーは、フランクリンの「人柄」ではなく「経済志操」を、（その端的な表明として方法的に選び出した）二文書資料からの抜粋に依拠し、「貨幣増殖を、個々人の『幸福』や『利益』にたいしては超越的、その意味で非合理的な、自己目的とも『最高善』とも見なし、そのようなものとして追求せよ、と要請する『経済倫理』として、一面的

に鋭く、理念型的に定式化していた。ところで、そうした定式が、資料としての二文書抜粋に表明された意味内容の特徴的傾向を、相対的極限にまで「思考の上で高め、あるいは煮詰めて」えられる「(論理的)理想像」ではなくて、その資料には表明されていない、質的に異なる意味内容を「外から持ち込んで」いるとすれば、それはそのかぎりで、資料の意味内容を「歪曲する」「妥当でない」定式化として棄却されなければならない。したがって、当の資料と定式とを付き合わせて、意味上の(「一致」でなく)対応関係を検出することは、必要かつ重要なことである。ところが、この(フランクリンの「経済志操」の)ばあい、「貨幣増殖を『最高善』として要請する『経済倫理』」という趣旨の定式化は、「時は金なり」「信用は金なり」の二標語に象徴される二文書抜粋の意味内容には、質的に対応しており、「(量的)極限化」ではあっても、異質の意味を持ち込む「歪曲」ではなかった。羽入といえども、この対応関係は、ことさら否認してはいない。

ところが、羽入は、羽入書第三章第三節末尾で、右記の定式化を引用したうえ、「しかしながら、およそ楽天的で『幸福』とか『利益』というものに対して好意的と思われるフランクリンに対して、果たしてこのような『非合理的』なことが言えるのであろうか」(二七六―七)と反問する。つまり、問われるべき意味内容したがって議論の対象を、フランクリンの「経済志操」から「(丸ごとの)フランクリン」に、鈍化させている。そして、直後に第四節に移るや、対象の鈍化に見合って、議論の土俵、したがって理念型の検証資料を、突如『自伝』にすり替える。ヴェーバー自身は、この定式化にかけては、『自伝』の叙述を「自分の主張の論拠とし」(二七七)てはいなかったのであるが、羽入は、あたかもヴェーバーがそうしていたかのように決めてかかり、『自伝』中に(羽入のいう)「論拠」を捜し、「残念ながら見いださ[sic]ない」(二七七)と「判定」するのである。

さて、この「判定」は、じつは誤りで、『自伝』中にも、歴然たる「論拠」(正確には、ヴェーバーの理念型的定式化に質的に対応する意味内容の叙述)が見いだされる。ただ、この対応関係の厳存という事実には、後段で立ち入ることとし、ここではまず、羽入が、第四節におけるヴェーバー論難を、この不当前提（議論の対象を、フランクリンの「経済志操」から「人柄一般」に鈍化させ、それに見合って議論の土俵を『自伝』にすり替えるという、ヴェーバー自身は関知せず、当該理念型の検証には不適当な前提）のうえに置いて、そこから出発させている、という事実を確認しておかなければならない。なるほど、理念型といえども、あくまで経験科学の概念用具であり、その「経験的妥当性」を問われなければならない。むしろ、意図して一面的に鋭く構成された要素的理念型について、その「経験的妥当性」を検証するときにこそ、現実における対抗的要素も索出され、これと第一要素との動的均衡、したがって現実の変動傾向も、捉えられ、鮮明に定式化され、（要素的理念型複合としての）「歴史的個性体」概念のうちに包摂される(68)。とはいえ、そうした検証は、当の理念型に相応しい、しかるべき資料に就いて試みられなければならない。「経済志操」に限定し、その一面性を自覚し、さればこそ鋭く構成されている理念型を、「人柄一般」に「つくりつけ」になっている「一義的」傾向（「おおよそ楽天的で『幸福』とか『利益』というものに対して好意的」云々）の概念的「反映」であるかに見誤り、非限定的で間口の広い（それだけ「人柄一般」については適当でもありうる）『自伝』資料に移し入れて、もっぱらそこで検証しようというのでは、理念型の特質が無視され、その本領も長所も看過されざるをえまい。折角鋭く定式化された理念型も、（おおよそ「人柄」を構成する）多種多様な諸特徴／諸傾向のなかにいわば「呑み込まれ」、それだけ「影が薄れ」、あたかも「論拠（じつは質的対応関係）がない」かのように見紛われもしよう。羽入の論難は、理念型的方法にたいする無理解と、おそらくは「ヴェーバーの理念型的定式化をなんとしても葬り去ろう」という衝動とに鼓舞されて、無意識裡にも関説対象の鈍化と土俵のすり替えという不当前提を置き、そのうえに展開されているというほかはない。

　ただし、羽入の持ち出した『自伝』が、「経済倫理」にかんする鋭い理念型的定式化の検証資料として、全体としては「粗大」で不適当であるとしても、なおかつ、それを検証資料に見立て、当の対応関係を（羽入流「キーワード検索」の域を越えて）仔細に探索することはできる。そうすることによって、ヴェーバーの理念型的定式化に質的に対応する要素が、『自伝』のなかにも（異質ないし対立する諸要素の多様な交錯ないし混沌のただなかから）発見されるかもしれない（し、じじつ後段で詳述するとおり発見される）。そこで、筆者としては、羽入による鈍化とすり替えを暴露して「能事終われり」とするのではなく、当の不当前提のうえに展開されている議論そのものに、それはそれとしてしばらく内在し、かれの「キーワード検索」の経緯と到達点を検討してみたい。そうすると、羽入の議論が、ここでもまた奇妙な「迂回路」を採り、すり替えと誤読を繰り返して「それとは知らず混迷の深みにはまっていく」行論に即して捉え返されると同時に、当の議論において羽入は見逃した対応要素が、羽入による論難そのものをとおして、ほかならぬ『自伝』のなかに発見／挙示されるであろう。ヴェーバーによって構成された理念型の経験的妥当性が、一「批判者」の「反証」そのものによって、かえってそれだけ補強されることになるわけである。

第三〇節　「職業における熟達／有能さ」を「最高善」とする「職業義務観」

あるとき、フランクリンは、「なぜ、そうまでして貨幣増殖に専念するのか」という問いを向けられて、（カルヴィニストの父から若いころ繰り返し叩き込まれたという）『箴言』二二章二九節の聖句「あなたは**そのわざ**（Beruf）**に**巧みな人を見るか、そのような人は王のまえに立つ」[69]を引いて答えた。ヴェーバーによれば、この聖句はじつは、ピューリタンの説教師にして道徳神学者のR・バクスター（一六一五—九一）が、「直接神に礼拝している時間以外は、自分の合法的職業 lawful calling の仕事 business に、勤勉 diligent にいそしみなさい」[70]と説教するさいに、聖書からの典拠として繰り返し引き合いに出し、職業労働への精励を根拠づけていた箇所である。

ただし、このように聖書からの引用がなされたからといって、「倫理」論文の叙述がここですでに貨幣増殖と宗教性との関連という論点に移行した、と解するのは早計である。ヴェーバーはなるほど、そうして宗教的背景を示唆してはいる。しかし、その背景に立ち入ることは、それこそ「倫理」論文そのものの主題で、第一章第三節の予備考察（「ルターの職業観」）のあと、第二章の本論に委ねられている。ここではむしろ、右記の問いに、さしあたりつぎのような答えが与えられる。すなわち、なぜ「貨幣増殖」が「最高善」として称揚されるのかといえば、それは「近代の経済システムのなかでは、貨幣利得が、合法的におこなわれるかぎり、**職業**における熟達／有能さ Tüchtigkeit im *Beruf* の結果 Resultat であり表示 Ausdruck であって、この熟達／有能さこそが、……フランクリン道徳のアルファにしてオメガ」だからである、というのである。こうして、第一要素的理念型においては「究極価値」「最高善」とされていた「貨幣増殖」の背後に、それを「結果」「表示」「指標」として意味づける高次の「倫理的価値」「（一段上の）最高善」として「職業における熟達／有能さ」が索出された。たとえ「宝くじ」に当たって、あるいはたまたま（遺産として相続した）資産を売却して、莫大な貨幣が転がり込んだとしても、そういう「職業外の貨幣獲得」には価値がない。他方、「職業における熟達／有能さ」は、かならずしも経済の領域で貨幣増殖という「結果」に「表示」されるとはかぎらない。むしろたとえば（近代）知性／学問の領域で「業績（蓄積）」に、（近代）政治の領域で「権力の合法的制御／法秩序の安定（増進）」に、（近代）芸術の領域で「制作活動／作品（豊饒化）」に、「専業的集中化」と「主知化 Intellektualisierung」（領域ごとの「固有法則性」を知性的に認識して知性的に制御する「合理化」）の「結果」として「表示」されもしよう。

こうして、ヴェーバーは、近代的文化諸形象（これをかれは、「資本主義文化」というふうにも呼ぶ）に汎通的で、近代経済の領域に現われては「貨幣増殖」を「最高善」たらしめる、高次の（さしあたりは）究極的な倫理的価値として、「職業における熟達／有能さ」を措定し、これを奨励し、義務として命じ、さまざまな領域で「結果」に「表示」

されるべきことを説く、独特の「職業観」「職業義務観」を突き止めるにいたった。「突き止めた」といっても、もとよりそれは、「倫理」論文という一著作における方法的叙述の段取りとして、そのかぎりでのことにすぎない。著者ヴェーバーにおいては、むしろこの「職業義務観」のほうが、かれの実存史／生活史において、「近代科学」の領域における職業活動の蹉跌とこれにたいする近親者の対応から、当初痛苦をもって受け止められ、苦しみながら考えぬかれてきた原問題であり、「倫理」論文に先行し、その主題設定と構成を導いてきた動因であった。ただ、「倫理」論文の構成においては、ここで、「資本主義の精神」の第三特徴として、「職業における熟達／有能さ」を（さしあたりは）「究極の倫理的価値」とする「職業義務観」が索出され、「精神」とはその経済領域への発現形態である、と定式化されたのである（第三要素的理念型）。

ところが、そうするとこんどは、ではなぜ、「職業における熟達／有能さ」が、（どの領域に発現しようとも）「究極の倫理的価値」とされるのか、との問いが発せられよう。そこで、思考をまた一段、第三特徴の背後にまで遡行させ、「職業における熟達／有能さ」を「究極の倫理的価値」たらしめる、さらに高次の「究極価値」を突き止めることが課題とされる。そうした「究極価値」はおそらく、『箴言』句の引用によっても示唆され、予想はされるとおり、「宗教性」「宗教的価値（観念）」の領域に立ち入り、そのなかから探し出されるであろう。そして、それが索出された暁には、翻って、その「宗教的価値（観念）」と、問題の「職業義務観」とがどういう関連／「意味連関」にあるのか、「職業における熟達／有能さ」が称揚され、義務づけられる「宗教的根拠」はなにか、が明らかにされよう。こうした一連の問題が、内容上は、ここ（フランクリン文献による「暫定的例示」の終点）からも、「倫理」論文の本論（第二章「禁欲的プロテスタンティズムの職業倫理」）に連なり、そこで主題として究明され、極限遡行が続行される、と見ることができよう。

しかし、ヴェーバーは、この第一章第二節「資本主義の精神」冒頭では、「精神」の核心にある「職業義務観」を取り出し、この第三要素を「歴史的個性体」概念に組み入れたところで、極限遡行は打ち切り、翻ってその歴史的「文化意義 Kulturbedeutung」の探究に移っている。すなわち、フランクリンからの引証は、第七段落で、(行論を少し下ったところに明記されているとおり)「先にベンジャミン・フランクリンの例について見たようなやり方で、正当な利潤を**職業として** *berufsmäßig* 組織的かつ合理的に追求する志操」[(71)]という「精神」の「暫定的定義」をえたところで、まさしく「暫定的例示」としての役割を完了する。そして、つぎの第八段落からは、ではそうした志操が、一般に近代資本主義ないし「資本主義文化」にたいして、どのようにはたらき、どんな意義を持ったのかを、そこでいったんフランクリンから離れ、むしろ(それ以前の経済の「基調」である)「伝統主義」と対比して、(また、これを忘れてはならないが、そうした志操の「精神」性/「エートス」性/「価値合理性」が影を潜め、「目的合理性」が「一人歩き」して、前面に進出してきた)「現状」との対比を念頭に置いて、浮き彫りにする、という課題に転進する。そのようにして歴史的「文化意義」(とその限界)を十全に把握された「精神」ないしは(その「迂回路」「搦手」でなく核心にある)「職業義務観」について、(まだ第一章「問題提起」の枠内に置かれている)つぎの第三節「ルターの職業観」では、文字どおり「ルターの職業観」に(「語形合わせ」でなく)「意味(因果)遡行」をくわだて、フランクリン父子の calling がルターの Beruf に(語形ばかりか語義/思想においても)直結しない、まさにその齟齬/不一致をこそ(「アポリア」でなく、順当な事実として)確かめ、それゆえ「ルターの職業観」の(「精神」の歴史的生成にたいする、そのかぎりにおける)「限界」を論じ、その「限界」を越えて両項がどこで、どうつながるのか、という歴史問題を設定し、これを本論の第二章「禁欲的プロテスタンティズムの職業倫理」に引き渡す段取りとなるわけである。

第三節　テクストを読むとは「鋏と糊で切り貼り」することではない

以上、筆者は、「倫理」論文の関連叙述に表明されているヴェーバーの理念型的思考の筋道を、多少ともメリハリをつけて再現してみた。同じところを、羽入も、かれ流に再定式化しようと腐心している（一七七―九）が、かれの記述は、著者ヴェーバーの思考展開に穿ち入ることなく、字面を撫でるように「すぐ続けて……」、「そして次に……」、「そして次に……」と「鋏と糊で切り貼り」の引用を連ねるばかりである。その結果、なるほど叙述の順序からしては当然「職業義務の思想」に行き当たる。しかし、それが、「精神」にたいしてどんな関係にあるのか、「理念型複合」として「歴史的個性体」概念を構成していく途上で、いかなる位置を占めるか、といった方法上の問題にはまったく無頓着である。

この箇所は、ヴェーバーの理念型的思考展開のコンテクストでは、羽入が問題としている「（貨幣増殖を『最高善』とする）個々人の『幸福』や『利益』にたいしては『非合理的』な要請」（第一要素的理念型）そのものの「論拠」ではなく、その背後に遡行して初めて突き止められた「貨幣増殖をまさに『最高善』たらしめている（さしあたり）究極の倫理的価値『職業における熟達／有能さ』」（第三要素的理念型）の論拠である。ヴェーバーの思考は、前者から後者へと、「（営利追求の実践的）合理化」の遡行極限を探り出す方向で一段進展しているのである。ところが、羽入は、ヴェーバーの思考展開には穿ち入れず、字面だけで引用を連ねてきただけなので、この重要な進展をそれとして捉えることができない。ここでまたしても、前者の論拠と後者のそれとを混同／同一視する。そしてすぐさま、「ヴェーバーは一体どこから、……この『**職業義務**の思想』というものを取り出してきたのであろうか」と問い、典拠を問うべき論点は確定しないまま、論点がずれてきていることには気がつかないまま、典拠への問いに転じてしまう。そしてその問いに、やはり叙述の順序から、「もちろん、言うまでもなく、『自伝』でフランクリンが引用した聖書の言葉からである」(一七九)と答えている。

さて、「この『今日のわれわれにはよく知られた、しかし本当のところは少しも自明でない職業義務という独特な思想』の歴史的由来の探究こそが、『倫理』論文の主題であった」(一七八)とは、ひとまず羽入とともに認めることができよう(ここは、「倫理」論文の主題とはなにか、と問うべきところではなく、問われてもいないのではあるが)。[72]しかし、たとえそうでも、著者ヴェーバーが、その主題を設定して研究に着手するまえに、当の「職業義務の思想」を「どこから取り出してき」て、どのように問題とし、(やがて構想が成って)研究主題に据えるにいたったのかは、著者の思想形成史/展開史、さらには生活史とその背景にまで遡って究明されるべき問題であり、それ自体ひとつの研究テーマであろう。[73]そうした広い視野で、事柄に即して見たばあい、「職業義務の思想」の出所が、当の主題を取り上げて論じ、発表した論稿における初出の箇所と一致するかどうかは、「少しも自明で[は]ない」。そこを羽入は、「もちろん、言うまでもなく」と決め込み、さながら自明のことでもあるかのように語っている。ということは、かれが、問題を、著者における思想展開のコンテクストのなかで取り上げるのではなく、書き上げられ、発表された「倫理」論文、それも第一章第二/三節冒頭の字面に視野をかぎって見ており、しかも、そうした「井のなかの蛙」視座の自覚がない、という実情を問わず語りに語り出しているといえよう。

そのようにして羽入は、フランクリンの『自伝』から『箴言』句引用の箇所を抜き出してはきた。しかし、引用される『箴言』句は、「個々人の『幸福』や『利益』にたいして『非合理的』な要請」の背後にある「職業義務観」そのものの論拠として、さしあたり「職業における熟達/有能さ」を称揚していれば十分であって、それ自体が「個々人の『幸福』や『利益』にたいして『非合理的』な要請」そのものないしはその「論拠」をなしているかどうかは(一段前と後段の問題で、ここではさしあたり)問うところではない。羽入もそれを、「立身出世主義的な上昇指向を目指した……その限りでは『幸福主義的な』忠告と……すらみなすことが許されるであろう」(一八〇)と述べている。ところがかれは、そこからつぎのとおり、短絡的な推論を開陳する。

「しかしだとすると、ヴェーバーは『自伝』の〔と決めてかかって〕一体どこから〝フランクリンの倫理〔の一面でなく、丸ごとのそれ!?〕は個々人の『幸福』や『利益』をおよそ超越している〟などという自分の主張の論拠となる部分を見出してきたのであろうか。フランクリンによって引用された聖書の言葉自体にはそうした類の言及は含まれていぬ〔sic〕以上、そして、他方ではヴェーバーは『倫理』論文の叙述の流れ〔!?〕から見てみる限りやはりこの『箴言』からのフランクリンによる聖書の言葉の引用部分を自分の主張の論拠部分と考えているらしい〔!?〕以上、調べてみるべきはフランクリンが『自伝』の中で一体どういう文脈の内でこの聖書の言葉を引用したのか、ということになろう。」（一八〇）

ここで、「〝フランクリンの倫理は個々人の『幸福』や『利益』をおよそ超越している〟」というが、それは、これまで詳細に論じてきたヴェーバー本人の主張とはいささかも関係のない、羽入の誤解（意図的に一面的に鋭く定式化された要素的理念型の鈍化／実体化）というほかはない。それはともかく、「手掛かりとなるような箇所」（一七七）を探すのに、ただたんに「叙述の流れ」をなぞっただけで、ヴェーバーが「聖書の言葉の引用部分を自分の主張の論拠部分と考えているらしい」と（そう特定する根拠も明示せずに）推論できるとすれば、およそどんなところでも「論拠部分」に仕立てられるであろう。しかも、羽入は、「叙述の流れ」をたどっているうちに、第一要素的理念型（「貨幣増殖」を、確かに個々人の「幸福」や「利益」に超越する「最高善」として要請する、「精神」の一面）と第三要素的理念型（貨幣増殖をまさに「最高善」たらしめるものが、結果として貨幣増殖にも表示される「職業における熟達／有能さ」であり、これが「精神」の核心をなすという、もとより関連はあるが別次元の一面）とを混同してしまっていた。さらには、ここで、その「論拠」が当の「聖書の言葉の引用部分」に見つからないとしても、その「文脈の内」には見つかるはずだという、なんの理由も保証もない推断を下している。そこを羽入は、「ヴェーバー好みの言い回しで」と気をきかしたつもりで、つぎのように語る。

「したがって、もしもフランクリンの『自伝』の内に〔と決めてかかって〕フランクリンの倫理〔一般!?〕が個々人の『幸福』や『利益』を超越しているという〔羽入作〕ヴェーバー〔藁人形〕の主張の論拠となる部分が見出されるべきである〔!?〕とするならば、われわれは嫌が応でも、それを引用された聖書の言葉そのものの内にではなく、その聖書の言葉の前後に〔!?〕、すなわち、それが引用されている『自伝』のコンテキストの内に〔!?〕求めるより他はない〔!?〕のだ、と」(二八〇)。

玉突き主ルターの気紛れから打ち出された「Beruf玉」が、遠くにある『ベン・シラ』の「ergon玉」と「ponos玉」に当たったからには、近くにある『箴言』の「ergon玉」にも当たるはずではないか」という前章の論法が思い出されよう。とまれ、羽入書第三章第四節末尾で右記のように前置きされ、第五節『自伝』におけるコンテクスト」冒頭にうやうやしく引用される、頼みの「聖書の言葉の前後」には、はて、なんとしたことか、「フランクリンの倫理(の一面)」が個々人の「幸福」や「利益」に超越する『非合理』性を帯びているという事実の、歴然たる証拠が見いだされる。

第三節　独自な「恒常習癖」と、ありふれた「機会動機」との相互補完

羽入書第三章第五節『自伝』におけるコンテキスト」の叙述は、主観的には「反証」のつもりでいながら、客観的には「(相手の)立証を補完」している「意図せざる背反関係」の好例で、反面教材として相応の価値がある。羽入はまず、「聖書の言葉〔『箴言』二二章二九節〕が引用されているフランクリンの『自伝』のコンテキスト」を、一ページにわたって引用する(二八一)。そのうえで、その文言を、再三再四、引用/半引用して織り込みながら、「反証」を繰り広

げている。論旨は大きく、三つに分けられよう。

羽入も二度にわたって引用しているとおり、「確かにここでフランクリンは『読書だけが私が自分に許した唯一の娯楽だった。居酒屋や遊戯場やどんな種類の浮かれ騒ぎの集まりにも私は時間を浪費しなかった。そして私の仕事における勤勉さは相変わらずたゆみないものであった』と書いて」（一八一、一八三）いる。すなわち、そうした「快楽」や「（その種の）幸福」を「時間の浪費」と見なし、「私の仕事」を中心に据えて「たゆみな」く「勤勉」に――つまり、そうした「快楽」や「幸福」にたいしては「非合理的」、禁欲的に――働いた、と述懐している。そのかぎりフランクリンは、「精神」の第一要素的理念型に質的に対応する「生き方（の合理化）」を、「二文書抜粋」で他人に説教するばかりでなく、みずから「地で行って」、『自伝』にも記載していたことになろう。

もっともかれは、（羽入がすかさず強調するとおり）「『……たゆみないものであったが、それもやむを得ないことであった〔原文引用略〕』とその直後にただちに〔sic〕付け加えて」（一八三）はいる。「自分の職業において以前と同様に勤勉に働き続けた」のは、「たゆみない勤勉さを……もっていたからでもあったが、また同時に、勤勉に働かねばならぬ状況に……あったからこそでもあった」（一八三）というわけである。では、その状況因とはなにか。①印刷所開設のために借金をしていた、②子どもの出生と教育にそなえる必要があった、③同じ土地の先輩商売敵と競争しなければならなかった、というありふれた三事情である。そうした事情のもとで、だれしも一定の勤勉に動機づけられ、あるいは「恒常的習癖」としての勤勉（が身についていれば、それ）を、それだけいっそう強められることは、一般経験則として断るまでもない。

フランクリンは、「そういう状況にあるかぎりで勤勉に働き、それがなくなると途端に勤勉も緩んで、（たとえば）居酒屋通いを始めた」と「世にも稀なほど正直に」告白しているのであろうか。いな。羽入も右記の引用で認めているとおり、（「十三徳」の一項目として、自己審査手帳によって方法的に培った）恒常的習癖としての「たゆみない」勤勉と、機会的状況因による「やむを得ない」勤勉とを、相互に排他的にではなく、並列的に挙示して、双方の相互補完関係を明示しているのである。三つの機会的状況因によって、恒常的習癖としての勤勉にいっそう弾みがついたというところであろう。

『自伝』を執筆しているフランクリンとしては、そこのところを、あまり一本調子に「(徳性としての) 勤勉」ばかり強調していたのでは、読者の反発や失笑を買い、「勤勉の勧め」には逆効果にもなりかねないので、読者に歩み寄り、読者にも思い当たる動機を補足的に挙げておいたのであろう。かれは、恒常習癖と機会動機とを二者択一の関係に置き、後者に言及し（原語も挙示して強調し）さえすれば前者は否定できる、と考えるほど、生硬な文献観念論者ではなかった。歴史・社会科学者のヴェーバーも、比較のパースペクティーフから、前者はフランクリン（というよりも、フランクリンによって例示される「資本主義の精神」）に独自の特徴をなすので「前景に取り出し」、後者は誰にでもある動機で、とくに特徴として取りあげるにはおよばないので「後景に止めた」までであろう。かれ自身も断っているとおり、理念型的／「類型論的」方法にもとづく定式化として、そうした取捨選択にはなんの問題もない。

羽入自身も、これにつづく段落では、例によって「鋏と糊」の引用／半引用を連ねる冗漫な表記ながら、つぎのとおり、ヴェーバーのように「解釈することはあるいは可能かもしれない」（二八四）といったんは認めている。

「もちろん、フランクリンはその後すぐに、『とはいえ、暮らし向きは日に日によくなってきた。私のもとからの倹約の習慣は続いていた［!］し……』と書いてはいる。したがって、人はこの部分を論拠として、〝経済的状況が好転した後も自分は相変わらず倹約家であり続けたのである〟とフランクリンはここで書いているのであり、したがって正にここにおいてこそ、フランクリンの倫理が有している『個々人の「幸福」や「利益」に対しとにかく全く超越し、およそ非合理な』傾向といったものが立ち現われているのである、そうした倫理にとってはその時々の経済的状況といったものとは全くかかわりなく［!?］、金儲けが『純粋に自己目的としてのみ［!?］考えられて』おり、したがって『あらゆる無邪気な享楽を厳しく避け……全ての幸福主義的、いやそれどころか快楽主義的観点を取り去られて』いるのである、と解釈することはあるいは可能かもしれない〔!〕」(一八四)。

もとより羽入は、こうした認容のあと、「しかし、……」と反論に転ずる。その反論内容に付き合うまえに、こんどはこの「倹約」という徳目につき、一見羽入に有利な「証拠」を、別途『自伝』から引用してみよう。

「英国の諺に、『身上ふやすにゃ、女房が大事』というのがある。私同様勤勉と節約を愛する妻をもったことは、幸福なことであった。妻はパンフレットを折ったりとじたり、店番をしたり、製紙業者に売るため古リンネルのぼろを買ったりして、まめまめしく仕事を助けてくれた。役にも立たぬ召使などはひとりもおかなかった。食事は簡素を旨とし、家具も一番安いものを使った。たとえば朝食は、長い間パンと牛乳だけで、茶も用いず、それも二ペンスの陶器の丼に入れ、白鑞のスプーンで喰べるのであった。」

ここまでは、フランクリン夫妻における倹約の習慣の「論拠」と見られよう。しかし、そのあとにはこうある。

「ところが、なんと贅沢というものは、倹約を主義にしてはいても、いつしか家庭に入り込んで、次第にひろがっていくものなのだ。ある朝食事に呼ばれて行ってみると、磁器の茶碗に銀のスプーンがついているではないか。これは、妻が私に相談もせずに買ったもので、しかもこのために二三シリングという大金をはたいたのである。これについて妻は、自分の夫も隣近所と同様、銀のスプーンと磁器の茶碗を使うだけの値打ちがあるから、とこういう以外には、言訳も弁解もないのであった。これが、金銀の食器と磁器が私の家に登場した最初であるが、その後、年とともに身上のよくなるにつれ、だんだんと数を増し、ついには価額数百ポンドに達するまでにもなった。」(74)

後半にはこのとおり、フランクリン夫妻の「身上がよくなる」につれ、「世間並の」贅沢が入り込んできて、徐々に「倹約の墓穴を掘る」という逆説的関係(マルクスのいう「原罪の作用」、ヴェーバーの「富の世俗化作用」)が「世にも稀なほど正直に」語り出されており、その証拠には絶好の箇所ともいえよう。(75) しかし、この後半を引用することで前半の「倹約」を否定しようとする論者がいるとすれば、そのひとは、偏見に囚われているか、さもなければ相当に「頭が硬い」というほかはあるまい。むしろ、夫妻には、前半につぶさに記述されているとおり、確かに「倹約を主義として」、じっさいにもそのとおりに生きた（少なくとも）一時期があり、その後「身上がよくなる」につれ、（一般経験則どおり）相対的には「贅沢に侵され」てきたとはいえ、「主義を捨てた」わけではなく、贅沢もやはり「世間並程度」に抑えられ、「度はずれた」浪費により「身上を潰す」ことにはならなかった、という実態が読み取れよう。こうした「贅沢の侵入」を『自伝』に「正直に」記載するのも、「（逆説的関係を招き寄せる）節約の危うさ」を読者に知らせ、その陥穽に落ちないように警告する、「倹約を主義として奨励すればこその配慮」と読むこともできよう。いずれにせよ、フランクリンの経済倫理に、（右記引用にあるように、個々人の「快楽」や「幸福」にとっては非合理的な）「節約」「倹約」の一項目を立てることは、理念型構成にとってなんら問題ではなく、ここを「証拠」に異を唱えるにはおよぶまい。

第三三節　「落とし穴」を掘る

さて、羽入は、右記の認容のうえで、もとより「反論」をくわだてる。「しかしながらこうした解釈を、ソロモンの教え（「箴言」）からの引用の直後にある彼の説明を読んだ後も維持することは残念ながら困難である」（一八四）と主張し、「私はその時分から、勤勉を富と名声を得る手段と考え、これに励まされていた」という「直後にある彼の説明」をたびたび（合計五回も）引用し、これを「頼みの綱」に、反問し、裁断する。

「さて、事ここに至っても［!?］、【個々人が決して他の何らかの目的のための手段とみなしてはならず、ましてや家族の幸せといったような幸福主義的な他の目的のための手段として考えてはならず、純粋に幸福主義的な利害関心からするならば全く非合理的なものとしか見えぬにもかかわらず、ただただこの活動が『職業的』活動であるという理由だけから、自分の『職業的』活動の内容に対して無条件に純粋な義務そのものとして感じなければならないという、この『今日われわれにはよく知られた、しかし本当のところは少しも自明ではない』職業に対する『非合理的』義務思想などというものを、『自伝』におけるフランクリンの記述から引き出すことが、一体そもそも可能であるのであろうか」(一八五)。

筆者としてこの問いに「可能である」と答えるまえに一言、これは、なんともはや、悪文というほかはない。【 】で括った部分、すなわち「個々人が……」に始まり、「……『……自明ではない』」にまで「ただただ」延々とつづく、引用句/半引用句混じりの語列が、なんと「職業に対する『非合理的』義務思想」にかかる「冠飾句」なのである。この異様さには、なぜこうした文章が脳裏で組み立てられるのか、との発問を禁じえない。理由はおそらく、こうであろう。つまり、ヴェーバーはここで、「職業義務観」という第三要素の典拠のみ、『箴言』句の引用箇所に求め、『箴言』句そのものから「職業観」を取り出せれば、さしあたりはそれで十分と考えたはずである。ところが、(「迂回路」によって第一要素と第三要素とを混同/同一視している) 羽入は、まさにそこに、「個人の『幸福』と『利益』にたいして超越的/非合理的な『貨幣増殖』要請」という第一要素も含み込ませて、これが「当の典拠には見当たらない、見当たる『すぐ直後の』文言は、第一要素には矛盾する、それでヴェーバーは当の文言を隠蔽する詐術を弄した」というふうに論を運びたいのであろう。これが、羽入流「ヴェーバー詐欺師説」造成の「戦略」であろう。ところが、そのためには、問いの文章でも、第三要素に当たる「職業に対する『非合理的』義務思想」を持ち出すまえに、「冠飾句」で第一要素「『非合理的』貨幣増殖要請」の意味内容を予めかぶせ、混入しておかなければならない。そうすれば、読者も、(羽入とともに) 第一要素混じりの問いにもとづいて『箴言』句引用の「すぐ直後の言葉」を読み、第一要素の「証拠」を捜すにちがいない（そして、羽入によれば「見つかるまい」）というわけである。

さて、羽入は、畳みかけて問う。

「一方でのフランクリンの『富と名声を得る手段』としての勤勉に対する見方、他方でのフランクリンの倫理の『最高善』は『個々人の「幸福」や「利益」に対してはとにかく全く超越したもの、およそ非合理的なものとしての……金儲けである』というヴェーバーによる解釈、この二つのものの食い違い〔!?〕を、それにもかかわらず橋渡しすることは可能なのであろうか」（一八五）と。

筆者は、「可能である」と答えよう。しかしそのまえに、羽入には、そのふたつがどう「食い違う」のか、説明してもらいたい。そうすれば、その説明に、筆者も（おそらくは読者も）反論を加えて、議論が成り立つであろう。ところが、羽入は、「それはしょせん無理というものであろう〔なぜ!?〕。聖書からの引用のすぐ直後の〔sic〕言葉だけで、フランクリンの倫理は個々人の『幸福』や『利益』を超越しているなどというヴェーバーの議論を破綻させるにはもう十分であるようにわれわれには思われる」と決め込んでしまう。「なぜ、そう思われるのか」の説明がない。これが、この論点にかんする羽入の最終答弁である。そのあとには、この思い込みを「自明の理」として、ただ語勢を荒らげるだけの論難がつづく。ヴェーバーによる「精神」の理念型は、「素材とされた〔!?〕『自伝』からもはや余りにも大きく隔たってしまっており、極端にグロテスクなまでにデフォルメされ、フランクリンの素顔とはもはや似ても似つかぬものとなってしまった」（一八六）のだそうである。羽入は、「ヴェーバーの議論を破綻させ」えたと確信して威勢がよくなったのか、それとも、自信がないので虚勢を張っているのか。いずれにせよ、「ヴェーバーは自分が作った『資本主義の精神』の理念型の非現実性を認めて、破棄すべきであった」のに、逆にそれに「固執」し、「プロクルーステースの床」にしつらえてしまった、と裁断する（一八七―八）。

第三四節　「落とし穴」に自分が落ちていても無頓着

しかし、一方で「勤勉を富と名声を手に入れる手段と心得る」ことと、他方で「貨幣増殖を『自己目的』『最高善』とし、個々人の『幸福』や『利益』にたいしては超越的、『非合理的』に追求する」こととは、はたして「食い違う」のであろうか。「名声」についてはあとに回し、まず「富 wealth」を取り上げて考えてみよう。

このばあいの「富」とは、「わざの巧みさ」「職業における熟達／有能さ」を称揚する『箴言』句の直後に、(羽入も再三強調するとおり)当該句の引用にかんするフランクリンの「説明」として出てくるところからも、職業外の貨幣獲得ではなく、職業活動としての持続的営利追求(「経営」)によって持続的に獲得される貨幣利得、その意味の貨幣増殖を指していると解するほかはあるまい。なるほど、フランクリンはここで、そうして獲得される「富」を、「職業における熟達／有能さ」の「結果」「表示」と見て、「自己目的」、「最高善」とは呼んでいない。しかし、それは、「勤勉」を「手段」とする「目的」として語られてはいる。では、「勤勉」に「富」すなわち「貨幣増殖」という「目的」を追求するとは、どういうことか。それは、途上で「目的」達成には役立たない(「目的非合理的」な、「自己目的(充足)的 consummatory」な)享受としての「快楽」や「幸福」(たとえば「酒場通い」)は断念／排除し、自分の行為を、もっぱら(当の行為自体には超越している)「目的」を達成する「手段」、「道具的 instrumental」行為として、みずから制御していくことであろう。そしてヴェーバーは、「禁断苦行 Kasteiung」ではなく、そうした自己制御をこそ「禁欲 Askese」と呼ぶ。とすれば、「勤勉を、富を手に入れる手段と心得る」とは、その意味の「禁欲」を意味し、これは、consummatory な「快楽」「幸福」ないし「(そうした consummatory な)利益」の観点からは、超越的で「非合理」というほかはあるまい。フランクリンは、そういう「勤勉」つまり「禁欲的」な「富」追求を、即「職業義務」、「義務を遂行する倫理的行為」と感得し、この想念に「励まされて」、みずから「職業義務」としての「貨幣増殖」

をめざして勤倹力行したというのであろう。

そういうわけで、前者と後者とは、「食い違う」どころか、じつは同じことを指している。後者には（質的な「置き換え」や「混濁」ではなく）「（量的な）相対的誇張」が見受けられるとしても、それは、理念型的にメリハリをつけて表現しているから当然であろう。そこのところを、羽入は、「事ここに至っても」とか、「しょせん無理」とか、「議論を破綻させるにはもう十分」とか、なんの根拠も示せず、ひたすら自分の判断を押し通そうとする。フランクリンによる言語表現の意味を汲み取って、概念的に定式化し、ヴェーバーの解釈との異同を論証するという学問的作業は放棄し、ちょうどその分、「鋏と糊」の反復と「自明の理」であるかの語調／語勢に、力が入っている。かれがいったいなにを読み取り、なにを考えているのか、筆者には分からない。

第三五節　「勤勉を名声の手段と心得る」とはどういうことか――「名声」の多義性

ではつぎに、「名声 distinction」についてはどうか。フランクリンがそれを、（「名声」という訳語からただちに思い浮かぶ）fame, renown, reputation, celebrity, prestige などの語彙ではなく、"distinction" という語をもって表記している事実に注意を止めたうえで、一考しよう。

「名声をえている」とはまず、少なくとも一面として、多くの人々から高い「信用 credit」をえている、という事態を意味するといえよう。とすれば、その「信用」は、他人から遊休金を借りて運用し、貨幣増殖という「目的」を達成する「手段」として役立ち、そのようなものとして確かに、（「貨幣増殖―信用―徳目［勤勉／正直／節約など］」という）フランクリン経済倫理の「三項図式」に編入され、位置づけられる。

ところが、フランクリンは、その「名声」を、「富」の「手段」としてではなく、むしろ「富」と同じく、「勤勉」を「手段」として追求すべき「目的」として、「富」と併記している。とすると、この点については、ふたとおりの解釈が可能である。ひとつには、その“distinction”とは、「名声」と邦訳されてはいるが、じつは文字通り「(職業上の)卓越distinction」つまり「職業における熟達/有能さ」そのものを意味する、とも解されよう。そうした「卓越」には、事後、人々からの自然発生的な肯定的反応(敬意表明)として、「信用」とともに「栄誉honor」や「威信prestige」がついてくるとしても、これらは、意図して追求された「卓越」の、(追求者自身によっては)「意図されざる随伴結果」にすぎない、と考えられよう。他方、「名声」は逆に、そうした「意図せざる随伴結果」の域を越え、「世評reputation」ないし「威信prestige」に親和的な、(それを獲得するだけで感情的満足のえられる)「自己目的(充足)的consummatory」な「固有価値」として、かえって意図して、「自己目的」的に追求されることもありうる。そうなると、「(職業上の)卓越」も(もとよりそのための「勤勉」も)、当初には「固有価値」として「目的」「自己目的」として追求されていたのに、こんどはそうした「名声」をかちえるための「手段」に転化するであろう。さらには「富」さえも、「世評」「威信」としての「名声」が「自己目的」と化して、この「名声」の「固有価値」によって凌駕されるとなると、「名声」と同等の「目的」から、「名声」の「手段」に転落し(あるいは推転をとげ)、「名声」のためとあれば容易に「犠牲」にも供されよう。「名声」獲得/確保のためには、貨幣増殖には役立たない、経済性をともなわない「冗費」が支出されることも頻繁に起きえようが、それ以上に、「名声」に「あぐらをかいて」、貨幣増殖のための「勤勉」「禁欲」が弛緩し、貨幣利得がそれだけ恒常的に減殺されることにもなりかねまい。これは、「富の世俗化作用」と機能的に等価の「名声の世俗化作用」が、営利追求/貨幣増殖の「経営」にもおよぶ事態、といいかえてもよかろう。

そういうわけで、フランクリンが『自伝』に記した「名声」とは、「貨幣増殖をめざす『禁欲』」の観点から見ると、①「職業的熟達/卓越」とその「意図せざる随伴結果」(どまり)、②(遊休金を借りて運用し)貨幣利得を獲得する「手段」となる「信用」の（かならずしも当てにはならない）指標、③（「随伴結果」から）「自己目的」と化して、「目的」（貨幣増殖）に支障をきたす負の「固有価値」、といった多義性を帯びている。まさにそれゆえ、とくにこの③への転化傾向ゆえに、「禁欲」はつねに、「名声」にたいしてはなにほどか「疑いと警戒の目」を向けている。とすれば、フランクリンによる「富」と「名声」との無造作な併記は、フランクリンには両者の関係を問題として受け止める感性がなく、この点がかれの副次的特徴（「禁欲」から見れば一種の「甘さ」）をなしている実情を、「問わず語りに語り出している」ともいえよう。

第三六節　「信託遺贈地（世襲財産）」問題と「名声の世俗化作用」

ところが、ヴェーバーは、この「富と名声との背反関係」（いっそう正確には、「名声の世俗化作用」が「富」追求その他の「職業的禁欲」を掘り崩す関係）を問題として熟知していたばかりでなく、じつはこの微妙な問題が、「倫理」論文の背景、その執筆にいたる動機のひとつをなしていたとも考えられる。そこで、少し長くなるが、同じ「倫理」論文第一章第二節から、関連論及の箇所を引用してみるとしよう。

「**現在では**……『資本主義精神』を性分ともする人々に、……休みなく奔走して自分の財産を片時も享受しようとしない生き方に、いったいなんの『意味 Sinn』があるのか、〔宗教とは疎遠になり〕生活の準拠標を〔「天国」、彼岸ではなく〕もっぱら此岸に置くようになったのであれば、そういう生き方にはまったく意味がないではないか、と〔単刀直入に〕問うてみるとすれば、かれらは、はたと当惑するであろうが、ときには『子や孫への配慮から』と答えることもあろう。しかしそうではなく、『自分にとっては、不断の労働をともなう事業 Geschäft が、それなしでは生きられないものになってしまっているから』と端的に答えるばあいもあり、このほうがずっと多いであろう。しかもこれは、『子や孫への配慮』よりも、いっそう正確な richtiger〔「資本主義の精神」にいっそうよく整合する〕回答である。というのも、『子や孫への配慮』は、かれらに特有の動機ではなく、『伝統主義的』な人々にもまったく同様にはたらいているのが見受けられるからである。じっさい「生きるのに不可欠」という回答こそ、かれらの動機を唯一的確に説明すると同時に、『事業のために人がいて、その逆ではない』というその生き方が、個々人の幸福という観点からはまったく**非合理的**であるという実情を、こよなく表明している。(76)」

ここまでは、「(貨幣増殖を自己目的とする)事業」と「人間」との「無意味な」倒錯/主客転倒という(お馴染みの)「自然主義」的論点である。ところが、これに加えてヴェーバーがいうには、

「もとより、財産所有という事態そのものではなく、それによってえられる権勢 Macht や名声 Ansehen を求める感情が、そのさいに一役を演じてはいる。今日のアメリカ合衆国のように、全国民の幻想が『〔ただたんに数量的に大きいだけの〕大物』に向けられているところでは、そういう数字のロマンチシズムが、抗いがたい呪力を帯びて商人のうちの『詩人』にはたらきかけている。しかし、それ以外のところでは、企業家のうちでも、もともと指導的な地位にある人々、とりわけ長期にわたって営業実績を挙げている人々は、そうした呪力の虜にはならないのがふつうである。いわんや、ドイツにおける成り上がり資本家家族の経歴によく見かけるような、〔左前になった土地貴族から〕世襲財産(信託遺贈地)を買い集め、〔皇帝の勅許状によって〕名目貴族に列せられ、そのようにして〔資本を市場の荒海から引き上げて〕安全港に逃避し、息子たちには〔事業を継がせるのではなく〕大学や官庁につとめさせて〔市民層(ブルジョワジー)出身という一族の〕素性を忘れさせようとつとめる、といった〔「名声」「栄誉」「威信」を「固有価値」と感得するあまり、自分の「職業」「事業」「貨幣増殖」を「二の次」として「ないがしろ」にするような〕ことは、亜流者風の頽廃の産物にすぎない。ドイツでも個別には傑出した実例の見られる資本主義的企業家の『理念型』は、そうした一段と粗野な、あるいは一段と上品な成り上がり根性とは、

似ても似つかぬものである。そうした企業家は、見栄や不必要な支出を好まないのみか、故意に自分の権勢を利用することを嫌い、また、自分が現にえている社会的尊敬に外面的な褒賞 äußere Zeichen［の上塗り］を施されることも、悦ばずに辞退するものである。言葉をかえていえば、かれらの生き方にはしばしば、先に引用したフランクリンの『説教』に［は、そのかぎりで］表明されているような、一定の禁欲的特徴がそなわっている。この重要な現象の歴史的意義については、後段で立ち入って論ずるとして、ここでちなみに［フランクリンを引き合いに出したついでに］特筆すれば、そうした企業家には、冷静な謙虚さ kühle Bescheidenheit が適度に認められることも、めずらしくはない、というよりもきわめて多い。そうした謙虚さは、フランクリンも得策として［目立たないように振る舞ったほうが、事業が順調／円滑に運ぶし、あとになって功労者がだれかは分かるものだから、一石二鳥の「効果」がえられるとして］推奨できた、あの控え目の狡智 Reserve にくらべて、ずっと誠実 aufrichtiger なものである。そういう企業家は、自分の富 Reichtum から、自分一個人 Person のためには『一物ももたない』。よき『職業の遂行 Berufserfüllung』という非合理的感情以外には。[77]」

この一節は、じつに意味深長で、おそらくはさまざまな観点からさまざまに解釈され、批判されもしよう。[78] 本稿では、当面の問題にかかわる一端に触れると、ヴェーバーは、「倫理」論文初版を『社会科学／社会政策論叢』第二〇／二一巻（一九〇四／〇五）に掲載するのに先立ち、第一九巻（一九〇四）に（「客観性論文」とともに）「プロイセンにおける『信託遺贈地問題』の農業統計的、社会政策的考察」と題する論文[79]を発表していた。そこで槍玉に挙げられ、克明に分析され、（分析とは峻別して）価値評価もくだされているのが、右記、資本を土地に転じ（逃避させ）て（土地）貴族に成り上がる――そうしたがる――ドイツ・ブルジョワジー（資本主義的企業家層）の一類型（「亜流者」）である。ヴェーバーは、かれらが、「ブルジョワジー」としての「存在被拘束性」をあえて引き受け、「貨幣増殖」「資本蓄積」を「職業的使命」として担い、生涯その使命に徹しようとするのではなく、虚栄心から「土地貴族」に転身しようとする「脆弱性」（その意味における「階級」としての未成熟性）を痛撃してやまない。と同時に、社会科学者としては、「ブルジョワジー」という社会層（統計的集団）が、現実には『資本』という経済学的カテゴリーの人格化」（マルクス）としては振る舞わず、「資本家機能」に甘んじず、「生身の人間として」（「貨幣増殖」「資本蓄積」よりも）「名声」「名誉」を求めて行為し、社会層間を移動し、そうした動向がドイツにおける近代資本主義発展の減速をまねいている以上、（ヴェーバーにとって「由々しい」）そうした現実を問題として直視し、理論的に説明するには、（たとえば「ブルジョワジー」という社会層をなす）諸個人の「社会的行為」について、その「動機」を「解明」「理解」するとともに、（そうした「社会的行為」の）「集合態」の制約／規定条件としては、（経済財の所有—非所有にもとづいて「ライフ・チャンス」を共有する人間群／統計的集団としての）「階級 Klasse」だけではなく、それに加えて（「社会的名誉」感と「ライフ・スタイル」に根ざす人間群／ゲマインシャフト形成態としての）「身分 Stand」の概念も構成／用意して、（諸社会層をなす）諸個人の「集合態」的行為の動態を「複眼的」に分析する以外にはないと考え、その道を切り開いていくことにもなろう。

なるほどヴェーバーは、一個人としての生活歴において深刻な「職業義務観」問題に直面し、以後この問題を生涯にわたって担うにいたった。しかしかれは、その問題をいわば無媒介に、実存史から歴史へと投影して、「倫理」論文を執筆したのではない。そうするまえに、社会科学者としてドイツ社会の現実に考察をめぐらし、ほかならぬ「職業義務観」を核心に据えて「資本主義の精神」の理念型概念を構成し、これを道具（「表現手段」「索出手段」）として研究を進めていくまえに、そうすることの意味（「文化意義」）を、フランクリンとフッガーばかりでなく、ドイツ・ブルジョワジーの「亜流者」類型や（それとは対照的な）「ドイツでも個別には傑出した実例の見られる資本主義的企業家」の「理念型」(80)をも広く射程に収める比較のパースペクティーフのなかで、あらかじめ見定め、そのうえで「倫理」論文の執筆にとりかかり、「満を持して」発表するにいたったのである。この論文でかれは、確たる理由があって、つまり読者との「トポス」として、「精神」の「暫定的例示」のために、そのかぎりで真っ先にフランクリン文献を取り上げ、十全に活用するにはした。そうした位置価ゆえに、フランクリンへの論及は、なるほど主として第一章第二節冒頭に集中してはいる。しかし、フランクリンへの直接論及も、けっしてそこだけではない。たとえば右記引用の一節でも、後段で「禁欲的プロテスタンティズムの職業倫理」を論ずる本論の関連箇所[81]でも、折に触れてはかれを引き合いに出し、「暫定的例示」にも立ち帰って、その意味内容を限定し返している。

ヴェーバーのフランクリン論について学問的に議論しようというのであれば、少なくともそうした直接の論及箇所だけでも調べ上げ、当該箇所の論旨と論及の趣旨とを十全に把握しておく必要があろう。とくにヴェーバーが、特定の比較の観点から、フランクリン経済倫理のある側面を「前景に取り出し」、他の側面は「後景に止める」と明記して断っているのであるから、まずはその比較の観点がいかなるものかを押さえてから批判（するならするで、それ）に着手するのが、学問の作法／手順というものであろう。そうせずに、第一章第二節の冒頭にいきなり「とびつき」、そこに視野をかぎり、比較のパースペクティーフにも無頓着に、さながら「井のなかの蛙」が「プロクルーステースの顕微鏡」を覗き込むように、数段落中の二三の文言を抜き出しては『自伝』の字面との間を往復し、そうした「キーワード検索」だけで「能事終われり」とばかり「ヴェーバーのフランクリン像」を云々するとは、いったいなんたることか。

ともあれ、右記の一節も、フランクリンへの直接論及のひとつであるが、見られるとおり、フランクリンの「二文書抜粋」に表明された「説教」（第一要素）と、『自伝』（に吐露された「控え目の狡智」勧告）から窺われる現実の「生き方」の「功利的傾向」（第二要素）とを、明確／明示的に区別し、この理念型尺度をドイツの社会的現実に適用している。「ドイツにおける資本主義的企業家」の「理念型」には、前者の「禁欲的特徴」は認められるが、後者の「功利的傾向」は見られない（フランクリンに比べて「ずっと誠実である」）という。しかも、後段の議論は、「富の世俗化作用」ではなく、「名声の世俗化作用」をめぐって展開されており、（「富の世俗化作用」以前に）「富」（貨幣増殖、資本蓄積）を「自己目的」として「勤勉」に追求する「禁欲」が、「名声の世俗化作用」によってかえって弛緩する、という逆作用／逆効果を、鋭く問題としている。この観点からは、「名声の世俗化作用」に屈しない「ドイツにおける資本主義的企業家」の「理念型」と、それに脆くも屈する「亜流者」類型とが区別されたうえで、その中間に、フランクリンが位置づけられているといえよう。

ヴェーバーは、「名声」の両義性についてここまで考えている――というよりも、ドイツの社会的現実に即して、「名声」誘因が貨幣増殖への「禁欲」を弛緩させる「名声の世俗化作用」をこそ問題としている――のである。したがって、「勤勉は富と名声への手段」と語って「富」と「名声」とを不用意に併置するフランクリンの甘さを衝き、これと（現在の）「アメリカ合衆国」型「大物」幻想との歴史的「意味（因果）関連」を探り出していくことも、十分になしえたであろう。しかし、「倫理」論文第一章第二節第七段落のコンテクストにおける『箴言』句引用の目的は、「貨幣増殖」を「自己目的」として禁欲的に追求する「（生き方の）合理化」の遡行極限を、「なぜ、そうまでして」との問いに答える形で探究し、その背後に「職業義務観」を、さしあたりは究極的な――つまり、それではなぜ「職業」を「義務」としなければならないのか、というさらなる問いには、まだ「理」をもって答えてはいない、その意味で非合理的な――「固有価値」因子として探り当てたからには、すでに十分に達成されている。そのうえは、さらなる遡行極限の（宗教性の領域に踏み込む）探索は、後段の本論に送り込み、「では、そうした『職業義務観』を核心とする『資本主義の精神』を、歴史的与件として受け取るとすれば、それは翻って、近世以降の歴史、とりわけ『資本主義文化』の展開に、いかに作用し、いかなる歴史的『文化意義』を帯びたのか」というこの節の本題に転ずることができる。それが、「ものごとの順序」というものであろう。そこでは、そうした「職業義務観」が歴史的に生成しなかったか、いち早く生成しても「伝統主義」に逸れたり（「ルター派」のドイツ！）、衰微したりした地域では、「そのために、いったいなにが起きたか」と問い、「ドイツ・ブルジョワジー」の「亜流者」類型における「土地貴族への転身」を一対照例として、逆に「職業義務観」の積極的な「文化意義」を浮き彫りにすることができるし、現に右記の一節ではまさにそうしているのである。

ヴェーバーの叙述は、そのように厳格に——いうなれば禁欲的に——制御された論理展開の途上で、必要最小限のことを的確、簡潔に述べ、冗漫な反復や論脈逸脱は極力避けている。「倫理」論文は、じつに豊富な内容を圧縮していて、読めば読むほど深い含意や言外の示唆を引き出すことができるのであるが、叙述としてはいわば「贅肉を削り落とし、スリムに引き締まった作品」の体をなしている。したがって、第七段落の当該箇所でも、フランクリンの『自伝』から『箴言』二二章二九節の引用箇所を取り出して挙示し、さしあたり遡行極限としての非合理的価値因子を(「職業義務観」として)索出する目的は達成したからには、直後の「富と名声の併記」についても、そこに潜む問題性と展開可能性に論及しようとする食指を(あるいは)動かされたにせよ、なにもここで引用し、(いったんそうすれば注釈を加えざるをえないので)論脈逸脱を犯し、叙述の緊密な整合性/簡潔性を乱すにはおよばない、と思いなおし、見合わせたのでもあろう。

ただ、かりに「勤勉を富と名声を手に入れる手段と心得た」という文言を引用したとしても、「富と名声」についてさほど深読みせず、両者を「富(財産所有)とそれにもとづく名声」すなわち「名利」として一括し、「名声」を「大なる信用」ととれば、フランクリン経済倫理の「(職業内致富としての)貨幣増殖―信用―勤勉」という三項図式を簡潔に要約している恰好の標語と解され、その旨注記して論証を補足することは、しごく簡単にできたことであろう。つまり、羽入が「反証」として自明視するフランクリンの「説明」は、よく読めばじつは、ヴェーバーが「暫定的例示」として活用したフランクリンの経済倫理を、その趣旨で集約し象徴する恰好の証拠だったのである。その意味で羽入は、主観的意図はともかく客観的/整合的には、自分自身のほかならぬ「反証」によって、ヴェーバーの論証をこよなく補完していたことになろう。

第三七節　『箴言』句引用と後続文言省略は、後者を読者に知らせない「仕組み」？

ところが、羽入は、「好き勝手に資料を切り刻んでしまうヴェーバーのこうした強引さ〔!?〕は、フランクリンの『自伝』からの聖書の言葉の引用の仕方そのものにもそもそも見受けられる」（一八八）という。なにかと思えば、「フランクリンの答えを『箴言』二二・二九からの引用のみで切ってしまって、……フランクリンがその直後に『自伝』で何を述べていたかは分からないような仕組みになっている」（二八八）というのである。

なるほどヴェーバーは、「なぜ『人から貨幣をつくら』なければならないのか」との問いにたいするフランクリンの回答を『自伝』から引用するさい、『箴言』句の「引用のみで切ってしまって」いる。しかしそれは、「倫理」論文第一章第二節第七段落の当のコンテクストでは、「貨幣増殖を『最高善』として禁欲的に追求せよ」という経済倫理（第一要素）の背後に、（さしあたりは）究極的な倫理的価値として「職業における熟達／有能さ」を索出すればよかったので、簡潔を旨とし、必要にして最小限の引用に止めたまでのことであろう。ヴェーバーが、「好き勝手に資料を切り刻み」、（このばあいについていえば）「勤勉を富と名声を手に入れる手段と心得た」という後続の文言を、故意に切り落とし、読者には「分からないような仕組み」をつくったというのではあるまい（そんな「下手な小細工」を弄したところで、『自伝』をひもとけば「すぐにばれる」ではないか）。ところが羽入は、このばあいにも（自分の思い当たる動機を他人に投影して）ヴェーバーの（的確かつ簡潔な）引用も、むしろ「不都合」な文言を意図的に伏せ、自説の破綻を読者に隠蔽しようとした所作、と解したがる。だがそれは、邪推／曲解というものではないか。というのも、「勤勉を富と名声を手に入れる手段と心得た」という当の文言は、意味を汲めば、縷々解説してきたとおり、「貨幣増殖―信用―勤勉」というフランクリン経済倫理の「三項図式」を象徴する標語とも見られ、（「名声」問題に深入りさえしなければ）直後につづけて引用ないし注記してもいっこうに差し支えなかったばかりか、むしろ恰好な証拠の引用を逃して惜しまれるくらいのものである。少なくとも「不都合」として「隠蔽」しなければならないような、そうした意味内容の文言ではない。

ところが、羽入はなぜか、当の文言が「貨幣増殖を『自己目的』として禁欲的に追求せよという要請」（第一要素）とは「食い違う」と、先ほどから指摘してきたとおり、いわば「頭から決めてかかって」いる。そこを「どう読むのか」、どう「食い違う」のか、の説明がない。代わっては、「事ここに至っても」とか、「しょせん無理」とか、「議論を破綻させるにはもう十分」とか、自分の臆断（としかいいようのない、理由の開示がない判断）を押し通そうとする。しかも困ったことに、かれには自己中心的な彼我混濁の傾向が顕著で、自分がいったん「食い違う」「不都合」と決めると、ヴェーバーも同じように「食い違う」「不都合」と解し、自分（羽入）と同じように[82]読者に隠そうとしたにちがいない、と決めてかかる。ただし、この第五節では、ヴェーバーの『箴言』句引用箇所が、（羽入から見て）客観的にそういう「仕組みになっている」と、「作為を仄めかす」だけに止め、ヴェーバーが主観的に意図して「隠蔽操作」つまり「詐術」を弄したとまで断定はしていない（断定は、この伏線のうえに第六節でくだされる）。ここでは、「直後のフランクリン自身の言葉を引用しないことは恣意的引用と言わざるを得ない」（一八八）と、これまた「それがなぜ恣意的か」の論証ぬきに、主張している。そして、またしても『箴言』二二章二九節を引用したあとに、「この聖書の言葉のおかげで、自分は勤勉を富と名声を得る手段とみなすようになった」との「頼みの綱」の文言を添え（第五節九ページ中、これで第四回目！）、それで立証が完了したかのように、議論を打ち切っている。

そのあとには、第五節の末尾なのに、突如、第三章全体の結論が出てくる。しかし、当の結論内容は、つぎの最終結論（第六）節に繰り下げ、筆者による批判の結論を逐一対置し、本稿（本章）も締め括るとしよう。

第三八節　「天を仰いで唾する」も、降り落ちてくる唾を唾と感じない

羽入の結論は、つぎのように述べられている。

「われわれはこれまで、フランクリンの功利的傾向を否定するためのヴェーバーの論拠を検証してきた。否認の一つ目の根拠は、ヴェーバー個人の嗜好のレベルを越えるものではなく、論証の根拠とは到底呼び得ないほどに薄弱なものに過ぎなかった。否認の二つ目の論拠は、焦りの余り、『啓示 Revelation』という言葉に関するコンテキストを読み誤った末に作り出されたものであった。そして否認の三つ目の論拠は、『自伝』を現に読んでいる人間には到底付いていけないほどのグロテスクなまでの暴論となった。」（一八九）

羽入は、こうした評言が、「天を仰いで唾する」にひとしく、ことごとく自分に降り落ちてくることに、気がつかないのであろう。では、いたしかたない。煩を厭わず、筆者による批判の結論を対置していこう。

まず、「フランクリンの功利的傾向を否定するためのヴェーバーの論拠」という捉え方がそもそも問題で、羽入の誤読である。ヴェーバーは、フランクリンの功利的傾向を単純に否定／否認したりはせず、かれの経済倫理の「第二要素」として直視し、「資本主義の精神」の「歴史的個性体」概念に包摂していた。したがって、羽入のいう「論拠」も、単純な「否定」の論拠ではなく、「功利的傾向を越える側面」を指摘し、「第一要素」「倫理／エートス性」との対抗／拮抗関係（したがって「資本主義の精神」総体の変動傾向）に照射を当てながら、その関係を背後から支える「第三要素」「職業義務観」を探り出していく、そういうダイナミックな思考展開の一環であった。むしろ羽入が、「フランクリンの人柄は丸ごと、倫理的か、それとも功利的か」といった生硬な観念論的二者択一を持ち込んで、理念型的思考展開の一局面を「功利的傾向の単純否認」論に固定し、矮小化してしまったのである。

「論拠①」については、ヴェーバー自身は、なるほど『自伝』に『ともかく世にも稀なほど正直に』表明されている

『フランクリン自身のキャラクター』」に論及してはいる。しかし、なにも（「表現様式」と「キャラクターの質」とを混同して）当の「キャラクター」そのものが「正直」とか「誠実」とか論定したわけではない。ところが、羽入は、（けっきょくは）誤訳に引きずられて、ヴェーバーがあたかも「自伝に現われているベンジャミン・フランクリンの世にも稀なる誠実な性格」（大塚訳、四七）を論じ、あるいは「自叙伝にあらわれているベンジャミン・フランクリンの性格が、とに角世にも稀な誠実の人であることを示している」（梶山訳／安藤編、九四）と主張したかのように読み誤り、早まって「倫理的価値判断」「個人の嗜好」と取り違えてしまった。その結果、（「原典主義者」として、どんなに『自伝』諸版の信憑性について詮索を重ね、研究への準備はおさおさ怠らなかったとしても、研究の本番では）その原典に就いて「フランクリン自身のキャラクター」を探索するにいたらなかった。したがってもとより、「貨幣増殖―信用―（勤勉／正直／節約などの）諸徳目」のうちの第三項に、功利主義者としては度はずれた力点を置き、「十三徳」を「（たんなる思弁的／理論的／功利主義的確信の域をこえて）習慣として身につけ」「エートス化」するため、自己審査手帳をつくって方法的な自己制御を重ねるといった、フランクリンの「功利主義を越えるキャラクター」を、突き止めることはできなかった。『自伝』の字面には目を通したとしても、その意味を汲み出すことができなかった。

「論拠②」については、ここで多少敷衍すれば、こうである。フランクリンは、「三徳」への功利主義的な理論的確信から「十三徳」の実践的樹立へと（「生き方」の「倫理的合理化」という観点から見て）踏み込んだ局面で、まさにそうすればこそ、自力ではとうてい「完徳の域」には到達できないという（自分を含む人間の）「倫理的な弱さ」を自覚するにいたった。それと同時に、かれは、そうした「倫理的脆弱性」が（カルヴィニストの「予定説の神」「隠れたる選びの神」以外からは）指弾されることなく、むしろ現世には、善徳の程度にほぼ見合うように「幸福」や「利益」が配分される「平衡関係」「平衡構造」があると見、これを（彼自身の「平衡感覚」にかなう）現実の「倫理的合理性」として受け入れた。他方、かれは、そうした「平衡」を成り立たせ、支えている究極の根拠を、人間一般の「倫理的脆弱性」を寛大に許したうえで「善徳に報い、悪を罰し」、そのようにして人類の「幸福」「利益」を（相対的には最大限に）増進しようとする「勧善懲悪神」の摂理に求めた。この神は、「固有価値」としての徳目の遵守に「自己目的（充足）的 consummatory」には徹しきれない——完全に「価値合理的」には生きられない——「倫理的に脆弱な」人間にたいしても、徳目遵守の効果として「幸福」や「利益」をあてがうように配慮し、そうした「効果目当ての」徳目遵守（これを、キルケゴールは、「非倫理領域への転移」として厳しく指弾するが、フランクリンの神は、それ）をも、「悪徳に陥るよりもまし」と大目に見、そういう「脆弱な」人間にも、「幸福」や「利益」を期待させることで「無理なく善徳に向けて動機づけ」ようとする、その意味における「慈悲の神」でもあった。フランクリンのこうした信条を、ヴェーバーは、「そのように善徳が『有益』と分かった事態そのものを、〔自分の独創として誇示するのではなく〕そのようにして自分にも善をなさしめようとする神の啓示に帰している[83]」というふうに表記したのであろう。

　その典拠を『自伝』のなかに捜すとすれば、たとえばつぎのような箇所が思い当たる。フランクリンは、「長老教会の会員として敬虔な教えを受けて育った」。なるほど（特徴的なことに）、その教えのなかでも「神の永遠の意志」「神の選び」「定罪〔捨てられた者への永遠の罰〕」、要するに「予定説」は、かれには信じられなかった。しかしかれは、「だからといって、宗教上の主義をまったく持たないわけではなかった。たとえば、神の存在、神が世界を創造し、摂理にしたがってこれを治めたまうこと、神のもっとも嘉したまう奉仕は人に善をなすことであること、霊魂の不滅、すべての罪と徳行は、現世あるいは来世において、かならず罰せられ、あるいは報いられること、などについては、けっして疑ったことはない」と明言している。そしてかれは、これらの「主義」を、自分の頭から捻り出した考案と謳うのではなく、「あらゆる宗教の本質であると考え、わが国の宗教のあらゆる宗派に見いだせることなので、わたしはすべての宗派を尊敬した[84]」と語る。いいかえれば、ここでフランクリンは、善徳に「有益」をもって報いる「勧善懲悪神」によって現世の「（「倫理的に合理的な」）平衡構造」が成り立ち、その神は同時に「慈悲の神」として、（「完徳の域」には到達できない「倫理的弱者」としての）フランクリンにも善徳をなさしめようとしている、との所見とその由来を、自分の独創ではなく、「啓示」「天啓」「天啓宗教」に帰しているといえよう。なるほど、ヴェーバーは、この所見の「論拠」を明示的に『自伝』に求めているわけではない。しかし、そうしていると取れば、（なるほど「啓示」という語形こそ出てはこないけれども、意味上無理なく）この箇所を典拠と解することができよう。

　ところが、羽入は、「文献学」とは、（「啓示」なら「啓示」という）単語を取り出し、それと外形上一致する単語を捜しまわる「キーワード検索」風の作業（を、コンピューターに代わって人間がやること）と心得ているらしい(85)。このばあいについても、ヴェーバーによる「論拠②」の一文から、「啓示」という一語を抜き出し、その意味を（辞書で調べれば、「超自然的な仕方で神の真理ないし神意が人間に開示ないし伝達されること」一般の謂で、キリスト教では聖書そのものが「神の言葉の啓示」と解される、と出ているのに）なぜか「聖霊降下を受けて回心する劇的な一回的体験」というふうに誇張して、狭く解釈したうえ、『自伝』の「キーワード検索」に着手し、“Revelation”という語形が、別の（右記のとおり、一段階まえの「『三徳』にかんする功利主義的確信への改信」の）局面に出ていることに気づきはする。そこでは、フランクリンは、「自分は（真実、正直、誠実の）三徳目を生涯遵守しようと決意したが、それはなにも、それらの徳目が従来『神の啓示』として命じられてきたからではなく、人間の幸福にとってきわめて重要であるとの確信に到達したからだ」との趣旨を述べている。つまり、「神の啓示」を中心に据える「啓示宗教性」の立場から、「人間の幸福」を規準として徳目の効用を評価する「功利主義的」見地への移行を表明している。そこでヴェーバーは、この「『改信』物語」の意味を汲んで、その箇所を適切に、フランクリンにおける「功利的傾向」の証拠、したがって「（功利主義を越える側面にかんする）論拠②」の反対証拠として挙示した。ところが、意味よりも語形を優先させる羽入は、「論拠②」の「啓示」（羽入には「啓示体験」）は、『自伝』に見つからず、他方「『改信』物語」のコンテクストには「啓示」という語形が出てくるというので、反対証拠と証拠とを混同し、「『改信』物語」のほうから「啓示」を取り出すという「迂回路」に入り込む。以後、延々と「ヴェーバー藁人形」との空中戦を演じ、オリジナル草稿まで持ち出し、けっきょくのところ「啓示」とはたんに「啓示宗教」「キリスト教」のことらしいと、(語義を辞書で引いて文意を捉えれば、初めから分かりきっている)出発点に戻ってくる。その「独創的」空中戦が、議論としてはいかに独り合点の誤読と牽強付会で紙幅を塞ぐだけの代物であるかは、本章で詳細に跡づけたので、ここで繰り返す必要もあるまい。ただその途上で、羽入は、フランクリンがnot (indeed) A, but Bの構文で、「なるほど『啓示』そのものは重みをもたず」(A)、「同じ内容の徳目でも、その評価規準は『啓示』でなく『人生における幸福』に移されていた」(B)と、not Aの趣旨をBで敷衍していいかえているにすぎないところを、字面から意味内容に踏み込めないため、当の構文をindeed A, but Bの譲歩構文と取り違えている。すなわち、「中学英語さえ分かれば誰にでも分かる杜撰」(一三九)な取り違えを犯し、「フランクリンが用いた副詞"indeed"("in der Tat")が一体どこの部分と呼応しているのかということにも気づかなかった」(一九〇)のは、ヴェーバーでなく、羽入自身である。

「論拠③」については、右記に論証してきたとおり、羽入は、「勤勉を富と名声を得る手段と心得る」との文言を、(中学生でさえ成心なく読めば)「勤勉(禁欲)を手段として富(貨幣増殖)を追求する」こととじつは同義と読めるにもかかわらず、なぜかそうは読まず、(おそらくは『富』追求は功利的、『勤勉』は倫理的」といった生硬な観念論的二者択一に囚われて)むしろ前者が後者の「反証」になると早合点した。そしてそれ以後、この独断的な思い込みを、あたかも「自明の理」であるかのように主張し、ヴェーバーの立論を「客観的に整合的objekitv richtigに」補完しながら、(羽入ひとり)主観的には『自伝』を現に読んでいる人間には到底付いていけないほどのグロテスクなまでの暴論」と決めつけてしまった。

しかも、第六節では、「われわれがこれまで確認してきたことをまとめるならば」と前置きして――つまり、すでに確認ずみの事項であるかに見せかけながら――、ヴェーバーがフランクリンの『自伝』から『箴言』二二章二九節を引用したさい、後続の「勤勉を富と名声を得る手段と心得えた」という文言は引用しなかった事実を、前節では「読者には……分からないような仕組みになっている」との表記にとどめていたのに、ここにきて「でっち上げ」「詐欺」と、解釈を改め、公然と言い放つにいたる。前段として、かれはいう。

「彼［ヴェーバー］はさらに、『自伝』において『箴言』二二・二九から引用がなされている部分のコンテキストを、今度は『啓示』の場合のように単なる不注意からの軽率さからではなく、恐らくは意図的に無視した。彼は、『箴言』二二・二九のすぐ直後の［sic］フランクリンの文章『私はその時分から、勤勉を富と名声を得る手段と考え、これに励まされていた』を読んでいたにもかかわらず、フランクリンの倫理の『「最高善」とは、あらゆる無邪気な享楽を厳しく避けて、金を、さらに沢山の金を儲けることなのであり、余りにも全ての幸福主義的、いやそれどころか快楽主義的観点を取り去られており、純粋に自己目的と考えられているために、個々人の「幸福」や「利益」に対してはとにかく全く超越したもの、およそ非合理的なものと立ち現れてくるほどなのである』と主張した」(一九〇―一)。

これも、いつぞやお目にかかった悪文に似ている。「すぐ直後の［sic］フランクリンの文章」の第五回目に当たる引用のあと、これと「フランクリンの倫理の……」以下――「貨幣増殖を『最高善』として禁欲的に追求せよとの要請」(第一要素)――とが、あたかも「食い違う」との印象を引き寄せようとするかのように、後者を引用句／半引用句混じりで延々と誇張して書き記さなければならなかったのであろう。ここでも、どう「食い違う」かの根拠は示されず、「勤勉を富と名声を得る手段と心得た」という文言の反復だけが「頼みの綱」のようである。しかし、羽入はここで、第三章を結ぼうとするに当たり、第一／二章ではヴェーバーを「詐欺師」「犯罪者」と論定しようにもできなかった事実を、いやおうなく思い起こしたにちがいない。自著の前半を終えて後半に入ったいま、ここでその論定ができなければ、表題として打ち上げたアドバルーンも急速に萎んでしまう。いまや、是が非でも！　そこで羽入は突如、「自分が責任をもって……」ではなく、「世間では普通、こうした作業を指して『でっち上げ』と言い、そうした作業をした人物を『詐欺師』と呼ぶ」(一九二)といってのける。

しかし、「こうした作業……そうした作業」とは、どの範囲で、なにをいうのか。「勤勉を富と名声を得る手段」という文言を引用しなかったことだけか、それとも、「論拠②」にかかわる「啓示」問題における「不注意からの軽率」まで含めているのか。いずれにせよ、(責任ある主体の不在もさることながら)他人を「詐欺師」と認定する証拠の開示として、こんな曖昧ないいかたが許されていいのか。当の文言をどう解釈するのか、それが「貨幣増殖を『最高善』として禁欲的に追求せよ」との要請(第一要素)とどう「食い違う」のか、——自分の責任ある解釈を提示することなく、ただ両者が「食い違う」と、あたかも「自明の理」でもあるかのように繰り返し主張し、そこが重要なポイントと決め込んで、だから引用しなかったのは(なぜヴェーバーが引用しなかったのか、ありうべき根拠に思いをいたすいとまもあらばこそ)「不作為の作為」による「不都合な」事実の「隠蔽」にちがいないと決めつけ、「世間」にことよせて「でっち上げ」「詐欺師」と裁断するのである。

本書で論証してきたとおり、羽入書は内容として杜撰で、表記法/評言も粗暴である。そのうえ、これほど無責任な論法で、「死人に口なし」とばかり、「詐欺師」との裁断がくだされている。こうした論法が、大学の教室/研究室、法廷、言論の公共空間でまかり通り、いともかんたんに人が「詐欺師」と認定され、処罰され、(当人ばかりか関係者まで)広く不利益を被るようになってもよいのか。そうなっても、本来「責任倫理性」を喚起、育成すべき学者/大学教師は、「見て見ぬふり」を通そうとするのか。

それればかりではない。本章第二三節でも論証したとおり、羽入自身が、引用のさい、自分に不都合な文言を省いている。羽入は「天を仰いで唾して」いる。しかもかれには、降り落ちてくる自分の唾を、唾として受け止める感性がない。「言いっぱなし」、「やりっぱなし」である。「自分に不都合な事態を直視して責任をとる勇気」としての「知的誠実性」を、このとおりまったく欠いていること、これこそ、当の「知的誠実性」を楯にとってヴェーバーを糾弾し、

「詐欺師」扱いしている人物の正体である。

第八章　「資本主義の精神」と禁欲的プロテスタンティズム

——フランクリンの神と二重予定説との間

はじめに

羽入書第四章『〈資本主義の精神〉をめぐる資料操作——大塚久雄の〝誤読〟』は、つぎの五節から構成されている。

羽入は、第一節で、「資本主義の精神」を「魔法の言葉」、理念型を「呪文」と決めてかかり、「脱魔術化」がいかに困難かを読者に印象づけようとする。その便法として、大塚久雄を引き合いに出し、ヴェーバーの「罠」から脱する寸前まで到達していながら挫折した「悲劇的人物」（一九六）と位置づける。(1) そうすることで、羽入があたかも「大塚の屍を越え、見事に難事を解決して『最高段階に登り詰めた』（『脱魔術化』の）英雄」であるかのように、舞台に登場しようとする。そのうえで、問われもしないのに、「なぜ自分は『困難』を乗り越えられたのか」と解説を始め、「なまじ知的であろうとするから、知的な悪魔に騙される」ので、「いっそ馬鹿になれ」と説き、「今はただこの死せる悪魔のために、一生を費やした多数の学者達の不運を思うばかりである」（一九七）と、Schadenfreude（勝ち誇って他人の不運／不幸を悦ぶ感情）に浸っている。

この短い節の内容は、取り上げて論ずるには値しない。ただ、その文体は、書き手の心象風景を窺わせる資料として一顧に足る。自分が知的に理解できないことを、知的に理解しようと努力するのではなく、絶望して再起するのでもなく、正直に「酸っぱい葡萄」という代わりに「呪物」に祀り上げ、崇拝か忌避かの同位対立に陥り、（当面は後者の攻撃的形態として）「ただひとり『呪力』に抗する予言者／英雄」を気取る。そうすることで、自分の力不足を自他に覆い隠し、この「日本の学界／ジャーナリズム複合体制（コンプレクス）」の「寵児」に躍り出ようとする。とはいえ、「独り舞台」では淋しいので、大先達に「権威としてお出まし」願い、自作自演劇を盛り上げてもらおうとの魂胆であろう。

第二節『〝資本主義の精神〟の構成』は、⑴他の全ての説明の可能性の排除、⑵「資本主義の精神」、⑶大塚久雄の〝誤読〟、⑷ルターの“Beruf”‐概念への遡行、と題された四項からなり、二二ページもの紙幅を費やしている。とはいえ大半は、例によって「鋏と糊」の引用／半引用を連ね、「フランクリンからルターへの跳躍」（一九八）といった既出かつ誤読の論点を反復するばかりである。ただ、⑶項では、「倫理」論文邦訳に寄せた大塚久雄の「訳者解説」から、「フランクリンの『二文書』には」まだまだピュウリタニズムないしカルヴィニズムの思想的残存物がいっぱいつまっています」との一句を抜き出し、これを「大塚の〝[ヴェーバー]誤読〟」と解釈（じつは誤読）する。[2] 他方、羽入は、ヴェーバーのプロテスタンティズム・テーゼは、「カルヴィニズム[の思想的残存物、と大塚も明記しているのだが!?]をカルヴィニズムによって説明する」、つまり『宗教的なもの』を『宗教的なもの』によって説明する」「同義反復 tautology」「結論を前提とする原理請求／不当前提（論法）petitio prinpicii」と解釈（こちらもじつは誤解）している。したがって、その羽入によれば、大塚の〝誤読〟はじつは、「二文書」の全文に目を通して（キュルンベルガーとヴェーバーが引用しなかった）「神」表記を探り当て、これを「カルヴィニズムの予定説の神」として剔出しているわけで、「〔フランクリン〕正読」、「〔正しい〕〝誤読〟」、しかも（自分が問題としている箇所を、まさにそれゆえ「全論証構造の要」と決めたがり、彼我混濁から決めてしまいもする羽入から見れば）『倫理』論文の全構造を揺るがしかねぬ極めて危険な〝誤読〟」（二〇九）と映る。その意味で、大塚の「思想的残存物」表記は、ヴェーバーの「同義反復」「不当前提論法」とその「隠蔽工作」を、事実上暴いており、羽入による「金鉱」発見の寸前まで迫っていたのだそうである。ところが、大塚は、「不安」のあまり遁走し、「百年に一度の大発見」を掌中から逃してしまった。そこでやおら、「拷問好きキーワード検察官」が立ち上がり、「悪魔」の「呪力」もなんのその、「文献学」で押さえつけ、「自白」に追い込み、ついに百年の「詐欺」「犯罪」を「世界で初めて」白日のもとにさらす、とか、――自作自演劇『プロクルーステースの大捕り物』も大団円、小道具と演出は巧妙である。しかしそれは、主人公がまたしても「ヴェーバーという名の藁人形」ばかりか、「大塚久雄の藁人形」も立ち上げ、大奮闘する場面の一齣にすぎないのではないか。

　第三節「反論」は、羽入が読者からの「反論」を想定し、仮想問答を繰り広げる冗漫な空論で、検討に値しない。羽入はそのうえ、第四節「資料による検証」に入っても、「K・サミュエルソンによるヴェーバー・テーゼ批判は、批判の体をなさず、かえって当のテーゼを補完している」との（翻ってそのまま、羽入の「ヴェーバー批判」に当てはまる）趣旨を述べ、三ページの紙幅を塞いでいる。そのあとで、こんどこそ「自分が初めて『反論』らしい『反論』を携えて登場する」出番とばかり、やっと（右記のとおり「引き立て役」を振りあてた）「大塚久雄に戻」（二三一）っている。

第五節「大塚久雄の不安」は、題名からして、それ自体としても当該節の叙述内容に照らしても、首を傾げざるをえない。ある人物の「不安」について論ずるとは、その人の生活記録を調べ上げ、心の動きにまで繊細な「理解」を行き届かせたうえ、リスクを覚悟してあえてなしうる微妙な仕儀であろう。しかも、「誰某の不安」と麗々しく節題に掲げるとは、およそデリカシーをわきまえない、荒技の誇示ではないか。

しかも、この節に当てられている紙幅全八ページ半のうち、なんと七ページが、節題によって指示される内容の叙述ではない。「マックス・ヴェーバーによる『倫理』論文における資料操作を、これまで明らかにされてきたことをもとに、憶測も含めながらやや大胆に再現してみるならば、次のように推測されるであろう」(二三八)と切り出し、一四項目の「憶測も含めた推測」を開陳している。そのうえ、残る一ページ半で、なんと「大塚久雄の不安」を論じようというのである。ところが、その一四項目列挙は、右記の導入句にも示されているとおり、「これまで明らかにされてきたこと」(の「まとめ」)という形を借りて、新奇な「憶測」や「推断」を持ち込む、羽入の常套手段ではないか。しかも羽入は、この第四章が最終章というので、なんとしてもヴェーバーを「詐欺師」に仕立てなければならない窮地に追い込まれている。したがって、第三章の末尾と同様、ここでも、「まとめ」か「憶測」か、判別しにくい曖昧な言い回しで、あらかじめ用意されている「裁断材料」を繰り出してくる公算が高い。そこで、われわれも、節題からは離れ、これまで縷説してきた批判を要約して反復することにもなるが、この一四項目を取り上げ、その内容を逐一検討し、反論せざるをえない。

以下、本章第一〜七節は羽入書第四章第二節、第八〜一四節は同第四節、第一五/一六節は同第五節、それぞれの批判に当てられている。

第一節　粗雑な「要約」と、疑わしい比喩と

羽入書第四章第二節第(1)項では、「倫理」論文第一章「問題提起」第一節「宗派と社会層」が取り上げられている。そこで羽入は、「倫理」論文の構成に触れ、一瞬、読解の入口に立ったかに見える。すなわち、「普通のオーソドックスな歴史叙述であれば、歴史の流れと共に過去から現在へと順々に叙述」（一九八）するところを、ヴェーバーは「歴史の流れとは逆に、現在から過去へと論証しようとする」（一九八）と、「倫理」論文の外形的特徴に、いったんは着目する。ところが、羽入は、ここでも「それはなぜか」とは問わず、「逆の構成」の意味を考えようとはしない。したがって当然、「普通のオーソドックスな歴史叙述」、つまりは年代記的歴史記述を歴史科学に鋳直した「倫理」論文の意義[3]にも、思いいたらない。

羽入はむしろ、『資本主義の精神』を踏み台として彼は跳躍し、時間の流れを一気に遡って、古プロテスタンティズムにおける禁欲的職業倫理と『資本主義の精神』とのこの二つをいっきょに［Beruf 一語で!?］結びつけてしまう」（一九八）という。つまり、またしても羽入流の「学問」、すなわち「没意味文献学のキーワード検索（による短絡的接合）」を、持ち前の彼我混濁からヴェーバーに投影し、そうした「手法」が読者に「鮮やかな印象」（一九八）を与えるが、同時に『倫理』全構造上の無理も、……その〝難解さ〟の源も」そこにある、と臆見を披瀝する。そのうえで、「全構造」と口にした舌の根も乾かぬうちに、またもや「全構造」中の本論は忘失し、「前半部分におけるフランクリンからルターへの跳躍の構造をざっと概観してみよう」（一九八）と、第一章第一節に遡るのである。

第一章第一節への論及[4]も、羽入がヴェーバーの論理展開を咀嚼し、その筋道を自分の言葉で再現しようとするのではない。ヴェーバーが、事実を間に挟んで読者と対話しながら、歩一歩と納得ずくで議論を進めているところを、羽入はただ引用／半引用を連ね、ヴェーバーがなにか恣意的に「他の説明の可能性を排除」し、「解くべき問題のパラド

ックス性を節の終わりに近づくにつれてどんどん高めてい」(一九九)き、「お互いに水と油のように相互にまるっきり相容れない二つの要素〔「近代市民層」帰属にいたる営利追求と、プロテスタンティズムの信仰内容」〕(一九九)の「全き対立関係を、正に、一つの内的な親縁関係へ引っ繰り返さねばならないのだと……無茶苦茶なことを言い出す」(二〇〇)と(まさに無茶苦茶に)「要約」する。ただ、この「無茶苦茶な課題」(二〇〇)を、羽入流に「架橋」——しかも、よりによって川幅も広くて流れも速い、一番無理な場所を、さればこそ選定する、野心的だが「無謀な」くわだて——にたとえているることには、注意を要する。というのも、この比喩が、対岸は宗教性の領域、こちら岸は世俗的な「資本主義の精神」というふうに、両者を空間的に截然と分け、読者を羽入流の観念論的二者択一(「宗教的」か、さもなければ「世俗的」か)に誘い込んで、ヴェーバーが「同義反復」ないし「不当前提論法」を犯している、という羽入の(以下で論証されるとおり誤った)結論に導いていく伏線をなしているからである。つまり、この比喩によって、読者があらかじめ、歴史の多様で複雑な現実から、そうした観念論的二分法の世界に入り込んでしまえば、「こちら岸」にあって「宗教性」をいささかなりとも(「思想的残存物」なり「残滓」なりとして)含むかに見える提題は、即「宗教性」に属する命題と映り——たとえば、「こちら岸」に属する「資本主義の精神」について、その「暫定的例示」に用いられた文書の著者フランクリンが、当の文書からの抜粋のかたわらで、たんに「神」に言及している事実を挙示しさえすれば、その「神」がどういう神か、にはかかわりなく、(5) ただそれだけで「宗教性」の証拠であるかに見え——、「ヴェーバーはそうした(此岸の「宗教性」を対岸の「宗教性」で説明する)『同義反復』ないし『不当前提論法』を犯したうえで、そういう『詐術』を『隠蔽』する『二重の詐欺』をはたらいた」という羽入作「論告求刑」の筋書きに、読者がそれだけ乗せられやすく、誤導されやすくなるからである。

そのあと、羽入は、「この第一節の最後までの叙述においてヴェーバーが論証しているのは、この『現象』を宗教的な理由以外の他の理由によっては十分には説明することはできないのだよ、ということだけであって、この『現象』

を宗教的な理由によって説明することが事実可能である、ということはまだ彼は全然証明していない」（一九九）、「彼が持ち出した〝内的親縁関係〟なるものによってあの『現象』を説明することが果たしてそもそも可能なのであるかという論証にはまだ全く入っていない」（二〇二）と反復／力説する。あたりまえである。序の口で、なにもかも「いっきょに」なしとげられるわけがない。「外堀を埋めて」（このばあいには、当該仮説以外では説明できないと証明して）から、「本丸を攻める」（当該仮説の検証にかかる）のだ。ヴェーバーの手堅い行論にこういう非難を投げつけられる羽入には、科学的論証の手続き、したがって、「倫理」論文の「全論証構造」、とりわけそのなかで第一章第一節が占める（「問題提起」の「問題提起」としての）位置価が皆目分かっていない、というほかはない。

第二節　文章を正確に読むことが、学問研究の基本

したがって、羽入は、「倫理」論文第一章の第一節と第二節とがどうつながるのか、「資本主義の精神」を先に取り上げるのはなぜか、が分からないまま、ヴェーバーが「第二節に入るや否や」、こちら岸に「やおら足場を組み始める」（二〇三）という。(6) そこで、羽入は、ヴェーバーがフランクリンの二文書から「暫定的例示」の文章（「二文書抜粋」）を引用するにあたって付した導入句を引用するが、その前置きとして、前項で持ち込んでおいた比喩の「観念論的二分法」を反復／誇張し、つぎのとおり力説する。

「その工事の足場となるべき『資本主義の精神』の理念型が古プロテスタンティズムにおける宗教的敬虔性などとは全く隔絶されたものとして構成さるべきことを、すなわち、そこから一切の宗教性が曇りなく除去された形で構成されることを要求する」（二〇三）、「いかなる宗教的なものもその内には含まれてはいぬ［sic］形で、すべての

宗教的なものが剝奪されている形で構成されていなければならない」（二〇四）と。

「全く隔絶」「曇りなく除去」「すべて……剝奪」——少しあとのところでは「宗教性の残滓が残りなく払拭されていること」（二〇六）——と反復／力説して止まないあたり、羽入の意図がかえって「見え見え」で、「冗漫な反復が疑似問題持ち込みの現場である」という仮説[7]がまたしても実証される。なるほど、そうした主張は、形式論理としては（というよりもむしろ「同義反復」とはなにかにかんする形式論上の解説としては）、「いちおうごもっとも」と認めてもよい。しかし、それでは、いうところの「宗教的なもの」「宗教性」「宗教的敬虔性」とは、具体的にはいったいなにか。

むしろ羽入は、ヴェーバーの議論が、第一節末尾と第二節冒頭の方法論的覚書を経て、「宗教的なもの」「宗教性」はもとより、「カトリック」「プロテスタント」「プロテスタンティズム」といった「漠然とした一般的な表象の範囲で議論すること」[8]は止めて、歴史・社会科学として厳密／詳細な議論に移っていることに、気がつかないのではないか。ヴェーバーを「神経質」（二〇一、二〇三）な建築家にたとえるのもよいが、建築批評家ご本人は、「無神経」にすぎはしないか。「宗教性」を「切り札」として頻繁に振りかざしながら、当の「宗教性」の中身はなにか、「宗教性」と「宗教性の残滓」とはどこでどう区別されるのか、とはついぞ考えず、どこにも概念規定を示せないようでは、この批評家、「無概念界を彷徨い、字面を撫で回して息巻くだけで、学問的議論にはなじまない」というほかはない。

そのうえで羽入は、問題の導入句を引用する。

「われわれはこの目的のために……、くだんの『精神』に関するある記録に頼ることにしよう。その記録は、ここでさしあたって問題になるところのものをほとんど古典的な純粋さで含んでおり、しかも同時に宗教的なものへの直接的な関係を**全く**失っており、それゆえ——われわれの主題にとって——無前提的である、という長所を示してくれている」（二〇四）。

さて、この導入句については、つぎの三点に注目しよう。第一に、「宗教的なものへの直接的な関係」の有無が問われる案件は、「ある記録」「その記録」と特定されており、当の「ある記録」「その記録」が抜粋される元の文書全体ではないばかりか、ましてやその著者であるフランクリンではない。第二に、「宗教的なものへの関係」は「直接的な関係」と、明文をもって限定されている。(9) したがって、(よほど「頭が硬く」「大雑把」でなければ)「もとより間接的な関係は失われてはおらず、それがここで問題となる」というふうに読めよう。第三に、「無前提的 voraussetzungslos (予断が入らない)」といっても、「およそいかなる意味でも無前提的」ということはありえず、このばあいは「われわれの主題にとっては無前提的」と限定されている。したがって、この三点によく注意して読めば、この導入句は、あとにつづく「二文書抜粋」と厳密に一致し、いささかも矛盾していない。そのあとに引用される「記録」は、「時は金なり」「信用は金なり」の二標語に象徴される「貨幣増殖の要請」を内容としており、なんど読んでも「宗教的なものへの直接的な関係を**全く**失って」いる。したがって、「われわれの主題」――すなわち、当の「記録」に表明された「貨幣増殖の要請」というせいぜい「経済倫理」から、特定の「職業義務観」を取り出し、そこから(「宗教性」一般ではなく、ルターについても「職業観」、しかもその「世俗内伝統主義」としての「限界」を確認し、経由するだけで)「禁欲的プロテスタンティズム」の「職業倫理」に遡行し、両者の「意味(因果)連関」を問う、という「倫理」論文の主題――にとって、そのかぎりで確かに「無前提的な(「宗教的なものへの直接的な関係」という予断は入らない)」恰好の出発点をなしている。だから、読者との「トポス」として、「暫定的例示」の素材として、そのかぎりで「長所をそなえている」と導入句であらかじめ、引用の趣旨を述べたまでであろう。まともに読めば、「これからなにをしようとするのか」を言外に滲ませた、まことに適切で親切な導入句というほかはない。

ここで、あたりまえすぎてかえって看過されがちな注意をさし挟むと、一般にある文章を読むにあたっては、右記三点のような限定によく注意し、「早とちり」して読み違いや拡大解釈を犯さないように、慎重を期さなければならない。自分のほうで「早とちり」して、軽率に読み違えておきながら、「相手の詐術に騙された」などと責任を転嫁することは許されない。そうした注意と慎重さは、もとよりヴェーバー研究にかぎって要請されるのではない。他の学者／思想家の「人と作品」にかんする文献的研究ばかりか、古文書や調査資料を取り扱うばあいにも、二次文献を取り上げて論評するさいにも、それぞれに出てくる文章の意味を正確に読み取ることができなければ、学問研究はなりたたない。もちろん学問だけのことではない。裁判官が証拠書類を読み違えたり、外交官が外交文書の意味を汲み取れなかったりしたら、どうなるか。文章の意味を正確に読み取る訓練は、研究者のみか、専門職を養成する大学教育、いや、およそ学校教育一般の基本的課題である、といわなければならない。

ところが、羽入辰郎博士は、追って証明していくとおり、右記の三点を看過して「二文書抜粋」とその導入句との関係を読み違えたばかりでなく、「抜粋」のかたわらにあって（キュルンベルガーもヴェーバーも引用はしなかった）(10)フランクリンの「神」表記を、その表記がいかなる神観を表明し、その神観が「カルヴィニズムの神」と一致するかどうか（むしろ「カルヴィニズムの思想的残存物」ともいうべきものでないかどうか、そのばあい「思想的残存物」とはどういう意味か、など）を読み取って確かめることもせず、短絡的に「カルヴィニズムの神」と同一視し（というよりも、後段で剔抉するとおり、自分の解説の形を借りて「カルヴィニズムの神」にこじつけ）ている。そのようにして「カルヴィニズム（の神）」を「カルヴィニズム」で説明する「同義反復」「不当前提論法」を自分のほうから創作しておいて、（持ち前の彼我混濁癖から）「ヴェーバーも同じ誤読と牽強付会を犯し、不都合なので隠蔽した」と決めてかかり、ヴェーバーを「詐欺師」と裁断するのである。

さて、羽入はさらに、「倫理」論文の巻末から、ヴェーバーによる結論の要約部分を引用する。「読者はここで今一度、この論文の冒頭で引用したフランクリンの文章［つまりは「二文書抜粋」］を読み返して頂きたい。そうすればそこで『資本主義の精神』と名づけられたあの心情の本質的要素は、われわれがさきにピューリタンの職業的禁欲の内容として確定したものと**正に同じもの**［原文引用略］であって、**ただ宗教的基礎付けを欠いているだけ** nur ohne religiöse

Fundamentierung であり、そして**【正に】**フランクリンの場合にはそうした宗教的基礎付けは**すでに死に絶えてしまっていたのである** abgestorben war」[11]。

ここでも、「ピューリタンの職業的禁欲の内容」、その「宗教的基礎付け」とは、そもそもなにか、「基礎づけが死に絶えてしまっていた」とは、どういう状態をさしていうのか。そうした具体的中身／内容を抜きに、ただ「宗教的基礎付け」と引用しておけば、それだけで意味が通るかのように、語形だけ並べ立て、いくら語勢を強めて力説しても、学問的議論はおろか通常の議論にもならない。なるほど、羽入は、ヴェーバー・テーゼの「歴史的妥当性」には関心がなく、もっぱらヴェーバーの「知的誠実性」を撃つのだと「前もって警告」(九)している。しかし、それならなおさら、当のヴェーバーが、なにをもって「ピューリタンの職業的禁欲の内容」、その「宗教的基礎付け」あるいはその「宗教的基礎付けが死に絶えてしまった」状態、と主張しているのか、その中身に穿ち入り、内容を確定し、概念をもって規定したうえで、「『資本主義の精神』にはやはりこのとおり『宗教的基礎付け』が含まれていて、『死に絶えてはいない』から、『宗教的なものへの直接的な関係を**全く**失っている』との前言（導入句）は誤りで、そのあとの立論は『同義反復』『不当前提論法』であり、したがってその前言は『同義反復の隠蔽工作』にほかならない」と論証しなければなるまい。そうした論証がなされていれば、議論になる。ところが、羽入の叙述は、そうした中身／歴史的実態には無頓着に、学問的議論の入口の外で、なんども「鋏と糊」の引用／半引用を連ね、「宗教性」がらみの語形を乱舞させ、空騒ぎするだけである。羽入論文審査の席に、宗教学者が居合わせ、かれが責任ある審査官であったとしたら、「あなたは『宗教的なもの』『宗教性』『宗教的基礎付け』と連呼しているが、このばあい、それぞれどういう意味ですか」と質問したはずである。かりにそういう質問があったとしたら、羽入は、どう答えたのか。その応答らしきものが羽入書に痕跡をとどめていないのは、なぜか。

第三節　臆断を「自明の理」に見せ、個人責任による事由開示を怠る

羽入は、つぎの(3)項でも、大塚久雄の「訳者解説」から「思想的残存物」表記を引用し、大塚がどういう意味で「思想的残存物」といっているのか、「ピュウリタニズムないしカルヴィニズム」そのものと「ピュウリタニズムないしカルヴィニズムの思想的残存物」とは、どこでどう違うと捉えているのか、と立ち止まって考えようとはせず、字面で「いっきょに」臆断をくだす。「ヴェーバーが『宗教的なものへの直接的な関係を全く失っており、それゆえ――われわれの主題にとって――『無前提的』であるという長所を示してくれているのである』と言い切ったフランクリンの同じ文章を、大塚は『まだまだピュウリタニズムないしカルヴィニズムの思想的残存物〔!〕がいっぱいつまって』おり、『ちょうどそうした境目に位置している〔!〕』『恰好な材料』なのであり、だからこそヴェーバーは引用したのである、と述べてしまった〔!?〕のである」（二〇九）と引用しただけで、「これがヴェーバー解釈としてはどうしようもない誤読であることは、ここまで本章を読んでこられた読者諸氏にはもはや明らかであろう」（二〇九）という。だが、待て。「ここまで本章を読んで」きた筆者には、いささかも「明らか」ではない。むしろ羽入は、第三章でも、「勤勉を富と名声を獲得する手段と心得た」との語句をフランクリンの『自伝』から引用しただけで、ヴェーバーの「議論を破綻させるにはもう十分」とか、「事ここに至っても」とか、「しょせん無理」とか、事由の開示ぬきに、自分の臆断を「自明の理」に見せて押し通そうとしたが、そういう知的に不誠実なスタンスが、ここにも露呈しているのではないか。

羽入のこの臆断にたいして、筆者はこう反論する。まず、ヴェーバーは（大塚の解説になぞらえていえば）、「（キュルンベルガーによる）フランクリンからの『二文書抜粋』は、そのかぎりでは『宗教的なものとの直接的な関係』は確かに含まず、その意味の『予断』は確かに入らない、恰好の『暫定的例示』資料である、それと同時に、そこには

(キリスト教文化圏におけるたいていの言説には内包されている)『宗教的なものとの間接的な関係』が言外に示唆され、それこそ『ピュウリタニズムないしカルヴィニズムの思想的残存物』に相当するから、(『資本主義の精神』という「境目に位置している」)『思想的残存物』の中身をまず確認し、概念的に規定し、これを起点として、(宗教的背景としての)『ピューリタニズムないしカルヴィニズム』そのものの、しかるべき特徴的要素に遡行を開始することができる、そういう意味で、この『二文書抜粋』は、二重に恰好の『暫定的例示』資料であり、さらに、ドイツ人読者にとっては(じつはルター/ルター派の宗教性に由来する)「アメリカ嫌い」を問い返しながら議論を進めるのにも恰好の『トポス』となる」と見て、故意に原典からではなく、キュルンベルガーの『アメリカにうんざりした男』から、選択的/限定的に「孫引き」した、と解釈できよう。大塚も、その趣旨を汲んで「訳者解説」を書いたと解せる。大塚がヴェーバーを誤読しているのではない。むしろ、羽入のほうが、ヴェーバーからは「宗教的なものとの直接的な関係を**全く**含まず」、大塚からは「ピュウリタニズムないしカルヴィニズムの思想的残存物」という語句をいくたびとなく引用していながら、そのつど「直接的 direkt」「思想的残存物」という肝要な語句を、まるで「空念仏のように」「決まり文句として」復唱しているだけで、その意味を読み取ろうとしないし、読み取れない。大塚は、読者に、自分で考えるヒントを提供したかったのであろう。ただ、大塚は(羽入のような読者もいることを考え併せれば)、当の「思想的残存物」とはなにか、どういう意味で「ピュウリタニズムないしカルヴィニズム」そのものではなく、まさしくその「思想的残存物」なのか、を具体的に、かつ概念的に規定して、さらに分かりやすく解説しておいたほうがよかった、その意味で「倫理」論文の「訳者解説」としては、やや舌足らずであった、とはいえるかもしれない。(12)

しかも羽入は、大塚の表記を「ヴェーバー誤読」と決めつけながら、その判断の根拠を「事柄に即して(sachlichに)」開示しないばかりか、当の判断そのものに個人として責任を執ろうとしない。根拠の開示のない臆断を、あたかも「自明の理」であるかのように押し立て、(いつぞやの「世間」一般のかわりに、こんどは)「読者諸氏」に「助け船」

を求める。そのうえ、大塚にこう「解説」されたら「ヴェーバーとして立つ瀬がない」（二〇九）、「一層有難迷惑がつのる」（二一〇）と、事由開示の代わりに、仮想の「ヴェーバー（藁人形）の主観的反応」を持ち出して、「論証」の詰めの甘さを補償しようとする。つまり、かりにヴェーバーが（かれとして直面するはずもなく、思ってても見なかったろう）「大塚の〝誤読〟」なるものに出会ったとしたら、どんな感情を抱くかと（羽入が羽入の水準で憶測できる範囲の「感情」を、彼我混濁からヴェーバーに投射し、「感情移入」ならぬ「感情投入」の）我流「心理学」を動員し、「読者諸氏」の心情に訴えて、臆断の誤導性を補強し、没意味／弱論理を糊塗隠蔽している。ポピュリストにとっては、こうして「読者諸氏」の賛同をとりつけられれば「能事終われり」かもしれないが、それでは学問的議論は始まらない。

——

第四節　理非曲直を争う学問的議論に「人間関係動機」を混入してはならない

ところが羽入は、ここでやおら、「大塚は正しく」「ヴェーバーが間違っていた」、「大塚の〝誤読〟は、じつは〝フランクリン正読〟で、羽入による『ヴェーバー詐欺の大暴露』寸前まで迫っていた」との「どんでんがえし」をくわだてる。その切り出し方が、これまた異様で、一考を要する。

「ここで全く反対のことを考えてみよう。大塚久雄は本当に間違っているのであろうか。大塚久雄が正しい可能性というのは全くないのであろうか。われわれは殊更に詭弁を弄しているわけではない。［ここで「人間関係動機」にかかわる「不規則発言」に脱線して！］筆者は大塚久雄の弟子でも大塚学派の一員でもなんでもない。筆者に学問上の主人はいない。首輪と引き綱の付いた主人持ちの研究者には、筆者は残念ながらとうとうなり得なかった。ただの野良犬である。だから何らかの世間的義理に迫られて、大塚久雄先生危うし！　とばかりに無理やり屁理屈をこね上げて大塚久雄を危うい誤読から助け出そうとしているわけでは全くない」（二一〇）。

ここに一端を覗かせている羽入の大塚評ないし位置づけは、①大塚による「訳者解説」の片言隻句を捕らえて「ヴェーバー誤読」と（自分の誤読から）決めつけておき、つぎにここから、②「それもじつは、フランクリン読解としては正しかった」と「どんでんがえし」をくわだて、なぜなら③さすがに大塚は、「原典に当たって『二文書抜粋』のかたわらにある『神』表記を突き止めていた」と「擁護」（併せて自分の「パリサイ的原典主義」を正当化）し、ところが大塚は、④そうして事実上「ヴェーバーの詐欺」を暴いていた（あるいは暴露寸前まできていた）にもかかわらず、⑤学者として真実を優先させ、「偶像を破壊」すべきところを、「不安」から「恐れ」をなして遁走し、「世紀の大発見」を掌中から逃してしまった、と「悲劇的人物」に仕立て、よってもってそれだけ鮮やかに、⑥「ヴェーバーの詐欺／犯罪」を見事に暴露した「世紀の偉業」を光り輝かせよう、との算段である。主観的には「学問的」と感得している議論の最中、随所にこういう場違いな「人間関係動機」にかかわる「不規則発言」を持ち込んでは自己顕示／自己陶酔に耽るのも、羽入書に顕著な特徴のひとつである。

筆者はこれまで、こうした自己耽溺の「不規則発言」を、学術書に見かけたことがない。この種の言辞は、同じミネルヴァ書房の『人文・社会科学叢書』にも、おそらくは類例を見ないであろう。思うに、こうした言辞は、品位への感性をそなえた学生／院生には元来思いつかれることさえなく、そうでない学生／院生も、大学で議論を繰り返すうちに、議論仲間／先輩／あるいは教師からたしなめられ、おのずと自制されてきたのではなかったか。ところが、「ただの野良犬」と自称するこの異様な言辞の主は、いくえもの学術審査をくぐりぬけ、意気揚々と「言論の公共空間」に登場し、「学界／ジャーナリズム複合体制」の「寵児」に躍り出ようとした。こうした風潮は、日本社会／文化のほとんどすべての領域で、昨今とみに『たが』が緩んできた」一兆候、知性文化の領域についていえば、大学院の粗製乱造による議論仲間関係の崩壊、無責任な大学教師による審査／評価水準の低下、等々の構造的悪循環が、「氷山の一角」として姿を現した一症候ではないのか。本稿は、こうした憂慮から、羽入書を「反面教材」として活用し、これ以上の崩壊をくい止めようと意図しているので、ここでもその趣旨に沿い、こうした問題にたいする（本来はあらずもがなの）原則論を対置せざるをえない。

こういう「不規則発言」は、議論仲間／先輩／教師から、理屈ぬきに、無条件にしりぞけられてしかるべきものであり、従来はしりぞけられてきて、せいぜい仲間内の噂話程度に止められていたものであろう。[13] だがいまや、「なぜいけないか」との理屈を述べなければならない状況に立ちいたった。[14] では、こういおう。学問的議論ないし論争とは、ひたすら事実と理に則って、望むらくは淡々と、もっぱら理非曲直を明らかにしようとする営みであり、そこに、制度上の師弟関係から派生する（「偏愛」「義理人情」「利害関心」「学閥的党派心」などの「人間的」）心理的動機（以下「人間関係動機」と略称）を混入させてはならない、と。これが、規範的原則である。たとえばこのばあい、羽入が、ある一点について大塚説が正しいと学問的に確信するのであれば、その趣旨を「事柄に即して」論証すればよい。問われもせず、必要もないのに、「なぜ、大塚説を擁護するのか」「大塚の弟子ではないから、師匠の（じつは、自分で創作した「大塚藁人形」の）窮地に馳せ参ずる意図はない」などと、動機論に脱線して余計なことはいわぬがよい。ある提題自体の理非曲直と、それを提起する動機の是非とは、別個の問題である。両者を混同してはならない。混同すると、理非曲直を規準とする学問的議論に、混乱と停滞が生ずる。

たとえばこのばあい、羽入の異様な「不規則発言」は、翻って「かれはなぜ学問的論証のなかにこうした『人間関係動機』論を持ち込みたがるのか」との問いを触発せざるをえないであろう。この問いに、あえて羽入と同一の（動機論の）平面で応接するとすれば、いとも容易に、つぎのとおりに察知されよう。「羽入は、（外から見た）『大塚学派』の（一時期の輝ける）隆盛に、『（心理的に）抑圧された復讐欲』つまり『ルサンチマン』を抱き（あるいは、『学問／

学者』一般にたいする『ルサンチマン』をそこに凝結させ）、これを根本動機に、（この動機を自己制御して、なんらかの客観的価値に結晶させるのであればまだしも、むしろ）主観的には『ヴェーバー批判』と感得されている観念論に『昇華された』形で、『大塚学派』ないしは『ヴェーバー研究者』一般にたいする疑似『復讐』を果たし、『溜飲を下げ』、Schadenfreude（勝ち誇って他人の不運／不幸を悦ぶ感情）に浸っている。そうした『ルサンチマン』動機から、大塚を筆頭にヴェーバー研究者一般を『見返し』てやろうという『不規則発言』が抑えきれないだけならまだしも、肝心の『ヴェーバー批判』そのものが『うわずって』きて、学問的論証の体をなさず、みずから墓穴を掘っているのは、気の毒というほかはない」と。

羽入書の読者に「大塚門下」のヴェーバー研究者がいて、こうした「不規則発言」に行き当たり、羽入の大塚批判は学問的に誤っており、これは学問上是正したほうがよい、と考えたとしても、そうした学問的反批判をすんなりとは発表できないように、羽入書全体（とりわけこうした「不規則発言」）が仕向けてしまっている。羽入にたいする反批判が、羽入および第三者からは、「何らかの世間的義理に迫られて、大塚久雄先生危うし！　とばかりに無理やり屁理屈をこね上げて大塚久雄を危うい誤読から助け出そうとしている」と曲解され、喧伝されるであろうとの（「他人からどう見られるか」という「交換価値」視点からの）予想はともかくとして、この種の『ルサンチマン』は（下手をすると『逆恨み』をつのらせて）面倒なことにもなりかねないうえ、反論しても内容上／学問上はなんのメリットもないときては、「二の足を踏む」のも当然であろう。ただ、そこで「黙ったままでいていいのか」となると、「大塚門下」にも、そうした利害得失の計算から離れ、他人からなんといわれようとも、もっぱら理非曲直を明らかにし、大塚にたいする羽入の思い上がった態度を（「義を見てせざるは勇なきなり」と）厳しくたしなめるくらいの度量の持ち主が、出てきてもよさそうなのに、と思わぬでもない。しかし、こうした状況をつくり出した元凶は、なんといっても羽入側の「人間関係動機」を誇張する「不規則発言」にあり、ひょっとすると羽入は、ルサンチマンと自制力欠落ゆえの自己耽溺とはいえ、「大塚門下」からの反批判を予防する目的／機能も漠然とは感得して、ああした「不規則発言」を連発し、随所に挿入しているのかもしれない。

というわけで、こういう「不規則発言」は、学問的議論と論争に混乱と停滞をもたらし、その活性化を妨げるばかりの逸脱として、学術論文からは金輪際、無条件に排除されてしかるべきであろう。――

ちなみに、「人間関係動機」が、たとえこうした異様な「不規則発言」としては現われなくとも、理非曲直をめぐる学問論争を妨げ、学問の停滞をまねくという事態は、なにもこの問題にかぎってのことではない。それは、「日本の学界／ジャーナリズム複合体制」に積年の病弊をなし、現にいっそう深刻な、ある種の権威主義と無責任との融合ともいうべき形態をとって、まかりとおっている。しかもそれが、怪しまれていない。このさい、いましがた取り上げた論点に関連する一具体例を挙示し、学問の未来に向けて、病弊是正への一契機としよう。右記にニーチェの「ルサンチマン」理論につき、「(心理的に) 抑圧された復讐欲」と明記したが、故意に「(心理的に)」と特定したのは、当の「抑圧」を誤って「(社会的) 抑圧」と解し、読書界に誤謬を撒き散らす邦訳が、大塚久雄／生松敬三共訳のヴェーバー『宗教社会学論選』(一九七二、みすず書房) に収録された一篇として、いまなお出回り、(両訳者が故人となったいま、当分改訳されずに) 今後も出回りつづけると予想せざるをえないからである。

というのは、詳述すればこうである。ヴェーバーは、「世界宗教の経済倫理・序論」の一節で、「宗教倫理の階級的被制約性」問題につき、史的唯物論に代えてニーチェの「ルサンチマン」理論を取り上げ、一方ではその索出的意義を認め、他方では (まさにそれゆえ) その「全体知的固定化」(K・ヤスパース) と濫用を危惧して戒めている。そのコンテクストに、こうある。「人間の憐憫の情や同胞意識などを倫理上光輝あらしめることが、――自然の素質によってであれ、生活における悲運からであれ――不利な状態に置かれた人々のくわだてる、倫理の世界における『奴隷叛乱』であり、したがって、『義務』の倫理なるものは、労働と営利に呪われている俗物[奴]が、なんの義務もなく暮らしている支配者身分〔主〕にたいして抱く、無力なるがゆえに〔返り討ちをおそれて〕『抑圧され』る復讐感情〔複数〕の所産 ein Produkt »verdrängter«, weil ohnmächtiger, Rache-Empfindungen であるとするならば、宗教倫理の類型論におけるもっとも重要な問題に、きわめて簡明な解答が与えられることは明らかであろう。しかしながら、ルサンチマンの心理学的な意義の発見それ自体が、いかに幸運で実り多いものだとしても、それが社会倫理におよぼす影響の射程を判定するばあいには、十分に注意してかかる必要がある(15)」。

ここで、「抑圧され」と訳されている »verdrängt« は、じつは「意識からの拒絶と隔離 Abweisung und Fernhaltung vom Bewußtsein」という意味のフロイト精神分析の術語である。ニーチェが「内向した zurückgetreten」というところを、社会科学者ヴェーバーは通例、「奴」の復讐感情が、「内向」には違いないけれども、みずから好んで「内向」するのではなく、「主」との敵対関係において、返り討ちをおそれるがゆえに「抑圧され」ざるをえないと解して、この語に置き換えているのである(16)。そこを、大塚と生松は、「……『義務』の倫理なるものは、無力なるがゆえに『抑圧され』ている人々、つまり、労働と営利の呪いの下におかれている卑賤な職人たちが、なんらの義務もなく暮らしている支配者層の生活に対して抱く復讐-感情の所産であったのならば、……」と訳出している。つまり、『抑圧』を「社会的抑圧」と取り違え、ルサンチマンの概念を逸している。ルサンチマンとは、復讐感情一般ではなく、フロイトの意味で「抑圧され」、ニーチェの意味で「内向する」がゆえに、倫理その他、なんらかの観念の領域に『昇華』され、そこで代償的(「過補償的」)に疑似復讐を遂げ、Schadenfreude 他の感情的充足に浸ろうとする、屈折した心理である。ルサンチマンのこの特性を、ヴェーバーは的確にとらえ、精神分析の用語で適切に表現しているが、大塚と生松の訳文からは、その特性が脱落してしまっている。

なるほど、大塚の主たる研究領域は、西洋とくにイギリスの社会経済史であり、大塚がニーチェもフロイトも研究せず、この箇所の邦訳に難儀し、初訳では誤訳を残したとしても、その一点にかけて批判されるのは酷といえよう。

ただし、原則論としては、ことはそもそも「大塚－ヴェーバー論」の独立論文ではなく、ヴェーバー論文の邦訳である。訳者となった以上、大塚には、原文の真意を正確に邦文に訳出して読者に伝える責任がある。ニーチェのルサンチマン理論について、自分で調べられなければ、せめて同僚や後輩から教示を受け、最善を尽くすべきであり、少なくとも、誤訳と指摘されたら、再検討して改める義務があったろう。筆者は、大塚から邦訳初版（一九七二）の寄贈を受け、礼状とともに、「阿片」を「儒教」と誤訳していた箇所他、数カ所とともに、この箇所をはっきり誤訳と指摘し、原文を対置し、『道徳の系譜』ほか、参照すべき文献も挙げて、善処方を求めた。ところが、大塚からは「検討して必要とあれば改める」旨の返信を受け取っただけで、その後音沙汰なく、増刷本では（さすがに「儒教」は「阿片」に改められているものの）ルサンチマンの概念を捉え損ねたこの箇所他、本質上重大な誤訳はそのままになっている（現行版でも、おそらく改められてはいないであろう）。大塚の生前、この種の対応、すなわち、学問上当然応答すべき批判を黙殺する、学者として誤ったスタンスに直面して戸惑ったのは、おそらく筆者ひとりではあるまい。

問題は、大塚個人にあると同時に、むしろ（大塚が「戦後近代主義」の旗手として輝いていた一時期には）「大塚－ヴェーバー論」などと称して大塚を持ち上げ、かれにたいする批判と批判への応答要求とを回避していた周囲の学者たち、とりわけ（「日本の学界／ジャーナリズム複合体制」における自分の立身出世に大塚を利用するだけで）「師匠への諫言義務」を果たさなかった「大塚門下」生にあったというべきではないか。では、「大塚門下」で、ニーチェとフロイトも研究し、大塚の誤訳に気づくことのできた弟子はいなかったか。いたとすれば、だれよりもまず、大塚の「マルクスとヴェーバー」に代え、「ニーチェとヴェーバー」の旗印を掲げた山之内靖[17]であったろう。かれは、学者として、「大塚門下」のひとりとして、大塚に誤訳の訂正を申し入れたか。申し入れたとして、大塚は、どう対応したのか。筆者は、その報告を求めたが、受けていない。とすれば、山之内は、もっぱら理非曲直を明らかにすべきところで「人間関係動機」を優先させ、（自分の専門の範囲内にある）「学問上の誤謬の垂れ流し」を放任していた、ということになる。そうした「(同業者の) かばいあい」あるいは「(パーリア弟子/コネ弟子の) 諫言回避」といった「人間関係動機」によって、学問の停滞が生ずる。不利益を被るのは、一般読者である。この問題は、自然科学畑では、「公害問題」「医療過誤問題」などにおいて、すでに一九六〇年代からきびしく問われてきた。とすれば、「藤村 (遺物捏造) 事件」と「羽入 (虚説捏造) 事件」を経たいま、この問題が、人文/社会科学者についても、いまや広く問われなければなるまい。――

第五節　唯我独尊の三段階スケール

さて、羽入は、大塚による「訳者解説」の一句が、どういう意味で「ヴェーバー誤読」なのか、個人責任にもとづく論証は回避し、「読者諸氏」に「下駄を預ける」や、それだけですでに論証が済んだかのように、「自明の理」であるかに語り始め、以後延々と「不規則発言」風の自画自賛を繰り広げ、自己中心の尺度をしつらえる。まず、「訳者解説」は、大塚が「読者に対して親切で分かりやすくあろうとしている文章」(二一〇) であるが、「ヴェーバーの用語をそのままに用いてもっともらしく難しく書いていれば暴露されなかった自分の解釈の基本的誤りも、分かりやすく書こうとすると誰の目にも分かる形で往々にして白日のもとにさらけ出されてしまう」(二一〇―一) そうである。つまり、叙述の難易と正誤とを混同して、(1)いつでも「読者に対して親切で分かりやすくあろうと［は］している」羽入、(2)たまたま「親切でわかりやすくあろうとし」たために誤りを露呈してしまった大塚、(3)「ヴェーバーの用語をそのままに用いてもっともらしく難しく書いてい」るので、「自分の解釈の基本的誤り」が暴露されずにいるヴェーバー研究者一般、というふうに、いうなれば「唯我独尊の三段階スケール」をしつらえる。これによって、(3)ヴェーバー研究者一般と、(2)その筆頭の大塚とを背景にならべ、(1)いつでも「読者に対して親切で分かりやすくあろうとし」ながら、「自分の解釈」には「基本的誤り」がないので露呈しないばかりか、「世紀の大発見」もなしとげて「最高段階に登り詰めた」ご本尊を、そうした背景との鮮やかなコントラストにおいて光り輝かせ、勝ち誇っていわく、「だとすれば、大塚が努めて分かりやすく書こうと努力した部分に露呈してしまったこの誤りの部分だけを取り上げて、鬼の首でも取ったかのように彼を非難することもまた、大塚に対して酷というものであろう。むしろ大塚が正直にさらけ出してしまったこの誤りを、ここでは奇貨としてよく考えてみることであろう」(二一二)、「この部分の大塚の誤りはこれまで誰からも指摘されてこなかった」(二一二)が、それは「他の研究者が大塚のごとき基本的誤読はしてはこなかったということを示しているよりも、大塚のように誤読を必然とさせられるようなヴェーバー理解の段階にすら、他の研究者たちは達してこなかったということを表しているだけであると考えるべきであろう」と。

舞台はととのった。いよいよ「英雄」のお出ましである。「間違いから意外なヒント」「誤読は正解への鍵」と訓戒を垂れたうえ、——

「ここで、結論を先回りして述べてしまうならば、それ〔間違い〕はヴェーバー本人から由来したのである。確かにヴェーバー解釈としては大塚のこの部分の解説は〝誤読〟なのであるが、しかし実は大塚久雄に責任のある誤読ではないのである。それどころか、むしろ大塚久雄は正しかったのである。ただ残念ながら大塚久雄自身は、そのことに死に至るまで遂に気づくことができなかったようである。それほどまでに、マックス・ヴェーバーの『資本主義の精神』という概念は、ヴェーバーによる二重・三重の詐術を内に含んだ、人の心を惑わす呪われた概念なのである。老獪な悪魔に比べれば、大塚などよちよち歩きの赤子に等しい。大塚のヴェーバーに対する子供のような無邪気なまでの尊敬心を考えるならば、それを弄ぶヴェーバーは正に底意地の悪い悪魔であろう。ここでわれわれが感じるのは、大塚という人物を一生にわたって惑わせたヴェーバーというこの悪魔に対する怒りである。そのことをわれわれは本章の末尾で触れることができよう」（二一二）。

こういって羽入は、やっと「ヴェーバー自身の叙述へと話を戻そう」（二一二）という。ところが、「話」とはまたもや、「宗教的基礎付け」「宗教的なものへの直接的な関係」云々といった「空念仏」の連呼である。中身が空っぽでは、「話」に進展があろうはずもない。ただ、「全く宗教性を欠いたものから宗教的なものへと移行することはできない」（二一三）から、「彼〔ヴェーバー〕はこの操作において自分で自分の首を絞めているに等しい」（二一三）と、藁人形を「絞首刑」に追い込む準備にはとりかかったようである。

第六節　「合理的禁欲」は、もとより「ルターの子」ではない

第⑷項に入るや、わが建築批評家は、「橋を対岸（古プロテスタンティズム）に架け渡す瞬間の〔!?〕ヴェーバーの文章をまず見てしまうこととしよう」（二一三）と提唱する。面白い。が、なんのことはない、「倫理」論文第二節の末尾と第三節の冒頭とを、それぞれ「鋏で切りとって」きて、瞬間接着剤で「貼り合わせる」だけである（二一三―五）。なるほど、ヴェーバーは、第二節末尾で、「合理主義」の多義性に再度注意を促したあと、羽入も引用しているとおり、「過去／現在の資本主義文化に特徴的な構成要素のひとつをなしている『職業』思想と、――すでに見たとおり純粋に幸福主義的な利己心の立場からは非合理的な――職業**労働**への献身とが、そこから生育してきたところの『合理的』な思考と生活の具体的形態 diejenige konkrete Form »rationalen« Denkens und Lebens..., aus welcher jener »Berufs«-Gedanke und jenes,—wie wir sahen, vom Standpunkt der rein eudämonistischen Eigeninteressen aus so irrationale—Sichhingeben an die Berufs*arbeit* erwachsen ist は、いったいいかなる精神の子 wes Geistes Kind

なのか」[18]（二一四）と問うている。ただ、ここもよく注意して読めば、「いかなる精神の子か」と問われているのは、「職業」思想でも「職業労働への献身」でもなく、それらの生育基盤をなした「合理的」な思考と生活の具体的形態である。もとより、『『神の召命』と『世俗的職業』との聖俗二義を併せ持つ"Beruf"の語義」だけを取り出して、それが『いかなる精神の子か』」と問うているのではない。したがって、ヴェーバーのこの問いには、（空間的には隣り合わせで撞球の玉は当たりやすいとしても）「すぐ直後の[sic]」"Beruf"語義論を持ち出して、「マルティン・ルターの子であった」（二一四）と答えることはできない。

ヴェーバーは、第二節で主題としてきた「資本主義の精神」の核心にある、（幸福主義の見地からは「度外れた」労働への献身を生むという意味で「非合理的」な）「職業義務観」の生育基盤を、ここでいきなり（羽入好みに）「いっきょに」（「禁欲的プロテスタンティズム」に由来する「合理的禁欲」ないし「禁欲的合理主義」と）答えてしまうわけにはいかないので、ひとまず抽象的に、『合理的な（このばあいの「合理的」とはつまり、consummatoryな「幸福」とは対立する、醒めた、instrumentalな「自己審査／自己制御」つまり「禁欲」の見地からみて「合理的な」）』思考と生活の具体的形態」と呼んでおき、それが「いかなる精神の子か」と、その系譜を問い、ルターはせいぜい「立ち寄り先」として経由するだけで、カルヴィニズムほかの「禁欲的プロテスタンティズム」に到達し、第二章本論としてその系譜を確認／説明するのである。だから、「ルターの職業観」節は、第二章本論に入るまえに、第一章「問題提起」の枠内に収められている。羽入は、「一気に」（二一八、二一九）貼り合わせた十八番の語義論そのもの[やれやれ、なんど繰り返し読まされることか]にかぎっても、"Beruf"の語義が「聖書翻訳者達の精神に由来する」と複数形に着目したのはよいとして、やはりその意味は考えず、「彼[ヴェーバー]がここで重視しているのは実はマルティン・ルターただ一人である」（二一五）、しかも、「これがヴェーバーによる架橋の瞬間[!?]である。"Beruf"というこの語の語源を尋ねることによって、ヴェーバーはやすやすと宗教改革の父ルターへと到達したのである」（二一五）と力説する。

しかし、「倫理」論文は、ルターが「宗教改革の父」であるという歴史常識をことさら問題としているのではない。むしろその「父」においては、「救済軌道の世俗内への転轍」という画期的事業は達成されたとしても、世俗内伝統主義に傾く「職業思想」や「職業労働における堅忍」はともかく、「職業労働への献身」とりわけ「禁欲的献身」は生み出されなかった――とヴェーバーは見る――のであり、「倫理」論文では、この「禁欲」それも「合理的禁欲」ないし「禁欲的合理主義」こそが主題として問われているのである。羽入が中心に押し立てる"Beruf"語義論は、「ルターの職業観」に読者を案内する「入口」、読者との「トポス」、いうなれば「立ち寄り先の経由地で人々が集まりやすいホテル」にすぎず、真っ先に訪ねはするが、旅の目的地ではない。「トポス」の語義論から叙述を始めたヴェーバーは、当の語義に表明されるルターの職業観と宗教思想を究明していくが、主題としての「合理的な思考と生活の具体的形態」から見た限界（つまりそうした観点から見て「合理的ではない」「伝統主義」への推転）を突き止め、さればこそ、さらに系譜への問いの答えを求めて旅をつづけなければならない。経由地を去り、目的地の本論に入って初めて、問題の「合理的な思考と生活の形態」を、「禁欲的プロテスタンティズム」の宗教的「禁欲」に由来する（歴史的概念の）「禁欲的合理主義」として具体的に「解明」するのである。

羽入はどうやら、歴史常識を「倫理」論文に持ち込んで、フランクリン・ラベルを「宗教改革の父」ボードに貼りつければ、「全構造の要」になると心得ているようである。しかし、それでは、第二章本論が要らなくなるではないか。「倫理」論文によってヴェーバーの知的誠実性を問うというのであれば、「倫理」論文におけるヴェーバー固有の問題設定と、これにもとづく固有の「全論証構造」を、常識を離れても、まず捉えておかなければならない。ところが、羽入は逆に、ヴェーバー固有の問題設定も構成も捉えられず、すべてを羽入の常識の水準に引き下ろして、無概念のまま、難詰しようとする。羽入は、個々の文章をよく読むと同時に、目を見開いて「倫理」論文の目次を熟読し、「ルターの職業観」節が、本論ではなく第一章「問題提起」に収められている意味を、とくと考えてみるがよかろう。

第七節　好都合な語句を抜き出し、そこだけで解釈しても論証にはならない

つぎに羽入は、「ひとたびルターにたどり着いてしまえば、そこから『カルヴィニズムやプロテスタント諸教派』といった他の禁欲的宗教運動へと叙述を横滑りさせることは、しかしながら、もはやたやすい」（二一五）という。ここにすでに、問題がふたつある。第一に、「そこから『カルヴィニズムやプロテスタント諸教派』といった他の禁欲的宗教運動へ」という表記からは、羽入がルターないしルター派も「禁欲的宗教運動」に算入していると読める。だが、もとよりそれは、「倫理」論文の読解として初歩的な誤りである。ヴェーバーは、ルター派とイングランド国教会派は、「禁欲的プロテスタンティズム」に数えてはいない。

第二に、「ひとたびルターに到達してしまえば……叙述を横滑りさせるのはたやすい」というのも、「ルター中心主義」（正確にはルターひとり、しかもBeruf語義論のみへの視野狭窄）ともいうべき、羽入のバイアスを表白している。この「横滑り」について、羽入は、「すでにルターに到達し得ていたからこそ、『宗教生活の新秩序のルター派的形態もまた実践的意味を持っている』〔……〕のではあるが、『**ルター**やルター派教会の世俗的職業への姿勢からは』〔……〕それが『**直接には**導き出せない』〔……〕ということだけを理由として、そして他方では、それに比較すると『生活実践と宗教的出発点との連関がルター主義の場合よりもよりたやすく〔原語引用省略〕確かめられ得る』〔……〕ということだけを理由として、ヴェーバーはルター派ではなく『**カルヴィニズム**とプロテスタント**諸教派**』〔……〕を出発点として取ることが可能になったのである」（二一六）と、「鋏と糊」で一文を合成している。少しあとのところには、「いずれにしてもヴェーバーが『倫理』論文後半部『禁欲的プロテスタンティズムの職業倫理……』における研究において正にカルヴィニズムと『その最も特徴的な教義』〔……〕であるところの『**恩恵による選び**の教説』から出発することができたのも、彼がすでにルターの“Beruf”‐概念にたどり着いていたからこそであった」と述べ、「“Beruf”という語の語源

分析をするだけで、ヴェーバーは、古プロテスタンティズムへとたどり着き得たのである」（二一七）とむすんでいる（ここは、本論を「後半部」といいかえてはいるが、羽入書中、その中身に言及しているわずか数箇所のひとつではある）。羽入は要するに、こうした引用／半引用によって、「宗教生活の新秩序のルター派的形態」も「他の禁欲的宗教運動」と並んで、ある「実践的意味を持ってい」たのであるが、ただそれが他の宗派ほどには、「職業観と直接の関係にはなく」、「容易には捉えられない」ので、ヴェーバーは「ルター主義を手放し」（二一六）、「関連が直接で、容易に捉えられる」他宗派に「横滑り」し、カルヴィニズムの「選びの教説」にも行き当たった、と主張したいのであろう。平たくいえば、ルターないしルター派とカルヴィニズムとの差異は、質的なものではなく、「直接、容易に」捉えられるかいなか、という便宜上の違いでしかない、だからいったんルターに到達してしまえば、いとも容易に「横滑り」できる、というのであろう。もとより、観点の採り方次第では、そういえないこともない。しかし、ここで問題なのは、ヴェーバーの観点である。

羽入が「鋏と糊で」合成した一文中に、「宗教生活の新秩序のルター派的形態」もまた「実践的意味をもっている」とあるのは、どういう意味か。当の「形態」とはなにで、どういう「実践的意味」をもっていたのか。ヴェーバーは、いかなるコンテクストのなかで、どんな意味で、それらについて語っているのか。それはじつは、ヴェーバーが、第三節の第七段落までで、ルターおよびルター派の意義と限界を確定する[19]叙述を終え、第八段落で、考察の対象をルター派から「禁欲的プロテスタンティズム」諸派に転ずる、その一節の冒頭に出てくる。「以上に観察してきたかぎりでは、ルター派の意味における『職業』思想そのものは、**われわれが**探究している点にかけて、いずれにせよたんに疑わしい意義しかもたない von jedenfalls nur problematischer Tragweite——ここで確認しておかなければならないのは、そのことだけである[20]。」とはいえ、宗教生活の変革 Neuordnung が、ルター派的な形態における変革であっても、われわれが考察している諸対象にとってなんら実践的意義をもたなかったというのではけっしてない。まさに、正反対である。ただしその実践的意義は、明らかに、世俗の職業にたいする**ルター**ならびにルター派教会の態度から、**直接には** *unmittelbar* 引き出されない。またその実践的意義を把握することは、一般に、プロテスタンティズムの他の諸分肢についてのばあいほどには容易ではない。そこでわれわれはまず、プロテスタンティズムのさまざまな分肢のうち、その生活実践と宗教的出発点との関連が、ルター派のばあいよりもいっそう容易に突き止められるものを取り上げて、それを観察するほうがよさそうに思われる。カルヴィニズムとプロテスタント諸ゼクテが、資本主義発展史のうえで顕著な役割を演じたことは、さきにも［第一節で］一言した。ルターがツヴィングリのなかにかれ自身とは『異なる精神』が生きているのを見たように、かれの精神的後裔もまた、とりわけカルヴィニズムのなかに、そうした『異なる精神』を見たのである。[21]」

では、この「ルターとルター派教会との職業観から直接には引き出されず、他派に比して捉えるのが容易でない、当の実践的意義」とは、具体的にはいったいなにか。この一節だけから、その内容を同定することは不可能である。しかし、ヴェーバーのこうした行論からは、かれがまず、生活実践と宗教的出発点との関連を容易に把握できる他派（たとえばここで言及されているカルヴィニズム）から観察を始めて、そうした関連を突き止め、定式化したうえで、こんどはそれを尺度に、翻ってルターないしルター派を取り上げ、そうして初めて、問題の（「職業観」からは直接には引き出されず、把握も容易でない）実践的意義を索出しようとしており、かれが、後段のそうした叙述を念頭に置いて、このくだりを書いていると読める。とすると、ルター／ルター派におけるそうした関連と意義は、カルヴィニズムにおける関連と意義の理念型的定式化を経たあとに、それとの比較において叙述されているものと予想されよう。

では、そうした叙述は、どこにどう出てくるのか。予想どおり、第二章「禁欲的プロテスタンティズムの職業倫理」第一節「世俗内禁欲の宗教的諸基盤」第一六段落で、（「生活実践と宗教的出発点との関連が、……いっそう容易に突き止められる」）いわば「第一基盤」としてのカルヴィニズムにかんする叙述をむすぶにあたり、ルター派との対比に戻っているところに出てくる。カルヴィニズムの「二重予定説」からは、(理念型的に定式化すれば)「この自分ははたして『選ばれ』ているのか、それとも『捨てられ』ているのか」との、信徒個々人の全実存を覆う深刻な不安と、「『自分が選ばれ』ていることを、『神に選ばれた道具』にふさわしい行状(これが牧会の勧告によって『絶えざる職業労働』に収斂する)によってみずから『確証』しなければならない」との思想が生まれる。他方、「いっときたりとも『捨てられ』た『永罰の徒』と同じように振る舞ったならば、そうした非行/悪行は『神による永罰の認識根拠』という意味を帯びざるをえず、『たった一度でも万事休す』で、事後の(非行/悪行を上回る)善行ないしは教会の聖礼典(サクラメント。若干の例外を除くと、儀式的に洗練された「神強制」「呪術」)によっても償う(神の予定を覆す)ことはできない。このようにして、罪—懺悔—(罪を上回る善行やサクラメントによる)免罪—(再度の)罪—(再度の)懺悔—(再度の)免罪、……という「人間的な」周期波動が克服され、全生涯を「恩恵の地位」を維持するという観点から「自己審査」「自己制御」によって統一していく「計画性」「組織性」(体系性)」が生まれる。

後にヴェーバーは、この論点を一般化して、来世における個人の運命が、ⓐ現世における個々の善行(加点)と悪行(減点)との「差引残高」によって決まる観点と、ⓓ個々の行為は、統一的な人格全体の「表現 Ausdruck」「症候 Symptom」「象徴 Symbol」とみなされ、当の「全体」の質いかんが問われる観点[22]、という「類的理念型」の二対極に定式化した[23]。とすると、カルヴィニズムは後者ⓑの観点をとり、全人格/全生涯に「自己審査」「自己制御」としての「禁欲」を浸透させて、「生き方」の方法的組織性/計画性を生み出したといえる。それにたいして、ルター派における(確かに職業観から直接には導かれない)「喪失可能な恩恵 gratia amissibilis」の教理では、悔い改めによっていつでも恩恵が取り戻せることになるので、それだけ「気が緩み」、倫理的生活全体の組織的/合理的形成への推進力は、(善し悪しは別として)それだけ弱まらざるをえない。この箇所に付された注では、ルターからメランヒトンをへてルター派正統主義にいたる発展が概観されているが、そのなかには、たとえばこうある。

「平均的なルター派信徒の考えでは、――懺悔の聴聞が存続しただけでも――個々の具体的な罪にたいする**個々の具体的な**恩恵の賦与が、救済の内容となるほかはなく、［カルヴィニズム／ピューリタニズムにおけるようには］救いの確信をみずから創り出す聖徒たちの救済貴族主義［！］が発展することはなかった。……こうして、トレルチがかれら［ルター派］の倫理学説について語ったように……、かれらの生活も『決して成就されないたんなる助走の総計』で、『個々の不確実な命令をバラバラに遵守はする』が『生活の全連関として完遂』することを目標とはせず、ルター自身に始まった発展の線に沿って……、大事小事を問わず、根本において所与の生活環境への適従 Sich-Schicken となっていった。――しばしば嘆かれるとおり、ドイツ人が外国の文化に『適従』しやすいこと、さらにはまた国民意識に急激な変化が起きることなどの原因も**また**、――ドイツ国民の特定の政治的運命**と並んで**――根本的には、いまなおわれわれの生活関係の全面に影響を残している、右記のようなルター派の展開に帰せられなければならない。文化の主体的な取得が依然として弱い**理由**も、根本において、『権威によって』与えられたものを受動的に受け入れるやり方で取得が行われてきたことにある(24)」。

こうした叙述内容の歴史的妥当性には、おそらく異論もあろう。しかし、ヴェーバーが、第一章第三節第八段落の冒頭で、内容的な説明は留保した論点、すなわち「ルターとルター派教会との職業観から直接には引き出されず、他派に比して捉えるのが容易でない、ルター派的な形態における宗教改革の実践的意義」とは、カルヴィニズムからⓑの観点を取り出し、それとの対比によって初めて解明されてきた、この（合理的禁欲の観点からは）消極的／否定的な「実践的意義」であったと考えてほぼ間違いあるまい（ちなみに、この点は、愛国者であるがゆえにドイツ国民の文化的／精神的脆弱性を憂慮するヴェーバーにとって、重大な価値関係性を帯びる問題であったし、われわれにとっても、けっして他人事ではない）。

そういうわけで、羽入は、「横滑りは容易」（二一五）と、いとも気楽に臆断をくだしていたが、事実は、右記のとおりで、本論に入ってカルヴィニズムから「禁欲」の宗教的動機を探り出し、理念型的に定式化しえたからこそ、翻っ、てルター派の「職業観とは直接の関連はなく、容易には捉えがたい」、否定的な「実践的意義」も、探り出すことができたのである。文献研究とは、ある箇所から自分に好都合な語句だけを抜き出し、内容も意味も考えずに、好都合な臆断をくだすことではなく、言外の意味を汲み出し、他の諸箇所と関連づけ、照合して、その意味を解明し、議論し、確定することでなければならない。――

つぎに羽入は、「では、『倫理』論文全構造の鍵［キーワード!?］とも言うべきこの言葉、"Beruf"というこの語をヴェーバーは一体どこから引き出したのであろうか」と問い、またしても、フランクリン『自伝』から例の『箴言』句を引き合いに出す。

「ヴェーバーは、フランクリンの『自伝』に引用されていたこの聖書の句から"Beruf"という語を引き出し、そしてその語源を分析することによって一気にルターへと到達したのである。したがって、フランクリンの『自伝』からの右引用部分こそが、ヴェーバーによる架橋工事の〝アルファでありオメガである〟ということになる。

すなわち、一方ではヴェーバーは、『宗教的なものへの直接的関係を全く失った』フランクリンの記録から、倫理的色彩は帯びているものの宗教的色彩はいっさい欠いた『資本主義の精神』をひとまず構成し、他方ではヴェーバーは、同じ著者であるフランクリンが聖書からの格言を引用している『自伝』のある箇所から"Beruf"という言葉を次にひろい出し、そしてこの言葉をスプリング・ボードとして宗教改革の父、ルターへと、すなわち古プロテスタンティズムの宗教的世界へと一気に跳躍したのである。」(二一八―九)

羽入辰郎博士の脳裏では、("Beruf"という商標を貼った)瞬間接着剤が、強力な(文献観念論的)「選択的親和化」作用を発揮し、一八世紀のフランクリン父子と一六世紀のルターとを、もはや(カルヴァンもカルヴィニズムも介在する余地のない)密着関係に接合してしまったようである。

第八節　「金鉱発見物語」の「謎解き」と種明かし

羽入は、第三節「反論」を、「大塚はヴェーバーの『資本主義の精神』の謎という……金鉱を掘り当てる直前まで」（二二八）達していた、とむすんで、第四節に入り、サミュエルソンへの論及のあと、「いよいよ大塚久雄に戻」（二三二）ろう——「金鉱」発見の「謎解き」をしよう——という。「ヴェーバー理解としては間違っているのに、なぜ大塚は正しいのか」といえば、「大塚がフランクリンの原典に当たっていたから」で、「原典に当たった大塚は、フランクリンの元々の文章を読んでしまった」（二三二）から、といいたいようである。では、どんな「原典に当たっ」て、いかに「金鉱を掘り当てる直前」に達したのか。

たびたび指摘しているとおり、ヴェーバーは、「倫理」論文第一章第二節冒頭の方法論的覚書のあと、「資本主義の精神」の暫定的例示に、フランクリンの「二文書抜粋」を引用したが、「読者とのトポス」をしつらえるため、キュルンベルガー著『アメリカにうんざりした男』に引用されていた箇所を、故意に「孫引き」した。ただ、ヴェーバーはそのさい、元の二文書も調べ、キュルンベルガーがそのうちのひとつ「若き商人への助言」（一七四九）から引用するにあたり、末尾の一段落を（キュルンベルガーは省略符号なしに）削除していた事実を突き止め、ヴェーバーが省略符号を付けて引用している。(25) ところが、羽入によれば、削除されたその一段落には「カルヴィニズムの予定説の神」が荘厳に立ち現れ、そこまで引用してしまうと「カルヴィニズム（の神）をカルヴィニズムで説明する」「同義反復」ないし「不当前提論法」になるのだそうである。そこで、ヴェーバーは、「倫理」論文の初版（一九〇四）では、「神」表記を削除したキュルンベルガーの抜粋を、省略記号を付けながらも、「これ幸い」とばかりそのまま引用して「同義反復」を「隠蔽」し（羽入によれば第一「詐術」）、一九二〇年の改訂にあたっては、「直接的な関係を全く失っている」、「無前提的（予断が入らない）」記録である旨の前置き＝導入句を加筆して（羽入によれば第二「詐術」）、「隠蔽工作」に

「上塗り」を施し、「二重の詐欺」をはたらいたという。ところが、そこのところを、（羽入によれば）さすがに大塚は、「若き商人への助言」の原典に当たって「神」表記を見て「しまい」、削除された一段落を引用して「しまった」。そこで、羽入は、「これ幸い」とばかり、大塚の邦訳（じつは後述のとおり誤訳）から、当の「神」を抜き出し、（同じく後述のとおりの）牽強付会によってみずから「カルヴィニズムの予定説の神」に仕立て上げ、ヴェーバーの「同義反復」「不当前提論法」を創作する。羽入は、この「独創的」筋書きを、「本物の」金鉱発見、「われこそ第一発見者」と躍り出て読者に見せたい一心から、自分でもおそらく半ばはそう錯覚し、確信してしまう。そういう羽入の目には、「大塚は金鉱を掘り当てる直前まで」きていたと映ってもいたしかたない。本稿は、もっぱら理非曲直を明らかにすべき学問論稿であるから、この自作自演劇「プロクルーステース英雄譚」の終幕「金鉱発見物語」についても、無粋ながら「謎解き」の種明かしを「してしまう」ほかはない。

第九節　処世訓かエートスか——双方を概念的に区別すれば、省略理由は明白

羽入によってそのまま引用されている大塚訳「若き商人への助言」最終段落は、つぎのとおりである。「要するに、富裕にいたる道は、君が求めさえすれば、市場へいく道と同じくらいはっきりしている。それは主として、**勤労** *industry* と**質素** *frugality*、**この二つの言葉**にかかっている。つまり、時間と貨幣を浪費せずに、二つともできる限り善用したまえ、勤労と質素がなければ何事もだめであり、それがあれば、総てがうまくいくだろう。正直にして得られるものは残らず手に入れ、得たものは残らず節約する（必要な支出は別として）人は、必ず富裕となるだろう。——世界を統べ治め、正直な努力によって祝福を求める者の願いを聞きたまう**神が** if that Being who governs the world、ほむべき摂理のうちに、**それと異なる預定をなしたまわないかぎりは** doth not, in his wise providence, otherwise determine」(二三四)。

この一節につき、羽入は、「——」符号挿入の箇所で、前半と後半とに分け、つぎのとおりにコメントする。すなわち、前半は、「フランクリンの倫理のエッセンス」が簡潔に二「標語」/二「鍵概念」(キーワード!)に集約され、『倫理』論文に引用されるに非常にふさわしい言葉に違いなかったはず」(二三五)である。ところが、ヴェーバーは、じっさいには当の前半を後半と併せ、丸々削除してしまった。なぜかといえば、後半に表記されている「神」が、引用してはならない——引用すると「同義反復」「不当前提論法」になって不都合な——「カルヴィニズムの予定説の神」であったから、というのである。

これに筆者は、つぎのように反論する。かりに前半が、羽入のいうとおり、引用にふさわしい語句であったとすれば、前半のみ引用し、後半(がかりに不都合とすれば、それ)だけ削除することもできたはずである。なにも、「抜粋か削除かは、段落ごとに決める」という「規則」があるわけではない。むしろ、前半をヴェーバーが引用しなかったのは、そうする必要がなかったからではないのか。まず、「勤労と質素」の勧告は、すでに「二文書抜粋」に含まれているから、引用すれば、冗漫な同義反復になる。そのうえ、「勤労と質素」の勧告自体は、ありふれたことで、フランクリンの説教、したがってそれによって例示される「資本主義の精神」の特性をなすものではない。「二文書抜粋」では、「勤勉と質素」を初め、「几帳面」「周到」「正直」「節約」「思慮深さ」といった徳目が、「貨幣増殖」という「最高善」(「自己目的」)を達成する手段系列に編入されながら、同時に、そうした準則に違反することが「倫理的罪悪」として(たとえば、貨幣への注意義務を怠って利子取得の機会を逃すことが、「胎児殺し」にたとえられて)非難されている。すなわち、「二文書抜粋」に表明されたフランクリンの説教は、聴き手の利害関心に訴え、「もし富裕になろうとするならば、かくかくに振る舞うのが賢明である(違反して富裕になれなければ、愚かである)」という「処世知」(でもあるが、じつはそ）の域を越えて、「倫理性」（つまり、ある規範命題を、無制約的な「定言命法」として措定し、その遵守を無条件に要請し、違反そのものを義務忘却ないし義務侵害として、「独特の sui generis 非難」を浴びせ、ばあいによっては「(否定的) 制裁」も課す、という性格）を色濃く帯びている。[26] しかも、そうした「倫理性」が、（フッガーとの対比によって浮き彫りにされるとおり、慈善事業他、経済外的な善行／徳行にではなく）ほかならぬ「貨幣増殖」という（それ自体としては）きわめて卑俗な営みにリンクされている。ここにこそ、独自で稀有な「類型論的」特徴が認められるのである。

　ところが、右記引用節の前半は、それ自体として、いまいちど「二文書抜粋」と読み比べれば明らかなとおり、「もし君が求めるならば if you desire it」、との条件設定のもとに、「富裕になる道」とは、「勤労と質素というふたつの言葉にかかっており、［それはどういうことかといえば］時間と貨幣を浪費せず、できるかぎり善用したまえ」ということであって、「そうすれば、総てがうまくいくだろう」と、（右記の概念標識に照らせば）「処世術」を説いているだけである。あるいは、「処世知」の域を越える「倫理性」は、この「要約」では影を潜めている、といってもよい。したがって、かりにこの前半の語句を引用したとすれば、冗漫な反復で無意味なうえ、（現に羽入が陥っている誤読、つまり「ありふれた二徳目」という方向への）誤導の道を開くことにもなろう。「倫理」論文は、著者ヴェーバーの自己制御がよく行き届いた、的確にして簡潔な、密度は高いが引き締まった作品である。大塚も、「どういうわけか自分［ヴェーバー］の引用文ではこの部分だけを省略している」（二三四、二三五）と「不審の念を抱いた」（二三五）とすれば、それは、羽入が評するように「無理からぬこと」（二三五）ではない。大塚が、そのかぎりでは「倫理」論文の読みが浅く、「資本主義の精神」の特性、とりわけ「処世知と倫理との区別」を、概念上も詰めて捉えきってはいなかった、というほかはない。

第一〇節　羽入による「同義反復」創作への誘導契機――大塚久雄の誤訳

つぎに、後半であるが、ここが「金鉱発見物語」、いや「プロクルーステース英雄譚」全篇のハイライト・シーンではあろう。ここで羽入は、この語句中の「神」を捩じ曲げて「カルヴィニズムの予定説の神」に仕立て、「同義反復」「不当前提論法」を創作している。ところが、そうした創作／「捏造」のきっかけは、大塚久雄の誤訳によって与えられた、と思われる。そこで、羽入による牽強付会の「謎解き」を解き明かすまえに、大塚の邦訳を検討しておかなければならない。フランクリンの原文では、ここは"He that gets all he can honestly, and saves all he gets (necessary expenses excepted), will certainly become *rich*, if that Being who governs the world, to whom all should look for a blessing on their honest endeavours, doth not, in his wise providence, otherwise determine.[27]"となっている。

ここの大塚訳には、「フランクリンの神」と「カルヴィニズム予定説の神」との区別を曖昧にする――その意味で負の価値関係性を帯びた――問題点が、ふたつある。ひとつには、下線を引いた部分を、大塚は「正直な努力によって祝福を求める者の願いを聞きたまう神」と訳出している。なるほど、よく注意して読めば、「聞きたまう」であって、「聞き容れたまう」「叶えたまう」ではなく、ただ「聞きたまう」だけで「叶えたまわない」ばあいもある、とは読める。したがって、「すべての者が、正直な努力にもとづいて on、祝福を求めるべき should look for［ではあるが、それにどう応答するかは、人知をもってしてははかりがたい、そうした］神」という、原文には（わずかだが確かに）留保されている「神の応答の未決定性」とそれにともなう「不安」「畏怖」を、大塚の訳文が否定しきっているわけではない。しかし、一方のこの箇所では、大塚訳文の「神」が、「正直な努力によって祝福を求める者の願い」を、ほんとうに「正直な努力」でありさえすれば「必ずや聞き容れたまう」「慈愛の神」に、（一読しただけでは判別しがたいほどに）近づき、フランクリンの原文には保たれている「応答の未決定性」とそれゆえの「畏怖」が、ほとんどかき消されていることも、否みがたいのではあるまいか。

いまひとつ、大塚は、原文末尾の determine を「預定」と訳出している。(28) とすれば、まず語形として、determine は、pre-destine ないし pre-determine ではない。(29) さらに、重要なのはもとより、語義と（この一箇所にも表明されている）フランクリンの神観であるが、この箇所に「預定説の神」の「預定」を読み込むことは、(30) いかにも無理ではないか。ここでは、前段で「正直にして得られるものは残らず手に入れ、得たものは残らず節約する……人は、必ず certainly 富裕となるだろう」といっておいて、但し書きに、そうした人間の努力にたいする神の応答として（ということはつまり、『預定 Prädestination』――『隠れたる神 Deus absconditus』により、永遠の昔から未来永劫にわたって決定されてしまっており、人為をもってしてはいかんともなしがたいのみか、その理由さえ詮索できない「聖定」「預定」――としてではなく）、別様の「決定」がくだされることもないわけではなく、必ず「成る」はずのものが「成らないことも」ある、あるいは「成った」ものも「失われかねない」と付言し、「畏怖」と「感謝」の念を忘れずに精進しなさい、「驕り高ぶって」はならない、との戒めを忘れなかった、というまでではないのか。「若き商人への助言」の類例文書「富に至る道」（一七五七）も、ヨブに言及する同趣旨の「戒め」によってむすばれている。(31) また、フランクリンが、「長老教会の会員として敬虔な教えを受けて育った」けれども、「予定説」は受け入れなかった事実――とはいえ、神の存在／世界創造／善行嘉納／霊魂不滅を疑ったことはなく、その神を、「すべての罪を必ず罰し、徳行には必ず報いる」神、すなわち、「人間の行為に、人間と同一平面にある義をもって応答する勧善懲悪神」として（「功利主義」の見地からは「合理的」に、さればこそ「予定説」の見地からは「非合理的」に）捉え、「あらゆる宗派の宗教に見いだせる」「あらゆる宗教の本質」として、そのとおりに信奉していた事実は、本書第七章第一一節でも、フランクリン神観に特徴的なこととして、『自伝』に依拠して確認したとおりである。「世界を統べ治める神」が "God" でなく

"Being"と表記されている事実も、フランクリン神観のこの特性に符合しているといえよう。いずれにせよ、この段落最後の"determine"は、語形/語義/思想、いずれを採ってみても、「カルヴィニズムの予定説の神」の「預定」=「予定」と解されてはならない。

なるほど、フランクリンの宗教性/神観は、発生‐系譜上は大塚のいうとおり、(内容上は無規定で不正確な言い回しとはいえ)「カルヴィニズムの思想的残存物」といえないことはない。しかし、学問として肝要なことは、当の「思想的残存物」の中身をどう捉え、どう概念上正確に定式化するか、にある。この要請に照らすと、大塚のこの訳文は、同一のフランクリンの「神」を、一方では人間の祈念や善行に応答する「慈愛の神」に(原文以上に)近づけ、他方では語形に悖り(フランクリン神観から見た)語義にも反して、「隠れたる神」に、その「預定(予定)」との連想を許すまでに近づけ、その意味で反対方向に分裂していて、不可解というほかはない。ところが、羽入は、一後進としても大先達の「非は非とし」、誤訳は是正する、という「学問上の正道」を歩むのではなく、逆に、一方では「ピュウリタニズムないしカルヴィニズムの思想的残存物」という片言隻句を捕らえて、大塚を「金鉱発見の直前まで迫った」と持ち上げ、他方では大塚の誤訳には引きずられて、「フランクリンの神」を「カルヴィニズムの予定説の神」と見誤り、「倫理」論文にかんする初歩的誤読ばかりか、フランクリン原典理解の欠如も露呈し、学問上はるか大塚以前へと退行している。

そのうえで羽入は、読者をそこへと誘導したい結論を先に含み込ませ、冠飾句を延々と連ねる疑問文という(すでにお馴染みの「悪文」)形式で、読者を当の結論に誘導する。

「君がたとえいくら勤労と質素に努め正直にしていたとしても、もしも世界を統べ治めたまう神がそれと異なる予定をなしたまわれていた[!?]とするならば、君はけっしてうまくゆかず、富裕にもなれぬであろう、なぜなら君は永遠の昔から滅びへと定められていたのだから、というこの無慈悲で恐るべき神とは一体いかなる神なのか」(二三六)、……

〔中略〕……「もしも君が、この〝神が計りがたい決断により永遠の昔から永遠の死滅へと予定し給うていた〔⁉〕人類の残りの部分〟に属していたとするならば、たとえ君がどんなに一生懸命に働き、正直な努力によって稼げるものは残らず手にいれ、得たものは残らず懸命に節約したとしても、君を決して富裕にはさせず、君のことを〝看過し、自身の栄光に満ちた義の賛美のために、君の罪の故の恥と怒りとに君を定め給うことを喜び給う〟というこの残酷で恐るべき神とは一体いかなる神なのか」(二三七)と。

こうして羽入は、またしても「倫理」論文および(そこに引用されている)「ウェストミンスター信仰告白」からの引用/半引用を連ねた合成文を、一ページ余にわたって繰り広げる。ところが、羽入自身によって引用された原文には、if God... had otherwise predestined ではなく、if that Being... otherwise determine と明記されている。それに、フランクリン自身、「長老派の教義のなかには、たとえば『神の永遠の意志』『神の選び』『定罪〔永罰〕』など、わたしには不可解なものがあり、また信じられぬものもあった」[32]と『自伝』に表白しているし、「神義論問題」に囚われて悩んだ節もないかれに、「予定説」が信じられるはずもない。そのフランクリンが、「勤労と質素に徹すれば必ずや富裕になれよう」と「若き商人」を励ましている助言のむすびに、みずから不可解で信じられないという当の「神」を持ち出し、意気阻喪させ、折角の助言を「ぶち壊し」にするとは、まず考えられない。ひとつまえの章で「神の啓示」を否定するのに大わらわだったのは、いったいだれだったろうか。

ところが、羽入は、問いに含み込ませておいた答えを、おもむろに引き出し、誤訳の字面に重ねていう。「これこそカルヴィニズムの予定説の神ではないのか。フランクリンが削除された部分で言及していた神とは、カルヴィニズムの神、それも予定説の神ではないのか」(二三七)と。そしてここからは、みずから「楽天的で功利的」と認めていたフランクリンが、「予定説の神」を信じ、「若い商人への助言」のむすびに持ち出すことがあろうか、と一瞬でも立ち止まって考え、『自伝』の「キーワード」を洗いなおそうと思いなおすいとまもあらばこそ、ここぞとばかり、「ヴェーバー藁人形」に斬りつける。

「ヴェーバーは事もあろうに、フランクリンの文章中の予定説の神への言及部分を読者には隠したまま前もって削除した上で、『宗教的なものへの直接的な関係を全く失っており、それゆえ……『無前提的』であるという長所を示してくれている』ような恰好な記録としてフランクリンの文章を読者の前で引用して見せ、それを基にして宗教性の残滓をもはや全く欠いたものとしての『資本主義の精神』の理念型を造り上げていたのである。

もう一度正確に繰り返そう。ヴェーバーは、事もあろうにフランクリンがカルヴィニズムの神、あるいはより適切にフランクリンの場合に則して述べるならば、長老派教会の神、いずれにしても予定説の神に言及していた最後のパラグラフ全体を前もって削除し、その上で、この彼自身によってすでに削除を施されたフランクリンの文章を読者に対し鉄面皮にも、『ここでさしあたって問題になるところのものをほとんど古典的な純粋さで含んでおり、〔しかも同時に、宗教的なものへの直接的な関係を全く失っており、それゆえ――われわれの主題にとって――『無前提的』であるという長所を示してくれている〕……くだんの「精神」に関するある一つの記録』……として、差し出したのである。

そして最後にヴェーバーは、そこから『資本主義の精神』を、〝宗教的基礎付けがすでに全く死滅した心情〟として、すなわち、〝宗教的なものへの直接的関係を全て除去されたもの〟として、手品師よろしくまるで黒い帽子から真っ白い鳩を飛び立たせるように、聴衆の目を眩ませながら鮮やかに構成してみせたのである」(二三七―八)。

「事もあろうに」「鉄面皮にも」「手品師よろしく」云々、ここぞと畳みかける羽入は、この「予定説の神への言及部分」と称する箇所を、(本書第七章第二三節で立証したとおり)『恵み深い神の摂理』への言及部分」に置き換えさえすれば、そのまま羽入自身に当てはまることには、気がつかないようである。「天を仰いで唾し」ながら、降り落ちてくる唾を唾とも感知できない「末人」が、「この人を見よ」と警告を発していると見えるが、どうか。

第一一節　ヴェーバーが二文書抜粋に「神」表記部分を補追しなかった理由

さて、ヴェーバー自身は、「資本主義の精神」の暫定的例示に、故意にキュルンベルガー著『アメリカにうんざりした男』から「孫引き」したさい、原典のひとつ「若き商人への助言」の（キュルンベルガーが削除していた）最終段落に「神」表記があることも、一読して知ったにちがいない。しかし、当の「神」は、引用すると「同義反復」ないし「不当前提論法」となって不都合というようなものではない。ヴェーバーは、学問上／方法上、引用する必要がないので、補追はせず、キュルンベルガーの削除済み引用をそのまま孫引きしたまでであろう。

というのも、この箇所では、被説明項としての「資本主義の精神」を暫定的に例示し、その「歴史的個性体」概念を構成することだけが問題である。フランクリンの神観は、主題ではない。もとよりヴェーバーは、フランクリン神観がいかなるものかは、よく知っており、当然それが「カルヴィニズムの予定説の神」ではないことも承知していたろう。フランクリン文書に「神」表記が頻出するのは、周知のことで、ヴェーバー自身、別のコンテクストでは、フランクリンの「経済倫理」が「功利主義を越える側面」をそなえている事実の証拠として、「神の啓示」を（啓示宗教の意味で）挙示していた。羽入は、「啓示」の意味を（「啓示体験」と）捉えそこねたにせよ、「神の啓示」を引用／強調することによって、ヴェーバーが必要とあれば「神」表記を隠しはしないことを、前章ではみずから証明していたのである。

一歩譲って、かりにキュルンベルガーの著書に「神」表記も引用されていて、これを省略すると「同義反復」の疑惑を招きかねないと（ヴェーバーが）判断したとすれば、（かれは）「神」表記を引用したうえで、それが「カルヴィニズムの予定説の神」ではない旨の補説を加えるか[33]、あるいは（どうしても必要とあれば）いっそ、つぎのように構成を換えることも、容易になしえたであろう。すなわち、一方では、「貨幣増殖を『最高善』とするエートス」（としての

「資本主義の精神」）から出発して、当の「精神」の歴史的源泉に遡行する、現に採用されている叙述構成を、基本ラインとし、他方では、それに加えて、ここでフランクリンの「神」の（当然「カルヴィニズムの予定説の神」とは異なる）特性を論じ、「なぜそうなったのか」と問い、「意味（因果）遡行」を開始して、「カルヴィニズムの予定説の神」に到達する、いまひとつの補助線を引いて、二本の遡行ラインを並行して走らせ、「カルヴィニズムの予定説の神」で合流させ、そこから反転して、フランクリンの「二文書」に戻り、「神観」と「貨幣増殖エートス」との「意味（因果）連関」を説明して「研究の円環を閉じる」という（いうなれば）「二重遡行」の構成である。こうした構成を採っていれば、ブレンターノも羽入も、異論の差し挟みようがなかったろう。

ところが、そうすると、構成がそれだけ複雑となり、（世俗倫理から宗教性に遡行する）基本ラインの鮮明さも失せ、当初の「暫定的例示」が「主題設定」であったかのような、本末転倒の観も免れかねない。そもそもヴェーバーがフランクリンを引き合いに出したのは、その神観を主題とし、「カルヴィニズムの予定説の神」に遡り、「その思想的残存物」として説明するためではなかった。フランクリンの「神」自体は、ヴェーバー「宗教社会学」の理論的枠組みのなかでは、「カルヴィニズムの予定説の神」よりも（「類型論的」特徴の鈍麻という限定された意味では）後退した、ありふれた「勧善懲悪神」で、ヴェーバーにとってはさほど――全体の構成を組み換え、叙述を複雑にし、基本ラインの鮮明度を落としてまで、冒頭で取り上げなければならないほどの――価値関係的な特性はそなえていない。それは、なんどもいうように、別にフランクリン（という一人物の本質的価値）を貶価するからではなく、ヴェーバーの研究主題が、実存的／生活史的にも、学問上も、あくまで（「資本主義の精神」にも分肢として現われる）「（近代市民的）職業義務観／エートス」にあるからである。かれは、これをこそ、かれの主題とし、被説明項に据え、この「倫理」論文ではさしあたり宗教要因に遡って捉え返し、「いままでは無視されたままの」「逆の因果関係」「因果関係の一面」を「意味（因果）連関」として把握し、定式化しようとしたまでである。(34) したがって、「資本主義の精神から禁欲的プロテスタンティズムへ」「世俗倫理（市民的職業エートス）から宗教性へ」という「意味（因果）帰属」の太い基本線一本に絞って叙述を進めたほうが、簡明で、印象も鮮明となろう。このばあい、鮮明な印象が必要とされるのは、もとより「耳目聳動」のためではなく、「いままでは無視されたままの」「逆の因果関係」にも注意を促し、関心を喚起し、研究の気運を盛り上げるためであろう。ほぼこう考えて、ヴェーバーは、いつものとおり簡潔を旨とし、簡明な叙述構成を採り、引用も必要最小限に絞ったにちがいない。ただでさえ「二文書抜粋」は、そこに湛えられた「倫理性」の雰囲気（という「捉えがたい」が肝要な特徴）を読者に伝える必要から、かれの引用にしては異例に長い。ヴェーバーは、フランクリン文書を、必要があって一素材として取り上げたからといって、それに引きずられ、（かれにとっては価値関係性に乏しい）フランクリン神観問題に脱線し、補論に紙幅を費やしたり、いわんや叙述全体の構成を換えたりするほど、「行き当たりばったり」ではなかった(35)、というだけの話である。

しかしここで、あくまで以上のような限定のもとにおいてではあるが、かりにヴェーバーが、もうひとつの補助線を引いたとしたら、どうなったろうか、と考えてみることはできる。つまり、「フランクリンの神」ないし「（神観に現われている）フランクリンの宗教性」と「カルヴィニズムの予定説の神」ないし「カルヴィニズムの宗教性」とが、どういう歴史的／「類型論的」関係にあって、「フランクリンの経済倫理」が、どういう意味で、「カルヴィニズムの思想的残存物」「カルヴィニズムの宗教性が死滅した残滓」といえるのか、という（羽入の抽象的語形「連呼」からも、学問上の）問題を立て、ヴェーバーの解答を引き出すことはできる。学問上の批判とは、批判相手の説を否定するだけではなく、相手が本来考えるべきであったことを、相手に代わって考え、そうすることをとおして従来の研究水準を乗り越えるのでなければならない。とすれば、この要請に照らして、ここでこの問題に答えることには（「ヴェーバー学における批判」の一例として）意味があろう。その趣旨で、筆者が羽入を、「宗教性」「宗教性の残滓」等々と「空念仏」を唱えるだけで中身がない、と批判したからには、その中身はなにかを、こちらから提示しておいたほうがよいと思われる。

第一二節　「フランクリンの神」の特性——「隠れたる神」を「至高存在」に遠ざけ、「勧善懲悪神」を取り出す「拝一神教」

まず、「フランクリンの神」そのものの特性を捉え、概念的に確定し、そのうえで「カルヴィニズムの予定説の神」との関係を問うとしよう。

フランクリンが『自伝』で語るところによれば、かれは「（カルヴィニズム正統派としての）長老教会の会員として敬虔な教えを受けて育った」[36]。しかし、同派の教義のなかには「不可解」で「信じられぬ」ものがあったという。「たとえば」としてかれが挙示するのは、「神の永遠の意志」「神の選び」「定罪［地獄の劫罰］」、つまり「二重予定説」にほかならない。当時フィラデルフィアにも、長老派の牧師もひとりいて集会を開いており、フランクリンも年々献金をしていた。ときに勧誘を受けて礼拝式にも出席したが、「かれ［長老派の牧師］の説教は主として神学上の論争か、あるいはこの宗派独特の教義の説明で、どの説教もわたしには無味乾燥で興味を惹かず、また教えられるところもなかった。というのも、かれは、道徳上の原理についてはひとつとして説くことがなかったし、それに力を入れるでもなく、わたしたちを善良な市民とするよりは、むしろ長老教会派に仕込むことを目的としているらしく思えた[37]」からである。そこで、フランクリンは、「私の求めるものは聞かれまいと失望し、愛想をつかして彼の説教には二度と出席しなかった[38]」。というわけで、かれは、その牧師とも長老教会派とも、内面的には疎遠になり、ただ、（当時北米大陸に移り住み、集会を開いていた全宗派にたいしてと同様）なにがしかの献金は欠かさない、その意味で「博愛家」的な外面的関係は維持したようである。

　とはいえ、かれは、「宗教上の主義をまったく持たないわけではなく」、神の存在、世界創造、摂理による世界統治、他人への善行の嘉納、霊魂不滅のほか、「すべての罪と徳行は、現世あるいは来世において、かならず罰せられ、または報いられること」（信賞必罰）などについては「けっして疑ったことはない」と述懐している。これらは、「あらゆる宗教の本質」で、「わが国のあらゆる宗派の宗教に見いだせることなので、わたしはすべての宗派を尊敬」し、有志の寄付で礼拝所が建てられると、「宗派を問わず、額こそ少ないが、寄付を拒むことはけっしてなかった」という。長老教会派への献金も、そうしたかかわりの一環としてつづけられたのであろう。

　ところが、この「博愛家」がいうには、「どの宗派でも、［右記］本質的なもののほかに、人間の道徳性を鼓舞／助成／ないし強化するような傾きをもたず、かえってもっぱらわたしたちを分裂させ、たがいに不和にさせるような性質の信仰箇条が多少とも交ざっているので、その度合いに応じて尊敬の程度も違いはした[39]」。他方、「わたしは、どんなに悪い宗派でもいくらかは役に立つと考えて、かようにすべての宗派を尊敬していたから、他人が自分の宗教にたいして抱いている信仰の念を弱めるような議論はいっさい避けることにした[40]」という。ところが、長老派から離れた経緯にかんする右の記述は、じつのところ長老派の会員が「自分の宗教にたいして抱いている信仰の念を弱めるような」話ではないか。しかも、「道徳性を鼓舞」せず、人々を「分裂させ、互いに不和にさせるような性質の信仰箇条」、あるいは、「無味乾燥で興味を惹かず」、「教えられることもなかった」「神学上の論争」、「わたしたちを善良な市民とするよりは、むしろ長老教会派に仕込むことを目的としているらしく思え」る（と、かれ流に理解して、なんといっても否定的な価値評価のもとに記述されている）「この宗派独特の教義」とは、具体的には明らかに、みずから「不可解で」「信じられぬ」と記している「二重予定説」をおいてほかにはあるまい。つまり、「二重予定説」は、フランクリンには、志操宗教性／志操倫理性の「宗教的基礎」としてではなく、人間の「道徳性を鼓舞／助成／ないし強化」せず、人間間に「分裂」や「不和」を持ち込む「不可解な」信仰箇条として理解されたようなのである。

このように、『自伝』の記述からも、フランクリンが「二重予定説」を嫌い、「カルヴィニズムの予定説の神」を遠ざけた、あるいはみずから遠ざかった事実を、読み取ることができる。さらに、この事実は、かれがかれの神観を直接披瀝している他の文献からも、立証されよう。フランクリンは、その「数年前〔一七二八〕に自分用のちょっとした儀式文、つまり祈禱形式をつくって、それに『信仰箇条と宗教的行為 Articles of Belief and Acts of Religion』と題をつけておいたが、……ふたたびこれを使うことにして、もはや〔長老派の〕公式の集会には出席しなかった」(41)と書いている。そこで、当の「信仰箇条」に当たってみると、「第一原理 first principles」と題された冒頭節(42)に、いわばかれの「万神殿 Pantheon」が開陳されている。それは、「神々そのものの創造者にして父なる、いと高く完全なる一存在 one supreme, most perfect Being, Author and Father of the Gods themselves」、「いと高く完全なる者 the Supremely Perfect」「無限なる父 the Infinite Father」と呼ばれる「至高存在」を「首座」に戴く神々のなかから、一柱の神を「太陽系の創造者にして所有者でもある賢くも善良な特別の神」として選び出し、これに崇拝と賛美を集中する「拝一神教 Henotheismus」ともいうべき構成をそなえている。なるほど、当の「至高存在」は「二重予定説」の「隠れたる神」と一見(超越性にかけては)似ているといえなくもない。しかしそれは、無にひとしい人間界をまさに「無限に超越して infinitely above」いるから、人間の崇拝や賛美を期待せず、要求もしない。したがって、人間を「選ばれた民」と「捨てられた民」とに予定し分けて、双方のコントラストによってみずからの栄光を顕す必要もない。この「至高存在」は、「予定説の神」の超越性/抽象性をさらに高め、徹底させて、人間界とは無縁な彼方に遠ざけ、よってもって人間への反作用は骨抜きにした「残照」といえよう。

では、あとにはなにが残るのか。フランクリンによれば、すべての人間のなかには、目に見えない「なにか Something」の力を崇拝し、献身しようとする「自然の原理 natural principle」にも似た「なにものか」がある。また、人間は、他の動物にまさって「理性Reason」を与えられているので、その「なにか」を「神」として崇敬することが、人間の義務として要求される。このように、「フランクリンの神」は、神ないし神々からではなく、むしろ人間の側から「自然の原理」によって基礎づけられている。では、そうして崇拝の対象とされるべき「なにか」とはなにか。そこで、フランクリンは、「無限なる父」によって創造された神々のうちから、一柱の神を選び出し、賛美と崇敬の対象にしようと提唱proposeする。その神は、そのなかにある「情熱Passion」をいくぶんかはわたしたちにも植えつけ、またわたしたちに「理性」を与えてくれているので、わたしたちは、その神によって創り出された世界のなかに、その神の「知恵Wisdom」を看取することができる。この神は、「無限なる父」のようには「わたしたちへの気遣いを超越してはいないnot above caring for us」で、わたしたちの賛美をよろこび、逆にわたしたちがかれの栄光を軽視したり、無視したりすると、機嫌を損ねる。ただ、このばあい、軽視者／無視者にどう対応し、いかに処罰するか、という否定面は、まったく語られない。ただちに、「かれは善良な存在a good Beingで、わたしはこれほど賢明wise、善良goodかつ有力powerfulな存在を、わたしの友Friendとすることを幸福とすべきであり、むしろどうすれば、かれにもっともよく受け入れられるのかを考えよう」と積極面に転ずる。かれは、かれが創造したものの「幸福Happiness」を喜ぶ。ところで人間はこの世で「徳Virtue」なしには幸福にはなれない。だから、わたしが「有徳Virtuous」であると、わたしが幸福になれると見て、被造物の幸福を喜ぶかれも喜ぶ。フランクリンは、「わたしはそう堅く信ずる」という。ここでふたたび否定面に目を向けるとしても、「かれは、もっぱら人間の『喜びDelight』のために設計されたと見える多くのものを創造したので、かれの『子らChildren』が、どんな仕方で楽しく動きまわり、無邪気な娯楽でくつろごうとも、機嫌を損ねることはないと信ずる。わたしは、人間にとって有害な楽しみは、無邪気ではないと思う」。ここで否定面は打ち切って、だから「わたしは、かれの善良ゆえにかれを**愛し**、かれの知恵ゆえにかれを**讃える**」というのである。

このあと、「賛美 Adoration」と題された第二節では、全五項目のうち、四項目までは、神々のうちのその一神を、こんどは「創造者」「父」と呼んで、その「善」と「知恵」への賛美が、祈禱文句として定式化されている。第五項目に初めて否定面が登場し、「あなたは、あなたの被造物のなかにある、裏切りと欺瞞、悪意、復讐、〔不寛容〕そのほか、有害な悪徳のすべてを嫌悪されます。あなたは、正義と誠実、友愛と慈悲とすべての徳を愛される方です。あなたはわたしの友、わたしの父、わたしの恩人です。おお神よ、あなたのみ名が永遠に誉め称えられますように！　アーメン！」とある。ただし、この神は、ただ悪徳を嫌悪するのであり、いったん邪悪な行いがなされてしまったとすれば、それに「罰」をもって対応するのは当然としても——その意味で、人間の所業に「応答する神」であって、その応答のいかんはしばしば人間の予想を越え、それゆえその神への畏怖を絶やしてはならず、そうして畏怖を保つことが同時に、「思い上がり」「倨傲」による神の不機嫌を避ける「知恵」ではあるけれども——、あらかじめ罰すると決めた人間を、意図して「嫌悪すべき悪徳」に近づけ、罪を犯させ、予定どおり罰する、というわけではない。——

ここに表明され、確認されたとおり、「フランクリンの神」は、「カルヴィニズムの予定説の神」ではない。「隠れたる神」の残影は「至高存在」として消え失せてはいないとしても、かえってその超越性が徹底され、抽象化されて、背景に追いやられ、それに代えては「神々」のなかから一柱の神が取り出されて、新約の「慈悲深い天の父」に重ねられている。この「父」は、被造物の幸福を喜ぶがゆえに、幸福に通じる徳を喜ぶ——あるいはそうすることで、幸福をめざす徳行を奨励する——「勧善に圧倒的に力点を置く勧善懲悪神」「信賞必罰のうち信賞をきわだって重んずる応報神」である。フランクリンの神観がその後変容を遂げることは、もとよりありうることで、文献上追跡する必要は残るとしても、『自伝』他に表明されているかぎりでは、この基本的な性格は生涯にわたって変わっていないのではないか。少なくとも、こうした「フランクリンの神」が「捨てた民を意図してかたくなにし、地獄の劫罰に予定する」という「二重予定説の神」の特性を取得するとは、ちょっと予想できず、たえてなかったと想定してさしつかえなかろう。

なるほど、フランクリンは、「長老教会派の会員として敬虔な教えを受けて育」つ過程で、ピューリタン一般と同じく『ヨブ記』を愛読して、よく知っていたのであろう。「富にいたる道」（一七五八）では、ちょうど「若い商人への助言」（一七四八）の末尾と同じように、締め括りに、自力に頼りすぎて傲る弊を戒め、「神の祝福を求め、他人にも慈悲深くあれ」と説き、そのコンテクストで「ヨブ」に言及している。「皆さん、この「得られるものは得よ、得たものは手放すな。これぞ鉛を金に変え得る石」という」教訓は、道理にかないもし、賢くもあります。しかしながら、なんと申しても、ご自分の勤勉、節倹、慎重、これらはいずれもすぐれた美徳にはちがいありませんが、あまりにそればかりを頼りになさってはいけません。なぜといって、せっかくの美徳も、神の祝福がなければ、なんの役にも立たないでしまうことがあるからです。それゆえ、心をつつましく保って神の祝福を求める一方、現在、神のみ恵みにあずかっていないと思える人々にたいして、無慈悲な態度に出ることなく、これを力づけ、助けてあげるように心がけてください。ヨブがあれほど苦しい目にあいながら、しかものちには栄えたことをお忘れにならないように[43]」と。

いかにも、年輩のフランクリンに相応しい助言である。しかし、それだけにかれは、ここで『ヨブ記』を主題として取り上げ、読者がヨブ自身の立場に身を置いて、当事者として「神義論」問題に取り組み、「人間の義と知を超越する神の絶対的主権」への信仰に目覚めるように、と説教しているのではない（そういう説教なら、かれはおそらく、フィラデルフィアの牧師から聞いて、うんざりしていたにちがいない）。つまり「二重予定説」の前奏／「カルヴィニズムの予定説の神」を構成する契機のひとつとして、『ヨブ記』の内容に踏み込み、その神観に論及するのではない。むしろ、「富にいたる」べき読者が（読者自身は現在、ヨブと同じような目にあってはいないと、いわば「自明の前提」としたうえで）他人にたいしては、とくに「現在、神のみ恵みにあずかっていないと思える人々」にたいしても、無慈悲な態度には出ないように、そのなかには「苦しい目にあいながら、しかものちには栄えた」ヨブのような義人もいるのだから、と戒め、むしろ（ヨブを見舞った友人たちと同じ立場で）「力づけ、助けてあげるように」と勧めているのである。

というわけで、フランクリンの「ヨブ」は、「二重予定説」に近づく方向で、つまり当事者性において神に直接「神の義」を問い、断念即解決にいたりついた、いわば「神義論上の達人／英雄」として、取り上げられているのではない。むしろ苦難にあっても「心をつつましく保って神の祝福を求め」、やがて神の応答によって「のちには栄えた」代表例として、つまり二重予定説の特性とはかけ離れた、「勧善懲悪神」「信賞必罰神」信仰のもとにはどこにでも現われる、ありふれた敬虔のいわば極限例／典型例として、ことのついでに触れられている、といっても過言ではなかろう。

第一三節　フランクリンにおける二重予定説の「残滓」——宗教的禁欲が、「市民的職業エートス」として生き残る

とすると、フランクリンも、幼少年期には「長老派教会の会員として敬虔な教えを受けて育った」にもかかわらず、あるいはまさにそれゆえに（たとえば「反動形成」によって）、その影響は跡形もなく消え失せてしまったのであろうか。N・ベルジャエフは、一九世紀ロシアで六〇年代に登場する「革命的インテリゲンツィア」群像に、（たとえばドブロリューボフやチェルヌイシェフスキーら）正教司祭の息子たちが加わっている事実に着目し、かれらの反逆そのものに、かれらを培った精神がじつは裏返しに投影されている関係を鋭く指摘している。(44) とすると、同じようなことが、フランクリンのばあいにも起きえたのではあるまいか。

そうした観点からフランクリンの『自伝』を読み返してみると、そのとおりに解釈できる側面が少なくない。たと

えば、フランクリンは、長老派牧師の説教に納得がいかないと思うや、礼拝式／説教／牧会をいち早くみかぎって、自分流の「信仰箇条と宗教的行為」を考案し、使用している。その内容は、前述のとおり「二重予定説」とはほとんど関係のないものになっているが、かれがまさにそのように対応しえた事実そのものは、自分の「救済」（ないしは、「救済」の機能的等価物としての「生き方」の「拠り所」）は、宗派／牧会からは期待できず、ましてや家族／親族／友人／コミュニティその他いっさいの人間関係も、教団も教会も、神でさえも（絶対の予定が変更されるわけはないので）、助け／頼りにはならず、自分個人で創り出していく以外にはない、という独自の信念あればこそ、ではなかったろうか。こうした方向にいち早く踏み切れる、あるいは踏み切らざるをえない、というのは、けっして自明のことではなく、自分の「救済」は「神によって個別に、永遠の過去から未来永劫にわたって予定」されてしまっているからには、その「救済の確かさ」は、だれにも頼らず、自力独行によって自分で「確証する」以外にはない、という（ほかならぬ「二重予定説」によって培われた）信念を前提としてのことであろう。[45] 若きフランクリンの、独自の人生への門出は、「神はみずから助ける者を助ける」という、その「みずから助ける道」への出立であった。

また、フランクリンは、ちょうどそのころ（一八三二）、例の「十三徳樹立」によって「道徳的完成に到達しようという不敵な、しかも困難な計画を思い立って[46]」、実施に移している。これにも、かれは、独自に「自己審査手帳」を考案し、「自分で自分の脈拍を診て」、「順々に黒点を各行から消していって、各ページに現われる徳の進歩の跡を見て喜びに心を励ま[47]」すというやり方をとっている。こうした記帳方式も、じつはピューリタンが、自分個人にかんする「神のカルテを覗こう」と秘かにくわだてたことで、神意の執行に協働する日常的職業労働のさなかに、自分の人格の核心に「神の恩恵」がはたらき、意識にのぼるという（「救済の確かさ」の）内奥の関係を確認する手段であった。その目標をフランクリンは「徳の進歩」に置き換えて、同じ形式で追求しているのである。そうした「自己審査」「自己制御」としての「禁欲」を職業生活に浸透させ、貫徹し、（いまや「来世における救済」の「現世における予兆」としての「確証」という宗教的究極価値に代わって、「生き方」の集中化／組織化／持続化の「中心」を占めるにいたった）「職業における熟達／有能さ」という倫理的究極価値を、職業的「経営」による「貨幣増殖」という目に見える具体的な指標をもって「確証」しようというのである。

そういうわけで、フランクリンが幼少年期に受けた「長老派の敬虔な教育」をとおして、カルヴィニズムの宗教的な鋳型から打ち出された「生き方」「ライフ・スタイル」そのもの（という結果）は、かれ自身が「二重予定説」（という原因）からは離れても、このとおりそのまま「市民的職業エートス」、その一環としての「資本主義の精神」として生き延びて作用している。カルヴィニズムの宗教的基礎（「二重予定説」／これにもとづく「自分ははたして選ばれているか」との宗教的不安／したがって「選びの確証」をめざす宗教的救済追求）は、確かに死滅したが、まさにその死滅に「拍車を掛ける」独自の「生き方」の創始と持続とにおいて、当のカルヴィニズムから派生した「現実的な個人主義」と「自己審査／自己制御としての禁欲」が、いわば「屍の頭 caput mortuum（残滓）」として「一人歩き」し、（他の諸条件にも支えられながら）はたらきつづけているのである。

第一四節　ヴェーバーによる「屍の頭」認識

ヴェーバーがこの関連を的確に捉えていたことは、「倫理」論文のつぎのような叙述によって確証されよう。まず、「自己審査手帳」が禁欲的プロテスタンティズムの「屍の頭」に相当する関係については、第二章第一節第一五段落にこうある。

「カルヴァン派のプロテスタンティズムと、〔中世〕カトリック修道院生活の合理的形態とに共通に見られる倫理的な生き方の組織化 Systematisierung は、すでにまったく外面的にも、『厳格な』ピューリタン信徒が、恩恵の地位にあるかどうかをたえず自分で**審査した**方式のうちに、明白に現われている。罪と誘惑、そして恩恵による進歩のあとを継続的に、ばあいによっては表にして記入していく信仰日誌は、イエズス会派によって創始された近代カトリックの（とくにフランスの）敬虔にも、また改革派教会のもっとも熱心な信徒の敬虔にも、共通に見られるものであった。しかし、カトリックでは、そうした信仰日誌が、懺悔の聴聞を十全に実施するためとか、あるいは『霊魂の司牧者 directeur de l'âme』が信徒（とくに女性信徒）を教導するための資料として用いられたのにたいして、改革派のキリスト教徒たちは、それを使って**自分で**『自分の脈拍を診た』のである。著名な道徳神学者についてはすべて、そうした事実が伝えられているが、ベンジャミン・フランクリンが自分のひとつひとつの徳性における進歩について日誌風に統計的な表示の形をとっておこなった記帳も、その古典的な事例をなしている（48）」。

この事例はさらに、「世界宗教」シリーズのパースペクティーフのなかに置かれて、儒教徒の「醒めた自己制御」とピューリタンのそれとを類例として比較し、双方の特性を解明するさいにも、つぎのように用いられている。

「ピューリタンもまた、儒教徒とまったく同様に、醒めた自己制御 wache Selbstkontrolle につとめたが、それは、ある積極的なもの、すなわち特定の性質を帯びた行為と、さらにはそれをこえて、いっそう内面的ななにものかを志向していた。つまり、罪のうちにあるとされる自分生来の内面的性質を組織的に克服することをめざしていた。首尾一貫した敬虔派の信徒は、そうした克服過程につき、一種の簿記をつけて、貸借対照表を作成した。これは、ベンジャミン・フランクリンのようなかれらの亜流 ein Epigone wie Benjamin Franklin がなお、日々おこなったこととまったく同様である（49）」。

では、以上の総括として、「倫理」論文第二章第一節第六段落から、（「二重予定説」に帰依した平信徒の心理的／実践的反応を分析し始めるにあたってヴェーバーが付した）注の一節を、引用しよう。

「……（もっとも広い意味における）ピューリタニズムの大立者はすべて、青年時代に、この〔二重予定〕教説の陰鬱な厳粛さの影響を受け、それを出発点とした。ミルトンも、バックスターも（もとよりしだいに穏健になってはいったが）、また、後年きわめて自由な思想をもつにいたったフランクリン der später sehr freidenkende Franklin も、そうであった。かれらが後年、予定説の厳格な解釈から離脱していったこと ihre spätere Emanzipation von ihrer strikten Interpretation は、それぞれ、宗教運動全体がたどった発展の方向とまったく一致している(50)」。

この一節にかんして、いま一点、ヴェーバーは、「倫理」論文の改訂（一九二〇）にあたっては、その間に発表されていたウルリヒ論文「イスラム教とキリスト教における予定説」（一九一二）を参照し、つぎのような前置きを加えている。「イスラムのばあいには、……宿命論への帰結が生じている。では、なぜか。それは、イスラムの予定 Vorbestimmung が、prädestinatianisch〔大塚久雄は「神の二重の決断にもとづくとする予定説」と訳出〕ではなく、*prädeterministisch*〔大塚は「**宿命論的な予定説**」と訳出〕であって、**現世**の運命にはかかわっても、来世における救済には関係がなかった。したがって、予定されていることの『確証 Bewährung』という倫理上決定的なことが、イスラムではなんの役割も演じず、（〔ギリシャにおける運命の女神〕『モイラ』にしたがうばあいと同じく）**戦士としての**大胆さは生まれても、生活を**方法**〔**的に組織**〕**化**するという帰結は生じなかった。イスラムの予定説には、こうした方法化への宗教上の『報償（プレミアム）』がなかった。予定説は——たとえばバクスターのばあいのように——実践上の必要から穏健なものに緩和されたとしても、神の選びの決断とその**験証**とが**具体的な個々人**〔の来世の運命〕にかかわっているという思想が手つかずに保たれているかぎりは、その〔禁欲を起動するという〕本質もそこなわれなかったのである(51)」。

ここで一点、ヴェーバーが、prädestinatianisch と prädeterministisch とを術語的に区別し、前者をカルヴィニズムの「二重予定説」に、後者はイスラムの「宿命論」的予定説に当てている（この区別はおそらくウルリヒに由来するであろう）事実に注目せざるをえない。とすると、独語と英語とのニュアンスは考慮に入れるとしても、フランクリンの「若き商人への助言」の末尾に出てくる（pre-という前綴さえつかない）determine——ヴェーバーの用語法では（イスラムの「宿命論的」予定説に当てられる）prä*deterministisch*系統の語——に、（カルヴィニズムの「二重予定説」の「予定」を連想させるほかはない）「預定」という訳語を当てることはできないであろう。「倫理」論文の訳者で、この二語の使い分けを知っていたであろう大塚久雄が、なぜ、フランクリンのdetermineに「預定」というミス・リーディングである訳語を当てたのか、この点からも、理解に苦しむ。

なるほど、フランクリン文献の邦訳に、ヴェーバーの術語を当てなければならない、というきまりはない。しかし、独自の用語法を採るとしても、「フランクリンの神」は、（前述のとおり）「応答神」であって「預定神」ではないから、「預定」という訳語は不適切で、誤解をまねくほかはない。現に、羽入は、この誤解を批判的に是正する方向には進まず、そのまま鵜呑みにし、しかも戯画的に誇張した。もとより、「ヴェーバー詐欺師説」にまで突進したのは、羽入の責任で、大塚の不適切な訳語は、そのきっかけをなしたにすぎない。羽入は、その誤解から、フランクリン『自伝』の（フランクリン自身が「二重予定説」は捨てたと見紛う余地なく記している）関連箇所との照合も怠り、ヴェーバーの「倫理」論文についても、右記のとおり（第一章第二節冒頭以外にも）各所に散見されるフランクリン論及さえ参照せず（参照したとしてもその意味は考えず）、「フランクリンの神」を「予定説の神」に仕立て上げ、「カルヴィニズムをカルヴィニズムで説明する同義反復／不当前提論法」を創作し、これを「二重に隠蔽」する「詐欺師ヴェーバー」という藁人形を立ち上げたのである。

第一五節　ヴェーバー藁人形の捏造——「大塚久雄の不安」節の大半を占める一四項目批判

「大塚久雄の不安」と題する第五節で、羽入は、「倫理」論文におけるヴェーバーの「資料操作」を「これまで明らかにされてきたことをもとに、憶測も含めながらやや大胆に再現してみる」(二一五)と述べ、つぎの一四項目にまとめている。本来は、憶測に付き合う必要はないが、むしろそこに、羽入の問題点がそれだけ鮮明に現われてもいるので、羽入書を反面教材として活用するという本書の趣旨にしたがい、逐一取り上げて反論しよう。

(1)羽入によれば、ヴェーバーは、キュルンベルガー著『アメリカにうんざりした男』に、フランクリン文書からの引用を見つけ、これを「精神」の信仰告白として利用できると考えた。そのさいヴェーバーは、キュルンベルガーが「若き商人への助言」の最終段落を削除していた事実に気づかず、念のためフランクリンの原典に当たってみることもしなかった。

反論。ヴェーバーは、一九〇四年に『社会科学・社会政策論叢』に発表した「倫理」論文初版で、キュルンベルガーによる削除箇所に、キュルンベルガーは付していない省略記号……を付して引用している。原典に当たってみたからこそ、省略符号を付すことができたのであろう。事実として確認できるのは、それだけである。ヴェーバーがキュルンベルガー書を最初に開いて読んだのはいつか、そのさい省略に気がついたか、フランクリンの原典といつ照合したか、などのことは、執筆日誌のような新資料でも発見されないかぎり、分からない。究明する必要もあるまい。羽入は、(1)〜(4)で「二段階起草論」ともいうべき臆見を披瀝するが、それは、羽入作「同義反復」説を前提とする、文字通り架空の「憶測」にすぎず、資料による裏づけはない。

(2)ヴェーバーは同時に、フランクリン『自伝』のミュラー(独)訳で、『箴言』二二章二九節がBerufと訳されているのを発見し、ルター聖書でもBerufと訳されていると思い込み、ルター聖書に当たってみることもしなかった。

反論。これも(1)と同じく、「同義反復」説から演繹される「二段階起草論」の一環で、なんの資料的裏づけもない。内容としても、偏見の所産というほかはない。すなわち、ヴェーバーはなるほど、フランクリン『自伝』を最初はミュラー訳で読んだかもしれない。かりにそうとすれば、Beruf の原語が calling であろうとはすぐ判断したにちがいない。しかし、だからといってルター聖書でも『箴言』二二章二九節の「わざ」が Geschäft でなく Beruf であろうと「思い込む」ほど、フランクリンとルターとを短絡的に結びつけるはずもない。羽入自身が、両者の思想の違いや歴史的な隔たりへのセンスを欠き、文献観念論的に語形で両者を短絡/直結したがるのはいたしかたないとしても、だからといって他人もそうすると「思い込む」のは、幼い彼我混濁である。

(3)ヴェーバーは「こうしてフランクリンの文章から構成した『資本主義の精神』から、フランクリンが自伝で引用していた"Beruf"という語を用いていっきに古プロテスタンティズムに遡る、という『倫理』論文全体の構想をかなり早い速度で作り上げてしまった」(二三九)。

反論。これも、フランクリンとルターとを"Beruf"瞬間接着剤で貼り合わせ、「倫理」論文全体の要と決め込む羽入の臆見を、やはり彼我混濁からヴェーバーに押しかぶせた羽入流早とちりである。「かなり早い速度で作り上げてしまった」と臨場感を漂わせているが、もとよりなんの資料的裏づけもない。というよりも、「構想」そのものが羽入の虚構であるからには、ヴェーバーが「早い速度で作」ったかどうかなど、問題にもならない。

(4)ヴェーバーは、そうして「全体の構想ができ上がってしまった後の段階になって初めて」、キュルンベルガーによる「宗教的なものへの直接的言及」の削除に「気づいた」。ただし、「キュルンベルガー自身は引用にあたって各パラグラフの冒頭を引用符で始めており、その直前に省略部分がある可能性はヴェーバーは当然考えるべきことであった」(二三九)。

反論。キュルンベルガーの引用は、「若き商人への助言」と「富まんとする者への指針」とからの抜粋全体に引用符号〝…［八パラグラフ］…〟を付けているだけで、「各パラグラフの冒頭を引用符で始めて」はいない(52)。それはともかく、ヴェーバーが「後の段階」で「省略部分がある可能性」を「当然考えるべき」であったとすれば、初見のさいにもその「可能性」は「当然考えるべき」であって、じっさいにも当然考えたであろう。羽入は、初見のさいには、「当然考えるべきこと」を考えないでいて、この段階で初めて考えて「気づいた」といいたいらしいが、憶測としても筋が通らず、当然資料による裏づけもない。

(5)（「若き商人への助言」最終段落の）神言及の削除とルターによる（『箴言』二二章二九節 mᵉlāʾkhā の）Geschäft訳に気づいた時点で、「ヴェーバーとしては本来ならば『倫理』論文の構想を全体として破棄するか、別の素材を用いて『精神』の理念型を全く新たに造り直すべきか、どちらか」であった。ところがかれは、「フランクリンからいっきょにルターへと遡るというこの自らの着想の余りの鮮やかさにとらわれてしまい、無謀にもこの構想のままに突き進むという学者として犯してはならぬ無理を犯した」（二三九―四〇）。

反論。まず、キュルンベルガーによって省略された最終段落に神言及があろうがなかろうが、「二文書抜粋」そのものには、「貨幣増殖を『最高善』とする」フランクリン経済倫理が表明されているだけで、「宗教性との直接的な関係は全く失っている」から、引用の趣旨にかんする前置きに、なんの問題もない（むしろ羽入が、「直接的な」という限定を読み落としているだけである）。しかも、キュルンベルガーが省略した最終段落で言及されている「フランクリンの神」とは、前述のとおり「カルヴィニズムの予定説の神」ではない。したがって、引用しても「カルヴィニズムの神をカルヴィニズムで説明する同義反復」にはならない。引用しなかったのは、ここで引用する必要がなかったからで、羽入の邪推とは異なり、「同義反復」を隠蔽するためではない。

『箴言』句についても、ルターがGeschäftと訳してBerufと訳していなかったのは、なんら問題ではなく、むしろフランクリン経済倫理の特性を、ルターの職業観と宗教性に遡るだけでは説明できず、ルターの「限界」を見きわめたうえ、本論でカルヴィニズム他、禁欲的プロテスタンティズムの職業倫理につき、(「屍の頭 caput mortuum(残滓)」としてフランクリンの経済倫理＝「資本主義の精神」を残すような)「禁欲」動機の形成を突き止める(叙述構成の)前提をなしている。これこそ、「倫理」論文全体の構成である。羽入は、フランクリンとルターを Beruf 瞬間接着剤で貼り合わせる(思想も歴史も無視する語形文献学的観念論の)妄想「にとらわれてしまい、無謀にもこの構想のまま突き進むという学者として犯してはならぬ無理を犯した」。

(6)そこで、ヴェーバーは、「次のような操作をおこなった。『若き商人への助言』の最終パラグラフを削除した上で、『富まんとする者への指針』の前半部分とつなぎ合わせ、『宗教的基礎付けがもはや死に絶えたもの』としての「資本主義の精神」の記録として、読者の前に差し出した。また同時に、ルターが『箴言』二二・二九を "Beruf" とは訳していなかった事実を、「さほど問題とするには足らぬこととするために、"Beruf" に関する膨大な注を書いた。ただしそこで彼はまた、手近にある普及版のルター聖書を用い、原典のルター聖書を調べないという軽率な行為を犯した」(二四〇)。

反論。羽入は、このように、ヴェーバーがなにかいかがわしい「操作」をしたといいつのる。というよりもむしろ、そうと決めつけることしか、眼中にない。しかし、ヴェーバーは、「読者とのトポス」を設定するために、(当時はドイツ人読者にかなり読まれていたか、さなくとも容易に参照することのできた)キュルンベルガー著[53]から、キュルンベルガーによる引用を、故意にそのまま孫引きし、「精神」の暫定的例示手段に用いたまでである。ことさら「削除したり」、「つなぎ合わせ」たりといった「操作」をしたわけではない。

内容上も、「資本主義の精神」では、「宗教的基礎付け」は、確かに「もはや死に絶え」ている。すなわち、カルヴィニズムの「二重予定」信仰から「自分が選ばれているかいなか」の宗教的不安が生じ、この不安から逃れるため(来世における「永遠の生命」の予兆として、現世における)「救いの確かさ」を求め、これを日常的な禁欲的職業労働によって「確証」する、という世俗内禁欲による宗教的な救済追求は、「精神」にはもはや看取されない。ところが他方、そこから派生した、自分の（もはや永遠の生死ではなく）「職業上の熟達／有能さ」を外形は同じく禁欲的な職業労働とその成果としての「貨幣増殖」によって「確証」する（あるいは、この「貨幣増殖」という目に見える指標を「自己目的」「最高善」ともみなして追求する）、宗教性の「屍の頭 caput mortuum（残滓）」は、確かに残存している。フランクリンの「二文書抜粋」は、この意味で「宗教的基礎付けは死に絶え」た「屍の頭」としての「資本主義の精神」を、「ほとんど古典的といえるほど純粋に包含している」恰好の例示資料である。したがって、それは、「読者の前に差し出し」て当然であるし、ぜひともそうしなければならない。

ところが、羽入は、フランクリンとルターとの語形接着関係を『倫理』論文全論証構造の要」と決めてかかり、この先入主－固定観念に囚われたため、カルヴィニズムを初めとする禁欲的プロテスタンティズムの宗教性（内容）と「資本主義の精神」（内容）とのこの「意味（因果）関係」（という「倫理」論文のもっとも基本的なテーゼ）を捉えることができなかった。そのために、ただ「宗教性」「宗教的基礎付け」「宗教性の残滓」といった、具体的内容のない抽象的「決まり文句」を「空念仏」のように連呼し、やれ「隠した」の「見てしまった」のと、空騒ぎするばかりである。学問的議論とは、「子ども部屋」の「神隠しごっこ」ではない。

ヴェーバーが、「ルターの職業観」節冒頭に“Beruf”にかんする膨大な注を書いたのも、「読者とのトポス」として、ドイツ語の日常語 Beruf に含まれている（が、通例は気にも止められずにいる）「使命」というニュアンスに、読者の注意を促し、そうした語義が宗教改革、しかもこのばあいはルターの聖書翻訳（原文でなく翻訳者の精神）に由来することを語義－思想史的に立証するためであった。「ルターが『箴言』二二・二九を“Beruf”とは訳していなかったという事実をさほど問題とするには足らぬこととする」、いいかえれば「不都合な事実にたいして読者の目を眩ます」という目的で、膨大な注を書いたとは、それ自体いかにも姑息な動機で、羽入が思いつきそうな憶測というほかはない。ヴェーバーは、ルターが『箴言』二二章二九節を"Beruf"でなくGeschäftと訳した事実を、フランクリン『自伝』から当該句を引用した箇所の注にも、「ルターの職業観」節冒頭の注にも、明記している。そして、筆者も羽入書第二章にたいする批判（本書第六章）で論証したとおり、後者では、『シラ』訳の時間的に至近の類例として『箴言』句を取り上げ、「使命」としてのニュアンスを含む原語m^{e}lā'khāには（「伝統主義」より「わざ誇り」に傾くゆえに）Berufを当てないで、かえって『シラ』句の、元来は「使命」というニュアンスは含まず、世俗的な意味しかなかった原語ergonとponosには（コンテクストの「伝統主義」ゆえに）Berufを当てた、翻訳者ルターの精神と訳語選択の思想的規準とを浮き彫りにし、これをルターの世俗内伝統主義傾向に「意味（因果）帰属」しているのである。羽入は、当の膨大な注の全内容、とりわけ『箴言』句がなんのために引用されているのか、その方法的意義と、（その系としては）ルターの思想変化から見て、『箴言』二二章二九節にはGeschäftが当てられつづけて当然という関係とを、把握できなかったために、「時間的前後関係」という疑似問題にのめり込み、注全体の執筆についても「読者の目を眩ますため」というような、姑息な「理由」しか思いつかなかったのであろう。

　原典でなく普及版のルター聖書を用いたのが「軽率」という非難も、コンテクスト読解力の不足と（おそらくはそれゆえの）「なにがなんでも原典主義」とを、問わず語りに語り出している。ヴェーバーは、ここでも「読者とのトポス」として、あえて普及諸版を用い、『コリントI』七章二〇節のみでなく、七章一七〜三一節のコンテクストを引用し、普及諸版ではBerufと訳されている原語klēsisが、一五二二―二三年のルター訳ではRufと訳されている事実を明示しつつ、当のコンテクストでは（割礼をうけているかいなかという）「種族的身分 ethnic status」、（奴隷か自由人かという）「社会的身分 social status」、（結婚しているかいなかという）「配偶関係上の身分 marital status」という「身分 Stände, statūs」の意味で使われ、あと一歩で（つまり、「神の摂理」が個々人の境遇の細部にもおよぶと考えられるようになれば）「身分」の下位単位としての「職業」にまで適用される思想的架橋句の位置を占めている、と主張した。そして、ルターは、この（『コリントI』七章一七～三一節のコンテクストのなかにある）klēsis を媒介に、（『エフェソ』他の篇で）「神から与えられた使命」「聖職」という純宗教的意味に限定して用いていた klēsis の訳語 Beruf を、一五三三年の『ベン・シラ』訳では（当の「あと一歩」が踏み出されたので）、「聖職」への適用制限を外し、世俗的職業一般にも当て、そのとき初めて、語形 Beruf に、世俗的職業に加えて「神から与えられた使命」という宗教的／宗教倫理的／後にはさらにたんに倫理的な語義が付与された、と考えることができる。そのさい klēsis の訳語として、類語 Ruf でなく Beruf が選ばれたのはなぜかといえば、ひとつまえの注二に明記されているとおり、一五三〇年の「アウグスブルク信仰告白」で、Ruf でなく Beruf のほうが（なお「身分」の意味で「職業」とまではいかないとしても）、プロテスタンティズムとして最初の公式の信条に採用されたので、ルターとしてもあえてそれに逆らう必要はなかったからであろう。このように「膨大な注」全体を前後のコンテクストに注意して読めば、『コリントI』七章二〇節が Ruf のままであっても、七章一七～三一節のコンテクストで「身分」の意味にまでなっている原語 klēsis を思想的媒介に、純宗教的意味で用いられてきた他篇の klēsis の訳語 Beruf が『ベン・シラ』の ergon と ponos にも当てられ、聖俗二義が重ねられて「使命としての職業」という Beruf の語義が誕生するという説明は、いささかも不自然ではない（『固有の意味におけるルター研究』に、ではルターはなぜ、七章二〇節は Ruf のままにし、Beruf に改めなかったのか、という問題が残されるまでである）。

むしろ、羽入のほうが、「倫理」論文の全構成を視野に収めず、フランクリンとルターとの、一語形 calling-Beruf による接合にこだわったうえ、Beruf 語義の創始についても、その経緯の一齣、『コリントI』七章一七～三一節による思想的媒介関係を、もっぱら『コリントI』七章二〇節 klēsis の訳語の語形ひとつに矮小化してこだわり、「これがまず Beruf に改められなければ『ベン・シラ』句にも当てられない」と杓子定規に決めてかかっている。そのようにして、思想的媒介関係を語形上の直結関係ととり違えていながら、自分ではその錯誤に気がついていない。

(7)ヴェーバーは『コリントI』七・二〇を媒介項とした『ベン・シラの知恵』一一・二〇、二一への影響関係に関する膨大な注を書き上げた後、……『コリントI』七・二〇が原典のルター聖書においては"Beruf"とは訳されていないことに気づいた。影響関係は成り立たぬことはすでに明らかであり、書き上げた膨大な注は棄て去るべきであったが、彼はせっかく書き上げたそれを棄てることを惜しみ、そのままにした。但し、後々気づかれた場合読者から非難されぬよう、自分の用いたルター聖書が『現代の普通の版』のそれに過ぎなかったことを、なるたけ気づかれぬよう、こっそりと括弧内に記した」(二四〇)。

反論。ヴェーバーは、「膨大な注」そのものに、ルターが一五二二―三年段階で『コリントI』七章二〇節にRufを当て、Berufと訳してはいない事実を明記している。したがって、「書き上げた後」で初めて「"Beruf"とは訳されていないことに気づいた」はずはない。これも憶測による羽入の作り話である。ヴェーバーはただ、ルターが一五二二―三年段階以降、『コリントI』七章二〇節のklēsisをRufからBerufに改めたかどうかは、さしたる問題ではないと考えて、ことさら調べる時間は割かなかったのであろう。つまりヴェーバーは、(羽入のように)『コリントI』七章二〇節klēsisの訳語ひとつの外形を問題にしたのではなく、明示的に七章一七〜三一節のコンテクストを参照するように指示して、そこではklēsisが「身分」の意味を帯びていて、ルターにおける摂理観の個別‐精緻化という契機が加われば容易に「職業」の意味にもなる、その意味で「架橋」をなしている、と主張したまでであり、そのことこそ肝要と考えたのである。そのklēsisの訳語に、ルターは、前述のとおり、「アウグスブルク信仰告白」に用語として正式に採用されたことから、Rufでなく(当時互換的に使っていた)Berufのほうを採って『ベン・シラ』句に当てた。その意味で、『コリントI』七章一七〜三一節の思想的架橋/媒介関係、羽入のいう「影響関係は[立派に]成り立」っている。そうである以上、その趣旨で書き上げた注は、「惜し」むもなにも、そのまま発表して当然である。

むしろ、羽入が、訳語に前綴be-がつくかいなかといった些細な一点だけを捕らえて、『ベン・シラ』への適用前に訳語の語形がBerufに改訂されていなければ、架橋／影響関係は成り立たないから、「書き上げた膨大な注は棄て去るべきである」とまで針小棒大に主張する。このあたり、かえって、一語の外形にこだわり、「膨大な注」全体で解き明かされている（Beruf語義という）意味形象の成立史、そこにおける『コリントI』七章一七～三一節の意味と思想的架橋・影響関係は読み取れない、「視野狭窄」と「石頭」が、逆さまに投影されていると診るほかはない。ヴェーバーが、ルター聖書の原典ではRufと出ていて不都合なので、仕方なく普及版で代用し、「後々気づかれた場合読者から非難されぬよう」「なるたけ気づかれぬよう、こっそりと括弧内に記した」というのも、なんとも姑息な動機で、ヴェーバーならずとも、まともな研究者にはとうていありそうもない。

(8)ヴェーバーは、キュルンベルガーの引用文を引用するにあたって、自分は原文を参照して是正した旨、注記している。しかし、そのことはすなわち（羽入によれば）、「フランクリンの原文での宗教的なものへの直接的言及部分［「神」言及!?］を自分は見てはおきながら、その点には口を緘して、とにかく自分が原典をきちんと参照していることのみを読者に対して言い立てた。これは読者が自分でフランクリンの二つの文章を調べてみようなどという気を起こさせないための予防線であったと考えられる」（二四〇―一）。

反論。なにをかいわんや、これもいうなれば「下司の勘繰り」以外のなにものでもない。ヴェーバーは、なるほど、フランクリンの原典に当たったとき、「神」言及は一読して知ったにちがいない。ただ、それが「カルヴィニズムの予定説の神」でないことも、ただちに分かったはずである。原文の表記がpre-destineでもpre-determineでさえもなく、determineであ（って「予定神」でなく「応答神」であ）ることからも、『自伝』で長老派から離れた経緯や「二重予定説」に相当する教説を「不可解で」「信じられぬ」と明言している事実からも、すぐに分かることである。だから、かりに引用したとしても、「カルヴィニズムの神をカルヴィニズムから説明する同義反復／不当前提論法」になど、なりようがない。したがって、別に読者に隠す必要もない。ここでは、歴史・社会科学の方法にしたがう叙述の構成として、前者「資本主義の精神」（意味内容）から出発し、その「宗教的基礎付け」（意味内容）に遡行するわけで、神観問題は当然、後者「宗教的基礎付け」を取り上げる本論で扱うことになるし、現にそうしている。「資本主義の精神」の歴史的個性体概念を構成するため、「暫定的例示」から入る最初の段階で、キュルンベルガーの引用に、キュルンベルガーは省略しているフランクリンの「神」言及があるからといって、それをなにもわざわざ、そこで取り上げる必要はない。かりにそうした、あらずもがなの補追をいったんくわだてたとすれば、そこでその「神」が「カルヴィニズムの予定説の神」とは異なる所以を、当の「カルヴィニズムの予定説の神」について、場違いにも後段の主題的論述を先取りする形で補説せざるをえなくなろう。ヴェーバーは、そんなことで「冗漫に道草を食っ」たり、叙述の構成を換えたりするほど、「行き当たりばったり」で自己制御を欠く著者ではなかった。

　羽入だけが、キュルンベルガーの省略箇所で言及されている「神」を、大塚久雄の誤訳に引きずられ、「宗教的なものへの直接的な関係」を示す「カルヴィニズムの予定説の神」と早合点し、そのあとでは（質問文に「カルヴィニズムの神」にかんする引用／半引用をねじ込むという）いつもの冠飾句誘導論法で「カルヴィニズムの予定説の神」に仕立て上げ、「同義反復」「不当前提論法」を創作し、そう決めてかかる。この決め込みを前提として、ヴェーバーも「ばれるとまずいので、予防線を張っておこう」としたのだ、と思い込んでいる。つまりは、自分が考えそうなこと、やりそうなことを、彼我混濁からヴェーバーに押しかぶせ、「ヴェーバー藁人形」を立ち上げている。「末人」とは、自分の水準でしか他人を評価できず、他人の思想に想像力をはたらかせることもできない。それでいて自分では「最高段階に登り詰めた」と思い込み、「自分よりも高いもの」「いっそう高い客観的価値」への志を欠いているので、なにもかも自分と同じ水準に引き下ろしては、駄目にしようとする。

(9)ヴェーバーは、「その上で、『精神』の理念型を『宗教的基礎付けがもはや死に絶えてしまった』ものとして構成して見せた」。ただし、ここではまだ、「宗教的なものへの直接的関係を**全く**失っている」旨の「学者としての『知的誠実』性の観点から見ると致命的な主張はまだおこなっていなかった」(二四一)。

反論。「精神」では、前述のとおり(カルヴィニズムの「二重予定説」による)「宗教的基礎付け」が、確かに「死に絶えてしまっ」ているから、ヴェーバーがその理念型を、そのようなものとして「構成して見せ」るのは当然のことである。ヴェーバーは改訂にあたり、その暫定的例示手段としての「二文書抜粋」の内容が「宗教的なものへの直接的関係を全く失っている」旨の前置きを加筆しているが、それが「学者としての『知的誠実』性の観点から見ると致命的な主張」であるとは、(前置きの三限定を読み落とさないかぎり、前置きと「二文書抜粋」の内容とは一致しているのであるから)、なんのことか分からない。羽入の主張ではむしろ、前置きの三限定が読み取れない、読解力不足ゆえの誤読に固執することこそ「学者としての『知的誠実』性」ということになってしまうのではないか。

(10)ヴェーバーは、ブレンターノによる「不当前提」との批判を「私には不可解」といってしりぞけたが、改訂のさい、「フランクリンからの引用のすぐ直前部分に、『知的誠実性』の観点からみるならば致命的となりかねぬこの加筆を挿入した」(二四二)ことからして、かれが、ブレンターノの批判を「不吉」と解し、「危険な批判」へと発展しかねない、と承知していたふしがある。

反論。「私には不可解」というのは、「あなたの批判は批判として成り立ちませんよ。誤解ですよ」という趣旨を、相手のためを思って婉曲に表現する言い回しである。ブレンターノの「批判」を「不吉」「危険」と感じて「身構え」たというよりも、ブレンターノはいちおう高名な学者で、それなりの影響力はもっていたから、かれのような誤解が広まっては困ると感じはしたであろう。ここでは、羽入が、「『知的誠実性』の観点からみるならば致命的」という(自分の誤読にもとづく)思い込みを、例によって反復し、畳みかけて、読者を誘導し始めている事実に注意を止めなければならない。

(11)じっさい、ブレンターノの批判と、ヴェーバーの加筆とを突き合わせてみると、ヴェーバーが、『資本主義の精神』は宗教性に関して不当前提」であるという批判に「身構えていた」と分かる。

反論。「資本主義の精神」は、ブレンターノの誤解とは異なり、「宗教性の残滓」ではあっても、「宗教性」ないし「宗教的基礎付け」は確かに失っているのであるから、それが「そうでない」「不当前提」云々と誤解されては困ると、ヴェーバーが考えるのは当然である。

批判内容がまっとうであれば、それを正面から受け止めて対決し、反論するなり、ばあいによっては批判が正しいと認めて自説を撤回し、自己批判するなり、どちらかであろう。

ところが、羽入のいう「身構え」るには、正当な批判に正面から対決するという意味はなく、相手の批判にたいして自説の誤りなり欠陥なりを隠蔽／糊塗しようと「身構える」との意味合いが濃厚と見受けられる。そうであれば、ヴェーバーは、ブレンターノの「不当前提」との批判に「身構え」たのではない。端的に誤った批判として反論し、しりぞけたのであり、そうして当然である。

⑿改訂のさい、ヴェーバーは、「倫理」論文のタイトルに注記して、初版発表以降の数ある批判に応酬した。そのなかには、「筆者は……**加筆された本文**や注によって**考え得る限りのあらゆる誤解を将来に渡って防ごうと努めた**」（強調は羽入）とある。羽入によれば、この一文と、「宗教的なものへの直接的関係を全く失っている」旨の本文への加筆とをむすび合わせて考えると、「結局、ヴェーバーは加筆した本文や注によって〝考え得る限りのあらゆる正しい『倫理』論文の理解〟――換言するならば〝著者ヴェーバーにとっては不都合な理解〟であるところの〝正しい『倫理』論文の理解〟――を将来に渡って防ごうと努めたのではないのか」（二四三）と考えられる。「ヴェーバーのあの常軌を逸した『倫理』論文の改訂作業というのはそういう類いの作業、自分のやった行為を糊塗し非難から免れんがための膨大な作業に過ぎなかったのでは、と誰かが言うとしたならば［そう羽入自身が判断し、主張するというのではなく］、その時ヴェーバーを弁護することは難しい」（二四三―四）とのことである。

反論。ヴェーバーは、改訂版「倫理」論文のタイトルに付された注では、まずF・ラハファール、そのあとに（ゾンバルトについては本文の注で論及すると断ったうえで）ブレンターノという順序で、論争相手ごとに反批判の要旨と改訂との関係について述べ、最後に神学（とくにトレルチ）からの評価と観点の相違とに論及している。羽入が引用したのは、そのうち、ブレンターノにかんする反批判ではなく、一般的な自説擁護でもなく、ラハファールにたいする論駁に含まれている一文である。前後を引用すると、こうである。

「ラハファールは――他の点ではわたしも評価している学者であるが――このばあいには実のところ、かれとしては精通していない領域に立ち入ったのであり、かれとの論争があまり実り豊かでなかったのは避けられないことであった。この論争のなかから採って、この［改訂］版に取り入れた論点はまったくなく、わたしの右記の反批判論文［「反批判」「反批判結語」と題された一九一〇年の二論文］のなかから、（ごくわずかの）補足的な引用を追加して、本文のなかに、あるいは注として挿入し、将来生じかねない、考えられるかぎりの誤解を防ごうとしたにすぎない[54]」。

ところが、羽入は、対ラハファール論争の処置にかんするこの記事を（読者にはそうと断らずに）いきなり抜き出してきて、対ブレンターノ論争の結果と見ている、「二文書抜粋」への前置き加筆と、むすびつけようとする。つまり、引用にあたり、前後のコンテクストは無視し、自分に都合のよい箇所だけを抜いてきて、別のコンテクストの論点と恣意的にむすびつける、まさに（羽入がヴェーバーには当てつけていう）「資料操作」をみずからおこなっている。これは、本人としてはおそらく、読者を欺こうと意図してやっているのではなく、なんとかヴェーバーを「詐欺罪」に陥れようとはやるあまり、テクスト読解が皮相に流れ、自分に好都合な箇所だけを闇雲に引き抜いてきては、他の論点と強引にむすびつけて利用しようとするため、つい犯してしまう杜撰な「早とちり」ではあろう。羽入が、公にした著書でもまだ、こうした失態をたびたび演じている事実[55]は、かれには基本的な文献読解の訓練が施されていなかったという実情を意味するほかはない。羽入自身が、筆者の批判に応答し、羽入には不都合なこうした実態を直視する「知的誠実性」を回復しようとしない以上、筆者は、羽入への教育訓練を怠ったまま学位を与えて世に放った指導教官、論文審査官に応答を求め、その責任を問わざるをえない。ともあれ、羽入のような著者もまま いるから、引用句中「……」と省略されている箇所についても、原典ではなにが書いてあるのか、よく調べてみなければならない。

さて、自説にたいする誤解があれば、その継続や拡大を防ぐために、本文に加筆したり注記を施したりして改訂するのは、学問的論稿の著者として当然のことである。論争とは、相手と内容があってのことで、それに応じて事後どう対処するかもきまってくる。ここでは、やや脱線するので省略するが、対ラハファール論争の具体的経緯と内容に立ち入ってみると、なぜヴェーバーが、こうした(論争からなにも学ぶことはなかった旨をやや過度に強調し、あたかも初版の自説に固執しているかのような印象も与える)注記を施さざるをえなかったのか、その理由と特殊事情がよく分かる。したがって、この冒頭注記に表明された対ラハファール防御姿勢を、なにかことさら一般化/規範化し、過度に強調して、それに倣おうとはしないほうがよい。むしろ、一般原則としては、正しい批判であれば、率直に受け入れ、なるべく速やかに公正に対応し、必要な改訂も厭わない、という側面を強調し、規範に立てたほうがよいであろう。そういうわけで、対ラハファール論争にかんして、そのかぎりで表明され、実施された特定の誤解防止姿勢と措置とを、相手を取り違え、対ブレンターノ論争の一環に「横滑り」させて、フランクリン「二文書抜粋」引用の前置き加筆に適用するのは、学問論争のこうした一般原則に照らしても、軽率な牽強付会としかいいようがない。[56]

そのうえ、羽入は、自分の誤解を「正しい理解」と強弁し(自分のつくった「ヴェーバー藁人形」を本物に押し立て)、「倫理」論文改訂の全作業を、「そうした正しい理解」を将来に渡って防ごうとの、「自分のやった行為を糊塗し非難から免れんがための膨大な作業」と決めつける。こうなると、なんともはや、いうべき言葉も見つからない。他人の苦労も価値も認めようとしない、思い上がった唯我独尊の呟き、自分の水準を越える価値ある労作を価値ありと認められず、認めたがらず、なにがなんでも自分の水準に引き下ろしては「悦に入り」、Schadenfreude（他人の不運・不幸を悦ぶ感情）に浸ろうという「末人」の哀しい性の誇示、とでもいうほかはあるまい。

しかも、その内実は誤解でも、自分の解釈を、個人責任において「われかく思えり」と、正々堂々と主張し、フェアに振る舞うのなら、まだ許せよう。ところが、羽入はここでも、最終判断につき、一身に個人責任を負おうとはせず、「誰かがいうとしたならば、その時ヴェーバーを弁護することは難しい」（二四三―四）などと腰の引けたスタンスを露呈している。筆者による正面からの批判に応答しないのも、そうした個人責任の欠落、知的な不誠実の証左と解するほかはない。「知的誠実」を規準に他人を「詐欺師」と裁断し「売り物にもした」当人が、このとおり知的不誠実の正体をさらして恥じないのである。

⒀ヴェーバーは、改訂版の同じ注でさらに、「何らか内容的に本質的な主張を含んでいる文章で、削除したり、意味を変えたり、和らげたり、あるいは、内容として異なるような主張を付け加えたりした文章はただの一行もない、……そんな必要は全くなかったのであり、相変わらず疑問を抱かれる方も、叙述の進行と共に、最後にはそのことを納得せざるを得なくなるであろう」（二四四）と述べている。それにたいして、羽入は、初版と改訂版との比較検討にもとづいてつぎのようにいう。「……一行もない」ことは「納得できた」が、「同時に〝納得頂かせて〟頂いてしまった［sic］ことは、ヴェーバーが資料そのものをそれ以前の段階ですでに改竄［!?］してしまっていたということであり、またおそらくは読者の眼をこうした資料の改竄［!?］から『将来に渡って』そらすために、換言するならば、著者である自分の死後も読者の眼を未来永劫にわたってそらし続けるために、〝宗教的なものへの直接的関係を**全く**失っており、それゆえ無前提的である〟という例の文章を加筆したのであり、しかもそのことに『倫理』論文成立後約百年にならんとする今日にいたるまで、事実上ヴェーバーは成功しつづけてきた」（二四四―五）と。

反論。この引用そのものは、「将来に渡って」の箇所を除けば、対ブレンターノ論争にかかわる部分からで、前項のような問題はない。しかし、ここで突如、資料の「改竄」という（聞き捨てならない）言葉が登場する。「改竄」とは、ある文面を自分に好都合なように書き換えることを意味し、「操作」よりも否定的な意味合いが強い。ここまでは、羽入も「改竄」という言葉は使っていなかったはずである。ヴェーバーは、キュルンベルガーがすでに最終段落を省略していた引用を、「トポス」に採用すべく、故意にそのまま引用（孫引き）したまでであり、文面を書き換えてはいない。それを「改竄」というのは、牽強付会である。しかも、例の前置きを（またまた「直接的」という限定を読み落として）持ち出し、読者の目をこの「改竄」から「将来に渡って」（この表記は、対ラハファール論争にかんする部分からの持ち込みである）そらすための加筆であったと、（なんどもいうように）なんの根拠もなく、加筆動機について臆断を繰り返している。

⒁「最後にヴェーバーは、フランクリンの文章をオリジナルなテクストで見たことを主張していた注をやや書き換え、キュルンベルガーに関する注の末尾に移動させ」、「フランクリンの文章のキュルンベルガーによるいささか自由な翻訳を、ここでは原文にしたがって直しておいた」と記した。

反論。羽入は「やや書き換え」というが、初版では注二として、「[キュルンベルガーによるフランクリン小冊子からの引用は]いくらか自由に翻訳されているが、ここでは原文に即して訂正しておいた In etwas freier Übertragung, die hier nach dem Original korrigiert ist」[57]と記されていたのを、改訂版では、（初版では注三としてつづいていた）キュルンベルガー書にかんするコメントの末尾に移し、「キュルンベルガーは、フランクリンの小冊子をいくらか自由に翻訳しているが、ここでは原文に即して訂正しておいた Kürnbergers etwas freie Uebersetzung der Franklinschen Traktate ist hier nach dem Original korrigiert.」[58]としているだけで、内容上の「書き換え」ではなく、場所の移動にすぎない。

以上が、羽入がみずからいう「憶測を含めた推測」の一四項目である。羽入は、このあと一行開けて、大塚久雄を登場させる。

第一六節　「金鉱発見物語」の真相——大塚久雄を学問的に批判するのではなく、誤訳を踏襲して戯画的に誇張

羽入は、ここでまた、大塚久雄は「フランクリンの原文にきちんと当たっていた」がゆえに、「フランクリンの文章中に、それも『どういうわけか』ヴェーバーによって省略された部分に『ピュウリタニズムないしカルヴィニズムの思想的残存物がいっぱいつまって』いることを知ってしまった」（二四五）という。そして、「知ってしまっていたがゆえに、彼は『訳者解説』にそのことを書いてしまった」（二四五）。これは、「大塚の〝誤読〟なのではなく、彼の功績なのである。大塚久雄は正しかったのである」（二四五）と繰り返す。「ヴェーバー誤読即フランクリン正読」という例の独り合点の蒸し返しである。

羽入には相変わらず、「カルヴィニズムそのもの」と「カルヴィニズムの思想的残存物」との区別がつかない。大塚が「思想的残存物」と抽象的に記している具体的内容はなにか、その内容はまた「倫理」論文中のいかなる具体的論点に対応ないし関連しているのか、というふうに、「訳者解説」における大塚のヒントについて「自分の頭で」考えてみようとはせず、やれ「見てしまった」「知ってしまった」「書いてしまった」と、没意味／無概念／弱論理の水準で、無内容な「空念仏」を復唱するばかりである。「井のなかの蛙」として自分の姿を映して見る鏡もないから、こうして再度、自分が「金鉱発見者」になったつもりで、大塚を「発見」寸前まで迫っていた先行者に仕立てる芝居を打って見せる。

「原文にきちんと当たる」のはよい。しかし、その意味が読み取れないのではどうしようもない。この論点にかんする大塚の読解は、右記論証のとおり、「勤勉」と「節倹」の徳目そのものを（それらが「貨幣増殖」というそれ自体としては卑俗な営みにリンクされ、「エートス」をなしているというポイントを外して）「資本主義の精神」の本質であるかに解し、ヴェーバーによる無意味な反復（＝徳目そのものを「処世知」として勧告している最終段落の引用）の回避を「不審」に思ったり、フランクリンの「神」を、一方では「祝福を求める者の願いを聞きたまう神」と訳して超越的契機を逸するかと思うと、他方ではdetermineを「預定」と訳して「カルヴィニズムの予定説の神」との同一視に誘うという具合に、不可解な問題性を露にしていた。そこを羽入は、大塚の問題点を学問的に批判して「フランクリンの神」の特性を究明し、大塚を（ばあいによってはヴェーバーをも）乗り越えていくという方向にではなく、逆に大塚の誤訳に飛びつき、「フランクリンの神」を「カルヴィニズムの予定説の神」と同一視し、「カルヴィニズムをカルヴィニズムで説明する同義反復／不当前提論法」を創作／捏造するという方向で、大塚の問題点を戯画的に拡大／誇張していった。そのようにして、大塚の誤訳のうえに立ち上げた「ヴェーバー藁人形」の藁屑を、「金鉱」と錯視／僭称し、「金鉱発見者」に成り上がったつもりで、「発見前史の大立者」に「説教」を垂れようというのである。

「しかし彼はその道をそれ以上突き進むことができない。ここまで調べていたにもかかわらず、ここまで核心部分〔という羽入の錯誤〕に近づいていたにもかかわらず、〝どういうわけで、ヴェーバーがその部分を削除したのか、いかなる必要があってわざわざ削除したのか〔ではなくて、必要がないから、わざわざ補追はせず、キュルンベルガーの引用をそのまま引用／孫引きしてすませた〕、そのことをそれ以上自分の頭のなかで追求することが彼にはできない。『どういうわけか……』と一瞬微かに困惑するだけで、やがてその疑問は大塚の手から滑り落ちてしまう」（二四五）。

「自らの素朴な疑問を飽くまで握り締め、逆にヴェーバーの方をこそ疑ってみるという不遜なことが彼には思い浮かばない。自らの馬鹿げた疑問を捨て切れずに、逆に愚かしくもヴェーバーの方をこそ疑ってみること、この無礼さが彼には欠けていた。『倫理』論文におけるマックス・ヴェーバーによる『資本主義の精神』の構成の仕方は、非宗教性[!?]という観点に関して――そしてこの観点は『資本主義の精神』の構成に際して最も重要なものであったはずにもかかわらず――、詐術に過ぎない、と言い切るだけの度胸も、そこまで思考を維持し続ける度胸も、その双方が彼には欠けていた。ヴェーバーは自分よりも偉大であり、ヴェーバーのやったことに間違いがあるはずはない……。この思い込みが、研究者としての発見のチャンスを大塚久雄から永遠に奪ったのである」(二四五―六)。

まともにヴェーバーに取り組めば「ヴェーバーは自分よりも偉大である」とは思うが、「ヴェーバーのやったことに間違いがあるはずはない」などと、もとより大塚を含め、研究者が「思い込む」はずもない。ただ、とんちんかんな「度胸」も、偏執症的な「思考を維持しつづける度胸」もなくて、幸いであったとは、つくづく思う。さて、まだつづくようなので、こんどはこちらの言い分も対置していこう。

「今一度ヴェーバーの言葉に戻ろう。ヴェルトフライハイトとはおのれにとって不快な事実をも事実として認めること、ただそのことに過ぎない」(二四六)。

では、どうして、貴兄の著書を、「疑似問題」を持ち込み、「ヴェーバー藁人形」に斬りつけ、非力浅学を露呈するだけの代物、と暴露/論証している拙著/拙論の公刊という「不快な事実をも事実として認め」て反論しないのか。「そしてさらに学問とは、たとえそれがどのような偉人が主張したことであれ、凡庸にしか過ぎぬであろうこの自分の頭で今一度考え直してみること[そのとおり！　偉人ではないが、筆者の主張、すなわち貴兄の「ヴェーバー詐欺師説」を虚説捏造とする主張にたいしても、ぜひ「自分の頭で今一度考え直してみ」てくれたまえ]、党派に群れることなく[「ヴェーバー研究にかかわりのない「絶賛業者」「激賞屋」のところに出掛けていって息巻くことなく]、自らの素朴な疑問を周囲への顧慮のゆえに棄てることなく[安易に「ヴェーバー批判」を気取らない他人は「周囲への顧慮ゆえ」と独り合点することなく]、〝不遜〟であるとの非難に抗しつつ、とにかく今一度[!?]自分の目で事実を確かめてみること、それが学問の出発点であるはずなのである[貴兄の主張にたいして筆者が反証として提起している事実を、「今一度、自分の目で……確かめて」、「学問の出発点」に立ちたまえ[!?]」（二四六）。

以上が、「大塚久雄の不安」と題された節の全内容である。

最後に、この章の末尾に付された注のなかから、この著者が自分の心象風景を描き出しているくだりを引用して、むすぶとしよう。

「優秀なコンピューターほど、いったんウィルスに感染するとプログラム崩壊のスピードが速い[!?]……。何が起こったのか分からぬままに幸運にもそこで取り残されていくのは、演算速度の遅いコンピューターである。こうしてくっきりと一つの稜線が引かれていく。分かってしまう者と分からぬ者との。自分の頭脳のなかで認めたくない事実に取り囲まれ、押し潰されていく優秀な人間達の悲鳴が聞こえる。『貴方はわれわれをどこへ連れて行こうと言うのか』ドイツのある老大家[!?]のヴェーバー研究者はそう書いてきた。『ヴェーバーは狡いよ……』一生をヴェーバー研究に捧げたある日本の研究者は、私の前で堪らなくなったように[!?]呟いた。暗い喫茶店の中で、その方の表情だけが残った。」（二六一―二）

思うに、「その方」は、「悪魔は老獪だぞ、悪魔をやっつけてやろうと思えば、悪魔と同じくらい精神的に成熟していなければならない」という（ヴェーバーの）言葉を引いて、「子どもの火遊びは火傷の元」と、軽挙盲動を戒めたにちがいない。「その方」として精一杯の助言も、聞く耳をもたぬ者には届かなかったのであろう。ちなみに、「その方」とはだれか、おおよそ見当がつく。きわだって誠実で実力と地道な業績のある、ヴェーバー研究の優れた先達であった。ただ、その学風を慕ってくる後輩には「教師として立ちはだかれない」という印象はいなめなかった。筆者は、同じく後輩として、「死人に口なし」の言辞を許しておくわけにはいかない。

第九章　羽入書批判結語——論文審査・学位認定責任を問う

終章『倫理』論文からの闘争」で、羽入は、「巨人の肩に乗るのは容易だが、足場を見つめるのは難しい」（二六五—九、要旨）と切り出し、自分は「砂上の楼閣」（二六四）を「指一本で倒し」（二六五）たと豪語したあと、羽入書四章の趣旨を反復、要約している（二六五—九）。筆者は、それぞれにつき、本書第四、六、七、八章を当てて逐一反論し、羽入の主張が学問上成り立たないことを論証したので、ここでは繰り返さない。ただ、つぎの二点は、この終章で新たに持ち出された問題点なので、簡単に論及しておかなければならない。

ひとつに、羽入は、羽入書四章における「発見」が「世界で初めてであると主張する正当な権利」（二六九）を有するとしたうえ、「念のため」と称して、E・トレルチを（大塚久雄と同様）自分の「引き立て役」に登用している。というのはこうである。前述のとおり、[1]ヴェーバーは、ルターが一五二三年に『コリントI』七章二〇節の klēsis を Ruf と訳し、Beruf とは訳していなかった事実を明記する一方、「架橋句」七章一七〜三一節については、（読者との「トポス」としてあえて）「現代の普及諸版」を用い、ほとんど逐語的に（二〇節の Beruf 訳ともども）引用し、出典は「普及諸版」である旨、明示していた。この事実——羽入によれば、ここで「みずからが用いていたルター聖書がルター自身によるルター聖書ではなかったことを彼が自覚していた」（二六七）事実——を、羽入はここでいきなり「トリック」（二七〇）と称し、[2]羽入の「発見」よりもまえに、トレルチが気がついていた「可能性」があるが、かれは「そのことに関しては死に至るまで沈黙を守り続けた、と思われる」（二七九）という。トレルチは、一九〇六年の論文「キリスト教教会の社会教説」でも、一九一二年の著書『キリスト教教会と集団の社会教説』でも、『コリントⅠ』七章二〇節の klēsis を、Beruf でも Ruf でもなく、Stand と訳した。この事実について羽入は、「その箇所をヴェーバーが用いた［!?］表現 "Beruf" や、あるいはオリジナルなルター聖書の表現であるところの "ruff" で引用するよりも」、「元来はふさわしくない訳語 "Stand" によって引用することの方が」「まだしも危険が少ない［!?］とトレルチは考えた」と「推測」する（二七一）。というのも、もし "ruff" で引用したら、そこが "Beruf" でないことを「読者に簡単に気づかせてしま」い、「結果的にはヴェーバー・トレルチ・テーゼそのものを危うくさせてしまう危険」を冒すことになるが、他方、"Beruf" で引用したら、「トレルチは、将来いつの日か、学者としては致命的な……批判」、すなわち「彼トレルチは『コリントⅠ』七章二〇節のその箇所が "Beruf" とは訳されていなかったことにすら気づかなかったのだ、彼はヴェーバーの言うことを愚かにも盲目的に信じ、ルター聖書を自分で開けて見ることとすらしなかった……」（二七一）と批判される「危険」を抱え込みかねない。そこでトレルチは、いわば「窮余の策」として「いささか不適切な訳語であろうと」（二七二）も、第三の "Stand" を採用した、というのである。この見方では、トレルチの訳語選択は、ヴェーバーとの関係で「他人からどう見られるか」を軸に回転し、学問上の信念を貫けなかったことになろう。それにたいして、勇を振るってヴェーバーの「トリック」を暴露して見せた「英雄」、少なくとも「世界初の」「第一発見者」こそ、わが羽入辰郎博士である。大団円のこの筋書きは、大塚久雄が「金鉱発見」寸前まで迫りながら「不当前提論法」といいきる勇気がなく、やはり羽入博士が「金鉱第一発見者」と名乗り出て胸を叩いて見せる、ひとつまえの幕間狂言と瓜二つ、「引き立て役」をトレルチに交替させただけである。

ところが、問題の「トリック」とは、前述のとおり(3)、羽入の勝手な決め込みにすぎない。ヴェーバーは『コリントⅠ』七章一七〜三一節のコンテクストを、ゆえあって「普及諸版」から、はっきりそう断って引用し、他方、ルター自身による『コリントⅠ』七章二〇節の訳が一五二三年以降 "ruff" から "beruff" ないしは "Beruff" に改訂され、これが『シラ』句に当てられたとは、どこにも主張していない。それゆえ「トリック」でもなんでもない。だから、トレルチが知るも知らぬも、隠すも明かすも、危険も危険でないも、なにもあったものではない。筆者も再三指摘してきたとおり、(4)『コリントI』七章二〇節は（二四節とともに）、七章一七～三一節の間に挟まれ、このコンテクストで挙示されている「割礼／無割礼別の種族的身分 ethnic status」、「奴隷／自由人別の社会的身分 social status」、「既婚／未婚別の配偶関係上の身分 marital status」といった具体例の一般的集約として、「身分 statūs, Stände」と訳すのが、もっとも原意に近い(5)。歴史・社会科学者というよりも神学者（「規範学者 Dogmatiker, Logoswissenschaftler」）のトレルチはおそらく、この二〇節の klēsis をも Beruf と訳すのは「ルター以上にルター主義的」と解し、原意に戻したまでではないか。羽入は、訳語 Stand が「元来はふさわしくない」「いささか不適切」というが、そう主張する根拠は、このばあいにも示されていない。

なるほど、学界における論争が、しばしば「派閥的」な対立に発展し、一語に「識別徴表（標識）Unterscheidungsmerkmal」の意味が付与され、これによって「学派」が色分けされ、象徴される、というようなことも、起きえないことではない。しかしこのばあい、ヴェーバーもトレルチも、ラハファールやブレンターノでさえ、コンテクストから切り離された『コリントI』(6)七章二〇節 klēsis の訳語ひとつに前綴 Be- がつくかいなか、といった（ルター自身も講解／釈義では Beruf も使い、意に介さなかった(7)）瑣末な区別にこだわり、隠蔽工作まで弄し、「他人からどう見られるか」（の「交換価値」視点）一辺倒で一喜一憂するほど、姑息で矮小ではなかったろう。むしろ「文は人なり」。コンテクストと思想を無視して語形にこだわるポピュリストが、自分のやりそうなことを、他人に押しかぶせ、同じ水準で「トレルチ藁人形」を立ち上げ、「引き立て役」を振り当てただけではないか。架空の些事を想定しては「学者として…致命的」と大見得を切るが、「井のなかの蛙」には「井のなかの嵐」しか見えず、一大事と映るのであろう。「学者として…致命的」とは、自分が「知的誠実性」を規準に他人を「批判」して（当初には反論が出ないと「歎いて」）

見せながら、本格的な反論に出会うと「知的誠実性」をもって応答できない、そういうスタンスをいう。「末人」とは、どんなところにも「陰謀」を嗅ぎつけ、自分が「第一発見者」に踊り出たい一心から、あらぬ方に「トリック」「隠蔽工作」「詐術」を探し、見つからないと無理にも創り出し、「死人に口なし」で「濡れ衣を着せ」、「詐欺師」「犯罪者」呼ばわりして、いっとき「世間の耳目を聳動」すれば、それで満足なのであろう。

第二に羽入は、末尾に近く、「知的誠実性の観点から彼［ヴェーバー］の行ったその行為を検証するとき、それらは大多数は過失でなく、故意を意味する」と断定し、ヴェーバーは「学者として不誠実であった」（二七四）と結論づけている。

ところが、ここでも、「その行為」「それら」がなにを指すのか、はっきりしない。そこで、「それら」がなにを受けているのか、この一文から遡って調べてみなければならない。先行の二段落では、ヴェーバーが第一次大戦後、「もっと他にやるべきことがあったはず」（二七三）なのに、「このできそこないの『倫理』論文に死に物狂いでかかずりあ」（二七三）い、「それら弱点が明白にならぬよう一層周到に細工し、誰にも気づかれぬよう、一層居丈高に反駁」したとして、「われわれがここに見るのは、自分がやってしまった、やってはならぬことへの不安に怯える一人の惨めな男に過ぎない」（二七三）とむすんでいる。第一次大戦後の「倫理」論文改訂と『宗教社会学論集』への編入は、『経済と社会』（旧稿）の改訂／編集とともに、ヴェーバーが大学に復帰して学生とともに祖国の再建に尽くそうとする企図と結びついているが、そうした意味／思想連関を羽入が理解できないのは、いたしかたない。しかし、「それら弱点」「やってはならぬこと」とは、ザッハリヒにいってなんのことか。そこで、さらにもうひとつ前の段落に遡ると、こうある。「論文とは事実の記載の定着であり、彼が犯した犯行現場をそのままに凍結保存してしまう。……たとえ何年たとうと、たとえ百年たとうと、『倫理』論文を『社会科学および社会政策雑誌』に初めて発表した時点ですでに、『コリント

I』七・二〇のその部分がルターによっては“Beruf”とは訳されていなかったことを彼が知っていたという事実、自分が英訳聖書そのものは調べていなかったという事実、予定説の神への言及があった『若き職人への助言』の最終パラグラフを丸々削除してしまっていたという事実、これらの事実は残り続ける。しかも『倫理』論文中で、彼がそれらのことには決して表立って明示的には触れようとはしなかったという事実もまた残り続ける。その上、あれだけの労力を費やした一九一九—二〇年の改訂時に、どうでもよいゲシュペルト〔隔字体による強調〕の変更などにはかかずりあっていながら、肝心のそれらの点に関しては一切口を緘していたという事実も残り続ける」(二七三)。

羽入のいう「その行為」「それら弱点」「やってはならぬこと」とは、ここに記された三事実を指していると解するほかはない。ところが、①『コリントI』七・二〇のその部分がルターによっては“Beruf”とは訳されていなかったことを彼が知っていたという事実」については、ヴェーバーは、一五二三年の講解/釈義におけるルター訳がRufでBerufでない旨を明記し、これがその後ルター自身によってBerufに改訳されたとはどこにも主張しておらず、他方、「読者とのトポス」を設定するという理由があって故意に「普及版」から七章一七節〜三一節を引用したさいには、「普及版」からと明記している。したがって、「決して表立って明示的には触れようとはしなかった」という主張は、羽入の読み落としである。②「自分が英訳聖書そのものは調べていなかったという事実」とは、一六世紀イングランドにおけるBeruf相当語の普及について、OEDのマレーの記事に依拠したことを指しているのであろうが、これには前述のとおり(8)、十分に理由があり、ヴェーバーはその旨明記しているのであるから、これまた「決して表立って明示的には触れようとはしなかった」、つまりなにか「隠し立てをした」というわけではない。③「予定説の神への言及があった『若き職人への助言』の最終パラグラフを丸々削除してしまっていたという事実」については、ヴェーバーは、これも「読者とのトポス」をつくるという理由があって、フランクリンの二文書抜粋を、故意にキュルンベルガー著『アメリカにうんざりした男』から「孫引き」したが、そのさいキュルンベルガーが『若き職人への助言』

の最終パラグラフを丸々削除してしまっていたという事実」を知って、省略符号を付けて引用している。だからこれまた、「決して表立って明示的には触れようとはしなかった」とはいえない。しかも、そこで言及されている「神」は、本書第八章第一二節で立証しているとおり、「カルヴィニズムの予定説の神」ではないから、かりにそこを引用したとしても「カルヴィニズムでカルヴィニズムを説明する」「同義反復」「不当前提論法」とはならない。したがって、そこを「削除」「改竄」（二四四、二四五）して「同義反復」「不当前提論法」を「隠蔽」した、という羽入の非難は、当たらない。

　もっとも、羽入は、この最終段階で、それ以前の叙述を忘失し、せっかく四章で論証しえた「詐術」なり「隠蔽工作」なりを結論に集約しきれなかったということも、ありえないことではない。そこで、念のため、四章の結論を振り返っておこう。第一章で羽入は、「ヴェーバーは、一六世紀イングランドの英訳聖書『シラ』一一章二〇、二一節の ergon と ponos が、Beruf 相当語の calling に訳されていない『不都合』(9)を知っていたので、『コリントI』七章二〇節(10)で代替して、読者の目を眩まそうとした」という趣旨の「詐術」説をもくろみ、仮説として持ち出しはした。しかし、立証は無理と見て、「英訳聖書を手にとって調べなかった」という「杜撰」説、あるいは「調べるとじっさいの訳語は calling でなく、自説が破綻してしまうとの予感がはたらき、わざと調査を怠った」という趣旨の「狡い杜撰」説に後退し、故意の「詐術」を立証するにはいたっていない。第二章でも、「ヴェーバーは、ルター自身による『コリントI』七章二〇節の訳語が Beruf ではなかった『不都合』を、『現代の普及諸版』で代替してごまかした」という趣旨の故意の「詐術」説をもくろみはしたが、立証はできず、離れた結論（二七〇）と注（一二六、一二八、一三七）で、根拠を挙げずに「詐術」「トリック」「虚偽」と決めつけたにすぎない。他方、『箴言』二二章二九節が Geschäft のままで Beruf に改訳されなかった事実については、これを「アポリア」(11)と言いつのるばかりで、膨大な注記そのものが当の「アポリアを回避」するために書かれたというヴェーバーの故意／「執筆意図」も、「アポリア」を虚偽前提とする臆断にとどまっている。第三章の末尾にいたって初めて、ヴェーバーがフランクリン『自伝』から『箴言』二二章二九節を引用したさい、「勤勉を富と名声を得る手段と心得た」という後続句を引用しなかった事実を、羽入のほうで、ヴェーバーにとって「不都合」なので「読者には分からない仕組みにした」と解し、「世間では普通、こうした作業を指して『でっち上げ』といい」(一九二)うと、「世間」にことよせてヴェーバーを「詐欺師」と裁断した。しかしもとより、当の後続句が、ヴェーバーの論旨を補完しこそすれ、なんら不都合でない以上、客観的に「でっち上げ」とはいえないし、ヴェーバーが「でっち上げ」を主観的に意図していたとは、もとより証明されていない。第四章では、フランクリン文書抜粋から漏れた段落に「神」表記がある「不都合」を、(キュルンベルガーではなく)ヴェーバーが意図的に「削除」「改竄」し、「同義反復」「不当前提論法」を「隠蔽」したうえ、「宗教的なものとの直接の関係をまったく失っていて予断が入らない」旨を前置き加筆して読者の目を逸らす、二重の「詐術」を弄した、と主張している。羽入書四章中、この第四章だけが、形式上ともかくも「詐術」を立証しようとした議論の体をなしてはいる。しかし、ヴェーバー自身が削除/改竄をしたわけではなく、「トポス」に用いたキュルンベルガー著の削除がないので、省略符号をつけてそのまま「孫引き」したにすぎない。それというのも、省略箇所中に言及されている「神」は、「カルヴィニズムの予定説の神」ではなく、引用しても「同義反復」「不当前提論法」とはならないが、かりに引用すると神観問題を先取りすることになり、叙述の順序を乱すので、ここではあえて、キュルンベルガーの削除段落を復元/補完はせず、神観問題を正面から論ずる後段に留保したままであろう。ヴェーバーとしては、本論で「カルヴィニズムの予定説の神」を取り上げ、その特性を論じておけば、よもや「フランクリンの神」との混同が生ずるなどとは、思ってもみなかったにちがいない。

そういうわけで、念のため羽入書四章を振り返ってみても、「ヴェーバーが故意に詐術を弄し、学者として不誠実であった」という羽入の結論は、立証されていない。四章の主張はすべて、筆者の反論によって覆されており、端的に誤っているというほかはない。

しかも、羽入の論述は、それ自体として、数々の無理／矛盾／牽強付会／論脈逸脱を犯しているばかりか、議論としての脆弱性（没意味／弱論理／無方法）を補償／過補償するかのように、罵詈雑言と自画自賛を連ねている。枚挙にいとまないので、ここに逐一要約はしないが、第四、六、七、八章で、そのつど具体的に指摘しているので、必要とあれば、再確認されたい。

ただ一点、かくも夥しく甚だしい難点は、羽入書の著者に、文献読解力と知的誠実性が育成されていなかった事実を証してあまりある。羽入本人が筆者の反論に応答しない以上、筆者は、羽入に学位を認定した東京大学大学院人文社会系研究科倫理学専攻の教育責任、とくに論文査読・学位認定責任を問わざるをえない。このあと、筆者は、念のため、羽入辰郎の学位論文（原論文）を閲覧し、本書で取り上げた問題点を再確認し、倫理学専攻の指導教官／論文審査官と公開論争に入りたい。東京大学大学院人文社会系研究科のインターネット・ホームページに、この問題にかんするコーナーの開設を要請し、筆者の問題提起にたいする関係教官の応答と、必要とあれば筆者の再反論を、インターネット上に連続して掲載し、論争を進めたいと考えている。

注

第一章

(1) 木原正雄訳『歴史における個人の役割』、一九五八年、岩波書店、一四。
(2) 同、二二。
(3) RS1: 121, 大塚訳、二一〇―一、梶山訳／安藤編、二二七―八。
(4) 拙著『ヴェーバー学のすすめ』、二〇〇三年、未來社、一一三、参照。
(5) RS1: 111, 大塚訳、一九三、梶山訳／安藤篇、二一六。
(6) 木原訳『歴史における個人の役割』、八五。
(7) 木原訳、八八。
(8) 杉山好／小川圭治訳『哲学的断片への結びとしての非学問的あとがき』上、一九六八年、白水社、二四三。
(9) 筆者のキルケゴール批判として、詳しくは、拙著『デュルケームとウェーバー――社会科学の方法』上、一九八一年、三一書房、二一七―二〇、参照。
(10) 本書の後段Ⅲでも、内在批判を継続し、徹底させる。
(11) 木原訳、七〇。
(12) 第六九巻第一号、二〇〇三年四月、七七―八二。
(13) RS1: 37, 大塚訳、五一―五二、梶山訳／安藤編、九八。
(14) 『ヴェーバー学のすすめ』、一一九―二二。

第二章

(1) RS1: 68-9, 大塚訳、一〇八―九、梶山訳／安藤編、一四五。
(2) 『ヴェーバー学のすすめ』、一二九、参照。
(3) 同、七八、参照。
(4) RS1: 68, 大塚訳、一〇七―八、梶山訳／安藤編、一四四―五。
(5) RS1: 65, 大塚訳、一〇〇、梶山訳／安藤編、一三八。

(6) これについては、本書の姉妹篇『ヴェーバー学の未来』第一章、参照。

(7) つぎの第三章、参照。

(8) 各選評の内容に立ち入った批判として、後段の第五章、参照。

(9) 「学者の良心と学問の作法について――羽入辰郎著『マックス・ヴェーバーの犯罪』の山本七平賞受賞に想う」、『図書新聞』、二〇〇四年二月一四日／二一日号、所収。

(10) Cf. Ortega y Gasset, José, Der Aufstand der Massen, Gesammelte Werke, Bd. 3, 1956, Stuttgart: 90-1. 邦訳各種。

(11) 『未来』二〇〇四年一月号。本書第一章に再録。

(12) 『ヴェーバー学の未来』、第一章。

(13) 本書、第三章。

第三章

(1) 理解に戸惑う言表／言説に直面して、「なぜこんなことをいうのか」と問い、言表／言説の「意味上の根拠」すなわち「動機」に遡及し、言表／言説者の「社会的存在位置 Standort」を考慮に入れ、当の言表／言説（「知／認識／知識」）が「なぜ、かくなって、別様ではないのか」を、その「存在被拘束性 Seinsgebundenheit」に即して捉え返し、理解し、説明しようとする考察方法。「ある表現の意味 Sinn を客観的に『理解すること Verstehen』と「表現する人間の動機 Motive を主観的に（その主観的な意味連関に即して）『解明すること Deutung』」との、G・ジンメルによる区別を、M・ヴェーバーが批判的に継受し、さらに（ナチに追われ、オランダを経由してイギリスに亡命した）K・マンハイムが、亡命以前のハイデルベルク時代に定式化し、その後の政治・社会的激動（第二次世界大戦）のさなか、身をもって「時代診断学」に適用した、前世紀歴史・社会科学の記念碑。言表／言説内容を「観念内在的に」（「素朴に」「額面どおりに」）受け取って解釈する「内在考察 Innenbetrachtung」と対比される。以下、「理解／知識社会学的外在考察」と略記。

(2) 一口に「読者」といっても、もとよりこの②と③のカテゴリーばかりではない。「倫理」論文ほかヴェーバーの学問的労作を学問的に読まれた読者／公衆の正当な評価は、橋本HPコーナーへの丸山尚士、高橋隆夫、両氏の寄稿ほか、多くの機会に表明されている。

(3) 『ヴェーバー学のすすめ』、四八―九、参照。

(4) 羽入書が出たあとで、奥付の略歴から知ったのであるが、羽入が東京大学教養学部に在学中、筆者は同学部に所属する現職の一教員であった。羽入本人は、なぜか筆者の研究室の扉を叩かなかったが、それはもとよりかれの自由であって、いっこうに差し支えない。ただ、かりにかれが羽入書に連なる研究プランを携えて筆者の研究室を訪れたとしたら、筆者は、この間一連の論駁と同質の批判をもって対応したにちがいないし、かりに論文審査の席に連なっていたとしたら、学部卒業論文としても認めなかったろう。羽入論文／羽入書が、ヴェーバー批判だからではなく、「批判」が学問の体をなさないからである。

（5）『図書新聞』、二〇〇四年六月五日号、参照。

（6）一二月一日付「上高森遺跡問題等についての委員会見解」。

（7）二〇〇二年五月二六日付「前・中期旧石器問題に対する会長声明」

（8）Merton, Robert K., Social Theory and Social Structure, 2. ed., 1957, Glencoe : 131-94.

（9）「負け惜しみ」「妬み」「怨念」。いかなる社会でも、富、権力、威信、救済など、「(よきものとして希求される)諸財 Güter」の分配には「不平等」があり、「(相対的に)恵まれた positiv privilegiert 層」と「(相対的に)恵まれない negativ pr. 層」との分化が生ずる。そのさい、一方では①各「財 Gut」軸ごとに分化の異なる「多元化」(たとえば富に「恵まれる」者は威信には「恵まれない」、またはその逆、など)ではなくて、「一元化」(「恵まれる」者は全軸で「恵まれ」、「恵まれない」者は全軸で「恵まれない」)が生じ、他方では②「恵まれる—恵まれない」双極間にスペクトル状の漸移—流動関係がなく、両極分解とその固定化が顕著に現われるばあい(たとえば一九世紀のヨーロッパ)には、「支配階級と被支配階級」「主と奴」の「階級闘争」「身分闘争」が闘われ、こうした闘争を基軸に据える歴史像ないし社会理論が構成される(マルクスとニーチェ)。「ルサンチマン」とは、無力な「奴」側の、有力な「主」の「返り討ち」を恐れて表出されず、その意味で心理的に「抑圧され」「内向」して鬱積する「復讐欲」「復讐願望」の謂いで、これが、「倫理」や「宗教」の領域に「昇華」され、想像上で「代償」的に「復讐」をとげ(「道徳上の奴隷叛乱」)、「溜飲を下げ」、「落とし前をつける」ような「観念」の源泉となるばあいもある。ヴェーバーは、ニーチェによるこのルサンチマンの発見を相応に評価し、「世界観的・『全体知』的固定化」は避け、概略以上のとおり歴史・社会科学の一作業仮説に相対化して、批判的に駆使していた。

（10）農民出自の武士(たとえば「新選組」)は、生粋の武士以上に「武士らしく」振る舞おう——あるいは少なくともそう装おう——とし、ブルジョアジー出身の「プロレタリア革命家」は生粋のプロレタリア以上に「プロレタリアらしく」振る舞おうとする。このように、「身分」の境界線を越える、あるいは越えようとするさいに生ずる「過同調 over-conformity」ないし「強迫的同調 compulsive conformity」は、生粋の身分構成員にはない活力と(ばあいによっては)新風を吹き込むが、反面、そうした「業績」「達成」によって生粋の構成員を「見返してやろう」という動機を秘めてもいる。ここでは、両面をあわせて「過補償」動機と呼び、「価値自由」に、記述語として用いる。

（11）ちなみに、研究者が、こういう研究者固有の責任／社会的責任を学問的／専門的に果たそうとはせず、あるいはむしろそうした責任を回避する口実／「免罪符」としてジャーナリズムに出て(あるいは政治／社会運動にかかわって)「旗を振り」たがる傾向は、日本というこの社会における「戦後民主主義」の脆弱点、少なくとも問題点のひとつで、学界とジャーナリズムの双方にとって不毛で不幸なことであったし、いまもってそうである、と筆者は考えている。

第四章

(1) 後段では、残る三章についても、同様の批判を加える。

(2) 詳しくは、本書の姉妹篇『ヴェーバー学の未来』、第一章、参照。

(3) 『ヴェーバー学のすすめ』、一四一―六、参照。

(4) 詳しくは、『ヴェーバー学の未来』、第六章、参照。

(5) 「学問的」というのは、「自文化しか知らない、独りよがりのナイーヴな自文化中心主義」ではなく、他の諸文化に通じ、それぞれの特性／長所短所を知り尽くしたうえで、自文化の個性を把握し、その問題点を克服していこうとするスタンスの謂いである。ヴェーバーの学問総体をどのように分類し、歴史的対象の「特性把握」と「因果帰属」とを、どこに位置づけるか、などの問題については、『ヴェーバー学の未来』、第六章、参照。

(6) 「禁欲的プロテスタンティズム」にとっては、伝統的秩序（やその下位単位）の神聖視は忌むべき「被造物神格化」である。信徒各人は、伝統的秩序を、内面的に受け入れて適応するのではなく、「神の栄光」を現世にあまねくいきわたらせるため、「神の経略」にしたがって合理化すべき素材として捉え、そうした目的にとって有益かどうかを規準に（したがって本来変更可能な）自分の職業を選択し、これを現世内の拠点に、「神の道具」として労働に勤しみ、現世を合理的に改造していかなければならない、ということになる。

(7) 「成功物語 success story」として歴史を構成し、頂点に自文化をもってきたがる向きは、この「限界」の限定（被限定性）を容易に看過するであろう。しかし、ルターはたとえば、「キリストご自身……貸与を定義して、ルカ福音書第六章（三五節）で、『何もあてにせずに貸しなさい』と言われている。ということは、あなたがたは無償で貸し与えるべきであり、ふたたびもどってくるかどうかは、（相手の出方に）賭けるよりしようがないということである。貸したものより良いもの、あるいはより多くのものをとりもどすつもりで貸す者は、したがって、公然たる罰あたりの高利貸である」（「商業と高利」、松田智雄編『ルター』、世界の名著一八、一九六九、中央公論社、三四二）と述べる。ヴェーバーもしばしば、この『ルカ』六章三五節を引いて、「なにも *μηδέν* (mēden) あてにせず」は「なんぴとも *μηδένα* (mēdena) あてにせず」の誤訳と解し、伝統的（というよりも原生的）「近隣ゲマインシャフト」における「救難義務」としての「緊急貸付」に由来する、その宗教的「醇化」と見る。この規範が、資本主義の観点から見るかぎり「立ち遅れた」「伝統主義」であることは明白であるが、だからといって宗教的ないし宗教倫理的に「誤り」ないし「無価値」といえるであろうか。

（8）別の（たとえば「固有の意味におけるルター研究」の）問題設定と価値関係的パースペクティーフからすれば、「ルターの職業観」節を中心部に見立て、「禁欲的プロテスタンティズム」にかんする本論はいっさい顧みないということも、十分ありうるし、正当な学問的研究として成り立ちもしよう。しかし羽入は、もっぱらヴェーバーの知的誠実性を問うという。したがって当然、ヴェーバー自身の論理展開に内在して知的誠実性を問うのではないと「まえもって警告」している。筆者は、拙著『ヴェーバー学のすすめ』で、それがじつはそうではなく、羽入がヴェーバー自身の論理展開に内在できず、「疑似問題」を持ち込んで「ひとり相撲」をとっているにすぎないと主張し、羽入の知的誠実性の崩壊点をそのつど暴露し、論証している。本書ではそうした内在批判をさらに徹底させる。

（9）管見によれば、「倫理」論文は、著者の価値関係的パースペクティーフに即してよく制御されている「引き締まった作品」であり、なんの重要度ないし位置価もない、たんに「道草を食う」だけの叙述は、なかなか見当たらない。一見そうした印象を受ける箇所も、じつは読解不足のためで、三読四読するうち、やっとその位置価に思いいたることが多い。

（10）「倫理」論文全体の冒頭（第一章第一節）のトポスについては、『ヴェーバー学の未来』、第二章を参照されたい。

（11）「倫理」論文をひととおり読んではみたけれども、深奥部は分からないか、一知半解のまま、忘れてしまい、鮮やかなトポスだけが記憶に残っている、という読者は、事実として多いにちがいない。別に非難するのでも、軽蔑するのでもない。「倫理」論文にかぎらず、深奥部をそなえた学術論文とは、そういうものである。とすれば、そういう読者の記憶と意識においてトポスがいつのまにか「中心的論点」に昇格するのは、ごく自然の成り行きであろう。

（12）ところが羽入は、「語」を「生き方」から切り離したうえ、もっぱら「語」、それも「思想」を表現する用語法よりも個々の用例、しかも語義よりも語の外形、に力点を置く。というよりも、外形だけに視野を限定して、ある語がある原典に「あるか、ないか」の生硬な「二項対立図式」をふりかざす。歴史において、社会をなして生きる人間諸個人によって多様に紡ぎ出され、多様に「語」り出される「意味」や「思想」、とくにそれらの動態には、思いがおよばない。それぞれの個性を逸しないように、しなやかに認識していこうとする方法／方法論議も、顧みようとはしない。要するに、そうした自分の「限界」「殻」を割って出て、みずから向上しようとはせず、かえって「殻」に居直り、閉じ籠もったまま、「世界初の発見」をなしとげ「高みにまで上り詰めた」と思い込みたがる。

じつは、こうしたスタンスこそ、他ならぬヴェーバーが、ちょうど一世紀まえ、「倫理」論文の末尾で暴いて見せた「末人」「大衆人」流にほかならない。そういうスタンスのままでいては、およそ歴史・社会科学、とくにヴェーバーのそれに内在して理解することはできない。そういう「虫のいい」スタンスを暴いて戒めてくるかれを「逆恨み」して敵意を抱き、「悪魔」として打倒せんものと、「悪魔の手口を見抜く」べく、かれの歴史・社会科学の中身を捉えようとしても、それに内在して理解することはできず、かえってそれだけ「自分には分からない」、「それなのに分かる（あるいは分かると称する）連中がいるのは憎い」という「ルサンチマン」を抱かざるをえない。このルサンチマンからは、虚構のパースペクティーフが生まれ、それを「自分には分からない」対象に押しかぶせる結果、ますます対象を内在的には理解できないように、対象との距離が開くように、自分を追い込んでいくことになる。そうするとこんどは、翻ってそれだけ、「自分には分からないのに」というルサンチマンもつのり、ここからまた虚構のパースペクティーフと虚説の捏造が始まる。際限のない悪循環（原因と結果との互酬構造）であり、知的誠実性を回復しないかぎりは這い上がれない「蟻地獄」といえよう。

（13）「意訳」の歴史的運命に、この三理念型を区別し、明晰に定式化したのは、宇都宮京子である。橋本HPコーナーへの宇都宮寄稿（その二）、参照。

（14）RS1: 65, 大塚訳、一〇〇、梶山訳／安藤編、一三八。

（15）「言語ゲマインシャフト Sprachgemeinschaft」とは、「ある場面でどうしてもある言語を用い、ある表現を採らなければならない」といった「制定準則／制定秩序 gesatzte Ordnung」はないのに、各構成員が互いの発話行為を「妥当 gültig」とみなす「諒解 Einverständnis」に準拠して、あたかも「制定準則／制定秩序」があるかのように意思疎通が達成される「諒解行為 Einverständnishandeln」の集合態（「諒解ゲマインシャフト Einverständnisgemeinschaft」）である。Cf. WL: 453-4, 海老原／中野訳、七九―八〇。ちなみに（「理解社会学のカテゴリー」の概念規定では）「制定準則／制定秩序」が「協定 vereinbaren, paktieren」ないし「欽定 oktroyieren（指令）」され、そうした「制定秩序」に構成員が準拠し合うことによって、他人の行為にたいする予想が他人のじっさいの行為に平均的には一致する（そのように「ゲマインシャフト関係 Vergemeinschaftung＝社会関係一般」が「準則／秩序制定」によって「合理化」される）ばあいが、「ゲゼルシャフト関係 Vergesellschaftung」（したがって「ゲマインシャフト関係」の対極ではなく、下位の特例）である。ヴェーバーは、「非ゲマインシャフト行為」（「多勢の同種行為」「群集行為」「（機械的）模倣行為」など）と「ゲマインシャフト行為（＝社会的行為）」とを分け、後者をさらに「（無定型の）ゲマインシャフト行為」―「（諒解）ゲマインシャフト行為」―「（ゲゼルシャフト）ゲマインシャフト行為」に三分する「類的理念型」尺度を考えていた。『ヴェーバー学の未来』、第六章、参照。

（16）注14と同一箇所。

（17）RS1: 68, 大塚訳、一〇七―八、梶山訳／安藤編、一四四―五。

（18）かりに、カルヴァン派が旧約外典を翻訳するとしても、それは、旧約外典を比較的重視したカトリック、ルター派、イングランド国教会の旧約外典解釈にたいする欄外注での論駁のためで、伝統主義的な「神への信頼」を説く『シラ』一一章二〇、二一節にことさら Beruf 相当語を当てるはずはないと十分予想できよう。じっさいヴェーバーは、ヨーロッパにおけるカルヴァン派系翻訳の典拠ともいえるフランス語訳で、ergon が office に、ponos が labeur に、直訳されている事実を確認している（RS1: 65, 大塚訳、一〇〇、梶山訳／

安藤編、一三八)。したがってかれは、英訳がフランス語訳の影響を受けながらもergonをofficeかworkに、ponosをlabourかtoilに直訳し、Beruf相当語callingは当てていないと予想し、あえて英訳『シラ』を「手にとって調べる」にはおよばない、と適切に判断できたであろう。じっさい、羽入の原典調査は、羽入の意図に反して、ヴェーバーの予想が正しかったことを裏づけている(五四―七)。

(19) この問いは、自分が神に選ばれていると確信しているカルヴァン(一五〇四―六四)本人には問題とならず、むしろそうした疑惑に囚われること自体、信仰が足りない証左として非難された。

(20) 「倫理」論文第一章第三節第一段落注三の叙述から、こうした仮説を引き出し、ルターによる聖典翻訳だけでなく、釈義、著作、語録などにも検索の範囲を広げて検証していく研究――固有の意味におけるルター研究と交錯する言語社会学的語義史研究――が、プロジェクトとして考えられる。筆者がざっと調べたところでは、一五二〇年の『キリスト者の自由』や『キリスト教界の改善についてドイツ国民のキリスト教貴族に与う』で「職務」「職業」と邦訳されている箇所はamptかwerckであるが、一五二三年の『現世の主権について』になると、二箇所にberuffが当てられる(WA11: 258, 276)。一門外漢の印象にすぎないが、ルターは、自著や釈義では早くから比較的自由に自分の用語法を通しているが、聖典そのものの翻訳にはきわめて慎重で、ことによるとergonとponosにBerufを当てるという大胆な意訳も、旧約外典の『シラ』なればこそ敢行しえた、といえないこともないように思われる。こういう問題については、すでに専門的業績は蓄積されていて、筆者が寡聞にして知らないだけかもしれない。専門家のご教示と、できればご発言を、期待したいところである。

(21) 羽入書に改訂された博士論文は、『『倫理』論文におけるマックス・ヴェーバーの『魔術』からの解放Die Entzauberung vom "Zauber" Max Webers in der "Protestantischen Ethik"』と題されていたという(vi)。

(22) 「旧約外典を正典外とみなしていた」カルヴァン派を、最重要な比較の項として念頭においているヴェーバーにとって、旧約外典の『シラ』は、この条件をみたさないから、それだけで定点観測点として問題外である。

(23) RS1: 68, 大塚訳、一〇八、梶山訳/安藤編、一四五。

(24) RS1: 36, 大塚訳、五〇、梶山訳/安藤編、九七。羽入は、フランクリン父子のこのcallingが、ルターですでにBerufと訳されていなければならず、そうでなければ「倫理」論文の「全論証構造」が崩壊する、という奇想天外な「アポリア」を持ち込むが、この問題は、ここでは立ち入らず、後段の第六章で再度取り上げることにしよう。

(25) とはいえ、筆者はなにか、ヴェーバーが英訳諸聖書をことごとく手にとって調べた、と主張するわけではない。ヴェーバーの調査がどの程度のものであったのかは、よく分からない。ただ、この注三第六段落にかぎっては、OEDに依拠したことに、後述のとおり正当な理由があり、それだけでも十分であったと思う。ここでは、羽入のこの「推論の根拠」(1)が、些事拘泥の言いがかりにひとしく、批判／論難の体をなさない、というまでである。
(26) RS1 : 69, 大塚訳、一〇八、梶山訳／安藤編、一四五。
(27) 田川建三『書物としての新約聖書』、一九九七、勁草書房（以下、田川書）、五五七。
(28) 田川書、同上。
(29) この点にかんして、筆者は『ヴェーバー学のすすめ』で、「かりにOEDの記載に誤りがあったとしても、その責任はOED側にあり、その件でヴェーバーの責任を問うのは本末転倒である」という趣旨の立論をして、後に丸山尚士から批判を受けた（橋本HPコーナーへの丸山第二寄稿、参照）。前著執筆時にも「例によって針小棒大な議論で、おかしいな」と感じてはいたが、「ジュネーヴ聖書」の成立経緯にかんする事実関係を調べる余裕がなく、つい、こういうときによく使う「一歩譲ってかりに……としても」という論法で片づけてしまった。不用意であった。丸山の批判に感謝し、自己批判して訂正し、OED関係者ならびに読者にお詫びする。OED最終巻（第二〇巻）の文献表には、New Testament の項目に Geneva 1557, Bible の項目に Geneva 1560 と記載されている。
(30) RS1 : 69, 大塚訳、一〇八、梶山訳／安藤編、一四五。
(31) なぜ「ジュネーヴ聖書」が、一五五七年版から一五六〇年版にかけて、『コリントI』七章二〇節の state を vocation に改めたのかは、興味深い問題である。確かに、語形はヴルガータから採ったのであろう。さりとて語義上も単純にカトリック的用法に回帰したのであろうか。vocatio は、呼ぶという意味の動詞 vocō の完了受動分詞から派生した語で、伝統的には「聖職への招聘」に限定して用いられていた。しかし、二〇世紀には、たとえば「社会学の現実的課題 *La vocation* actuelle de la sociologie」（G・ギュルヴィッチの主著のタイトル）というふうに、世俗的な使命／課題の意味にも用いられている。とすると、歴史的にどこかで、「聖職への」という制限が解除され、世俗的職業にも適用されるようになったにちがいない。その萌芽が、なんらかの形でこの「ジュネーヴ聖書」（一五六〇年版）に現われたとしたら、早過ぎるであろうか。当該聖書の欄外注、およびOEDの“vocation”項目を調べてみるとどうであろうか。英語聖書史の専門家のご教示をえたいところである。
(32) ベンソン・ボブリック、永田竹司監修、千葉喜久枝・大泉尚子訳『聖書英訳物語』、二〇〇三、柏書房（以下、ボブリック書）、一六六。
(33) 中辞典には中辞典の効用があり、中辞典一般を大辞典に比して貶価するのではない。国語学者も、中辞典の効用を学問上も認めて、柔軟に使いこなしているのではあるまいか。
(34) 前著では、この点を、一次資料を最善とする規範的格率と、研究上の経済という合目的性の格率との「せめぎ合い」の問題として論じた（八四―六）。

(35) ここで、「法廷論争」とは異なる「学問論争」固有の課題に移る。つまり、「学問論争」では、「弁護」「特別弁護」すべき「被告人」への根拠ある学問的批判は、たとえ「被告人」の不利となっても避けてはならない。

(36) RS1: 68, 大塚訳、一〇八、梶山訳／安藤編、一四五。

(37) 逆に、もっぱら世俗的職業を表していた語が、あとから「神の召し」という宗教的意味を帯びてBeruf相当語になる、というばあいも、論理的には考えられないことはないが、歴史的にはありそうもない。

(38) RS1: 69, 大塚訳、一〇八ページ、梶山訳／安藤編、一四五。

(39) トマス・クランマーは、一五五六年に、メアリI世によって火刑に処せられているから、“1539 Cranmer and 1611 in the same callinge, wherin he was called” というOEDの記述は、このように解すべきであろう。この点については、ヴェーバーの「クランマーの聖書翻訳」という叙述に関連するので、後段で取り上げる。

(40) 羽入は、「OEDによる『世俗的職業』としての“calling”概念の成立の経過」(四八)を、約三ページにもわたって延々と「定式化」したあと、「ヴェーバーによる『世俗的職業』としての“Beruf”＝概念の成立の説明と構造が酷似している」として「ヴェーバーはOEDのこの部分をヒントとして“Beruf”に関する自分の語源学的議論を組み立てたのかもしれない」と類推している(四八)。しかし、宗教改革の思想的経過から、「現世の客観的秩序」、そのsubdivisionとしての「身分」つぎに「職業」が、順次宗教的に意義づけられ、そうした概念に見合う語がつくられる、という「概念—語義」の変遷を考えれば、双方が酷似するのは当然であって、「語源学的議論」に視野をかぎり、その枠内でどちらが「原型」かを論じてみても始まるまい。

(41) ボブリック書、一一三—四。

(42) 田川書、五五二。

(43) 田川書、五五三—四。

(44) 田川書、五五四—五。

(45) ボブリック書、一〇九。

(46) OEDの項目9.のほうには、用例中に“1535 Coverdale *Rom.* i. 7 Sayntes by callinge” との記載があり(六三)、マレーが一五三五年のカヴァーデイル訳を知らなかった、あるいは単純に無視していた、というわけではないことが分かる。現行第二版最終巻(第二〇巻)の文献表にも、Bibleの項目に、“Coverdale 1535, 'Matthews' 1537, Great or Cranmer's 1539” と記載されている。マレーは、なにか理由があって、『コリントI』七章二〇節については一五三五年「カヴァーデイル訳」を採らなかったのではあるまいか。こうした問題を慎重に調べることこそ、文献学者の仕事ではあるまいか。

(47) 橋本HPコーナーへの第二寄稿、参照。
(48) 前注15、参照。
(49) そうして国民の言語感覚が研ぎ澄まされていけば、「テロ」を、国際犯罪でなく「新しい戦争」と言いくるめ、混同するような、愚かな政治家や政治勢力に籠絡されることはないであろう。
(50) 羽入は、「倫理」論文、しかもその「序の口」への視野狭窄のため、事実上「唯『シラ』回路説」を採ることにより、そうした史観しかも「ルター発 言霊・呪力崇拝」史観に陥っている。
(51) OEDによれば、『コリントI』一章二六節のティンダル訳では、9.「神の召し」の意味で、callingeが用いられている（六三）。

第五章

(1) V・パレートは、「自分は経済学者として『資本論』を苦労して読み、ようやく理解したが、同時に、『資本論』を理解している経済学者が『白い蝿』ほどに少ないことも理解した」という趣旨のことをどこかで語っていた。筆者は、ヴェーバーにかんする『灰色の蝿』として、この寸言は古典読解の一面を鋭く衝いていると思う。
(2) 橋本HPコーナー掲載の「横田理博寄稿への応答」参照。
(3) ここで「カリスマ的」とは、もとより価値中立的な術語で、「価値自由」に用いられる。「オウム・アーレフ型ゼクテ結成」は、この方向における「逸脱的ゲマインシャフト形成」の一現象形態として位置づけられよう。
(4) これが、ヴェーバー社会学の基礎視角であり、「階級」「身分」「民族」などの「社会形象」を「実体化」せず、それぞれを構成する諸個人の行為に還元し、そのうえで諸行為関係の形成を、流動的相互移行の諸相に即して動態的に捉え返そうとするものである。
(5) シュモラーとの大論争の相手は、カール・メンガーであって、ヴェーバーではない。ヴェーバーは、シュモラーとは「大論争」はしていない。
(6) 「ヴェルトフライハイト」を「価値判断排除論」と訳出する解釈は、①科学における「価値判断排除」と実践における「主体的・自覚的価値定立」との緊張のうえにたつWertfreiheitの両義性のうち、後者を捨象していて（論者自身の「技術論的頽廃」をヴェーバーに転嫁していて）一面的である、②「教壇における価値判断排除」というまったく別種の（それ自体、教育政策的・実践的な）要請との混同をまねく、という二理由から、適切ではなく、現在ではまず顧みられない。
(7) このばあい、中西の「感情」とは、H・ベルクソンのいう「知性以上の感情」ではなく、「知性以下の感情」であろう。
(8) たとえば、日本ではすでに一九七二年に邦訳されている『宗教社会学論選』（大塚久雄／生松敬三訳、みすず書房）に相当する仏訳

Sociologie des religions par Max Weber, Textes réunis, traduits et présentés par Jean-Pierre Grossein, Editions Gallimard, 1996.

（9）編集陣には、日本から富永健一、矢野善郎が加わっている。

（10）第一章「学者の品位と責任――『歴史における個人の役割』再考」、参照。

（11）橋本直人が、橋本HPコーナーへの寄稿で、「羽入事件」を「政治的問題」ととらえているのは、大筋として妥当と思う。では、それにたいして、どういう方針のもとに、どう実践的に対応しようというのか。

（12）右記第七節でとりあげ、批判的に分析した中西輝政の退嬰的自己中心・自民族中心主義の質を直視し、かれがしばしばマス・コミに登場し、自民党右派と連携を保っている事実を考慮に入れると、この思想-文化闘争が、思想／学問／文化領域における反ファッシズム闘争への展開を余儀なくされることも、予期しておかなければならない。

第六章

（1）「倫理」論文第一章第一節「宗派と社会層」では、「ルター、カルヴァン、ノックス、フォエトの古プロテスタンティズム der alte Protestantismus der Luther, Calvin, Knox, Voët」に言及している（RS1: 29, 大塚訳、三三、梶山訳／安藤編、八三）。

（2）RS1: 81, 大塚訳、一三三、梶山訳／安藤編、一六六。

（3）この概念については、『ヴェーバー学の未来』、第六章第一節、参照。

（4）RS1: 49, 大塚訳、七二、梶山訳／安藤編、一一四。

（5）RS1: 55, 大塚訳、八〇、梶山訳／安藤編、一二一―二。

（6）この節には、一カ所だけフランクリンへの言及がある。「まず、確認するまでもないことであるが、ルターが、本論文でこれまでこの［『資本主義精神 kapitalistischer Geist』という］言葉に結びつけてきた意味における――あるいは、その他なんらかの意味における――『資本主義精神』と内面的な親和関係にある、などということはできない。宗教改革のあの『事績』をつねづねもっとも熱心に賞賛する教会関係者からしてすでに、今日でも全体としてみれば、いかなる意味においても資本主義に好意を寄せる味方などではない。いわんやルター自身にいたっては、フランクリンに見られるような志操とのいかなる親和関係も激しく拒否したであろうことは、まったく疑問の余地がない」（RS1: 72, 大塚訳、一一五―六、梶山訳／安藤編、一五一）。

（7）この本論第一節「世俗内禁欲の宗教的基盤」にも、フランクリンへの言及が一カ所ある。しかし、そのコンテクストでは、前注に引用した箇所における「ルターとの親和関係の否認」とは対照的に、「倫理的な生き方を組織化 Systematisierung der ethischen Lebensführung」する方法（「信仰日誌」）について、中世カトリック修道院生活の合理的形態から、一方ではイエズス会派における「懺悔聴聞資料」としての活用、他方ではカルヴィニズムの禁欲における「自分の脈拍を診る」手段としての展開をへて、後者からフランクリンの（「十三徳」樹立のための）「自己審査手帳」にいたる系譜（「親和関係」）が確認されている（RS1: 123, 大塚訳、二一三―四、梶山訳／安藤編、二二九―三〇）。

（8）RS1: 33, 大塚訳、四三、梶山訳／安藤編、九一。

（9）RS1: 33, 大塚訳、四五、梶山訳／安藤編、九二。

（10）ヴェーバーのこうした見解にたいして、その「歴史的妥当性」を問うことは、もちろん可能であり、有意義でもあろう。ただしそれは、当面の「知的誠実性」問題とは別である。

（11）『ヴェーバー学の未来』、第四章に示した筆者の解釈では、「歴史的個性体」（「個性的な布置連関をなすワンセットの要素的理念型複合」）としての「資本主義の精神」概念の、第一要素的理念型の定式化、ということになる。

（12）「倫理」論文は冒頭、「さまざまな宗派が混在している地方の職業統計 Berufsstatistik に目を通してみると」（RS1: 17, 大塚訳、一六、梶山訳／安藤編、六九）、近代的商工業の資本所有、企業経営、上層熟練労働にたずさわる社会層が、顕著にプロテスタント的色彩を帯びており、この現象は「資本主義の発展が、……社会層別と職業分化 beruflich zu gliedern をもたらした」地域ではどこにも見いだされる」（RS1: 19, 大塚訳、一六、梶山訳／安藤編、六九）と書き出されている。第二段落でも、カトリック教徒の手工業徒弟は、そのまま親方になろうとする傾向が顕著なのにたいして、プロテスタントの同業者は、いち早く大工場に転出して上層熟練労働や経営幹部の地位を目指すという差異につき、「教育によってえられた**精神的特性**、しかもこのばあいは、郷里や両親の家庭の宗教的雰囲気によって規定された教育の方向が、職業の選択 Berufswahl とその後の職業上の運命 berufliche Schicksale を決定している」（RS1: 22, 大塚訳、二二、梶山訳／安藤編、七四）と述べられている。

（13）「禁欲と資本主義精神」節の第四段落には、「バクスター［Richard Baxter, 1615-91］の主著には、不断の厳しい肉体的また精神的**労働**の教えが、ときとしてほとんど激情的なまでに、全篇にわたって繰り返し説かれている。そこには、ふたつの動機が協働している。労働はまず、古来試験ずみの**禁欲の手段**である。……宗教上の懐疑や小心な自己責苦だけではなく、あらゆる性的誘惑に打ち勝つためにも、節食、菜食、冷水浴とともに、『汝の職業労働に精励せよ』＊との教えが説かれている。［第二に］労働は、それ以上に、なによりも神によって定められた生活一般の自己目的である。『働かざる者食うべからず』というパウロの命題は、いまや無条件に、万人に妥当する」（RS1: 169-71, 大塚訳、三〇〇―四、梶山訳／安藤編、三〇三―六）とあり、＊の箇所には、「バクスターは、この言葉を繰り返し用いている。聖書の典拠は通例、フランクリン以来われわれによく知られている『箴言』二二章二九節か、あるいは『箴言』三一章一六節

〔新共同訳では「熟慮して畑を買い、手ずから実らせた儲けでぶどう畑をひらく」〕に見える労働の賛美である」と注記されている。羽入は、『箴言』句 calling の直接の語源を、ルターでなくバクスターに求めるべきだったろう。

(14) RS1: 65, 大塚訳、九五、梶山訳／安藤編、一三四。

(15) RS1: 69, 大塚訳、一〇九、梶山訳／安藤編、一四六。

(16) RS1: 36, 大塚訳、四八、梶山訳／安藤編、九五。

(17) 羽入書第一章で、羽入は、この「古い」につき、原文の比較級 älter を読み落とし、「『古い英訳聖書では』と総称的に述べた」(三七)と読み誤り、カトリックの「ドゥエ聖書」(一六〇九／一〇)が business でなく worke と訳している事実を挙げて、これをヴェーバーは「杜撰」にも「看過」している、と決めつけている。

(18) この比較級を、「倫理」論文の「全論証構造」とむすびつけ、そのコンテクストのなかで読むと、「『比較的古い』とは、ルターと同時代ないし直後、せいぜい一六世紀末までのことで、『禁欲的プロテスタンティズム』の大衆宗教性において『確証問題への関心』がたかまり、たとえばバクスターが、ルター／ルター派における『伝統主義』の域を越えて『職業労働』の意義を説き、『神の道具』としての『禁欲』実践によって自分が『恩恵の地位』にあることを『確証』する場、という意味を与える、それ以前」と解されよう。

(19) この全六段の論旨にかんする筆者の解釈としては、『ヴェーバー学の未来』、第五章、参照。

(20) 『ヴェーバー学の未来』、第五章では、もとより「ルターの職業観」節第一段落とそこに付された三注とを「全体として概観」し、論旨の展開を跡づけている。

(21) RS1: 67, 大塚訳、一〇四、梶山訳／安藤編、七四。

(22) RS1: 68, 大塚訳、一〇六、梶山訳／安藤編、一四三。

(23) RS1: 68, 大塚訳、一〇六―七、梶山訳／安藤編、一四三―四。

(24) RS1: 68, 大塚訳、一〇七、梶山訳／安藤編、一四四。

(25) RS1: 67, 大塚訳、一〇五、梶山訳／安藤編、一四二―三。

(26) いまひとつの類例として、同じ『コリントI』でも、七章ではなく一章について論じたものとして、『ヴェーバー学のすすめ』、一三三―四、参照。

(27) RS1: 66-7, 大塚訳、一〇四―五、梶山訳／安藤編、一四〇―一。

(28) Cf. WADB 7: 90-1, 104-5, 194-5, 200-1, 252-5, 350-1, 316-7.

(29) もとより、それらを三読四読すること自体は、必要・不可欠なことである。

(30) ちなみに、ヴェーバーの「理解社会学のカテゴリー」群は、法とくに団体法の諸規範を「類的理念型gattungsmäßige Idealtypen」に組み換えて、現実の集団‐ゲマインシャフト形成にかんする動態分析に活かそうとする構想にほかならない。

(31)「短絡的」という意味は、こうである。すなわち、『コリントI』七章二〇節の訳語の件につき、ヴェーバーの叙述から引き出される証拠は、ルター自身が一五二三年の釈義ではRufを用いた、他方、ルター以降の普及諸版ではBerufとなっている、という二事実に尽きる。したがって、一歩譲って『コリントI』七章二〇節の「時間的な揺れ説」(羽入説)を採るとしても、訳語の帰趨には、①ルター自身が一五三三年までにBerufと改訳、②その後没年にかけて改訳、③ルター自身はRufで通し、没後他の翻訳者がBerufに改訳、という三つのケースがありうることになる。羽入は、ヴェーバーがこのうち①のケースを主張していると決めてかかるが、なぜ②③でなく①に特定できるのか、その証拠を挙げていない。つまり、決疑論的・系統的な論証抜きに、ありうべき三ケースのうちのひとつに短絡している。

(32)「自覚していた」のなら、①普及版ではルター自身の「『コリントI』七・二〇、Beruf改訳説」は定立できないから、ヴェーバーも当然そう考えて、普及版で「代替」しようとはしなかったろう、他方、②かりにヴェーバーが詐欺師で、ほんとうに読者を欺こうとしたのなら、「普及版」と明示するはずもなかったろう。それにもかかわらず、じっさいには③「普及諸版では」と明示して引用しているからには、その引用には、なにか別の意図があったのではないか、と考えてみるのが当然であろう。ところが、羽入は、そうした決疑論的・系統的な動機解明を企てることなしに、やはり短絡的に「代替」と決めてかかり、むしろその「代替」の背後に、なにかいかがわしい「資料操作」ないし「トリック」を嗅ぎ出そうとつとめ、(嗅ぎ出せないと)捏造も厭わないのである。

(33) 羽入書以前に「マックス・ヴェーバーの『呪術』からの解放」と題して雑誌『思想』(一九九八年三月号、七二―一一一ページ)に発表された論稿では、この(羽入書)「終章」二六九ページ以下の部分が、(論稿)「四　結論――『倫理』論文からの逃走」一〇四ページ以下に配置され、直接つづいている。そのため、読者は、論稿を読んできて、末尾でいきなりこの「トリック」表記に出会い、唐突と受け止めざるをえない。ところが、『犯罪』と表題をエスカレートさせた羽入書では、この第二章と「終章」との間に第三/四章が配置され、「トリック」の暗示(第二章)と明記(終章)とが隔てられているので、唐突感は薄れるほかはない。

なお、羽入書第二章でも、注には、①「結果として彼[=ブレンターノ]は、〝『コリントI』七・二〇におけるルターによる訳語“Beruf”〟というヴェーバーの主張が詐術に他ならなかったことに気づくには至らなかった」(一二六)、②「[H・M・ロバートソンが]ヴェーバーによって論拠として用いられた『コリントI』七・二〇が、ルターによっては“Beruf”と訳されてはいなかったという、この余りにも基本的な部分でおこなわれていたヴェーバー側のトリックに気づくに至らなかったことは、非常に残念である」(一二八)、③「……ホルもまた、〝『コリントI』七・二〇におけるルターによる“Beruf”という訳〟というヴェーバーの主張が正に〝虚偽〟であったことには気づくには至らなかった」（一三七）など、論証ぬきの決めつけが散見される。著名な誰某が自分の藁人形には到達できなかったと称して、自分が「最高段階に上り詰めた」かのように思い込み、豪語する「末人」流自画自賛・自己陶酔の証左というほかはない。こういうコンテクストで、この種の不用意な決めつけが頻繁に飛び出すのも、羽入叙述に特徴的な「自己表現」であろう。

(34) RS1: 66, 大塚訳、一〇三、梶山訳／安藤編、一四一。

(35) RS1: 67, 大塚訳、一〇五、梶山訳／安藤編、一四二―三。

(36)『ヴェーバー学のすすめ』七一―三、『ヴェーバー学の未来』、第五章、参照。

第七章

(1) RS1: 34, 大塚訳、四六、梶山訳／安藤編、九四。

(2) この事実は、羽入が、第三章の叙述をとおして、いきなり「あの楽天的なフランクリン」（一四三）と語り始めたり、「フランクリンの極めて現実主義的で露骨な功利的傾向」（一四二、一四三）と誇張したがったりするところからも、例証されよう。

(3) ヴェーバーは、「職業義務の思想」が「資本主義の精神」の「内に含まれ」、前者の calling とルターの Beruf との「語形合わせ」によって、後者の「古プロテスタンティズム」への「遡行」を「搦手から」代替させられる、などと考えてはいない。羽入は、第二章でも『精神』の理念型」に繰り返し言及するが、その意味内容を、概念上正確に規定しえていない。

(4) RS1: 32-3, 大塚訳、四三、梶山訳／安藤編、九一。

(5)『ヴェーバー学のすすめ』九六―七、参照。

(6) RS1: 30-1, 大塚訳、三八―四〇、梶山訳／安藤編、八七―九。まっとうな文献読解力の持ち主であれば、引用中最後の一文の主語が「この文書」であって、およそフランクリンが「宗教的なものとの関係」それも「間接的な」関係さえ失っている、などとは主張されてはいないことを、よもや読み落としはしないであろう。

(7) RS1: 49, 大塚訳、七二、梶山訳／安藤編、一一四。

(8)『ヴェーバー学のすすめ』一〇〇―一、参照。

(9) RS1: 34-5, 大塚訳、四七、梶山訳／安藤編、九四。

(10) RS1: 35, 大塚訳、四七、梶山訳／安藤編、九四。

(11) たとえば、「曖昧宿」に通って「病気」になりはしないかと心配した、というような記載。

(12) WBF1: 326-7, 松本／西川訳、一三四。

(13) RS1: 35, 大塚訳、四七、梶山訳／安藤編、九四。
(14) WBF1: 335, 松本／西川訳、一四五。
(15) WBF1: 332, 松本／西川訳、一四〇。
(16) WBF1: 331, 松本／西川訳、一四〇。
(17) フランクリンは後年、「富にいたる道」と題する講演をむすぶにあたって、つぎのように付言している。「皆さん、この教訓は、道理にかないもし、賢くもあります。しかしながら、なんと申しましても、ご自分の勤勉、節約、慎重、これらはいずれもすぐれた美徳には相違ありませんが、あまりにそればかりを頼りになさってはいけません。なぜといって、せっかくの美徳も、神の祝福がなければ、なんの役にも立たないでしまうことがあるからです。それゆえ、心をつつましく保って神の祝福を求める一方、現在、神のみ恵みにあずかっていないと思える人にたいして、無慈悲な態度に出ることなく、これを力づけ、助けてあげるように心がけてください。ヨブがあれほど苦しい目にあいながら、しかものちには栄えたことをお忘れにならぬように」(WBF3: 417-8, 松本／西川訳、二八八)。フランクリンがここでヨブに言及している点には、後段第八章第一二節で論及する。
(18) WBF1: 336, 松本／西川訳、一四六。
(19) WBF1: 324-5, 松本／西川訳、一三一―二。
(20) このフランクリンの神を「カルヴィニズムの予定説の神」と混同するとは、「倫理」論文と『自伝』のまっとうな読者にはおよそ考えられない錯誤で、「杜撰」というだけでは済まされまい。むしろ、ヴェーバーに「カルヴィニズムでカルヴィニズムを説明する」「同義反復ないし不当前提論法 petitio principii」と「それを隠蔽する詐術」とを帰そうとはやるあまり、両者を同一視した、半ば「ためにする牽強付会」ではあるまいか。ただし、この問題には、後段第八章第八―一一節で、立ち入って論ずる。
(21) WBF1: 295, 松本／西川訳、九一。
(22) WBF1: 296-7, 松本／西川訳、九二―三。
(23) WBF1: 337, 松本／西川訳、一四七。
(24) WBF1: 332, 松本／西川訳、一四〇。
(25) 『ヴェーバー学のすすめ』、第二章注五二、一四六―七、参照。
(26) もとより、基礎研究は必要であり、重要である。しかし、基礎研究とは、羽入が想定しているような「典拠目録」、「キーワード目録」の作成だけではない。なるほど、各研究者が自分の価値理念に照らして焦点を合わせている特定の作品やその重要部分にかぎっては、そうした資料の作成が必要とされることもあろう。しかし、ヴェーバーの膨大な作品群のすべてについて、それがただヴェーバーの作品だからというだけの理由で、注記にいたるまで出典目録や術語用例目録を網羅的に作成しようとしたら、それだけで一生を費やしかねまい。羽入も、たまたま自分が取りついた「倫理」論文の微小部分のみでなく、せめてその全篇にわたってそうした目録作成を企てたとすれば、ただちに自分の主張の無理に気づいたであろう。研究者には、「研究の経済」を考慮にいれた価値関係的また目的合理的な選択と制御が必要とされる。

(27) WBF1: 227, 松本／西川訳、七。

(28) 同右。

(29) WBF1: 339, 松本／西川訳、一四九。

(30) WBF1: 227, 松本／西川訳、七。

(31) WBF1: 227-8, 松本／西川訳、七。

(32) 本章第一〇節、参照。

(33) ただし、そうしたことは、形式論理に凝り固まった羽入には、想到されるはずがない。

(34) 訳出にあたり、辞書類に記載されている語義につき、最小限のことは調べ、ここに摘記しておこう。まずドイツ語の辞書では、Offenbarung の第一義（雅語）「それまで隠されていたこと、知られていなかったことが、打ち明けられること、告白、開示」のあと、第二義（宗教用語）として「[超自然的な仕方でおこなわれる] 神の真理ないし神意の伝達 [auf übernatürlichem Wege stattfindende] Mitteilung göttlicher Wahrheiten od. eines göttlichen Willens」と定義され、「キリスト教信仰によれば、神の言葉の啓示は、聖書において人間に与えられる Nach christlichem Glauben wird in der Bibel den Menschen die O. des Wortes Gottes zuteil.」という用例が挙げられている（Duden, Das große Wörterbuch der deutschen Sprache, 2. Aufl., Bd. 5, 1994, Mannheim: 24-27; この他に Brockhaus Wahrig, Deutsches Wörterbuch, Bd. 4, 1982, Stuttgart: 894, などを参照）。つぎにOEDでは、Revelation の 1. として「神ないし超自然の働きによって人間に知識が開示ないし伝達されること the disclosure or communication of knowledge to man by a divine or supernatural agency」との語義説明のあと、「啓示の贈り物は、新約聖書全体が啓示されたあとでは、もはや継続されなかったように見える The Gift of Revelation.. seems to have been continued no longer than till the whole New Testament was revealed.」(1681-6)、「啓示された神意は、神的また超自然的な顕現によって確証されなければならない Divine Revelation must be confirmed by some divine and supernatural Appearances.」(1725)、「啓示の目的は、現世における人間の行動に影響を与えることにある The object of revelation is to influence human conduct in this life.」(1794)、「自然法則と啓示との間に、われわれには同意できないような区別が、頻繁になされている A distinction has frequently been taken between the law of nature and revelation, to

which we cannot assent.」(1845)、および「宇宙が永遠であると仮定すれば、科学は啓示に敵対せざるをえない On the supposition of an eternal universe, science would necessarily antagonize Revelation.」(1892) といった用例が収録されている。2. では、a. として、「知識が人間にそのように伝達される実例、神的ないしは超自然的な手段によって開示され、知らされる、なんらかのこと an instance of such communication of knowledge to man; something disclosed or made known by divine or supernatural means」と定義され、"Magic.. was not a revelation from hell, made at once to mankind." (1727), "Six regislators.. have announced to mankind six successive revelations of various rites." (1788)、および "His revelations destroy their credit by runnung into detail." (1847) といった（複数ないし不定冠詞付き単数の）用例が収録されている。また、b. は、「以前には知られていなかった、あるいは理解されていなかったことがらの人目を惹く開示 a striking disclosure of something previously unknown or not realized」と定義され、"Be there or be there not any other revelation, we have a veritable revelation in Science" (1862)、"The daily life of every one of us is a perpetual revelation of his inner self." (1877) といった（a. と同じく、不定冠詞付き単数の）用例が示されている（2. ed., vol. 13 : 813 ; この他に、Webster's Third New International Dictionary of the English Language, [1961] 1986, Springfield : 1942, The Random House Dictionary of the English Language, 2. ed., [1966] 1987, New York : 1646 なども参照）。とすると、フランクリンは、直前でも「……十五歳になるかならないころには、天啓そのもの Revelation itself さえも疑い始めた」（WBF1 : 295, 松本／西川訳、九一）と述べ、文中の Revelation を無冠詞、文頭大文字で記しているところから見て、この語をOED項目1. の（ほぼ同時代の）用例と同じように、それと同じ意味で、用いていたと思われる。

（35） RS1 : 34, 大塚訳、四九、梶山訳／安藤編、九五―六。

（36） WBF1 : 296.

（37） 英語版原文は、形式上は一見 indeed A, but B の譲歩構文のようにもとれるが、じつはそうではない。なるほど、but のまえがカンマでなくセミコロンで区切られているため、そうした印象が生ずるかもしれないが、それは、直前の as such がカンマで区切られているためであろう。なによりも意味上、「天啓が重要でない」という not A と、「徳目の評価規準が天啓ではない」というBとは、逆接ではなく、not (no) A, but B の（but を「しかし」とは訳せない）関係にある。この問題はむしろ、後段第二一節でとりあげる。

（38） フランクリンの「功利的傾向」は、冒頭の「暫定的例示」文からも、ⓑ「控え目の狡智」例の他、『自伝』の各所（たとえば「あちこちの店で買った紙材を手押車に積んで、これ見よがしに往来を引いて帰った」と「率直に語っている」箇所など）からも、一様に読み取れる。したがって、「功利的傾向」のいまひとつの証拠ⓐにかぎっては、『自伝』の英語版原文にも当たり、編纂事情も考慮して最新の信頼できる版から引用するに越したことはないにせよ）独訳だけで済ませたからといって別にどうということはない。「資本主義の精神」

の「歴史的個性体」概念が、第二要素にかぎっても、それによって左右されることはないからである。羽入のこうした問題設定自体、価値関係的遠近法の自覚を欠く、「なにがなんでも原典主義」しかも「パリサイ的原典主義」の衒学癖／些事拘泥といえよう。

(39) 羽入は、羽入書第一章（四二―三）でも、「エリザベスI世時代に出された英訳聖書は三種のみ」という制限条項を恣意的に設定しておき、同じ消去法で「ジュネーヴ聖書」と「エリザベス女王時代の英国国教会の宮廷用聖書」との「混同」を導き出し、ヴェーバーに押しかぶせ、「英訳聖書の専門家達が腹を抱えて笑っている姿」を思い描いていた。

(40)『プロテスタンティズムの倫理と資本主義の精神』、一九五五、河出書房。この版の該当箇所は、「だがこの黙示そのものは、私にとって実際に何の重要性もなかった」（一五二）とある。

(41) RS1: 34, 大塚訳、四七、梶山訳／安藤編、九四.

(42) しかし、「倫理」論文と『自伝』の関連記事（WBF1: 324-5, 松本／西川訳、一三一―二）だけでも正確に読んで「〝正統的〟な長老派教会の宗教性」とはいかなるものかを多少とも知る人であれば（したがってフランクリン本人は当然）、そういう荒唐無稽な「誤解」に陥るはずもなく、したがって「誤解を恐れる」必要もなかったろう。そういう「誤解」や「誤解への恐れ」はさしずめ、「長老派の神」と「フランクリンの神」とを混同して怪しまない迷妄を、フランクリンに「感情投入」し、押しかぶせた所産と見るほかはあるまい。彼我混濁の被害者は、どうやらヴェーバーだけではなさそうである。

(43) というのも、羽入は、フランクリンの『自伝』なら『自伝』から、特定の言表を、まずは「暫定的例示」として引用／挙示し、つぎにはそれによって直観される意味内容を「概念的に加工」／定式化し、反論／反証が可能な命題に仕立てて討論に委ねる、という（まさにヴェーバーがフランクリン文書の取扱いにおいて範例を示している）学問的手続きを回避し、あるいは怠り、ただ「あのフランクリン……云々」といった独り合点の主観的印象評言を、あちこちで振りまくだけだからである。

(44) WBF1: 296-7, 松本／西川訳、九三。

(45) WBF1: 323, 松本／西川訳、一三〇。

(46) RS1: 36, 大塚訳、四八、梶山訳／安藤編、九五。

(47) この議論を代わって引き受けるとすれば、その骨子は、つぎのとおりとなろう。すなわち、「第二転機」とは、「十三徳樹立」をめざして道徳的実践に深入りし、「たんに理論的な確信」の限界に直面し、幼少期から植えつけられた「啓示宗教」（＝フランクリンのばあい「長老派」の教え）の意義を再考し、「隠れたる神」は捨て「啓示された勧善懲悪神」への信仰を核心に据えて「たんに功利的な確信」を乗り越える、二五歳前後の時期であろう。そうした転機をへて成立するのが、本章前段で素描した、『自伝』からも読み取れる思想所見にちがいない。そうした所見への到達が、なんらかの「啓示体験」によって媒介されたかどうか、されたとすればいかなる「体験」だったか、というような問題は、思想所見の意味内容を「関心の焦点」とする「倫理」論文の当面の論脈では、第二次的な意義しかもたず、筆者は手を染めるつもりはない。しかし、研究者の価値理念次第では、「フランクリン研究」の一問題として再設定され、『自伝』以外の文献も渉猟して探究されることが、もとより可能であり、望まれもしよう。

(48) 前注34、参照。

(49) 『ヴェーバー学のすすめ』、第二章第七―九節、参照。

(50) 羽入は、そうしていったん異同問題に立ち入ると、当面の論脈も忘れて『箴言』二二章二九節の訳語問題に脱線し、羽入書第二章の議論を延々と蒸し返す。弱論理の迷走の一齣である。

(51) というのも、「ついに endlich」三徳に「改信」し、「その時以来 von jenem Augenblick an」三徳を実践しようと決意したからといって、当の「改信」そのものが「劇的」であったという意味にはならないからである。

(52) 第四章第一二節、参照。

(53) 第四章第一四節、参照。

(54) 拙稿「ヴェーバー『プロテスタンティズムの倫理』論文の全論証構造」(『未来』No. 450, 二〇〇四年三月号所収、姉妹篇『ヴェーバー学の未来』、第一章に再録)。

(55) RS1: 34, 大塚訳、四六、梶山訳/安藤編、九四。

(56) RS1: 35, 大塚訳、四七―八、梶山訳/安藤編、九〇四―五。

(57) ここで、この「心得」の独特の性格に注目しておきたい。すなわち、「名声」をひとまずおくとすれば、「富」それ自体が、「勤勉」という徳目の遵守をも「手段」として追求されるべき「目的」、(しかも当面、暗黙の裡にせよ、さらに上位の「目的」――たとえば「人として自然の」「幸福」「快楽」――が設定されて、その「手段」として「下属」する関係には置かれていない、その意味における)「自己目的」、また(この「目的‐手段」関係全体が倫理的に彩色されるとすれば)「最高善」として、措定されている。反面、「勤勉」が「固有価値」「自己目的」として措定され、「価値合理的」な遵守を要請されるというわけではなく、「富」という「目的」を達成する「手段」として位置づけられているために、まさにその「手段」としての効果に力点が移動し、「効果が等価であれば外観の代用で十分」という「偽善」にも反転しかねない関係にある。したがって、この「心得」は、ヴェーバーが注目する「フランクリン経済倫理の構造」を簡明に表示する恰好の標語ともいえよう。

(58) RS1: 40, 大塚訳、五九、梶山訳/安藤編、七四。

(59) RS1: 31, 大塚訳、四一、梶山訳/安藤編、八九; WBF2: 371.

(60) この引用文中の感嘆符号は、原文にもキュルンベルガー著にもなく（Der Amerikamüde, Dünndruckausgabe: 25)、ヴェーバーが付加して、読者の注意を促したものである。ヴェーバーは後に、「そういう『経済倫理』なら、ルネッサンス期の文人レオン・バッティスタ・アルベルティにもある」というゾンバルトの批判に答え、自分のほうから古代ローマの文筆家カトーの類例も引き合いに出しながら、「カトーはもちろん、アルベルティの所説にも、そうしたエートスが欠けている。かれらが説いたのは処世術であって、倫理ではない。フランクリンのばあいにも功利主義が見られないわけではない。しかし、かれの若い商人への説教には紛れもなく倫理的な熱情 ethische Pathetik が見られ、その点がかれの特徴となっている。——これこそが問題である。——かれにとっては、貨幣への注意を怠ることは、資本の胎児を『殺す morden』ことで、だから倫理的罪悪 ein ethischer Defekt なのである」(RS1: 40, 大塚訳、五九、梶山訳／安藤編、七四) と述べている。

(61) RS1: 40, 大塚訳、五九、梶山訳／安藤編、九一。

(62) RS1: 33, 大塚訳、四三、梶山訳／安藤編、七四。

(63) 本章前段第三節、参照。

(64) RS1: 33, 大塚訳、四五、梶山訳／安藤編、九二。

(65) RS1: 33, 大塚訳、四五―六、梶山訳／安藤編、九三。

(66) ここに伏在している「理念型構成の認識論的前提」問題については、本章後段第二八節で、まとめて論ずる。

(67) Jaspers, Karl, Vernunft und Existenz, 1949, Bremen: 34ff. など、参照。

(68) この点が、フランクリン文献の取扱いをめぐる羽入書との対決から明らかにされた「理念型思考のダイナミズム」、ヴェーバーによってじっさいに駆使されている理念型的方法のひとつの再解釈、と見なされよう。詳しくは姉妹篇『ヴェーバー学の未来』、第三章、参照。

(69) RS1: 36, 大塚訳、四八、梶山訳／安藤編、九五。

(70) ヴェーバーは、この問題に、「倫理」論文の本論（第二章）第二節「禁欲と資本主義精神」で論及し、その一節への注記で、『箴言』二二章二九節を「フランクリン以来われわれによく知られている箇所」(RS1: 171, 大塚訳、三〇四, 梶山訳／安藤編、三〇六) として挙示し、同じく『箴言』三一章一六節以下にみえる「労働の賛美」と併置していた。羽入が、「倫理」論文一篇でも通読してこの箇所を読んで考えていれば、（他方では、「古プロテスタンティズム」をルターひとりと読み誤らなかったとすれば）、一八世紀フランクリン父子の calling を一六世紀ルターの Beruf に直結しようというような無謀な挙には、出ないですんだであろうか。なお、『箴言』二二章二九節は、新共同訳では「技に熟練している人を観察せよ。彼は王侯に仕え、怪しげな者に仕えることはない」と訳出されている。ちなみに、

「巧みな」「熟練して」と訳されている diligent, rüstig のヘブライ語原語は、מָהִיר (māhiyr : quick, skillful) である。

(71) RS1 : 49, 大塚訳、七二、梶山訳／安藤編、一一四。

(72) たとえば「なんであれ少しでもやる価値のあることは、立派にやり遂げる価値がある Whatever is worth doing a little, is worth doing well」という周知の英語の諺も、この「職業義務思想」の「抽象的なこだま」であろう。

(73) 筆者による解答の粗筋は、『ヴェーバー学のすすめ』、第一章に提示した。

(74) WBF1 : 324, 松本／西川訳、一三一。

(75) 『ヴェーバー学のすすめ』、一四一—四ページでは、その趣旨でこの箇所を引用した。

(76) RS1 : 54, 大塚訳、七九—八〇、梶山訳／安藤編、一二〇—一。

(77) RS1 : 54-5, 大塚訳、八〇—一、梶山訳／安藤編、一二一—二。

(78) たとえば、さまざまな「賞」を、「(職業上その他の) 卓越 distinction」にたいする「ねぎらい」「奨励」の機能と、「名声の世俗化作用」という「逆機能」との両義性をそなえた制度として捉え返し、(これと関連しては)「外面的褒賞」への対応を、「(職業的) 禁欲」したがって「名声の世俗化作用」を忌避する度合いを測定する尺度に仕立て、一方に「辞退」、他方に「応諾」を挙示して弁別する、など。あるいは、「高度成長」が「富の世俗化作用」のみか、総じて「名声の世俗化作用」も強め、「賞ばやり」の昨今、学会までがこぞって「学会賞」を設けるようになった現状への批判と (おそらくはそれにもまして)「ポストモダン」の反禁欲主義を触発する、など。

(79) 現在では、MWGA I/8, 1998, Tübingen : 81-188 に「編纂報告 Editorischer Bericht」付きで、『社会学／社会政策論集 Gesammelte Aufsätze zur Soziologie und Sozialpolitik』, 1924, ^{2}1988, Tübingen : 323-93 には本文のみ、収録されている。簡潔な解説としては、R・ベンディクス／拙訳『マックス・ウェーバー——その学問の包括的一肖像』上、一九八七、三一書房、四二—七。

(80) ヴェーバーは、本文で「理念型」と記した箇所に注を付し、「ここで『理念型』というのも、**われわれが**ここで観察の対象としている企業家類型はけっして経験的に与えられたものの平均ではない、というほどの意味である」と述べ、「客観性論文」の参照を求めている。

(81) たとえば、『箴言』二二章二九節 m^{e}lā'khā のフランクリン父子における訳語 calling が、ルターでなくバクスターに由来すると指摘していて、羽入がそこを参照していさえすれば、フランクリン父子の calling がルターの訳語 Geschäft に「飛び移り直結」しない当然の事実を「アポリア」に見立てるような迷路に入り込まずにすんだであろう箇所 (RS1 : 169-71, 大塚訳、三〇〇—四、梶山訳／安藤編、三〇三—六) など。

(82) 前段第二三節で引用し、立証したとおり、羽入は、フランクリン『自伝』の一節を引用するさい、羽入には明らかに不都合な、「恵み深い神の摂理」「守護天使の助け」への論及箇所（好都合な文言の間に挟まれた部分）を（だから、明らかに意図して）削除し、「読者には……分からないような仕組みに」している。

（83）RS1: 35, 大塚訳、四七、梶山訳／安藤編、七四。

（84）WBF1: 324-5, 松本／西川訳、一三一―二。

（85）筆者は、自分の著書ないし翻訳の索引も自分で作成することにしているが、それは、人任せにすると、見出し語そのものは出てこない関連箇所がしばしば脱落するからである。

第八章

（1）筆者は、制度上は大塚門下ではないし、大塚のヴェーバー解釈（最高水準にはあるが、なお残されている誤読）、なにもかにもではなく学問上応答してしかるべき批判も無視するスタンス、および邦訳独占（梶山力による初訳業績の抹殺）にかぎっては、生前に、限定的批判を公表してきた。しかし、大塚の学問的業績総体には、敬意を忘れたことはない。とりわけ、大塚が「マックス・ヴェーバー生誕百年記念シンポジウム」（一九六四）の準備会席上で語った、「日本のヴェーバー研究は、鶏が餌箱から麩をつつき出して喰い散らしているようなものだ」との手厳しい評言は、これとの対決を秘めてヴェーバー・テクストの内在的読解を進めてきた筆者にとり、いまにして思えば（それが大塚以外からは聞けない言葉であっただけに）大塚の学恩のひとつでもあったと考えざるをえない。

　ところで、羽入の大塚評は、（以下で明らかにされるとおり）学問上誤っているが、公表され、世の注目を集めてはいる。これにたいする（『マックス・ヴェーバー入門』の著者山之内靖を含む）大塚門下の沈黙は、筆者には不可解である。大塚自身の批判無視と同じく、専門家としての学問的責任／著者としての社会的責任を果たそうとしない点で、学者としてのスタンスを誤り、負の遺産を継承しているというほかはないと思うが、どうか。

（2）大塚久雄の主要論文を取り上げて正面から批判するならまだしも、（訳業を終え、読者にたいするサーヴィスとして比較的気楽に書いたにちがいない）「訳者解説」の片言隻句を捕らえ、やれ「［ヴェーバー］誤読」、やれ「［フランクリン］正読」と決めつけて騒ぎ立てるのは、「倫理」論文の片言隻句をとらえてヴェーバー総体を引き倒そうとするのと同様、いかにも姑息なやり方である。しかも、その「批判」内容が誤りで、批判の体をなさない点にかけても、まったく同様である。

（3）この意義については、姉妹篇『ヴェーバー学の未来』、第二章、とくに第五節、参照。

（4）この第一章第一節の理路を解き明かしながら、ヴェーバー歴史・社会科学の方法を会得しようとする読解案内として、姉妹篇『ヴェーバー学の未来』、第二章、参照。

（5） いっそう正確には、後述のとおり、「その『神』を、事実に反して『カルヴィニズムの予定説の神』にこじつけていても、つまりヴェーバーでなく羽入が、カルヴィニズムの神を『こちら岸』に強引に移しておいたとしても」、といわなければならない。

（6） ということは、羽入が、第二節冒頭の「方法論的覚書」を読み飛ばし、その意味を考えていない証左であろう。

（7） 『ヴェーバー学のすすめ』、六二、参照。

（8） RS1: 30, 大塚訳、三七、梶山訳／安藤編、八七。

（9） およそキリスト教文化圏の言説／文献について、『神』言及があるから『宗教的なものへの直接的な関係』がある、したがって宗教的背景を問うことは『同義反復』になる」などと杓子定規に決めてかかったら、およそ特定の「宗教性」との間接的関係を問う研究もできなくなってしまうであろう。

（10） ヴェーバーは、「読者とのトポス」を設定するため、「二文書抜粋」を、当時の読者には比較的よく知られていたらしいキュルンベルガー著『アメリカにうんざりした男』から、故意にそのまま「孫引き」した。そのさいヴェーバーは、キュルンベルガーによる「若き商人への助言」からの引用 (Der Amerikamüde, Amerikanisches Kulturbild von Ferdinand Kürnberger, 1855, Dünndruckausgabe, 出版年不詳、Wien und Leipzig: 24-7) には、問題の「神」言及を含む最終段落 (WBF2: 372) が省略されていることを、フランクリンの原文ないし独訳も参照して確認し、キュルンベルガー著にはない省略符号（初版では……改訂版では….）を付して引用している (Archiv 20: 14, RS1: 32, 大塚訳、四二、梶山訳／安藤編、九〇では脱落)。

（11） RS1: 203, 大塚訳、三六四、梶山訳／安藤編、三五五、強調および【 】は羽入（二〇七）。

（12） 「訳者解説」には、カルヴィニズムの二重予定説への言及が皆無で、そこから禁欲がどのように生成されるか、そのさい「確証 Bewährung」思想がいかに重要な意味をもつか、という「倫理」論文の中心的テーゼへの論及もない。Berufを「天職」、Sekteを「信団」と改める件については術語解説があるのに、梶山・大塚訳では「預定」と訳されていたPrädestinationを「予定」に換える件には触れていない。羽入が取り上げた片言隻句にくらべ、これらの欠落こそ、「訳者解説」として不備と思われるが、どうか。

（13） 付加的因子としては、インターネットの普及により、この種の話題を好む内輪の「批評」の類が、なんの審査も制約もなく、公然と「準公共空間」に登場するようになっている。「大衆民主主義」下「IT時代」の、こうした負の側面にも、注意を喚起したい。

（14） これは、筆者も修得したいと願う規範にとどまる。ただ、それは、傍観者であることによってではなく、相互批判の場数を踏むことによって、初めて修得される徳目であろう。

（15） RS1: 241, 大塚／生松訳、三九―四〇、筆者により改訳。

（16） 典拠など、詳細については、拙著『マックス・ヴェーバー基礎研究序説』、一九八八、未來社、八六―九〇、参照。

(17) 山之内靖は、『封建家臣』でさえ、『主君の乱心』に直面すれば『体を張って』諫言する」という丸山眞男の一論点を称揚している。

(18) RS1: 62, 大塚訳、九四、梶山訳／安藤編、一三二―三。

(19) 「救済追求の軌道を世俗内に転轍したものの、その職業概念は伝統主義に傾き、ルターが禁欲的自己訓練を『わざ誇り／行為主義』としてしりぞけたため、その点にかけてはドイツ神秘主義に比しても遜色をとった」というふうに、消極的に要約。

(20) こうした挿入句によってヴェーバーがいわんとしているのは、こういうことであろう。すなわち、「ここでは、われわれの研究に固有の価値関係性における職業思想の意義とその限界を確定することだけが問題で、ルターないしルター派の宗教的・本質的意義そのものを評価しようとくわだてるのではない。ここで混同が起き、ルター派の読者から護教論的な反発が生ずると、「社会科学的認識の客観性」がなりたたなくなるので、よく注意してほしい」と。

(21) RS1: 79, 大塚訳、一二八―九、梶山訳／安藤編、一六二―三。

(22) 宗教以外の領域でも、たとえば戦場で一度でも臆病な振る舞いをした戦士は、その後どんなに勇敢に闘っても「ゆえあって」そうしているだけで、「存在としての臆病」は克服されないと見る、スパルタ流の「厳格主義 Rigorismus」など、これである。

(23) MWGA, I/22-2: 309-11.

(24) RS1: 126-7, 大塚訳、二二二、梶山訳／安藤編、二三六―七。

(25) 前注10、参照。

(26) 処世訓と倫理との概念的区別については、『ヴェーバー学のすすめ』、九六―七、参照。

(27) WBF2: 372.

(28) 『大塚久雄著作集』第八巻、一九六九、岩波書店、四〇、六二。

(29) 本章第一四節で明らかにするとおり、ヴェーバー自身は、ウルリヒに倣い、「宿命論」に通じるイスラムの「予定」にはprädeterministisch,「禁欲」に通じるカルヴィニズムの「二重予定」にはprädestinatianischという術語を当て、両者を使い分けている。

(30) 大塚は、前注二八に記した出典の六二ページでは、「アダム・スミス問題」の参照を求めながら、件の箇所に傍点を付して引用し、フランクリンの目に「倫理」と「営利」との「偕調」「両全」が「神の摂理」と映じていた証拠と解している。つまり、「見えざる手」で「予定調和」を生み出す「神の摂理」を「神の預定」と同一視している。キリト教神学では、「預定」と「摂理」とを区別するが、それはともかく、大塚は、梶山・大塚訳ではカルヴィニズムの「二重予定説」に「預定」を当て、単独訳では断りなく「予定」に改めている。そのうえで、このdetermineにいきなり特殊な語形「預定」を当てれば、「カルヴィニズムの預定説」を連想させやすく、少なくともきわめてミス・リーディングである。
(31) 本章第二節後半、参照。
(32) WBF1: 324, 松本/西川訳、一三二。
(33) ただし、そうすると、神観問題を先取りせざるをえなくなり、叙述の順序を乱して不都合ではあろう。
(34) RS1: 12, 大塚/生松訳、二三、参照。ヴェーバーが、因果性のカテゴリーを「原因と結果との互酬/循環構造」に組み換えて歴史・社会科学に活かそうと構想していた点については、姉妹篇『ヴェーバー学の未来』、第二章第一、二節、参照。
(35) 別言すれば、方法上「自分がなにをなすべきか」をわきまえず、あちらこちらと闇雲に突進しては壁に頭をぶつけ、瘤だらけになる、というような、自己制御のきかない著者ではなかった、というだけの話である。
(36) WBF1: 324, 松本/西川訳、一三一。
(37) WBF1: 326, 松本/西川訳、一三三。
(38) 同右。
(39) WBF1: 325, 松本/西川訳、一三二。
(40) 同右。
(41) WBF1: 326, 松本/西川訳、一三三―四。
(42) WBF2: 92-4.
(43) WBF3: 417-8, 松本/西川訳、二八八。なお、ヴェーバー宗教社会学の理論的枠組のなかで、二重予定説との関係においてヨブ記を位置づける論考としては、姉妹篇『ヴェーバー学の未来』、第六章、参照。
(44) 田中西二郎/新谷敬三郎訳『ロシア共産主義の歴史と意味』、一九六〇、白水社、六四―七三、参照。
(45) この点につき、ヴェーバーは、「二重予定説」の帰結のひとつとして、「神強制」の根絶＝「脱呪術化」とともに、「各個人の内面的な孤立化」「幻想を交えず悲観的な色彩を帯びた個人主義の生成」を挙げ、つぎのように述べている。「ルター派に比してきわめて顕著な対照をなしているのは、こうした［人間の援助や友情には頼らない、神信頼の排他性という］生活感情との関連で、カルヴィニズムが十全に発展を遂げた地方では、個人的な懺悔の聴聞 Privatbeichte が……いつとはなしに消失してしまったことであろう。これは、［罪責感情の定期的発散の機会が消失したという意味で］きわめて射程の大きい出来事であった」(RS1: 96-7, 大塚訳、一五八、梶山訳/安藤編、一八五―六)。
(46) WBF1: 326, 松本/西川訳、一三四。

(47) WBF1: 331, 松本／西川訳、一三九。
(48) RS1: 123, 大塚訳、二二三—四、梶山訳／安藤編、二二九—三〇。
(49) RS1: 531, 大塚／生松訳、一九八—九。
(50) RS1: 102-3, 大塚訳、一七六、梶山訳／安藤編、一九九—二〇〇。
(51) RS1: 102-3, 大塚訳、一七六、梶山訳／安藤編、一九九—二〇〇。
(52) 筆者の手元にあるのは、発行年不詳の Dünndruckausgabe で、二四—二七ページの引用全体の前後に引用符がつけられているだけである。一八五五年の初版では、「各パラグラフの冒頭を引用符で始めて」いたということも、ありえないことではないが、Dünndruckausgabe でわざわざ変えているとは、まず考えられない。
(53) さらに、ドイツ人の「アメリカ嫌い」を問い返す恰好の資料とも考えられていたであろう。
(54) RS1: 17, 大塚訳、11.二、梶山訳／安藤編、六五。
(55) 第三章では、フランクリンの『自伝』から、羽入に不都合な「神の恩恵」を引用せず、「読者には分からない仕組み」にしていた。そういう自分の落ち度は「棚に上げ」、他人については、同じような過誤を針小棒大に論じ立てたり、あるいは過誤でもない箇所を、誤解と牽強付会で「詐術」「詐欺」に仕立て、大仰に喚き立てるのでは、始末に困る。
(56) 別の観点からは重要な対ラハファール論争の要旨については、拙著『マックス・ヴェーバー基礎研究序説』、二三二、二六二—五、参照。
(57) Archiv 20: 14.
(58) RS1: 32, 大塚訳、四四、梶山訳／安藤編、九二。

第九章

(1) 第六章第一七節、参照。
(2) 第六章第一九節本文および注三二、参照。
(3) 第六章第一九節、参照。
(4) 『ヴェーバー学のすすめ』、六七、本書第六章第一六節、参照。
(5) ティンダルの英訳も、ここを state と訳している。
(6) 『ヴェーバー学のすすめ』、七八—九、参照。

(7)『ヴェーバー学のすすめ』、第二章注三三(一三二)、参照。
(8) 本書第四章第一三節、第五章「はじめに」、参照。
(9) これは当然、羽入の「唯「シラ」言霊伝播説」を前提とする、そのかぎりにおける「不都合」で、ヴェーバーが関知するところではない。ヴェーバーは、直前で、なぜ『シラ』の英訳を調べる必要がないかを、簡潔に論じていた。本書第二章第五節、第四章第六節、姉妹篇『ヴェーバー学の未来』、第五章第五節(五)、参照。
(10) 羽入によれば、「なんの関係もない」ということになるが、けっしてそうではない。手短かな概観においては、定点観測に最適な句である。本書第二章第五節、第四章第七節、参照。
(11) これはもとより、羽入の「飛び移り語形直結説」を前提とする、そのかぎりにおける疑似アポリアで、当然の事実が、羽入の脳裏には「アポリア」と映っているにすぎない。

あとがき

本書に収録した論稿は、「はじめに」、第一、八、九章およびこの「あとがき」を除き、北海道大学経済学部の橋本努氏が開設したインターネットＨＰ「マックス・ヴェーバー、羽入／折原論争コーナー」から、他の寄稿者への応答を除く拙稿を取り出し、章題を改め、大幅な改訂も加えて、再編成したものである。主要な改訂は、つぎの三点にある。第一に、拙稿各篇は、脱稿後そのつど速やかに発表したため、十分に推敲するいとまがなく、重複や辛辣すぎる表記が多々残されていた。今回は、それらを極力削除した。第二に、この間拙論に寄せられた批判に対応して、改めるべき点は積極的に改めようとつとめた。第三に、本書第七、八章の元稿からは、(羽入書批判の関連論点を筆者が独自に展開し、「倫理」論文読解からヴェーバー歴史・社会科学の骨子へと案内する) 補説五篇を抜き出し、これも加筆／改訂のうえ、本書の姉妹篇『ヴェーバー学の未来――「倫理」論文読解からヴェーバー歴史・社会科学の方法会得へ』にまとめて公刊することにした。

「倫理」論文初版発表から数えて百年の記念すべき年に、本書と姉妹篇『ヴェーバー学の未来』とを上梓できるのも、右記のような経緯から、橋本氏とそのＨＰコーナーに寄稿された諸氏のお蔭である。「ヴェーバーは罪を犯したのか」というテーマのもとに、ＨＰコーナーで交わされた論争は、残念ながら、他方の当事者である羽入辰郎氏が参入しなかったため、双方の対決をとおして理非曲直が明かされる形はとれなかったが、インターネットを活用した短期集中型の意見交換／論点集約の例として残るであろう。寄稿された諸氏、とくに橋本氏に、筆者からも深甚の謝意を表し、いつの日か氏によって論争記録が編集されることを期待したい。

橋本HPコーナーへの寄稿者でもある雀部幸隆氏は、前著『ヴェーバー学のすすめ』執筆のときと同様、拙稿一篇ごとに行き届いた助言と激励を寄せられるとともに、臨機応変の適切な見解表明により、論争に力を添えてくださった。前著にひきつづき、氏に心から感謝する。

また、橋本HPコーナーへの寄稿者のうち、丸山尚士氏からは、一六世紀イングランドにおける聖書の翻訳史について、インターネットをフルに活用した文献調査と、ハイデルベルク大学図書館に出向いてヴェーバー当時の蔵書目録／関連蔵書を調べるといった、徹底した研究協力がえられた。橋本HPコーナーには、氏の六篇の寄稿が掲載されており、「エリザベスI世時代における宮廷用の英国国教会聖書」にかんする氏独自の研究成果も報告されている。その内容は、筆者が本書第四章第一二節で提出している仮説の域を越えるもので、筆者はあえてコメントせず、専門家の鑑定に委ねることにした。氏の協力は、そうした肯定的／補完的な支援のみでなく、筆者にたいする批判としてももたらされた。すなわち、筆者は前著『ヴェーバー学のすすめ』(六四ページ)で、「かりに(ヴェーバーが依拠した)OEDに誤りがあったとしても、その責任はまずOED側にあり、その件でヴェーバーを責めるのは本末転倒」という論法で、羽入書第一章の糾弾に反論していた。この点を丸山氏は、そうした仮定法で「攻撃をかわす」便法はOEDにたいしてフェアでないと正面から批判してきた。この批判は、厳しいけれどももっともなので、筆者は、その点を自己批判して受け入れるとともに、他の諸章の問題点についても、氏の要求する水準にまで反論を詰めなければならないと考えた。疑似問題の持ち込みを暴露しておのずと結論は失当と論定していた前著から、結論にいたる疑似論証の過程も追跡して羽入書の難点を洗い出そうとする本書への(内在批判の)徹底は、そうした丸山氏の批判をひとつの機縁としている。氏の寄稿は、インターネットの活用により、アマチュアの学者が学問論争に参入して貢献する道を開き、いっそう広げる可能性を示した、といえよう。私事にわたるが、丸山氏は学生時代、筆者のゼミに参加し、ヴェーバー文献にかんする粒々辛苦の輪読をともにした研究仲間のひとりであった。その氏が、思いがけず、本業のコンピューター・ソフト開発に多忙のなかで、この論争に参入し、実りある批判をかかげてもくれたことは、教師冥利に尽きるというほかはない。

末筆ながら、本書が、比較的スリムに首尾一貫性を保つ一書にまとまったのは、「はじめに」でも触れたとおり、ひとえに未來社西谷能英氏の英断による。前著につづき、氏の識見に敬意を込めて謝意を表する。校正その他、細かいところまで気を配って本書を仕上げてくださった天野みかさんにも深く感謝する。

二〇〇五年五月二八日　利根川を見晴るかす取手の寓居にて

折原　浩

●著者略歴

折原　浩（おりはら・ひろし）

1935年　東京に生まれる。
1958年　東京大学文学部社会学科卒業。
1964年　東京大学文学部助手。
1965年　東京大学教養学部専任講師（社会学担当）。
1966年　東京大学教養学部助教授。
1986年　東京大学教養学部教授。
1996年　東京大学教養学部定年退職。名古屋大学文学部教授。
1999年　名古屋大学文学部定年退職。椙山女学園大学人間関係学部教授。
2002年　椙山女学園大学人間関係学部退職。

著　書『大学の頽廃の淵にて――東大闘争における一教師の歩み』（1969年、筑摩書房）『危機における人間と学問――マージナル・マンの理論とウェーバー像の変貌』（1969年、未來社）『人間の復権を求めて』（1971年、中央公論社）『東京大学――近代知性の病像』（1973年、三一書房）『大学―学問―教育論集』（1977年、三一書房）『デュルケームとウェーバー――社会科学の方法』上・下（1981年、三一書房）『学園闘争以後十余年――現場からの大学・知識人論』（1982年、三一書房）『マックス・ウェーバー基礎研究序説』（1988年、未來社）『ヴェーバー「経済と社会」の再構成――トルソの頭』（1996年、東大出版会）『ヴェーバーとともに40年――社会科学の古典を学ぶ』（1996年、弘文堂）『「経済と社会」再構成論の新展開――ヴェーバー研究の非神話化と「全集」版のゆくえ』（ヴォルフガング・シュルフターと共著、2000年、未來社）『ヴェーバー学のすすめ』（2003年、未來社）

訳　書　ラインハルト・ベンディクス『マックス・ウェーバー――その学問の全体像』（1965年、中央公論社）改訳再版『マックス・ウェーバー――その学問の包括的一肖像』上・下（1987/88年、三一書房）マックス・ヴェーバー『社会科学と社会政策にかかわる認識の「客観性」』（冨永祐治、立野保男訳への補訳／解説、1998年、岩波書店）

学問の未来――ヴェーバー学における末人跳梁批判

発行――二〇〇五年八月二五日　初版第一刷発行

定価――（本体五八〇〇円＋税）

著者――折原　浩

発行者――西谷能英

発行所――株式会社　未來社

〒112-0002 東京都文京区小石川三―七―二

振替 00170-3-87385

電話・代表 03-3814-5521

http://www.miraisha.co.jp/

Email: info@miraisha.co.jp

印刷――精興社

製本――富士製本

ISBN 4-624-40056-9 C0036

ウェーバー著／松井秀親訳

ロッシャーとクニース

ウェーバーの方法的概念についての、一九〇三年に発表された重要論文。法と国民経済学の連関を、怜悧な科学的精神で批判した、神経症克服後の最初の重要な業績。　二八〇〇円

ウェーバー著／肥前栄一訳

東エルベ・ドイツにおける農業労働者の状態

初期ウェーバーの農業経済研究の古典。農業労働制度の変化と農業における資本主義の発展傾向を分析。エンゲルスの『イギリスにおける労働者階級の状態』とも並び称される名著。　二八〇〇円

コッカ著／住谷一彦・小林純訳

〔新版〕ヴェーバー論争

ヴェーバーの学的関心・思考にみられる両義性（啓蒙主義的＝リベラル対現実政治的＝ナショナル）を統一的に把える視角として合理化概念をおき、戦後西ドイツの研究史を概括。　一二〇〇円

テンブルック著／住谷一彦・山田正範訳

マックス・ヴェーバー方法論の生成

従来のヴェーバー方法論研究の基礎前提をなした『科学論文集』の体系に疑問をなげ、この通説を批判することを意図した本書は、初期ヴェーバーの評価を含め研究の再構成を迫る。　一八〇〇円

テンブルック著／住谷・小林・山田訳

マックス・ヴェーバーの業績

『経済と社会』がヴェーバーの主著だとする通説を根底的に批判し、西洋的合理化過程の特性把握を叙述した「世界宗教の経済倫理」の諸論考こそそのライフワークだとする研究。　二五〇〇円

シュルフター著／住谷一彦・樋口辰雄訳

価値自由と責任倫理

〔マックス・ヴェーバーにおける学問と政治〕現代ヨーロッパのヴェーバー研究をモムゼンとともに二分するといわれるシュルフターの画期的な論文。初版と改訂版の異同対象表付。　一八〇〇円

レヴィット著／柴田・脇・安藤訳

ウェーバーとマルクス

〃マルクス＝ウェーバー問題〃を初めて提起した初期レヴィットの代表的論文で、資本主義社会の自己疎外＝合理化にかんする両巨人の分析批判と理念の相異を比較検討した名著。　一八〇〇円

（消費税別）